# 독자의 1초를 아껴주는 정성을 만나보세요!

세상이 아무리 바쁘게 돌아가더라도 책까지 아무렇게나 빨리 만들 수는 없습니다.

인스턴트 식품 같은 책보다 오래 익힌 술이나 장맛이 밴 책을 만들고 싶습니다.

땀 흘리며 일하는 당신을 위해 한 권 한 권 마음을 다해 만들겠습니다.

마지막 페이지에서 만날 새로운 당신을 위해 더 나은 길을 준비하겠습니다.

AI 자율학습 **클로드 코드 · 코덱스 CLI · 제미나이 CLI 완전 활용법**
Claude Code·Codex CLI·Gemini CLI
: A Practical Guide to AI Terminal Tools and Vibe Coding

**초판 발행** · 2026년 2월 2일

**지은이** · Dave Lee
**발행인** · 이종원
**발행처** · (주)도서출판 길벗
**출판사 등록일** · 1990년 12월 24일
**주소** · 서울시 마포구 월드컵로 10길 56(서교동)
**대표 전화** · 02)332-0931 | **팩스** · 02)323-0586
**홈페이지** · www.gilbut.co.kr | **이메일** · gilbut@gilbut.co.kr

**기획 및 책임편집** · 정지연(stopy@gilbut.co.kr) | **제작** · 이준호, 손일순, 이진혁
**마케팅** · 임태호, 전선하, 박민영, 서현정, 박성용 | **유통혁신** · 한준희 | **영업관리** · 김명자 | **독자지원** · 윤정아

**교정교열** · 이미연 | **디자인 및 전산편집** · 책돼지 | **출력 및 인쇄** · 정민 | **제본** · 정민



**ISBN** 979-11-407-1760-6 93000
(길벗 도서번호 080487)

**정가** 32,000원

---

스스로 하는 AI 공부

AI 자율학습

# 클로드 코드 코덱스 CLI 제미나이 CLI 완전 활용법

Claude Code
Codex CLI
Gemini CLI

한 권으로 끝내는
AI 터미널 도구 3대장 바이브 코딩

Dave Lee 지음

# 지은이의 말

초등학교 때 처음 컴퓨터를 배운 이후로 줄곧 컴퓨터와 IT를 좋아해 왔습니다. 장래 희망이 프로그래머일 정도였지만, 여러 사정으로 대학은 문과로 진학했습니다. 그런데도 IT에 대한 애정만큼은 변하지 않았고, 대학에 입학한 후 가장 먼저 한 일도 컴퓨터를 구입하는 것이었습니다.

문과생으로 출발한 만큼 진로 과정에서 시행착오도 많았지만, 결국 컴퓨터공학 대학원을 졸업하고 삼성과 쿠팡에서 일할 수 있었습니다. 명확한 목표가 있었다기보다 'IT를 더 알고 싶다'는 생각 하나로, 대학원과 회사에서 새로운 기술을 배우고 활용하는 데 집중했습니다.

그 결과 시스템 소프트웨어부터 플랫폼, 앱과 웹 개발, 데이터 분석, 인공지능 기술까지 폭넓은 영역을 경험하게 되었습니다. 때로는 실무 경험을 쌓기 위해 직군이나 팀을 옮기기도 하며 다소 독특한 커리어를 쌓아왔습니다. 이렇게 다양한 IT 기술을 경험하면서, IT 혁신이란 대개 시간이 지나서야 그 의미가 분명해진다는 사실을 체감했습니다.

그러던 중 등장한 챗GPT는 누구나 인정할 수밖에 없는 명확한 전환점이었습니다. 과거에는 하나의 서비스 개발을 위해 여러 전문가가 협업해야 했다면, 이제는 AI가 다양한 기술을 종합적으로 활용해 개발을 지원합니다. 물론 모든 것을 AI에 맡길 수는 없지만, 여러 기술을 이해하고 있는 개발자라면 AI의 도움으로 혼자서도 과거보다 훨씬 많은 일을 해낼 수 있게 되었습니다. 동시에 개발자에게 요구하는 역할도 달라지고 있습니다. 이제는 코드를 직접 작성하는 능력보다 AI를 어떻게 활용하고 결과물을 검토 및 보완하는지 등 AI와 어떻게 협업할 것인지가 더 중요해지고 있습니다.

이러한 변화의 출발점이 바로 터미널 기반 AI 도구입니다. 웹 기반 질의응답 서비스만으로는 실제 개발 업무에 AI를 충분히 활용하기 어렵습니다. 반면 터미널 기반 AI 도구는 사용자의 PC 환경을 직접 활용해 개발 환경을 구성하고, 작업을 계획하고 실행하며, 파일을 읽고 수정하고 테스트까지 수행할 수 있습니다. 이는 개발자가 터미널에서 하던 작업 대부분을 AI가 대신 수행할 수 있게 되었음을 의미합니다.

덕분에 터미널 기반 AI 도구는 2025년을 기점으로 개발자 사이에서 큰 주목을 받았습니다. Anthropic의 Claud Code를 중심으로 높은 호응을 얻었고, OpenAI의 Codex CLI, 구글의 Gemini CLI까지 경쟁적으로 발전하고 있습니다.

물론 터미널 기반 AI 도구에도 한계는 존재합니다. 비효율적인 코드나 보안상 안전하지 않은 결과물을 만들기도 하고, 크고 복잡한 서비스에서는 기대에 미치지 못하는 성과를 보여주기도 합니다.

그럼에도 전통적인 방식과 비교하면 개발 생산성이 크게 향상된 것은 분명합니다.

IT 분야에서 새로운 변화를 직접 경험하고 이해하는 것은 언제나 중요한 자산이 됩니다. 따라서 이러한 변화를 외면하기보다 직접 경험해보고 적극적으로 활용하는 방향을 고민해보면 좋겠습니다. 그런 의미에서 개발 생산성이 가장 높은 터미널 기반 AI 도구에 대한 경험은 빠질 수 없습니다.

그렇다면 어떤 도구를 익히는 것이 좋을까요? 저는 작은 회사를 운영하고 있어, 특정 업무에만 집중하는 개발자나 직장인보다 터미널 기반 AI 도구를 훨씬 자주, 두루 사용합니다. 웹과 앱 개발뿐 아니라 마케팅, 문서 작업 등 다양한 영역에 활용해본 결과, 단일 도구만 사용하는 것보다 두세 가지 도구를 병행하는 편이 생산성을 훨씬 높여준다는 결론에 이르렀습니다.

또한 터미널 기반 AI 도구는 거의 매일 업데이트될 정도로 빠르게 진화하고 있습니다. 현재 가장 주목받는 터미널 기반 AI 도구인 Claude Code, Codex CLI, Gemini CLI 중 어느 도구가 장기적으로 가장 우수한 성능을 보일지, 어떤 모델이 표준이 될지는 아직 예측하기 어렵습니다. 따라서 작업 성격에 따라 적절한 도구를 선택하거나, 세부 작업 단위로 여러 도구를 병행하는 전략이 가장 현실적입니다.

이 책은 이러한 관점에서, Claude Code, Codex CLI, Gemini CLI의 사용법과 작업 흐름을 정리했습니다. 이 책으로 터미널 기반 AI 도구의 기본 사용법을 익히고, 자신의 PC에서 수행하는 다양한 작업에 각 도구를 적용해보길 바랍니다. 처음에는 낯설 수 있지만, 사용하면 할수록 분명하게 생산성 향상을 체감할 것입니다.

AI의 발전으로 이제는 혼자서도 웹과 앱을 포함한 다양한 서비스와 프로그램을 만들어낼 수 있는 시대가 되었습니다. 개발자에게는 커리어 전문성과 생산성을 높이기 위한 필수 역량으로, 비개발자에게는 '바이브 코딩'이라는 새로운 흐름에 올라타 업무를 자동화하고 가치를 창출하기 위한 도구로, 터미널 기반 AI 도구는 점점 더 중요해질 것입니다. 이 책이 그 흐름에 첫걸음을 내딛는 마중물이 되기를 바랍니다.

끝으로, 늘 제 곁에서 마음의 안정을 주는 아내와 사랑하는 아들 성현이에게 깊은 사랑과 감사의 마음을 전합니다.

# 베타 학습단의 한마디

생성형 AI가 발전하면서 다양한 모델과 도구가 출시되었고, 고품질의 소프트웨어를 비교적 쉽게 개발할 수 있는 환경이 마련되었습니다. 그러나 실무에서 이를 활용하려면 모델과 도구의 특징과 기능을 알고 목적에 따라 선택해야 합니다. 이 책에서는 대표적인 CLI 도구인 Claude Code, Codex CLI, Gemini CLI의 활용 방법을 쉽게 설명합니다. 설치 과정부터 각 도구가 제공하는 주요 기능까지 단계적으로 소개해 CLI 환경에서의 협업 개발 방식을 처음 접하는 개발자도 실무에 활용할 수 있습니다. 특히 CLI 환경에서 에이전트를 활용해 프로젝트를 개발하는 실전 방안을 다룬 부분이 매우 유용했습니다. **_강찬석**

이 책은 현재 실무에서 주목하는 Claude Code, Codex CLI, Gemini CLI의 설계 철학과 특징, 그리고 실제 개발에서의 활용 방법을 균형 있게 보여줍니다. 특히 Part 5에서는 세 도구를 어떻게 조합해 생산성을 극대화할 수 있는지를 구체적인 사례를 들어 안내합니다. 이 책 덕분에 CLI 도구를 올바르게 활용하는 방법을 배우고, 코드 생성, 검증, 디버깅을 보다 빠르고 정확하게 수행하는 효율적인 워크플로를 설계할 수 있었습니다. 특히 기존 개발 환경을 다시 점검하고, CLI 기반 도구로 생산성 향상을 고민하는 개발자에게 도움이 될 것입니다. **_김동우**

생성형 AI를 어떻게 활용할 수 있는지 상세하게 설명해 실무에 도입할 때 어떤 관점으로 접근해야 하는지를 이해하는 계기가 되었습니다. 특히 Claude Code의 서브에이전트 내용이 인상적이었는데, 왜 서브에이전트를 적극적으로 활용해야 하는지를 명확히 이해할 수 있었습니다. 또한 14장에서는 PRD 문서를 기반으로 실제 구현 가능한 서비스 개발 흐름을 상세히 다루어, 생성형 AI를 활용해 신규 프로덕트를 어떻게 기획하고 개발할 수 있는지에 대한 매우 훌륭한 참고 사례가 되었습니다. **_김준성**

AI 코딩이 필요하다는 것은 알지만, 다양한 선택지 앞에서 고민하는 사람이 많을 것입니다. 이 책은 바로 그런 고민에 현실적인 방향을 제시해 줍니다. 이 책은 Claude Code, Codex CLI, Gemini CLI를 실제 활용 관점에서 비교하고, 도구마다 명령 방식과 개념이 어떻게 다른지 직접 확인할 수 있어, 장단점을 빠르게 체감하고 전체 흐름을 이해하는 데 도움이 됩니다. 특히 컨텍스트 관리와 토큰 관리로 AI를 비용과 효율 측면에서 지속적으로 사용하는 방법을 다룬 점은 실무자에게 큰 도움이 됩니다. 더 나아가 MCP 연동 실습도 자세히 설명해 AI 활용 범위를 확장하는 경험까지 할 수 있습니다. 마지막 장에서는 하나의 프로젝트를 세 가지 AI 도구로 구현하며, 공통적으로 가져가야 할 부분과 도구별 차이점을 비교합니다. 이 과정에서 앞에서 학습한 내용을 정리하고, 실제 업무 적용을 구체적으로 떠올릴 수 있었습니다. AI 코딩을 단순한 유행이 아닌 실제 도구로 활용하고 싶은 독자에게 추천할 만한 책입니다. **_박찬웅**

이 책은 Claude Code, Codex CLI, Gemini CLI의 기본 작동 원리와 프로젝트 단위 작업 흐름을 체계적으로 다뤄 실전에서 활용 가능한 바이브 코딩 워크플로 구축을 목표로 합니다. AI 터미널 도구를 활용해 효율적인 실전 개발 방식을 익히려는 분께 추천합니다. **_임승민**

이 책은 각 도구를 사용해 터미널 환경 구축부터 프로젝트 단위 운영, 고급 기능 활용까지 실무에 바로 적용할 수 있는 단계별 학습 흐름을 제공합니다. 이를 바탕으로 AI를 단순한 질의응답 도구가 아닌, 능동적인 개발 파트너로 활용하는 방법을 자연스럽게 익힐 수 있었습니다. 특히 도구별 설치와 인증 과정, 명령어 사용법, 프로젝트 관리 전략에 대한 설명 등 기초부터 고급 자동화 활용까지 실제 사용 관점을 놓치지 않아 학습 효과가 매우 높습니다. CLI 중심의 AI 코딩 생산성을 극대화하려는 개발자에게 강력히 추천합니다. **_이석곤**

이 책은 Claude Code, Codex CLI, Gemini CLI의 기초 설정부터 핵심 기능까지 체계적으로 정리한 훌륭한 가이드입니다. 각 도구의 실제 동작 방식과 설정 방법을 매우 명확하게 정리해준 덕에 시행착오를 크게 줄일 수 있었습니다. 각 도구의 기능이 잘 정리되어 팀이나 프로젝트에 따라 어떤 도구를 도입하는 것이 적절한지 비교·검토하기에도 좋습니다. 읽는 과정에서 팀과 프로젝트, 그리고 개인의 개발 방식에 맞춰 각 도구의 기능을 정리하고 설정 파일을 직접 구성해 본다면 최적의 AI 코딩 환경을 구축하는 데 큰 도움이 될 것입니다. **_이주영**

그동안 AI를 개발 보조 용도로만 활용해 왔는데, 이 책을 읽으면서 AI를 바라보는 시각이 한층 달라졌습니다. Claude Code, Codex CLI, Gemini CLI를 실제 개발 흐름 속에서 어떻게 활용할 수 있는지를 중심으로 설명한 점이 인상적이었습니다. AI에 일을 어떻게 맡기고, 어떤 기준으로 정리해 활용하면 좋은지까지 구체적으로 짚어줘서 이해하는 데 도움이 되었습니다. 무엇보다 토큰 최적화 전략에 대한 설명이 가장 인상 깊었습니다. AI 역시 비용이 드는 도구인 만큼, 실무 도입을 고민하는 개발자라면 반드시 한 번쯤 짚고 넘어가야 할 관점이라고 느꼈습니다. AI를 개발에 어떻게 활용해야 할지 방향을 고민하는 분께 생각의 기준을 잡아주는 책입니다. **_이호철**

처음 Claude Code를 설치하는 과정에서 적지 않은 어려움을 겪었는데, 이 책에서는 설치 방법을 초반부터 차근차근 다뤄서 큰 도움이 되었습니다. 또한, MCP 스코프를 어떻게 설정해야 하는지 이 책을 통해 명확히 알게 되었습니다. 이 책 덕분에 단순하게 사용해 오던 Claude Code가 내부적으로 어떤 방식과 구조로 정보를 저장하는지, 그리고 프롬프트가 길어질수록 컨텍스트 제한에 더 빠르게 도달하게 된다는 사실까지 이해하게 되면서 Claude Code에 대한 이해도가 한층 깊어졌습니다. **_임경륜**

# 책 소개

이 책의 독자층은 매우 다양하고 각자 가진 배경지식과 경험 수준도 다를 수 있습니다. 이에 본격적인 학습에 앞서, 독자 유형별로 책을 효과적으로 활용하는 방법을 간단히 안내합니다.

### IT 경험이 전혀 없다면

IT 경험이 전혀 없는 상태에서 이 책을 읽는다면 주요 용어와 개념을 최대한 풀어서 설명했음에도 내용이 어렵게 느껴질 수 있습니다. 이는 낯선 분야를 처음 접할 때 매우 자연스러운 반응입니다. 이를 극복하는 가장 좋은 방법은 반복 노출로 익숙해지는 것입니다. 영어를 공부할 때 영어권 환경에 자주 노출되어 의사소통을 시도하는 것이 가장 빠른 방법이듯, IT 분야에서도 마찬가지입니다.

처음에는 내용을 완벽히 이해하려고 애쓰기보다 실습은 생략하더라도 책 전체를 한 번 끝까지 훑어보기를 권장합니다. 두 번째 읽을 때는 이해되는 부분부터 실습을 병행하며 살펴봅니다. 이 방법이 처음부터 모든 내용을 완벽히 이해하고 실습까지 하려는 시도보다, 결과적으로 더 많은 것을 배우게 해줍니다.

강의를 보며 질문과 답변을 주고받는 학습 방법도 큰 도움이 됩니다. 관심이 있다면 온라인 강의와 병행해 학습해보기 바랍니다.

- **꼭 익혀야 할 최신 AI: 현존 최강 바이브 코딩**: https://school.fun-coding.org/course/vibecoding

### IT 경험은 있으나 비개발자라면

한 가지 프로그래밍 언어를 배워본 경험은 있지만 스스로 코드를 작성해 다양한 프로그램을 만들어 본 적이 없다면, 학습 체감 난이도는 IT 경험이 없는 독자와 크게 다르지 않습니다.

AI는 매우 광범위한 IT 기술을 전제로 동작하기 때문에 제한적인 경험만으로는 일부 내용이 이해되지 않을 수도 있습니다. 이 경우에도 앞서 소개한 방식과 동일하게 처음에는 실습 없이 전체 흐름을 파악한 뒤, 두 번째 읽을 때 실습을 병행하는 방법을 권장합니다. 다만 기본적인 IT 감각이 있으므로 훨씬 빠르게 내용을 흡수할 수 있을 것입니다.

### 개발자이거나 IT 경험이 충분하다면

두 가지 이상의 프로그래밍 언어를 사용해 보았고, 스스로 코드를 작성해 다양한 프로그램을 개발해본 경험이 있다면, 이 책을 실습 중심으로 바로 활용해도 무리가 없습니다. 터미널 기반 AI 도구의 특성상, 실제로 사용해 보면서 익히는 과정이 학습 효과가 가장 큽니다.

### 더 실전적인 활용을 원한다면

이 책은 터미널 기반 AI 도구의 사용법과 기본적인 활용 흐름에 초점을 맞추고 있습니다. 보다 실전적인 바이브 코딩 방식과 실제 프로젝트 중심의 학습을 원한다면, 잔재미코딩 사이트에서 제공하는 AI 로드맵과 AI 강의도 참고해보기 바랍니다.

### 자료 다운로드

이 책에는 실제 PC에서 직접 실행해볼 수 있는 예제와 자료가 곳곳에 포함되어 있습니다. 다만 책이라는 매체의 특성상 모든 예제를 직접 타이핑해 테스트해야 하는 점이 번거로울 수 있습니다. 이를 보완하기 위해 예제와 실습 자료를 복사해 바로 활용할 수 있도록 별도 자료를 제공합니다.

1. 웹 브라우저에서 다음 주소로 접속합니다.
   - **잔재미코딩(노이먼스랩)**: https://school.fun-coding.org/course/vibecodingbook
2. 회원가입 또는 로그인한 후 페이지 하단의 **자료 다운로드** 링크를 클릭하면 실습 자료를 한 번에 받을 수 있습니다.

터미널 기반 AI 도구와 그에 사용되는 AI 모델은 매우 빠른 속도로 업데이트되고 있습니다. 이러한 변화를 책에 실시간으로 반영하기는 어렵기 때문에 최신 터미널 기반 AI 도구, AI 모델, 개발·데이터 기술 동향을 뉴스레터 형태로 매주 공유하고 있습니다. **잔재미코딩** 사이트에 가입하면 해당 뉴스레터를 받아볼 수 있으니 책의 내용과 함께 최신 정보도 확인하기 바랍니다.

이 책이 독자 여러분의 학습과 실무에 실질적인 도움이 되기를 바랍니다.

# 차례

# Part 1

# AI 터미널 도구와 바이브 코딩의 시작: 개발 방식의 패러다임 전환

이제 개발자는 더 이상 모든 코드를 직접 작성하지 않습니다. AI와 협업하며 코드를 설계하고 실행하는 바이브 코딩의 시대가 도래했습니다.

**Part 1**에서는 이러한 변화의 배경을 살펴보고, AI 터미널 도구의 개념과 환경을 준비합니다. 특히 Claude Code, Codex CLI, Gemini CLI로 대표되는 에이전틱 AI 도구들이 어떤 철학과 구조로 설계되었는지를 이해하는 것이 핵심입니다.

AI가 개발의 파트너가 되는 새로운 코딩 방식의 문을 함께 열어봅시다.

# 1장
# AI 터미널 도구 시대의 도래

AI 터미널 도구로 개발을 시작하기 전에 먼저 세 가지 질문을 던집니다.

- 왜 이런 도구가 필요한가?
- 어떤 도구를 선택해야 하는가?
- 실제로는 어떤 환경에서 작동하는가?

이 장에서는 이러한 질문에 대한 답을 찾으며, AI 터미널 도구가 개발 패러다임을 어떻게 바꾸고 있는지를 살펴봅니다. 특히 인간의 명령을 이해하고 스스로 코드를 작성 및 실행하는 에이전틱 AI의 등장 배경을 정리하고, 각 도구의 철학과 특징을 비교합니다. 또한 이어질 실습을 위한 준비 단계로, 공통 터미널 환경 구성, 도구별 요금제와 플랜 구조까지 차근히 다룹니다.

## 1.1 에이전틱 AI의 시대

최근 몇 년 사이 급속히 부상한 에이전틱 AI는 단순히 질문에 답변하는 수준을 넘어, 스스로 계획을 세우고 실행하며 결과를 관리하는 단계로 진화했습니다. 이제 개발자가 '무엇을 만들고 싶은지'만 명확히 설명하면 AI가 로컬 환경에서 전체 개발 과정을 조율하는 것이 가능해졌습니다.

이 절에서는 이러한 변화의 배경과 핵심 개념을 알아보고 터미널 기반 에이전틱 AI가 개발 방식에 어떤 의미를 가지는지 살펴봅니다.

### 1.1.1 에이전틱 AI란

**에이전틱 AI**(agentic AI)는 사용자의 지시를 입력받은 뒤, 스스로 하위 작업을 분해하고 명령을 실행하며, 필요하면 결과를 검증 및 보완하는 자율형 AI 작업자(autonomous AI agent)를 뜻합니다. 대화형 AI가 요청 → 응답의 짧은 상호작용에 머물렀다면, 에이전틱 AI는 다음과 같은 특성이 추가됩니다.

- **맥락 유지**: 프로젝트의 요구 사항과 중간 산출물을 기억하고 지속적으로 활용
- **장기 실행**: 여러 단계로 구성된 복잡한 업무를 순차적으로 처리
- **환경 제어**: 파일을 읽고 쓰고 실행하며 실제 코드베이스를 조작

이러한 특성 덕분에 개발자는 반복 작업을 AI에 위임하고, 설계, 의사결정, 품질 검증 같은 고차원적 업무에 집중할 수 있습니다. 이처럼 AI와 사람이 자연스럽게 역할을 나누며 개발 흐름을 만들어가는 방식을 **바이브 코딩**(vibe coding)이라고 합니다.

### 1.1.2 터미널 기반 에이전틱 AI를 선택하는 이유

**터미널 기반 에이전틱 AI**(AI 터미널 도구)는 터미널 환경에서 실행하며, 사용자의 목표를 해석해 계획 수립 → 코드 생성 → 수정 → 실행까지 자동으로 수행하는 도구입니다. 이 방식의 가장 큰 장점은 로컬 파일 시스템과 개발 환경에 직접 접근할 수 있어 실제 프로젝트 구조를 그대로 다

룰 수 있다는 점입니다. 또한, 개발자가 이미 익숙한 CLI(Command Line Interface) 기반의 작업 흐름과 자연스럽게 연결된다는 점도 중요한 이점입니다.

터미널 기반 에이전틱 AI가 실무에서 빠르게 자리 잡은 이유는 다음과 같습니다.

- **실제 코드베이스 접근성**: 필요한 파일을 즉시 열람 및 수정하며 전체 구조를 이해하고 조작
- **보안과 통제력**: 로컬 또는 사내 인프라에서 처리하므로 민감한 데이터를 외부 서버로 보낼 필요 없음
- **복잡한 문제 해결**: 폴더 구조, 의존성, 실행 흐름 등을 파악해 자동으로 적절한 위치를 찾아 수정

무엇보다 생산성 향상이 압도적입니다. 실무에서는 "코드는 AI 터미널 도구가 작성하고, 개발자는 설계에 집중한다"는 말이 나올 정도로 개발 역할이 재편되고 있습니다.

### 1.1.3 세 가지 AI 터미널 도구의 특징

에이전틱 AI의 등장과 함께 터미널 기반 개발 도구도 빠르게 발전하고 있습니다. 그중 Claude Code, Codex CLI, Gemini CLI는 서로 다른 철학과 설계 방향을 가진 대표적인 도구입니다. 이 도구들은 모두 개발자가 AI와 협업하는 방식을 크게 확장해 주지만, 각각의 강점은 분명히 다릅니다.

- **Claude Code(클로드 코드)**: Anthropic(앤스로픽)이 개발한 AI 터미널 도구로, 긴 맥락을 이해하고 정교하게 자연어를 처리하는 능력이 강점입니다. 복잡한 프로젝트 구조를 설명하거나 문서를 생성 및 정리하는 등 고차원적 사고와 구조화가 필요한 작업에서 안정적인 성능을 보입니다.
- **Codex CLI(코덱스 CLI)**: OpenAI(오픈AI)의 GPT-5 Codex 모델을 기반으로 한 터미널 도구로, 정확한 구현과 코드 생성, 스펙 준수 능력이 돋보입니다. 엄격한 로직 구현이 요구되는 영역과, 코드 최적화(리펙토링)에 강합니다.
- **Gemini CLI(제미나이 CLI)**: Google(구글)의 Gemini 모델을 터미널 환경에 통합한 도구로, 초대형 컨텍스트 처리와 멀티모달 분석 능력이 특징입니다. 대규모 코드베이스 분석, 문서 비교, 이미지 기반 UI 분석 등 다양한 형식의 정보를 다루는 작업에 유리합니다.

세 도구는 공통적으로 로컬 파일 시스템 접근, 테스트 실행, 코드 분석과 같은 실제 개발 기능을 지원하지만, 설계 방향이 다르기 때문에 작업 성격에 따라 성능 차이가 발생합니다.

**Part 2~4**에서 각 도구를 개별적으로 배우고 익히며, **Part 5**에서 세 도구를 어떻게 함께 활용할 수 있는지 실전 방법을 살펴봅니다.

# 1.2 첫 AI 개발 도구 선택하기 - IDE형 vs 터미널형

AI 개발을 처음 시작할 때 가장 먼저 드는 생각은 “어떤 도구를 선택해야 할까?”입니다. 이 의문에 답하려면 먼저 두 가지 서로 다른 개발 철학, 즉 IDE 기반 도구와 터미널 기반 에이전틱 도구의 차이를 먼저 파악해야 합니다. 이를 이해하면 향후 다른 터미널형 도구도 자연스럽게 받아들일 수 있습니다.

## 1.2.1 철학과 구조

AI 개발 도구는 크게 두 방향으로 발전해 왔습니다.

**1. IDE형(사용자 주도 + AI 보조)**

**개발자가 직접 편집을 주도**하고 AI가 제안, 자동 완성, 리팩터링을 제공하는 방식입니다. 대표적인 IDE형 AI 도구는 Cursor(커서)입니다. Cursor는 VSCode 기반 인터페이스를 사용해 코드 작성 과정이 눈에 보이며, 실시간 편집과 미세 조정에 최적화되어 있습니다. 최근 Cursor는 프로젝트 단위 수정, 자동 리팩터링 등 에이전틱 기능을 빠르게 흡수하며 IDE형과 터미널형의 경계를 넘나드는 하이브리드 도구로 변화하고 있습니다. 그러나 기본 철학은 여전히 ‘사용자가 운전하고 AI는 내비게이션처럼 돕는 구조’에 가깝습니다.

**2. 터미널형(AI 주도 + 자동화 중심)**

Claude Code, Codex CLI, Gemini CLI처럼 **AI가 전체 개발 파이프라인을 주도하는 도구**입니다. 사용자가 목표만 제시하면 AI가 계획을 세우고 파일을 생성, 수정, 실행, 검증까지 자동으로 처리합니다. 이는 ‘목적지만 말하면 AI가 대신 운전해 목적지까지 데려다주는 자율주행’에 비유할 수 있습니다.

## 1.2.2 실전 비교와 활용

두 도구는 경쟁 관계라기보다는 서로의 단점을 보완하는 파트너 관계에 가깝습니다. 다음 표는 실제 개발에서 체감하는 차이를 간단히 정리한 것입니다.

**표 1-1** IDE형 도구와 터미널형 도구 비교

| 구분 | IDE형 도구 | 터미널형 도구 |
|---|---|---|
| 작업 방식 | 실시간 편집 중심 + 프로젝트 단위 자동화 지원 | 계획 → 생성 → 테스트 → 검증까지 전체 파이프라인 자동화 |
| 작업 범위 | 파일 및 모듈 중심 편집(최근에는 프로젝트 전체 수정까지 확장) | 프런트엔드, 백엔드, DB 등 전체 구조를 통합적으로 분석 |
| 오류 처리 | 제안, 자동 패치, 파일 단위 수정 | 테스트, 수정, 재생성까지 자동 처리 |
| 강점 | 시각적 가시성, 빠른 수정, 안정된 편집 경험 | 대규모 변경, 반복 작업, 통합 자동화에 강함 |
| 단점 | 자동화 깊이는 제한적 | 중간 과정이 눈에 보이지 않아 입문자가 쓰기는 어려움 |

두 도구는 함께 사용할 때 더욱 효율적입니다. 예를 들어, 장바구니 기능을 추가하는 상황에서 다음과 같이 활용할 수 있습니다.

**1단계: 터미널형 도구로 큰 틀 생성**

- "장바구니 기능을 추가해줘." → UI, API, 데이터베이스, 테스트까지 전체 구조를 자동 생성

**2단계: IDE형 도구로 세부 조정**

- 버튼 스타일, 간격, 애니메이션 등 화면 요소 미세 조정
- 변경 사항을 비교 화면으로 확인하고, 마음에 들지 않으면 즉시 되돌리기

이처럼 터미널형 도구로 전체 구조를 만들고 IDE형 도구로 화면과 세부 로직을 다듬는 방식은 실무에서도 널리 활용합니다.

## 1.2.3 단계별 접근 전략

입문자가 AI 개발 도구를 익힐 때 가장 자연스러운 경로는 다음의 3단계 작업 흐름입니다.

**1단계: Cursor로 AI 개발 경험하기**

AI 제안, 자동 완성, 리팩터링 등 AI가 보조하는 개발을 빠르게 경험할 수 있습니다. 파일 구조, 코드 편집, 프로젝트 구성 같은 기본 개발기를 쌓기에도 가장 적합합니다.

#### 2단계: Claude Code로 AI 주도 개발하기

Claude Code는 터미널 기반 에이전틱 도구의 대표 예로, 목표만 제시하면 전체 기능을 자동 생성하고 검증합니다. 이를 통해 'AI가 프로젝트 전체를 어떻게 이해하고 움직이는지'를 경험하며 AI 개발의 핵심 과정을 익힐 수 있습니다.

#### 3단계: 병행 사용으로 생산성 극대화하기

앞에서 설명한 것처럼 IDE형과 터미널형은 도구들을 조합할 때 가장 강력합니다.

- Claude Code로 전체 구조 자동 생성
- Codex CLI로 핵심 로직 보완
- Gemini CLI로 대규모 코드 분석, 테스트, 문서 비교
- Cursor로 시각적 조정 및 미세 수정

도구들이 모두 하이브리드화하고 있는 만큼, 상황에 맞게 여러 도구를 선택해 병행하는 역량이 AI 시대의 핵심 경쟁력입니다.

# 2장 AI 개발을 위한 기반 다지기

AI 터미널 도구를 제대로 활용하려면 먼저 작업 환경을 안정적으로 갖추는 일이 중요합니다. 이 장에서는 Claude Code, Codex CLI, Gemini CLI를 원활히 실행하기 위한 터미널 환경을 구축하고, 운영체제별 기본 설정을 단계별로 정리합니다. 더불어 각 도구의 요금제(크레딧 정책)를 비교해 프로젝트 성격과 예산에 맞는 조합을 선택할 수 있는 기준도 함께 제시합니다.

## 2.1 터미널 환경 구축하기

**터미널**(terminal)은 컴퓨터와 대화하는 텍스트 기반 인터페이스입니다. 마우스로 UI를 조작하는 대신 명령어를 입력해 작업을 수행하는 방식이므로 처음에는 다소 낯설게 느껴질 수 있습니다. 그러나 개발자에게 터미널은 가장 강력한 작업 공간입니다. 여러 단계를 거쳐야 하는 작업을 한 줄 명령으로 처리할 수 있고, 반복해야 하는 업무를 손쉽게 자동화할 수 있으며, 프로젝트의 전체 구조를 빠르게 파악할 수 있기 때문입니다.

특히 AI 기반 개발 흐름에서는 터미널이 핵심 도구입니다. GUI 환경보다 명령 실행, 파일 조작, 프로세스 제어가 직관적이며, AI가 시스템을 제어하기에도 가장 적합한 환경이기 때문입니다. 실제로 Claude Code, Codex CLI, Gemini CLI와 같은 AI 터미널 도구는 대부분의 기능이 명령 기반으로 설계되어 있어 터미널 사용 능력이 곧 AI 개발 효율성을 결정짓습니다. 따라서 AI와 함께 개발하는 시대에는 GUI보다 먼저 터미널에 익숙해지는 것이 기본입니다.

이 절에서는 Windows와 macOS에서 터미널 환경을 설정하는 방법과 기본 명령어를 살펴봅니다.

### 2.1.1 Windows와 macOS의 경로 표현 차이

실습에 들어가기 전에 반드시 이해해야 할 개념이 있습니다. 바로 운영체제마다 경로(path)를 표현하는 방식이 다르다는 점입니다. 같은 '문서' 디렉터리라도 Windows와 macOS에서는 다음과 같이 전혀 다른 형태로 나타납니다.

**표 2-1** Windows와 macOS의 경로 표현 비교

| 구분 | Windows | macOS |
|---|---|---|
| 홈 디렉터리 | C:\Users\사용자명 | /Users/사용자명 |
| 문서 | C:\Users\사용자명\Documents | /Users/사용자명/Documents |
| 프로젝트 폴더 | C:\Users\사용자명\Documents\AIProjects | /Users/사용자명/Documents/AIProjects |

정리하면 다음과 같습니다.

- **Windows**: \(백슬래시) 사용, C:와 같은 드라이브 문자로 시작
- **macOS**: /(슬래시) 사용, 루트 디렉터리(/)에서 시작

경로 구조를 정확히 이해하지 못하면 "지정한 디렉터리를 찾을 수 없습니다."와 같은 오류 메시지를 만날 수 있습니다. 따라서 터미널에서는 현재 위치를 먼저 확인하는 습관이 무엇보다 중요합니다.

현재 위치를 확인하는 명령은 다음과 같습니다.

```
Terminal
cd     # Windows
pwd    # macOS
```

- **cd**: Change Directory의 약자, '현재 작업 중인 디렉터리(폴더)를 변경하라'는 의미
- **pwd**: Print Working Directory의 약자, '현재 작업 중인 디렉터리 경로를 출력하라'는 의미

AI 기반 개발에서는 다음 네 가지 작업 흐름을 기본 순서로 삼기를 권장합니다.

❶ 현재 위치 확인(cd 또는 pwd)

❷ 원하는 디렉터리로 이동(cd 디렉터리명)

❸ 이동이 정상적으로 이루어졌는지 다시 확인

❹ 생성, 수정 등 실제 작업 실행

**디렉터리와 폴더 이해하기**

IT 문서에서 **디렉터리**(directory)와 **폴더**(folder)라는 용어가 자주 등장합니다. 표현은 다르지만, 개발에서는 거의 동일한 의미로 사용합니다.

- **디렉터리**: 운영체제가 파일 경로를 관리하기 위해 사용하는 논리적 단위
- **폴더**: 디렉터리를 GUI 환경에서 아이콘 형태로 시각화한 표현

예를 들어, 터미널에서는 /Users/사용자명/Documents 디렉터리로 이동한다고 표현하지만, Windows 파일 탐색기나 macOS Finder에서는 같은 위치를 '문서 폴더'로 표시합니다.

## 2.1.2 Windows에서 터미널 사용 준비하기

Windows에서는 두 종류의 터미널을 기본 제공합니다.

- **명령 프롬프트**: 가장 기본적이고 가벼운 터미널, 입문자 추천
- **PowerShell(파워셸)**: 스크립트 기능과 확장된 명령을 지원, 중급 이상 권장

이 책에서는 **명령 프롬프트를 기준**으로 설명하며, PowerShell에서 명령이 다를 경우 별도로 표기합니다.

### 터미널 실행

1. Windows 작업표시줄 검색창에 **cmd** 입력
2. 명령 프롬프트 클릭
3. 검은색 창에 C:\Users\사용자명〉 형태의 프롬프트 표시

> **용어** **프롬프트**(prompt)란 현재 내가 위치한 디렉터리를 나타내는 부분입니다. 여기에 명령어를 입력하고 Enter 를 누르면 해당 위치를 기준으로 작업이 실행됩니다.

명령을 실행하기 전에는 항상 현재 위치를 확인하세요. 이 습관만으로도 터미널을 사용하며 겪는 대부분의 실수를 예방할 수 있습니다. 디렉터리를 잘못 지정하면 의도치 않은 곳에 파일이 생성되거나 삭제될 수 있습니다.

- **명령 프롬프트**: cd
- **PowerShell**: pwd

### 기본 명령어 실습

AI 터미널 도구를 사용하는 데 필요한 기본 명령어를 간단히 실습해 봅시다. 기본 시작 위치는 홈 디렉터리(C:\Users\사용자명)입니다.

**1. 현재 위치 확인**

```
Terminal
cd      # 명령 프롬프트
pwd     # PowerShell
```

### 2. 디렉터리 이동

```
cd Documents
```

이동 후 cd 또는 pwd로 다시 위치를 확인합니다.

### 3. 디렉터리 생성

```
mkdir AIProjects
```

### 4. 디렉터리 목록 확인

```
dir
```

### 5. 디렉터리 생성 후 이름 변경

```
mkdir TestFolder1
mkdir TestFolder2
move TestFolder1 MyFolder    # 명령 프롬프트(MyFolder가 없을 때만 이름이 변경)
mv TestFolder1 MyFolder      # PowerShell(mv는 Move-Item의 별칭)
```

mv는 PowerShell에서 파일 또는 디렉터리의 이름을 변경하거나 다른 위치로 이동할 때 사용하는 명령어입니다.

### 6. 디렉터리 복사

```
robocopy MyFolder MyFolder_backup /E /I          # 명령 프롬프트
Copy-Item MyFolder MyFolder_backup -Recurse      # PowerShell
cp MyFolder MyFolder_backup -Recurse             # PowerShell(cp는 Copy-Item의 별칭)
```

- **/E**: 하위 디렉터리 전체 복사(비어 있어도 포함)
- **/I**: 대상이 디렉터리라고 자동 판단

**7. 디렉터리 삭제**

```
Terminal
rmdir TestFolder2
```

빈 디렉터리는 rmdir로 삭제합니다. 기존 디렉터리에서 하위 항목까지 모두 삭제하려면 다음과 같이 입력합니다.

```
Terminal
rmdir MyFolder_backup /s /q                  # 명령 프롬프트
Remove-Item MyFolder_backup -Recurse -Force  # PowerShell
rm MyFolder_backup -Recurse -Force           # PowerShell(rm은 Remove-Item의 별칭)
```

- **/s**: 하위 디렉터리와 파일 전체 삭제
- **/q**(quiet): 확인 없이 진행
- **-Recurse -Force**: 하위 항목 포함 강제 삭제

이 명령은 되돌릴 수 없으므로 사용할 때 반드시 주의하세요.

**8. 상위 디렉터리로 이동**

```
Terminal
cd ..
```

cd ..를 여러 번 입력하면 상위 경로로 계속 이동할 수 있습니다.

## 2.1.3 macOS에서 터미널 사용 준비하기

macOS에는 기본 터미널 앱이 내장되어 있지만, 많은 개발자는 더 강력한 기능과 높은 편의성을 제공하는 iTerm2를 선호합니다. 이 책에서도 macOS 실습은 **iTerm2를 기준**으로 설명합니다(iTerm2에서 사용하는 모든 명령어는 macOS 기본 터미널에서도 동일하게 작동합니다).

### iTerm2 설치 및 실행

1. 웹 브라우저에서 iTerm2 공식 사이트(**iterm2.com**)에 접속합니다. 메인 화면에서 **[Download]** 버튼을 클릭해 최신 안정 버전(Stable Release)을 다운로드합니다. 다운로드한 파일은 .zip 형식으로 제공됩니다.

그림 2-1 iTerm2 설치 파일 다운로드

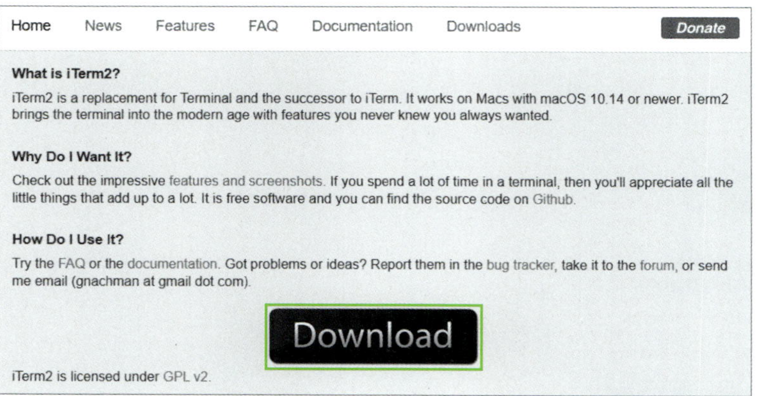


2. 다운로드한 .zip 파일을 더블 클릭해 압축을 풉니다. 압축을 해제한 후 나타난 **iTerm.app** 파일을 **응용 프로그램** 폴더로 드래그해 옮깁니다.

그림 2-2 iTerm2 설치 파일 압축 해제 후 이동

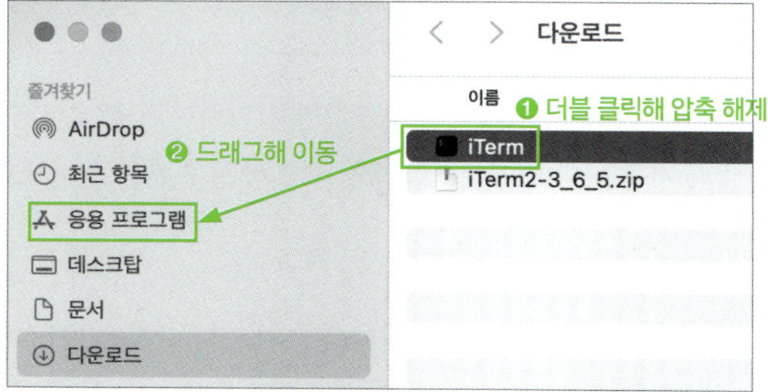


3. iTerm2를 실행하는 가장 빠른 방법은 Spotlight 검색을 사용하는 것입니다. `command` + **스페이스바**를 눌러 Spotlight 검색창을 연 뒤, **iterm**을 입력하고 `Enter`를 누릅니다. 또는 응용 프로그램 폴더에서 iTerm 앱을 더블 클릭합니다.

그림 2-3 Spotlight 검색으로 iTerm2 실행

4. iTerm2를 처음 실행하면 보안 경고가 표시될 수 있습니다. 이는 macOS가 해당 앱의 출처를 확인하는 절차이므로 **[열기]** 버튼을 클릭해 실행합니다.

**그림 2-4** iTerm2 첫 실행 시 뜨는 보안 경고창

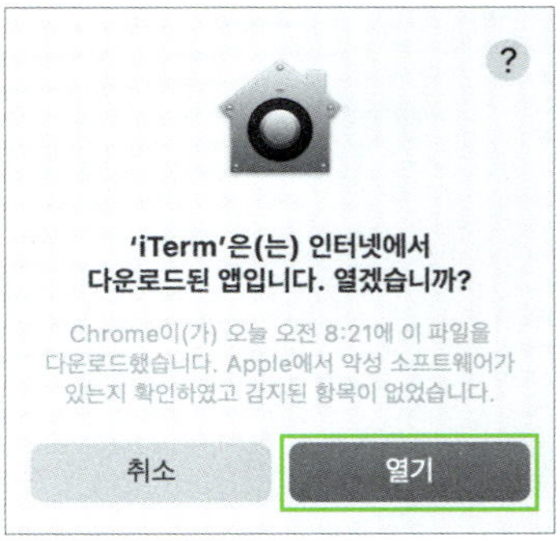

5. iTerm2가 실행되면 다음과 같은 프롬프트가 나타납니다.

```
Terminal
사용자명@컴퓨터명 ~ %
```

여기서 ~(tilde, 틸드)는 홈 디렉터리를 의미합니다. 프롬프트는 현재 위치(디렉터리)를 알려주는 표시이므로 명령을 실행하기 전에 내가 지금 어디에 있는가를 항상 확인하는 습관을 들이세요.

## 기본 명령어 실습

iTerm2에서 기본 명령어를 입력해 macOS의 파일 및 디렉터리를 조작하는 방식을 익혀봅니다. iTerm2 실행 시 기본 위치는 홈 디렉터리(/Users/사용자명)입니다.

### 1. 현재 위치 확인

```
Terminal
pwd
```

작업 중 위치가 헷갈리면 언제든 입력해 현재 위치를 확인하세요.

### 2. 디렉터리 이동

```
Terminal
cd Documents
pwd
```

이동 후 다시 pwd로 위치를 확인합니다. 경로를 잘못 입력하면 전혀 다른 곳에서 작업이 수행될 수 있으므로 항상 확인합니다.

### 3. 디렉터리 생성

Terminal

```
mkdir AIProjects
```

### 4. 디렉터리 목록 확인

Terminal

```
ls
```

### 5. 새 디렉터리로 이동 후 확인

Terminal

```
cd AIProjects
pwd
```

### 6. 여러 디렉터리 생성 및 확인

Terminal

```
mkdir TestFolder1
mkdir TestFolder2
ls
```

### 7. 디렉터리 이름 변경

Terminal

```
mv TestFolder1 MyFolder
ls
```

### 8. 디렉터리 복사

Terminal

```
cp -r MyFolder MyFolder_backup
ls
```

- **-r**(recursive): 하위 파일과 디렉터리까지 모두 포함해 복사

#### 9. 디렉터리 삭제

```
Terminal
rmdir TestFolder2
```

비어 있는 디렉터리는 rmdir로 삭제할 수 있습니다. 기존 디렉터리에서 하위 파일까지 모두 삭제하려면 다음 명령을 사용합니다.

```
Terminal
rm -r MyFolder_backup
ls
```

- **rmdir**: 비어 있는 디렉터리만 삭제
- **rm -r**: 하위 모든 항목까지 모두 삭제

이 명령은 되돌릴 수 없으므로 사용할 때 반드시 주의하세요.

#### 10. 상위 디렉터리로 이동

```
Terminal
cd ..
pwd
```

cd ..를 여러 번 입력하면 상위 경로로 계속 이동할 수 있습니다.

#### 11. 홈 디렉터리로 돌아가기

```
Terminal
cd ~
pwd
```

cd 뒤에 ~를 추가하면 현재 위치와 관계없이 언제든 홈 디렉터리로 이동할 수 있습니다.

### 2.1.4 터미널 명령어 핵심 정리

앞에서는 Windows와 macOS에서 터미널을 실행하고, 디렉터리를 이동, 생성, 복사, 삭제하는 기본 명령어를 실습했습니다. 그 내용을 간단히 정리하면 다음과 같습니다. 처음에는 낯설어도 핵심만 기억하면 대부분의 작업을 안정적으로 수행할 수 있습니다.

### 1. 현재 위치 확인

작업을 실행하기 전에 현재 위치(경로)를 확인하는 습관은 기본 중 기본입니다. 현재 위치를 잘못 잡으면 의도와 다른 경로에서 파일을 생성하거나 삭제하는 실수를 할 수 있으므로 실행하기 전에 반드시 현재 위치를 먼저 확인합니다.

- **명령 프롬프트**: cd
- **PowerShell**: pwd
- **macOS**: pwd

### 2. 작업 기본 순서

터미널에서 작업할 때는 **현재 위치 확인 → 이동 → 다시 확인 → 작업 실행** 네 단계를 기본 순서로 삼습니다. 이 순서만 지켜도 대부분의 실수를 예방할 수 있습니다.

### 3. 디렉터리 이동 명령

- **하위 디렉터리로 이동**: cd 디렉터리명
- **상위 디렉터리로 이동**: cd ..
- **홈 디렉터리로 이동**(PowerShell/macOS에서 공통 지원): cd ~

다음은 Windows 명령 프롬프트, PowerShell, macOS에서 자주 사용하는 기본 명령어와 주요 요소를 정리한 표입니다.

**표 2-2** 터미널 기본 명령어와 주요 요소

| 항목 | 명령 프롬프트 | PowerShell | macOS |
| --- | --- | --- | --- |
| 현재 위치 확인 | cd | pwd | pwd |
| 디렉터리 내용 보기 | dir | ls 또는 dir | ls |
| 디렉터리 생성 | mkdir | mkdir | mkdir |
| 디렉터리 이름 변경 | move | mv | mv |
| 디렉터리 복사 | robocopy /E /I | cp -Recurse | cp -r |
| 디렉터리 삭제(내용 포함) | rmdir /s /q | rm -Recurse -Force | rm -r |
| 경로 구분자 | \(백슬래시) | \(백슬래시) | /(슬래시) |
| 홈 디렉터리 경로 | C:\Users\사용자명 | C:\Users\사용자명 | /Users/사용자명 |

PowerShell은 pwd, ls, mv, cp, rm 같은 Unix 계열 명령어를 별칭으로 지원하므로 Windows

와 macOS를 함께 사용하는 개발자에게 특히 편리합니다.

### 터미널 사용 시 유용한 단축키

터미널을 사용할 때 알아두면 좋은 기본 단축키는 다음과 같습니다.

- **명령 실행 중단**: Ctrl + C
- **이전 명령 불러오기**: 위/아래 화살표 키
- **자동 완성**: 디렉터리나 파일 이름을 일부 입력 후 Tab

특히 Tab 으로 자동 완성하면 오타를 줄이고 경로 입력 시간을 크게 단축할 수 있습니다.

이제 터미널에서 기본 명령어를 사용할 준비가 완료되었습니다. 다음 절에서는 이러한 터미널 환경을 코드 편집기 Cursor와 연결해 AI 터미널 도구(Claude Code, Codex CLI, Gemini CLI)를 함께 사용할 수 있는 개발 환경을 구축해 보겠습니다.

# 2.2 AI 개발을 위한 Cursor 환경 준비하기

터미널에서 생성한 파일을 시각적으로 확인하고 수정할 수 있는 개발 환경(IDE)을 구축해 보겠습니다. AI 터미널 도구만으로도 코드를 생성할 수 있지만, Cursor와 함께 사용하는 것이 훨씬 효율적입니다.

Cursor에 대한 개념은 **1.2절**에서 설명했으므로 이 절에서는 AI 터미널 도구와 함께 쓰기 위한 설치 및 초기 준비 과정에 집중합니다.

## 2.2.1 Cursor 설치하기

Cursor는 무료로 사용할 수 있으며, Windows와 macOS를 모두 지원합니다. 운영체제별 설치 방법은 다음과 같습니다.

### Windows에 설치

**1.** 웹 브라우저에서 Cursor 공식 사이트(**cursor.com**)에 접속합니다. 메인 화면의 **[Download for Windows]** 버튼을 클릭하면 Windows용 설치 파일을 다운로드합니다.

**그림 2-5** Cursor 설치 파일 다운로드

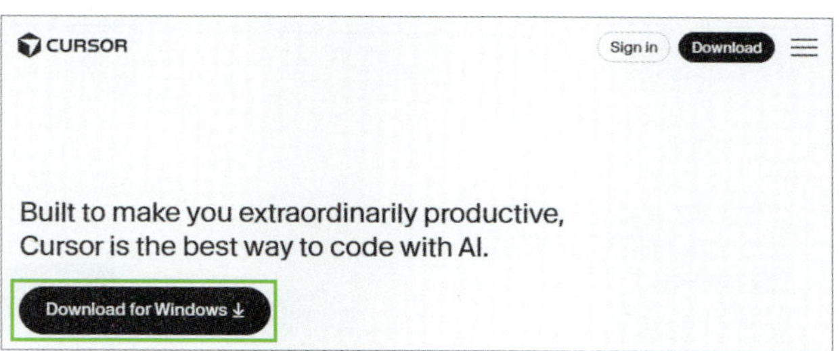


**2.** 다운로드한 파일을 더블 클릭해 설치 마법사를 실행합니다. 화면의 옵션은 기본값을 유지하고 다음 화면에서만 해당 항목을 선택한 후 **[다음]** 버튼을 클릭합니다.

- **사용권 계약**: 동의합니다

- **추가 작업 선택**: Cursor를 지원되는 파일 형식에 대한 편집기로 등록합니다, PATH에 추가

그림 2-6 사용권 계약 및 추가 작업 선택 화면

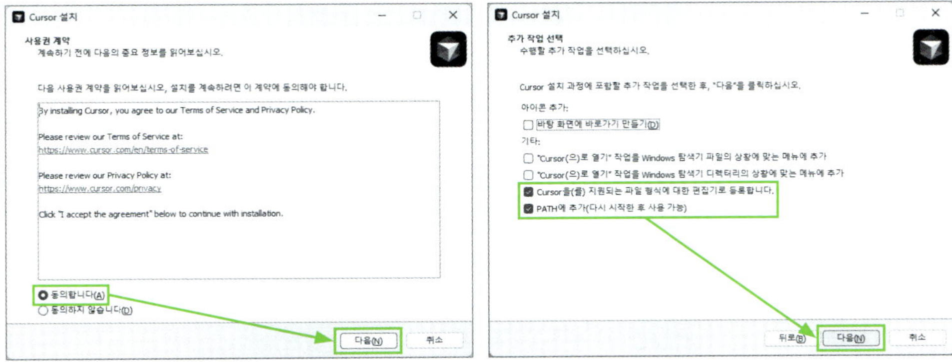


3. 설치 준비가 완료되면 **[설치]** 버튼을 클릭합니다. 설치가 끝나면 **Cursor 실행**에 체크한 후 **[종료]** 버튼을 클릭해 마무리합니다.

그림 2-7 설치 준비 완료 및 설치 마법사 완료 화면

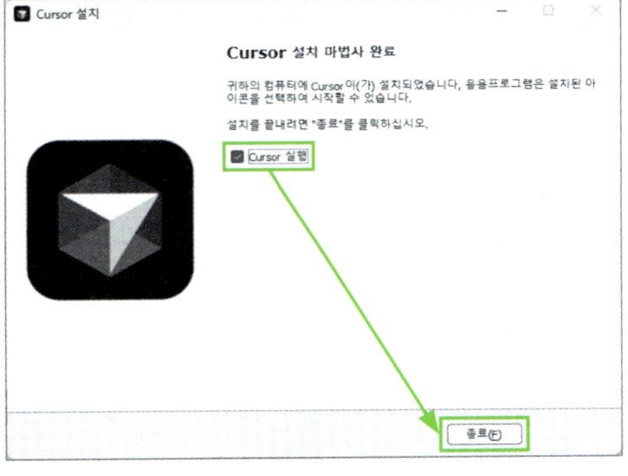


## macOS에 설치

1. 웹 브라우저에서 Cursor 공식 사이트(**cursor.com**)에 접속합니다. 메인 화면의 **[Download for macOS]** 버튼을 클릭해 macOS용 설치 파일을 다운로드합니다.

그림 2-8 Cursor 설치 파일 다운로드

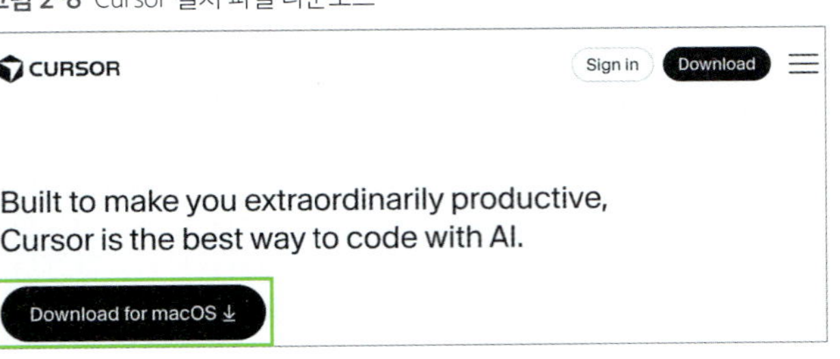

2. 다운로드한 파일을 **응용 프로그램** 폴더로 드래그해 이동하면 설치가 끝납니다.

그림 2-9 Cursor 설치 파일을 응용 프로그램 폴더로 이동

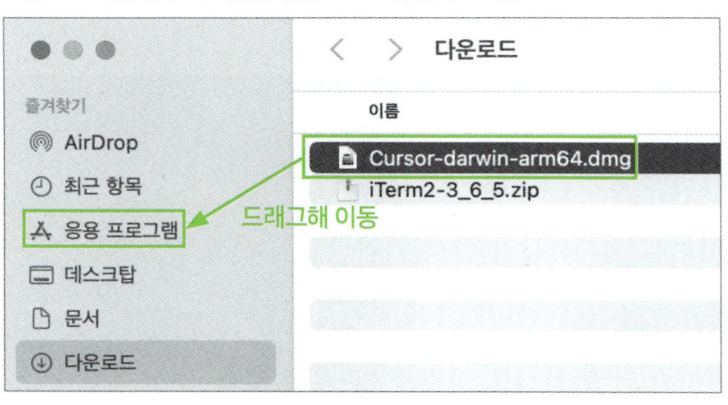


## 2.2.2 Cursor 기본 사용 준비하기

Cursor를 설치했다면 계정을 등록하고 초기 설정을 진행하겠습니다. 실제 프로젝트를 열고, AI 터미널 도구와 연동할 수 있는 기본 환경을 구성합니다. 이 과정은 Windows와 macOS 모두 동일합니다.

### 계정 등록

1. Cursor를 처음 실행하면 다음과 같은 초기 화면이 나타납니다. **[Sign Up]** 또는 **[Log In]** 버튼을 클릭하면 웹 브라우저가 열리고 Google, GitHub 등의 계정으로 회원가입하거나 로그인할 수 있습니다.

그림 2-10 Cursor 초기 화면

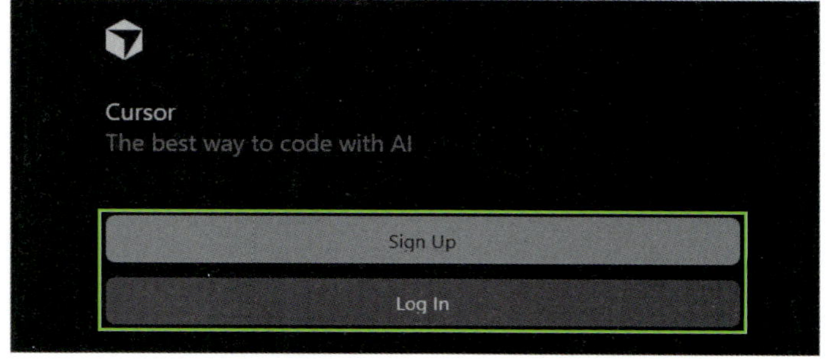

2. 로그인한 후 요금제 선택 화면이 표시될 수 있습니다. Cursor 자체에서 AI를 사용하지 않을 경우 **무료**(Free)로도 충분합니다. 필요한 경우에만 유료 요금제를 선택합니다.

그림 2-11 Cursor 요금제

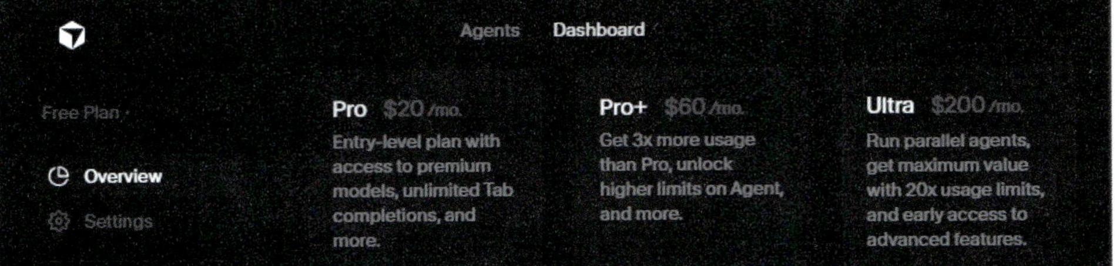


3. 로그인 과정이 완료되면 계정 인증 확인 창이 나타납니다. 정보를 확인한 뒤 **[Yes, Log In]** 버튼을 클릭해 계정을 연결합니다.

그림 2-12 계정 확인

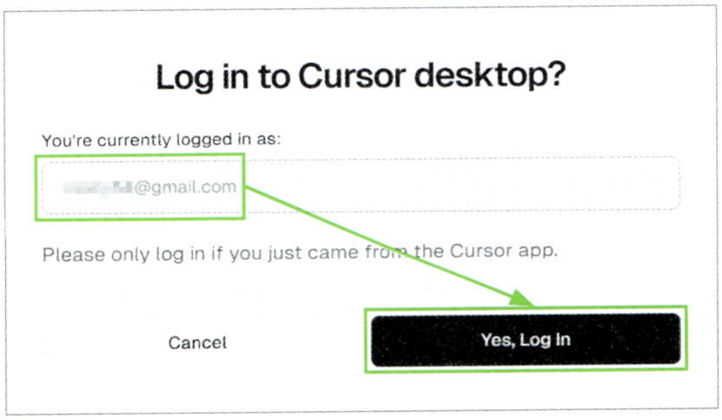

Log in to Cursor desktop?

You're currently logged in as:

@gmail.com

Please only log in if you just came from the Cursor app.

Cancel　Yes, Log In

## 환경 설정

1. 계정을 연결한 후 환경 설정 화면이 나타납니다. 각 항목을 설정한 후 **[Continue]** 버튼을 클릭합니다.

 - **Keybindings**: 키보드 단축키 프로필, 기본값은 **VS Code**, 다른 옵션(Vim, SublimeText 등)으로 변경 가능
 - **Chat Language**: AI 응답 언어 지정, 기본은 영어(English)이며, 한국어(**Korean**)도 가능
 - **Open Cursor from Terminal**: 터미널에서 Cursor를 직접 실행할 수 있도록 CLI 명령을 등록하는 옵션, **[Install]** 버튼을 클릭하면 시스템 경로(PATH)에 cursor 명령이 추가됨

그림 2-13 환경 설정 화면

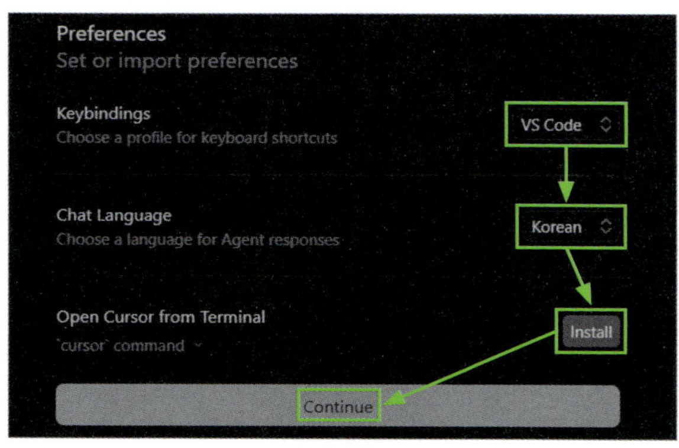


2. 다음으로 화면 구성 및 테마 설정 화면이 나옵니다. 레이아웃은 Cursor의 기본 인터페이스 구조를 나타냅니다. Agent Layout은 대화 중심 화면(Claude, GPT 등과 대화에 집중할 때 사용)이고, IDE Layout은 코드 편집 중심 화면(기본값, 코드 파일 작업에 집중할 때 사용)입니다. 여기서는 **IDE Layout**과 **Light** 테마를 선택하고 **[Continue]** 버튼을 클릭합니다.

그림 2-14 화면 구성 및 테마 설정

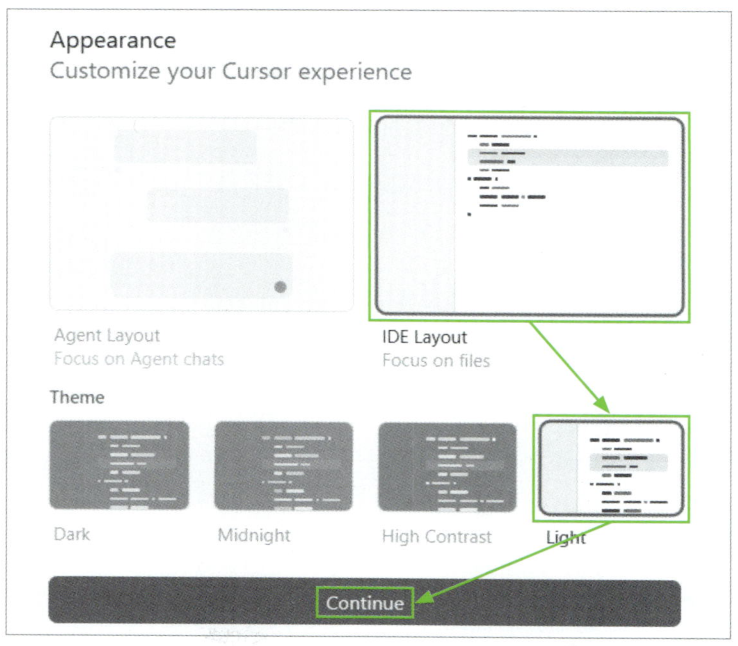

3. Curosr 기능 소개 화면이 나오면 **[Continue]** 버튼을 클릭합니다. 모든 설정이 끝나면 Cursor가 실행되고, 다음과 같은 기본 화면이 표시됩니다.

**그림 2-15** Cursor 기본 화면

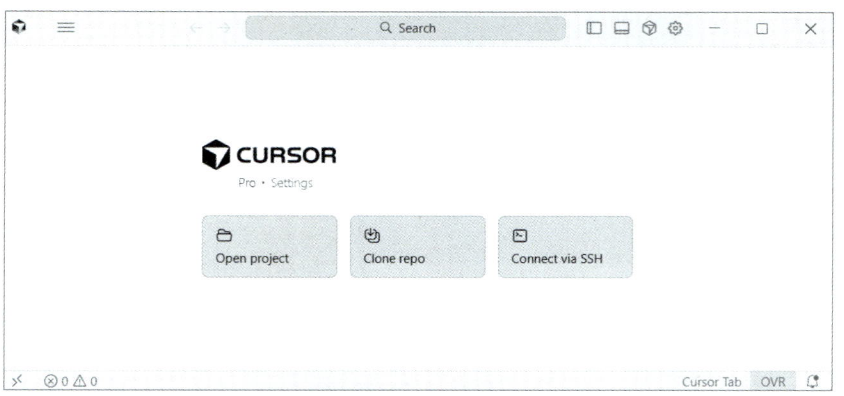


## 프로젝트 폴더 생성

Cursor에서 AI 개발 실습에 사용할 프로젝트 폴더를 만들겠습니다.

1. 원하는 위치에 원하는 이름으로 폴더를 생성합니다. Cursor 상단 메뉴에서 **File → Open Folder**를 선택한 뒤 방금 만든 폴더(AIProjects)를 선택하고 **[폴더 선택]** 버튼을 클릭합니다.

**그림 2-16** 폴더 열기

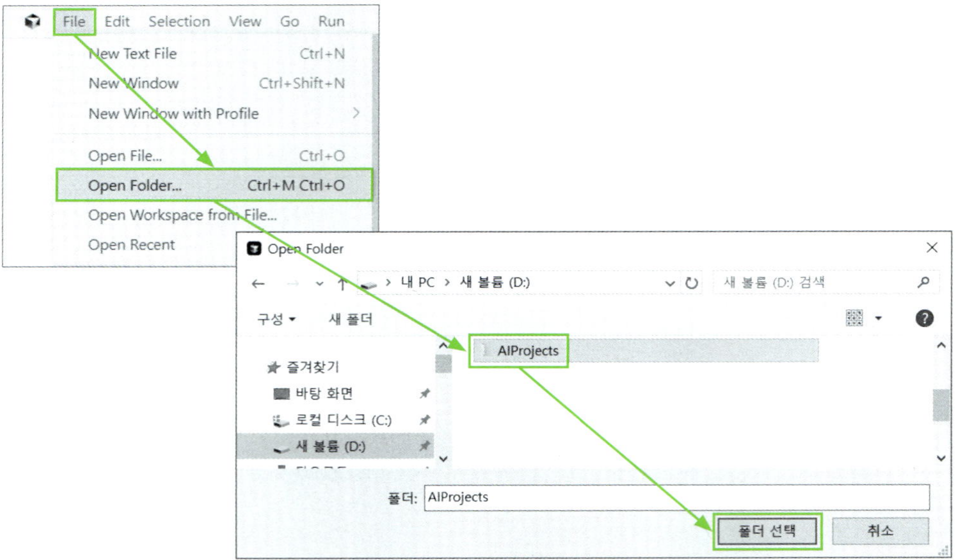

참고

보안 경고 창에서 "Do you trust the authors of the files?" 메시지가 표시되면 **[Yes, I trust the authors]** 버튼을 클릭해 폴더 접근을 허용합니다.

2. 오른쪽 상단에 있는 톱니바퀴 모양 아이콘(Change Layout)을 클릭하면 레이아웃 변경 항목이 보입니다. 이 중에서 **Panel**, **Sidebar**의 토글 버튼을 클릭하면 왼쪽과 아래쪽에 각각 창이 열립니다.

**그림 2-17** 메뉴에서 Panel, Sidebar 선택

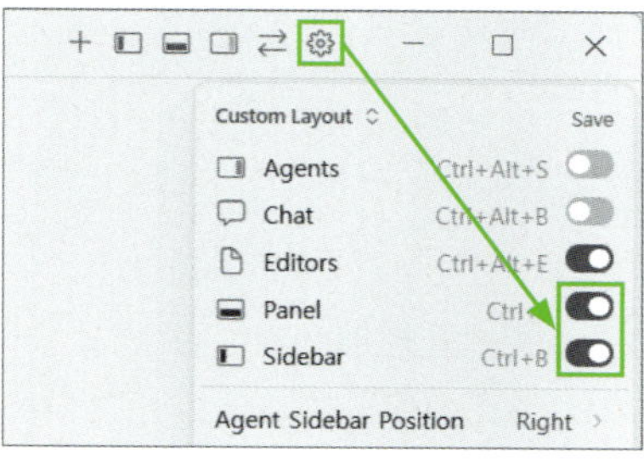


3. 왼쪽 창에는 AIPROJECTS 폴더가 표시됩니다. 폴더 이름에 마우스를 올리면 표시되는 여러 아이콘 중에서 **[New File]** 아이콘을 클릭합니다. 입력란에 파일 이름을 **test.txt**로 입력하고 Enter 를 누릅니다.

**그림 2-18** 새 파일 생성

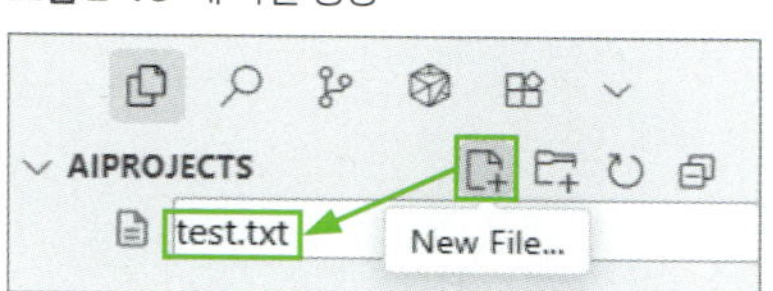


4. 중앙에 test.txt 파일이 열리면 여기에 다음과 같이 간단한 내용을 입력하고 저장(Windows Ctrl + S, macOS command + S)합니다. 파일을 저장하면 탭의 ● 표시가 사라지고 × 아이콘이 나타나는데, 변경 사항이 저장되었음을 의미합니다.

**그림 2-19** test.txt 파일에 내용 입력

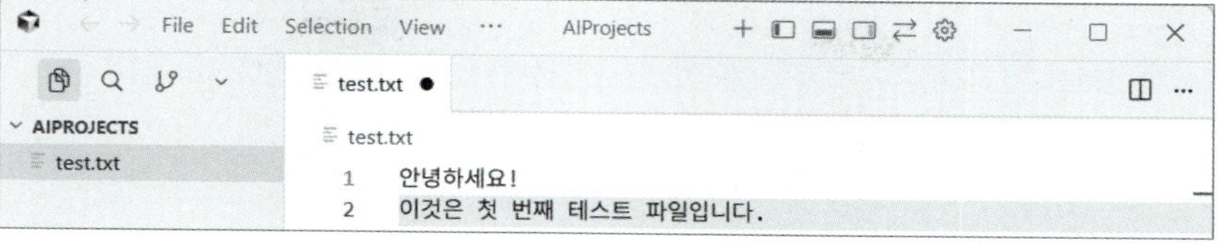

5. 아래쪽에는 터미널 창이 열립니다. 터미널 창에서는 Claude Code와 같은 AI 터미널 도구를 실행할 수 있습니다. AI 도구는 오른쪽에 위치하는 것이 편합니다. 이를 위해 **Terminal** 탭에서 마우스 오른쪽 버튼을 클릭하면 나오는 팝업 메뉴에서 **패널 위치**(Panel Position)를 **오른쪽**(Right)으로 선택합니다.

**그림 2-20** 터미널 창 위치 변경

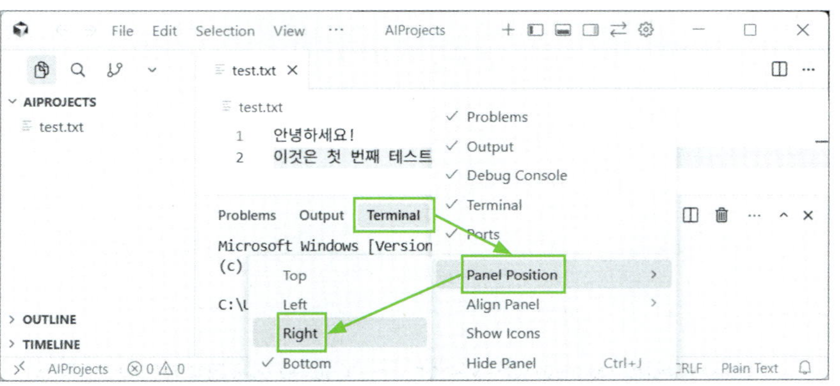


6. 터미널이 프로젝트 폴더에서 실행되는지 확인합니다.

```
cd     # 명령 프롬프트
pwd    # macOS 또는 PowerShell
```

7. 출력되는 경로가 AIProjects 폴더라면 정상적으로 연결된 것입니다.

**그림 2-21** 터미널에서 현재 위치 확인

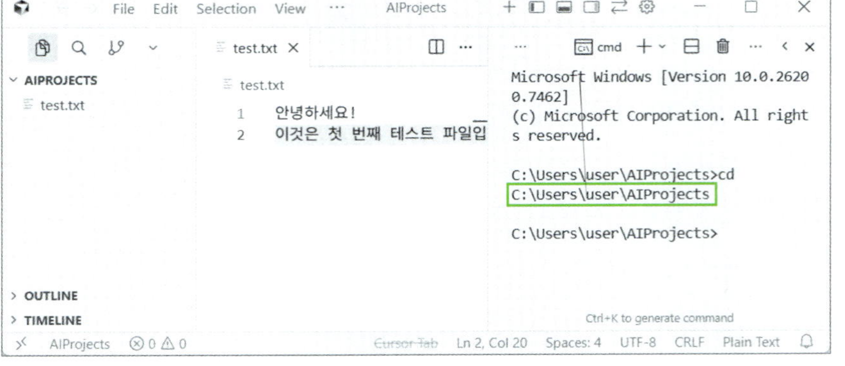

### 2.2.3 Cursor 기본 화면 살펴보기

오른쪽 상단에 있는 톱니바퀴 모양 아이콘을 클릭해 나온 항목들의 토글 버튼을 모두 클릭해 창을 열면 다음과 같이 Cursor 화면이 구성됩니다. 실제 사용할 때는 필요한 항목만 켜도 됩니다.

그림 2-22 Cursor의 화면 구조

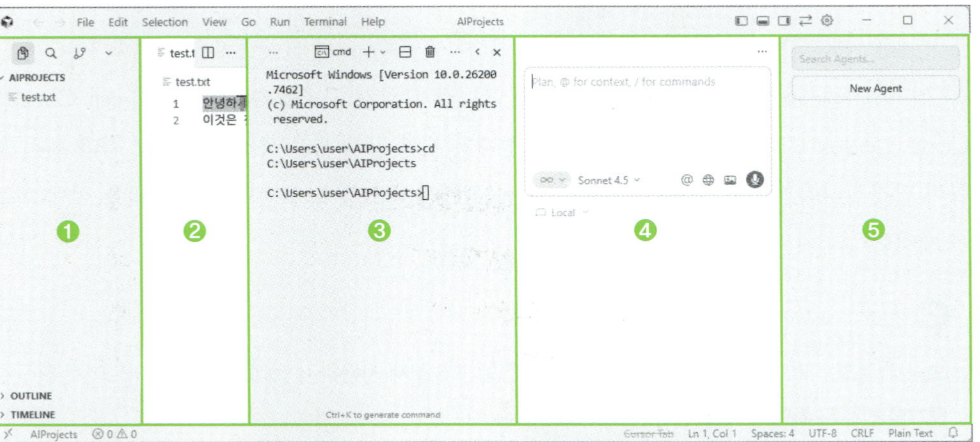


❶ **파일 탐색기(explore)**: 프로젝트 폴더 내부의 구조를 트리(tree) 형태로 보여주는 영역입니다. 새 파일 및 폴더 생성, 기존 파일 열기, 파일 이름 변경 등 파일 관리 작업을 수행할 수 있습니다.

❷ **편집기(editor)**: 코드를 작성하고 수정하는 핵심 공간입니다. 여러 파일을 동시에 열면 상단 탭으로 구분되며, 각 탭은 독립적으로 편집할 수 있습니다. AI가 제안한 코드 변경사항도 이 편집기 영역에 표시됩니다.

❸ **터미널(terminal)**: 프로젝트 내부에 설치된 개발 도구를 실행하거나 AI 터미널 도구(Claude Code, Codex CLI, Gemini CLI)를 직접 실행하는 공간입니다.

❹ **AI 패널(AI 대화창)**: Cursor의 대표적인 기능으로, Claude, GPT, Gemini 등 연결된 AI 모델과 대화하며 코드를 생성하거나 수정할 수 있는 공간입니다. 코드 설명 요청, 버그 분석, 리팩터링, 테스트 코드 생성 같은 작업을 자연어로 요청할 수 있습니다. 필요할 경우 이 패널은 닫거나 위치를 변경할 수 있습니다.

❺ **Agent 패널**: 독립적인 AI Agent를 관리하는 공간입니다. 여러 에이전트를 검색해 전환하거나, [New Agent] 버튼을 클릭해 새 에이전트를 생성할 수 있습니다. AI 패널(❹ 영역)과 별개로 더 복잡한 작업을 자율적으로 수행하는 백그라운드(background agent)를 이곳에서 관리합니다.

## 2.3 도구별 요금제 비교하기

AI 터미널 도구를 선택할 때는 모델 성능뿐 아니라 요금제 구조를 이해해야 합니다. Claude Code, Codex CLI, Gemini CLI는 제공 형태가 서로 달라 사용 목적과 예산에 따라 최적 조합이 달라집니다. 이 절에서는 각 도구의 요금 체계를 비교해 프로젝트 특성에 맞는 선택 기준을 제시합니다.

참고

요금제 구조는 2025년 12월 기준으로 작성되었습니다. 실제 사용하기 전에 각 공식 사이트에서 최신 정보를 반드시 확인하세요.

- **Claude Code**: https://claude.com/pricing
- **Codex CLI**: https://openai.com/api/pricing
- **Gemini CLI**: https://ai.google.dev/gemini-api/docs/pricing

### 2.3.1 Claude Code 요금제

Claude Code는 구독제(월 정액)와 API 종량제(토큰 기반) 두 가지 결제 방식을 제공합니다. 상시 사용자라면 구독제가 더 저렴하고, 간헐적 사용자나 대규모 요청만 할 경우 API 종량제가 유리합니다.

**1. 구독제**

주간 사용량 제한이 있으며, 매주 자동 초기화됩니다. Pro나 Max는 대규모 코드 분석을 자주 수행하는 사용자를 위한 고성능 플랜입니다.

표 2-3 Claude Code 구독제

| 플랜 | 요금 | 특징 |
|---|---|---|
| Pro | $20/월 또는 $17/월(연간 결제 시) | 일상적인 코딩에 충분 |
| Max | $100/월(5x) 또는 $200/월(20x) | 대규모 프로젝트, 장시간 코딩에 최적 |
| Team(Standard) | $30/월 또는 $25/월(연간 결제 시) | 최소 5명 필요, 스타트업이나 중소 팀 대상 |
| Team(Premium) | $150/월 | 최소 5명 필요, 개발팀을 위한 고급 기능 |

### 2. API 종량제

사용한 토큰 단위로 과금됩니다.

표 2-4 Claude Code API 종량제

| 모델 | 입력 토큰 | 출력 토큰 | 특징 |
|---|---|---|---|
| Claude 4.5 Sonnet | $3/1M 토큰(200K 이하) | $15/1M 토큰 | 코드 분석, RAG 등 범용 고성능 |
| Claude 4.5 Opus | $5/1M 토큰 | $25/1M 토큰 | 최고 성능, 복잡한 작업에 최적 |
| 코드 실행 세션 | 하루 50시간 무료 후 $0.05/시간 | - | API 코드 실행 도구 사용 시 과금 |
| 웹 검색 | $10/1,000회 검색 | - | 입출력 토큰 비용 별도 |

**용어** **토큰**(token)은 AI 모델이 텍스트를 이해하고 처리할 때 사용하는 기본 단위입니다. 입력 문자열이 길어질수록 사용하는 토큰 수와 비용도 함께 증가합니다.

## 2.3.2 Codex CLI 요금제

Codex CLI는 ChatGPT 구독 플랜에 포함되어 있으며, 별도 과금 없이 사용량 제한 내에서 사용할 수 있습니다.

표 2-5 ChatGPT 구독 플랜

| 플랜 | 요금 | 특징 |
|---|---|---|
| Plus | $20/월 | 가벼운 코딩 작업, 학습용 |
| Pro | $200/월 | 대규모/다중 프로젝트용 |
| Business | $30/월(사용자당) | 조직용(2명 이상 사용자), 관리 기능 포함 |

OpenAI API를 직접 사용할 경우 다음 요금이 적용됩니다.

**표 2-6** GPT-5 계열 API 요금

| 모델 | 입력 토큰 | 출력 토큰 | 특징 |
|---|---|---|---|
| GPT-5.2 | $1.75/1M | $14/1M | 코딩 및 에이전트 작업 최적 모델 |
| GPT-5.2 pro | $21/1M | $168/1M | 고정밀/고성능 버전 |
| GPT-5 mini | $0.25/1M | $2/1M | 빠르고 저렴한 버전, 비용 효율형 |
| GPT-5 nano | $0.05/1M | $0.4/1M | 요약 및 분류 작업에 적합, 가장 저렴하고 가벼운 버전 |

### 2.3.3 Gemini CLI 요금제

Gemini CLI는 가장 관대한 무료 사용 범위를 제공합니다. 개인 사용자는 무료 티어만으로도 충분히 실무 테스트가 가능합니다. 개인용 Google 계정으로 로그인했을 때 하루 1,000개 요청, 분당 60개 요청을 무료로 제공합니다.

#### 1. 구독제

Gemini 앱 사용과 CLI 활용을 병행하는 사용자에게 적합한 정액제 모델입니다. 구독 시 CLI의 일일 요청 한도가 상향됩니다.

**표 2-7** Gemini CLI 구독제

| 구분 | 요금 | 특징 |
|---|---|---|
| Google AI Pro | $19.99/월 | CLI 일일 1,500개 요청/분당 120개 요청으로 상향, Gemini 3 Pro 모델 접근 권한 |
| Google AI Ultra | $249.99/월 | CLI 일일 2,000개 요청/분당 120개 요청, Gemini 3 Pro Deep Think 포함 최상위 모델 제공 |

#### 2. API 종량제

대량의 데이터를 처리하거나 요청 횟수에 제한 없이 사용하고 싶을 때 선택하는 방식입니다. 사용한 **토큰** 단위로 과금됩니다.

**표 2-8** Gemini CLI API 종량제

| 구분 | 입력 토큰 | 출력 토큰 | 특징 |
|---|---|---|---|
| Gemini 2.5 Pro | $1.25/1M | $10.00/1M | 코딩, 복잡한 추론, 긴 문맥 분석 작업에 최적화 |
| Gemini 3 Flash | $0.50/1M | $3.00/1M | 2.5 Pro급 성능, 3배 빠른 속도 |
| Gemini 3 Pro | $2.00/1M | $12.00/1M | 200K 토큰 이하, 범용 고성능 추론 |
| Gemini 3 Pro | $4.00/1M | $18.00/1M | 200K 토큰 초과, 긴 문서/코드 분석 최적화 |

### 2.3.4 사용자 유형별 추천 플랜 및 비용 전략

AI 터미널 도구는 사용 목적, 작업 규모, 예산에 따라 선택 기준이 크게 달라집니다. 사용자 유형별로 효율적인 플랜 조합을 표로 정리했습니다.

표 2-9 사용자 유형별 추천 플랜

| 사용자 유형 | 추천 도구/플랜 | 이유 |
|---|---|---|
| 입문자/취미 개발자 | Gemini CLI 무료 티어 | 가장 관대한 무료 사용량 제공, 초기 비용 부담 없음 |
| 전문 개발자 | Claude Code Pro 또는 Max | 장시간 코딩, 대규모 분석, 정교한 코드 작업에 안정적 |
| 팀/스타트업 | Claude Code Team 또는 OpenAI Team/Business | 팀 관리 기능, 권한 설정, 협업 기능 제공 |
| 엔터프라이즈 | 각 도구의 Enterprise 플랜 | 보안, 감사 로그, 컴플라이언스 등 기업 환경 요구 반영 |

AI 터미널 도구 사용량은 누적되기 때문에 비용을 관리하는 전략을 초기에 세우면 효율성을 크게 높일 수 있습니다. 다음 네 가지 전략을 추천합니다.

**1. 무료 티어 최대 활용**

Gemini CLI를 먼저 사용해 자신의 작업 패턴과 실제 필요 용량을 파악합니다.

**2. 하이브리드 전략 운영**

가벼운 작업은 Gemini CLI로 진행하고, 초기 프로토타이핑, 문서 생성, 정밀 코드 생성은 Claude Code 또는 Codex CLI로 진행하는 등 역할을 분리합니다.

**3. 사용량 모니터링 및 최적화**

불필요한 LLM 호출 줄이기, 로컬 캐시를 활용해 프롬프트 재사용하기 등으로 비용을 안정적으로 관리합니다.

**4. 팀 플랜 적극 활용**

팀 단위 개발에서는 개인별 구독보다 팀 플랜 구독이 더 경제적이며, 권한 관리, 프로젝트 공유, 정책 기준 통일 등의 장점도 함께 제공합니다.

AI 터미널 도구 입문자에게는 다음 순서를 권장합니다.

❶ Gemini CLI 무료 티어로 시작

❷ 1개월간 자신의 사용 패턴 분석

❸ Claude Code와 Codex CLI 구독 및 사용량에 따른 플랜 업그레이드

이 방식은 초기 비용 부담을 최소화하면서도 실제 작업량에 기반해 가장 적합한 도구 조합을 선택할 수 있다는 장점이 있습니다.

AI 개발에서 중요한 것은 '가장 강력한 도구'를 선택하는 것이 아니라, 자신의 작업 방식과 예산에 맞는 환경을 안정적으로 구축하는 것입니다. 이제 터미널과 Cursor 기반 개발 환경이 준비되었으므로 각 AI 터미널 도구를 실제로 설치하고 사용해보며 본격적인 AI 개발 실습을 시작하겠습니다.

Part 2

# Claude Code 완전 정복: 계획·자동화로 완성하는 AI 개발 시스템

**Part 2**에서는 Claude Code의 기능을 기초부터 고급까지 단계적으로 익히며, 실제 프로젝트에 바로 적용할 수 있는 에이전틱 개발 흐름을 구축합니다. **Part 1**에서 살펴본 바이브 코딩 철학을 기반으로 반복 작업을 자동화하고 '계획 - 실행 - 검증'의 개발 루프를 짧게 만드는 방법에 초점을 맞춥니다.

Claude Code는 AI 터미널 도구 중에서도 가장 안정적으로 자동화 기능을 제공하기 때문에 본격적인 AI 기반 개발 문화를 체득하는 데 가장 좋은 출발점입니다.

# 3장 Claude Code 시작하기

이 장에서는 Claude Code를 설치하고 인증을 완료해 터미널 기반 개발 환경에서 즉시 실행할 수 있는 실전용 개발 기반을 구축합니다. Claude Code를 설치한 후에는 정상 동작 여부를 점검하고, 구독 방식과 API 방식의 차이를 비교해 사용 목적에 맞는 인증 방법을 선택할 수 있도록 안내합니다. 아울러 이후 장에서 다룰 실행 모드, 퍼미션(권한 모델), YOLO 모드, Extended Thinking 기능을 활용하기 위한 필수 설정도 함께 준비해 Claude Code의 전체 기능을 완전하게 활용할 수 있는 기반을 마련합니다.

## 3.1 Claude Code 실행 환경 준비하기

Claude Code를 터미널에서 안정적으로 실행하려면 운영체제별 터미널 환경과 함께 Node.js(npm 설치 시 필요), Git(Windows에서), 그리고 Anthropic 계정이 필요합니다. 이 절에서는 필수 도구 설치 → Claude Code 설치 → 로그인 및 인증의 순서로 실행 환경을 준비합니다.

이 책에서 권장하는 기본 개발 환경은 다음과 같습니다.

- 명령 프롬프트 또는 PowerShell(Windows), Terminal 또는 iTerm2(macOS)
- Node.js 22 이상(LTS 버전)
- Git(프로젝트 버전 관리 및 Claude Code 일부 워크플로에서 필요, Windows에서는 별도 설치 필수)
- Anthropic 계정(claude.ai 로그인)

### 3.1.1 Node.js 설치하기

Node.js는 Claude Code가 동작하는 데 필요한 JavaScript 런타임입니다. 현재 Claude Code는 Node.js 18 이상을 요구하며, 이 책에서는 안정성과 최신 기능 지원을 위해 Node.js 22 이상을 권장합니다.

#### Node.js 설치

설치 과정은 Windows와 macOS에서 거의 동일합니다.

1. 웹 브라우저에서 Node.js 공식 다운로드 페이지(**nodejs.org/ko/download**)에 접속해 운영체제에 맞는 설치 파일(LTS 권장)을 내려받습니다.

**그림 3-1** 운영체제별 설치 파일 다운로드

또는 x64 아키텍처가 실행 중인 Windows 환경에서 미리 빌드된 Node.js®를 다운로드하세요.
Windows 설치 프로그램 (.msi) | Standalone Binary (.zip)

Windows

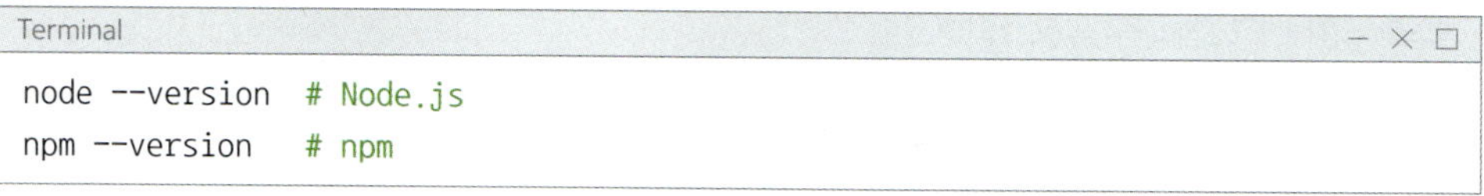

macOS

2. 내려받은 설치 파일을 더블 클릭해 실행하고, 다음 옵션으로 설치를 진행합니다.

- **라이선스**: 동의 체크(Windows), [계속] 버튼 클릭 후 [동의] 버튼 클릭(macOS)
- **설치 위치**: 기본 경로 유지
- **설치 옵션**: 기본값 유지
- **Tools for Native Modules**(Windows): 체크 해제
- **[Install]**(Windows) 또는 **[설치]**(macOS) 버튼 클릭
- macOS는 설치 중 관리자 암호 입력 필요

3. 설치가 끝나면 **[Finish]**(Windows) 또는 **[닫기]**(macOS) 버튼을 클릭해 설치 마법사를 종료합니다.

**그림 3-2** Node.js 설치 완료

## Node.js와 npm 버전 확인

설치가 정상적으로 완료되었는지 확인해 봅시다. 운영체제에 맞는 터미널을 실행해 다음 명령을 입력합니다.

```
node --version  # Node.js
npm --version   # npm
```

**용어** **npm**(Node Package Manager)은 Node.js에서 사용하는 패키지(라이브러리)와 도구를 설치하고 관리하는 프로그램입니다. Claude Code, Codex CLI, Gemini CLI 같은 AI 터미널 도구도 내부적으로 Node.js 패키지를 활용합니다. 따라서 Node.js 환경에서 개발하려면 npm은 필수 구성 요소입니다. Node.js를 설치하면 npm도 함께 자동으로 설치됩니다.

버전 번호가 표시되면 정상적으로 설치된 것입니다(설치 시점에 따라 책과 버전이 다를 수 있습니다).

그림 3-3 버전 확인

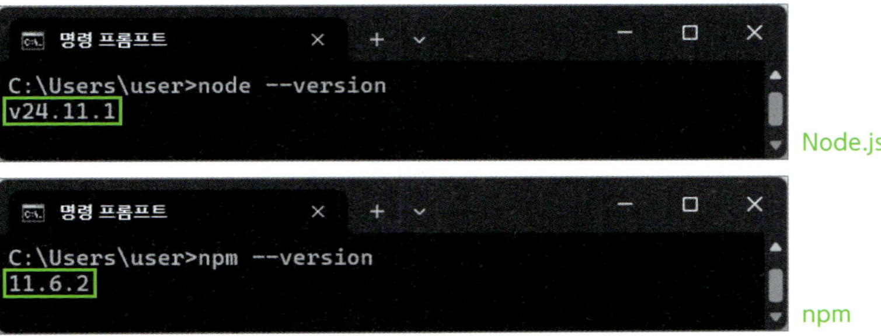


설치 직후 버전이 표시되지 않으면 터미널을 완전히 종료한 후 다시 실행합니다. 그래도 여전히 표시되지 않으면 컴퓨터를 재시작합니다. 계속 실패할 경우 PATH 문제일 수 있으므로 Node.js를 재설치합니다.

### Node.js 버전 관리를 위한 nvm 활용

프로젝트마다 요구하는 Node.js 버전이 다를 수 있습니다. 이럴 때는 nvm(Node Version Manager)을 사용하면 여러 버전을 쉽게 설치하고 전환할 수 있습니다. 운영체제별 사용 방식은 다음과 같습니다.

Terminal

```
# Windows
nvm install 22.0.0
nvm use 22.0.0
# macOS/Linux
nvm install 22
nvm use 22
```

nvm을 사용하면 프로젝트별로 필요한 Node.js 버전을 깔끔하게 분리해 사용할 수 있어 다양한 환경을 다루는 개발자에게 매우 유용합니다.

## 3.1.2 Git 설치하기

**Git**(깃)은 코드 버전을 관리하는 도구로, Claude Code가 생성 및 수정한 파일의 이력을 추적하고 프로젝트 작업 기록을 관리할 때 반드시 필요합니다. Windows에서는 Claude Code를 설치하기 전 필수로 설치해야 하지만, macOS에서는 필수는 아니므로 Claude Code가 설치되지 않을 때만 참고합니다.

### Windows에 설치

1. 웹 브라우저에서 Git 페이지(**git-scm.com/install/windows**)에 접속합니다. **Click here to download**를 클릭합니다. ARM 기반 PC라면 Git for Windows/ARM64를 선택합니다.

**그림 3-4** Git 설치 파일 다운로드

2. 다운로드한 설치 파일(.exe)을 더블 클릭합니다. 설치 마법사가 시작되면 대부분 설정은 기본값을 그대로 둔 채로 **[Next]** 버튼을 클릭합니다. 기본 브랜치 이름 설정 화면이 나오면 **Override the default branch name for new repositories**를 선택해 초기 브랜치 이름을 **main**으로 직접 지정하고 **[Next]** 버튼을 클릭합니다.

**그림 3-5** 초기 브랜치 이름 지정

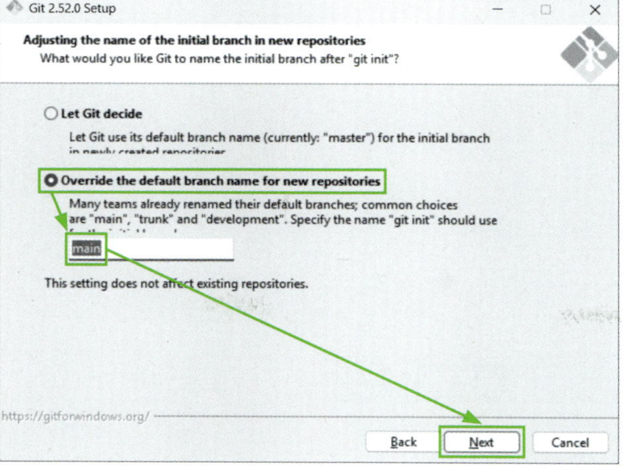

3. PATH 환경 변수 설정 화면이 나오면 **Git from the command line and also from 3rd-party software**를 선택하고 **[Next]** 버튼을 클릭합니다. 이 설정을 권장하는 이유는 그래야 Cursor, Claude Code 등 개발 도구(3rd-party software)에서도 Git을 바로 사용할 수 있기 때문입니다.

**그림 3-6** PATH 환경 변수 설정

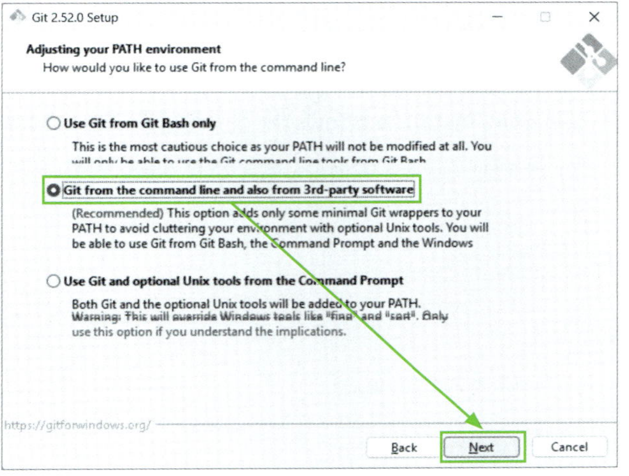


4. 이후 화면에서는 기본값을 그대로 둔 채 **[Next]** 버튼을 클릭합니다. **[Install]** 버튼이 나오면 클릭해서 설치를 시작합니다. 설치가 끝나면 **[Finish]** 버튼을 클릭해 설치 마법사를 종료합니다.

**그림 3-7** Git 설치 완료

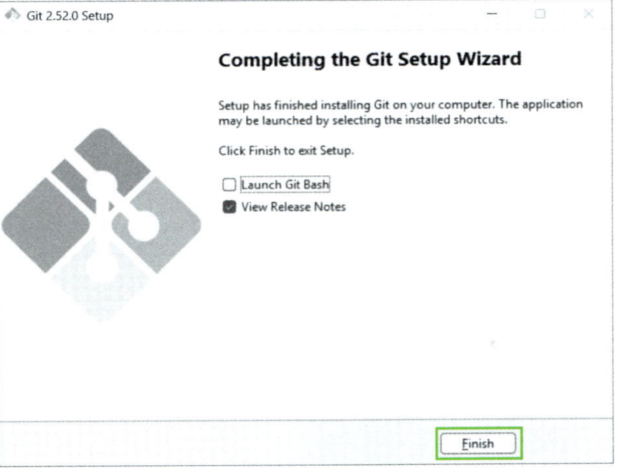

5. 터미널을 열고 다음 명령을 실행합니다.

```
Terminal
git --version
```

버전 번호가 표시되면 Git이 정상 설치된 것입니다(설치 시점에 따라 버전은 책과 다를 수 있습니다).

그림 3-8 Git 버전 확인

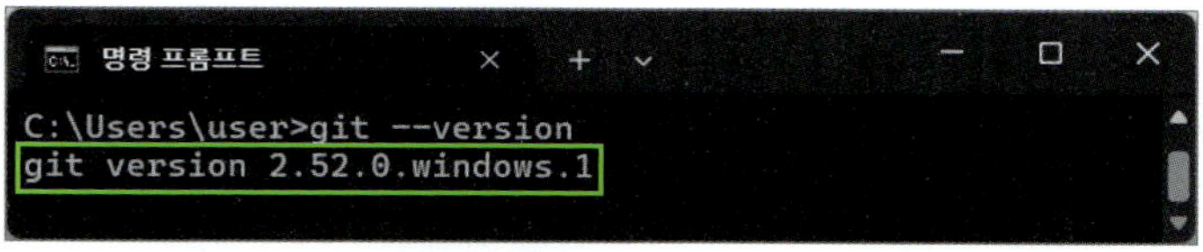

```
명령 프롬프트
C:\Users\user>git --version
git version 2.52.0.windows.1
```

설치한 후 버전이 바로 인식되지 않는다면 터미널을 완전히 닫고 새로 열거나 Windows를 재부팅하세요.

### macOS에 설치

macOS에서는 Claude Code를 설치할 때 Git이 필수는 아닙니다. Claude Code가 설치되지 않을 때만 참고하세요.

1. 터미널을 열고 다음 명령을 입력합니다.

```
Terminal
git --version
```

버전 번호가 출력되면 Git이 정상적으로 설치된 상태입니다. 'command not found'나 'no developer tools were found...' 메시지가 표시되면 Git이 설치되지 않은 상태입니다.

2. Git이 설치되지 않은 경우 다음 명령으로 Command Line Tools를 설치합니다.

```
Terminal
xcode-select --install
```

**Command Line Tools**(CLTools)는 macOS에서 개발에 필요한 명령줄 기반 도구 모음입니다. Git을 포함해 macOS 개발에 필요한 기본 명령줄 도구들이 함께 설치됩니다.

3. 설치한 후 다시 `git --version` 명령으로 버전을 확인하세요.

> **참고**
>
> Linux는 배포판에 따라 설치 명령이 다르지만, 가장 일반적인 Ubuntu 계열은 다음과 같습니다. 설치한 후에는 git --version으로 정상 동작을 확인합니다.
>
> Terminal
> ```
> sudo apt update
> sudo apt install git -y
> ```

## 3.1.3 Claude Code 설치하기

Node.js와 Git 설치가 끝났다면 이제 Claude Code를 설치할 차례입니다. Claude Code는 Windows와 macOS 모두 동일한 명령으로 설치할 수 있습니다. 설치하기 전에 반드시 새로운 터미널 창을 열어주세요. 이전에 열어둔 터미널은 PATH 정보가 갱신되지 않아 설치 명령이 실패할 수 있습니다.

1. 터미널에 다음 명령을 입력합니다.

Terminal
```
npm install -g @anthropic-ai/claude-code
```

-g 옵션은 전역(global) 설치를 의미하며, 이 옵션으로 설치하면 어느 디렉터리에서든 claude 명령을 실행할 수 있습니다.

2. 설치가 끝나면 버전을 확인합니다.

3. 버전 번호가 표시되면 정상적으로 설치된 것입니다(설치 시점에 따라 버전은 책과 다를 수 있습니다).

그림 3-9 Claude Code 버전 확인

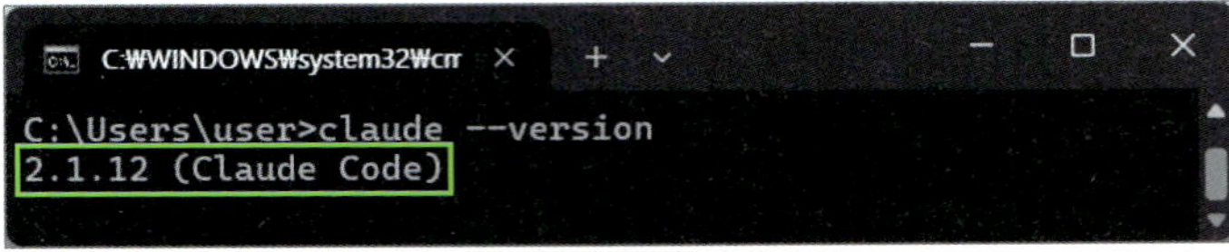

### 문제 해결 가이드

Claude Code를 설치할 때 다음과 같은 오류가 발생할 수 있습니다.

```
Error: EACCES: permission denied, access '/usr/local/lib/node_modules'
```

이 오류는 전역 설치 경로에 대한 쓰기 권한이 없는 경우 발생합니다. 운영체제별 해결 방법은 다음과 같습니다.

**1. Windows**

작업표시줄의 검색창에서 명령 프롬프트를 검색합니다. 명령 프롬프트 아이콘에 마우스 커서를 올리고 오른쪽 버튼을 클릭합니다. 메뉴가 뜨면 **관리자 권한으로 실행**을 선택합니다. 새 창에서 다시 설치 명령을 실행합니다.

**2. macOS/Linux**

전역 설치 위치에 관리자 권한이 필요하므로 sudo로 실행합니다. 암호를 입력하면 설치가 정상 진행됩니다.

```
sudo npm install -g @anthropic-ai/claude-code
```

macOS/Linux에서는 전역 설치 권한 문제를 자주 겪을 수 있습니다. 이 경우 nvm을 사용하면 npm 전역 설치 경로가 사용자 디렉터리로 분리되어 sudo 없이도 설치할 수 있습니다. 회사 PC나 보안 정책이 있는 환경에서는 관리자 권한 사용이 제한될 수 있으므로 이 경우 nvm 기반 설치를 권장합니다.

**3. Windows PowerShell 스크립트 실행 오류**

Windows 사용자가 Cursor에서 터미널을 열어 처음 Claude Code를 실행하거나 PowerShell 터미널을 사용하는 경우 "스크립트를 실행할 수 없습니다."라는 오류 메시지가 나올 수 있습니다. 이 경우 다음 명령을 입력합니다.

```
Set-ExecutionPolicy -ExecutionPolicy RemoteSigned -Scope CurrentUser
```

질문이 나오면 **Y**를 입력하고 Enter를 눌러 실행하면 claude 명령어가 정상적으로 작동합니다.

## 3.1.4 Claude Code 계정 연결하기

Claude Code를 설치했다면 계정을 연결해 기본 실행 환경을 마무리합니다. 이 과정에서는 실습용 폴더 생성 → Claude Code 첫 실행 → 로그인 및 인증 절차를 순서대로 진행합니다.

### 실습용 폴더 생성

Claude Code는 현재 위치한 디렉터리를 기준으로 파일을 생성하고 수정합니다. 따라서 실습용 폴더는 홈 디렉터리 아래에 만들어두는 것이 좋습니다. 여기서는 **claude-test**라는 이름으로 만들겠습니다. 터미널에서 다음과 같이 진행합니다.

```
Terminal
# Windows
cd %USERPROFILE%      # 홈 디렉터리로 이동
mkdir claude-test     # 실습용 폴더 생성
cd claude-test        # 실습용 폴더 진입
cd                    # 현재 경로 확인(명령 프롬프트)
pwd                   # 현재 경로 확인(PowerShell)
# macOS/Linux
cd ~                  # 홈 디렉터리로 이동
mkdir -p claude-test  # 실습용 폴더 생성
cd claude-test        # 실습용 폴더 생성
pwd                   # 현재 경로 확인
```

파일 탐색기(Windows) 또는 Finder(macOS)에서 폴더를 만든 경우에도 터미널 경로가 해당 폴더와 일치하는지 반드시 cd(Windows 명령 프롬프트) 또는 pwd(macOS/Linux/Windows PowerShell) 명령으로 확인하세요. 이후 실습은 모두 claude-test 폴더를 기준으로 진행합니다.

### 계정 연결

1. 실습 폴더에서 다음 명령을 실행합니다.

```
Terminal
claude
```

2. Claude Code가 실행되면 아스키(ASCII) 아트와 함께 테마 선택 화면이 나타납니다. 화살표 키로 테마를 선택하고 Enter 를 눌러 진행합니다.

그림 3-10 Claude Code 테마 선택

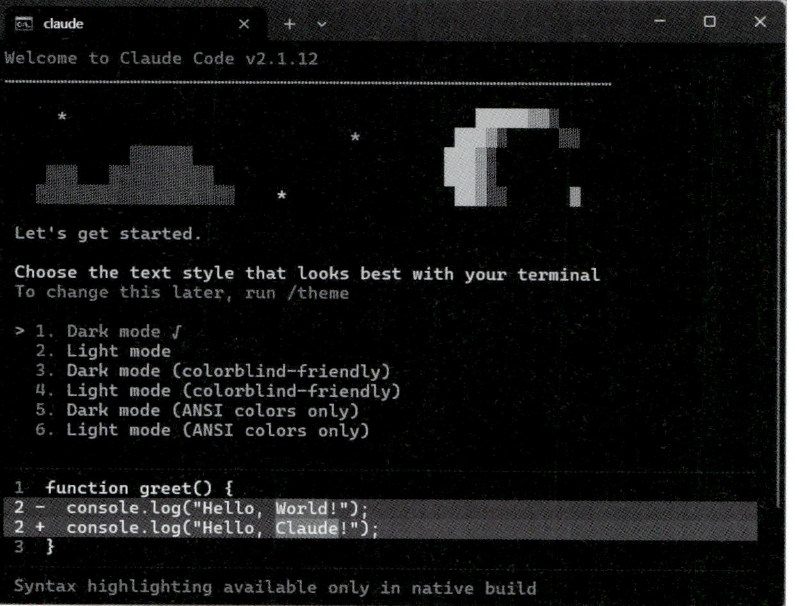


3. 다음 화면에서 결제 및 인증 방식을 선택합니다. 일반적으로 다음 두 가지 중 선택합니다. 개인 사용자는 **subscription** 방식을 권장합니다.

- **subscription(구독)**: Anthropic 계정으로 로그인해 웹/모바일 Claude와 동일한 권한으로 사용
- **Anthropic Console account(API)**: API 키 기반 인증(팀/기업 환경, 비용을 통제해야 할 때 유리)

그림 3-11 결제 방식 선택

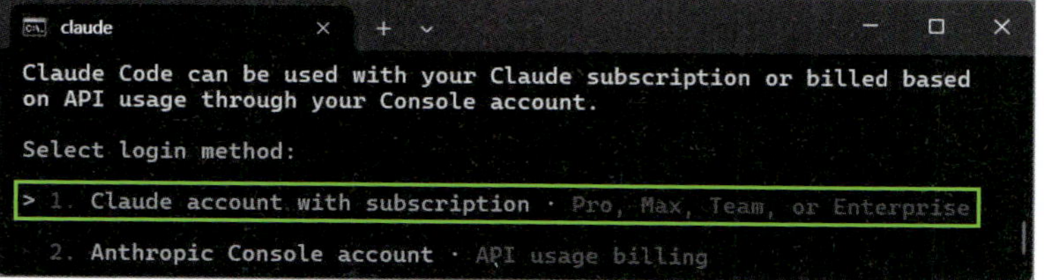

4. Claude account with subscription을 선택하면 웹 브라우저가 자동으로 열립니다. Anthropic 계정으로 로그인하면 현재 구독 상태를 확인하거나 플랜을 업그레이드하는 화면이 표시됩니다.

그림 3-12 Claude Code 구독제

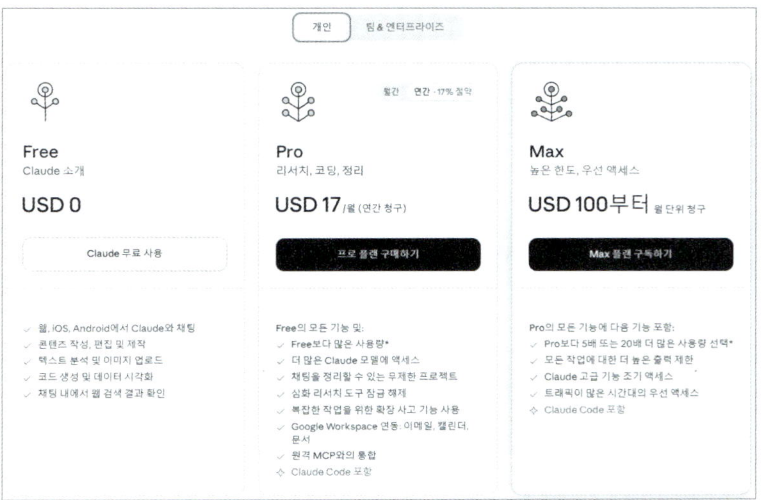


5. 결제 화면이 나오면 정보를 등록하고 **[구독하기]** 버튼을 클릭합니다. 이어서 계정 연결 확인 창이 나오면 **[승인]** 버튼을 클릭합니다.

그림 3-13 계정 연결 승인

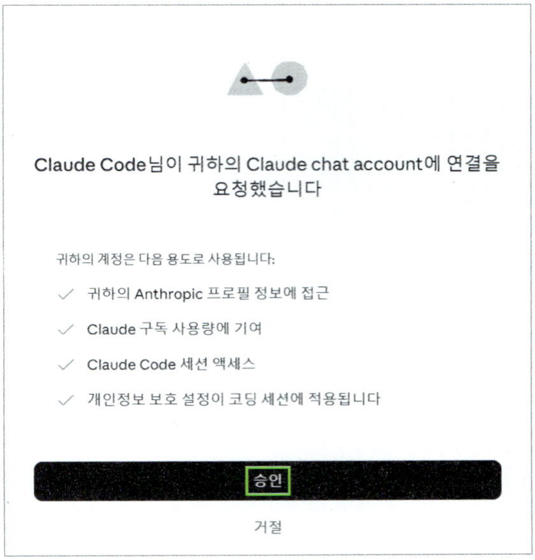

6. 터미널로 돌아오면 다음과 같이 로그인 성공 메시지가 표시됩니다.

**그림 3-14** 계정 연결 확인

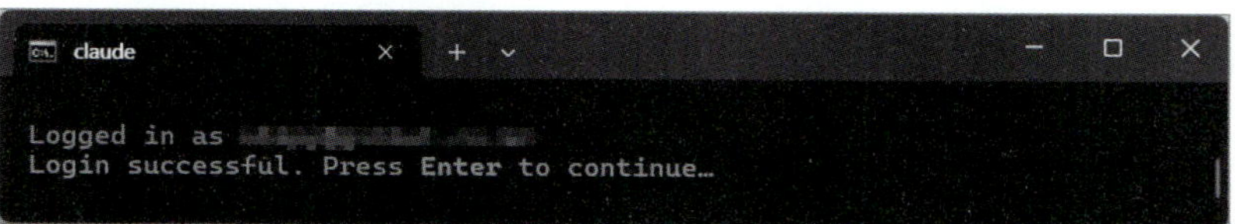


**API 모드로 로그인하는 방법(팀/기업 사용자용)**

팀/기업에서는 사용량 모니터링, 비용 한도 설정, 권한 관리가 필요할 수 있습니다. 이 경우 API 기반 인증이 유리합니다.

**1. Anthropic Console에서 API 키 생성**

콘솔(console.anthropic.com) 접속 → 로그인 → API Keys → Create Key → 안전한 곳에 보관(발급된 키는 재확인 불가)

**2. 결제 설정 및 사용량 한도 지정**

Billing 메뉴에서 결제 정보를 등록한 후 Usage Limits에서 월별/일별 한도와 알림 설정 가능

**3. Claude Code에서 API 방식 로그인**

Claude Code 실행 → Anthropic Console account(API) 선택 → 웹 브라우저 승인 → 터미널로 돌아오면 연결 완료

API 방식은 사용한 만큼 비용이 청구되므로 예산을 초과하지 않도록 주의해야 합니다.

# 3.2 Claude Code 기본 사용 흐름 익히기

Claude Code 계정 연결까지 마쳤다면 이제 실제로 도구를 실행해보며 기본 사용 흐름을 익힐 차례입니다. 이 절에서는 Claude Code를 사용할 때 반드시 알아야 하는 핵심 동작을 단계적으로 정리합니다.

## 3.2.1 Claude Code 첫 화면 살펴보기

Claude Code를 실행하면 가장 먼저 홈 화면(대시보드)이 표시됩니다. 이 화면은 현재 작업 중인 폴더, 선택된 모델, 권한 설정, 세션 정보 등 Claude Code가 앞으로 어떤 방식으로 작업을 수행할지 결정하는 기본 환경을 보여주는 곳입니다. 따라서 본격적으로 사용하기 전에 홈 화면 구성을 살펴보겠습니다.

### 폴더 접근 권한 확인

Claude Code는 현재 열린 폴더를 기준으로 파일을 읽고 수정합니다. 처음 실행하면 다음과 같은 메시지가 나타나며 폴더 접근을 허용할지 묻습니다. 권한을 허용해야 코드 생성 및 수정, 테스트 파일 생성 등 대부분의 기능을 정상적으로 사용할 수 있으므로 **Yes, continue**를 선택합니다.

그림 3-15 폴더 접근 권한 확인

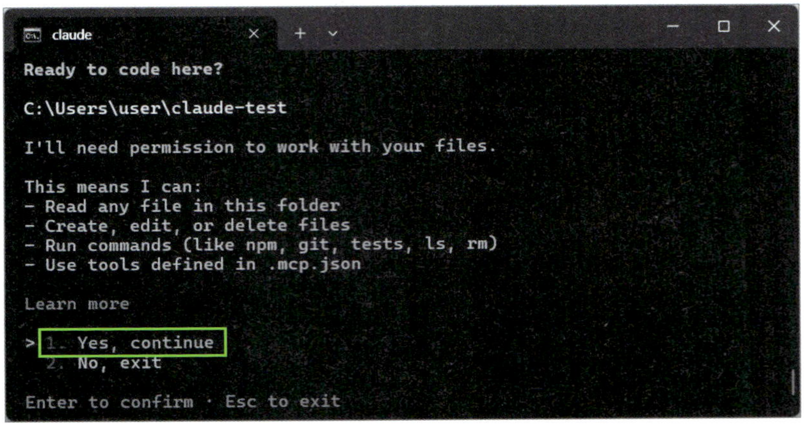

```
claude
Ready to code here?

C:\Users\user\claude-test

I'll need permission to work with your files.

This means I can:
- Read any file in this folder
- Create, edit, or delete files
- Run commands (like npm, git, tests, ls, rm)
- Use tools defined in .mcp.json

Learn more

> 1. Yes, continue
  2. No, exit

Enter to confirm · Esc to exit
```

## macOS의 줄바꿈 키 바인딩 설정

macOS(iTerm2)를 사용하는 경우, 폴더 접근을 설정하기 전에 키 바인딩을 등록하는 화면이 나타날 수 있습니다. 이는 줄바꿈 기능을 자동으로 설정할지 묻는 단계입니다. 줄바꿈 설정은 Claude Code에서 대화를 입력할 때 매우 중요하므로 등록하는 것을 권장합니다.

- **Yes, use recommended settings**: Shift + Enter 가 줄바꿈으로 자동 등록
- **No, maybe later**: 이후 /terminal-setup 명령으로 수동 설정 가능

자세한 내용은 **3.2.2절**에서 확인하세요.

**그림 3-16** macOS에서 줄바꿈 키 바인딩 설정

```
claude                                                        ⌥⌘1
Use Claude Code's terminal setup?

For the optimal coding experience, enable the recommended settings
for your terminal: Shift+Enter for newlines

› 1. Yes, use recommended settings
  2. No, maybe later with /terminal-setup

Enter to confirm · Esc to skip
```

> **용어** **키 바인딩**(key binding)은 특정 키 조합을 누르면 어떤 동작을 실행할지를 정해놓는 키보드 단축키 설정을 뜻합니다. 즉, 특정 키 입력에 프로그램 동작을 연결하는 설정입니다.

## 홈 화면 구성 요소

폴더 접근을 허용하면 Claude Code 홈 화면이 표시됩니다. 상단에는 다음 기본 정보가 나타납니다. 이 정보는 Claude Code가 현재 어떤 모델로 실행되며, 어떤 경로를 기준으로 파일을 관리하는지를 항상 확인할 수 있도록 도와줍니다.

- **Claude Code 버전**: 설치된 CLI 버전
- **선택된 모델**: 기본값은 Sonnet 계열
- **현재 작업 폴더 경로**: Claude Code가 읽고 수정할 기준 경로

그림 3-17 Claude Code 홈 화면

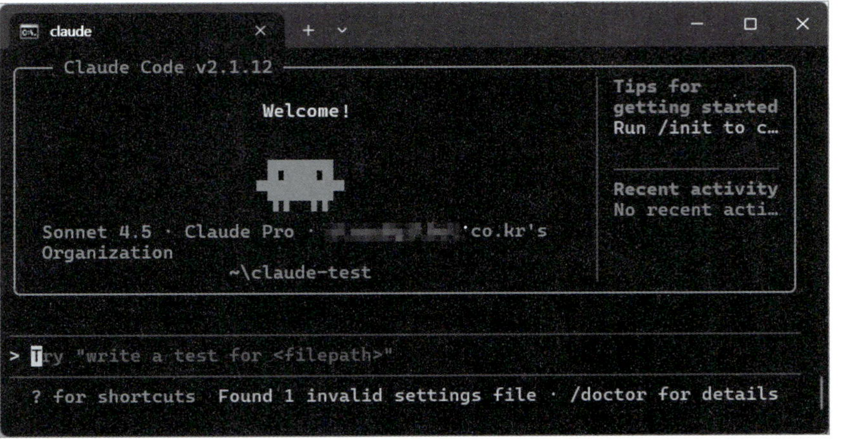


Claude Code의 화면 하단에 표시되는 〉 기호는 명령 입력 프롬프트입니다. Claude Code는 하나의 입력창에서 명령(command)과 AI 지시문(instruction)을 모두 처리하기 때문에 두 입력 형태를 구분해서 사용해야 합니다.

Claude Code의 입력 방식은 다음 두 종류로 나뉩니다

**1. 명령 프롬프트**

- > 기호 자체가 명령 입력 위치를 의미합니다.
- `/login`, `/model`, `/help`와 같은 **슬래시(/)** 기반 제어 명령을 입력하는 영역입니다.
- CLI 설정 변경, 인증, 모델 선택 등 시스템 제어 기능을 수행합니다.

**2. 지시문 프롬프트**

- > 뒤에 자연어로 작성하는 일반 지시문입니다. 예 "@src/App.tsx 버튼 색상을 파란색으로 바꿔줘."
- 파일 경로(@), 코드 블록, 자연어 설명 등을 조합해 AI에 작업을 요청합니다.

모든 명령은 프롬프트에 입력합니다. 예를 들어, 로그인 정보를 변경하고 싶다면 `/login` 명령을 입력합니다. 또한, 프롬프트에 ?를 입력하면 사용할 수 있는 단축 명령 목록을 확인할 수 있습니다.

### CLAUDE.md 자동 생성 안내

macOS에서는 홈 화면 아래에 CLAUDE.md 생성 여부를 묻는 화면이 표시될 수 있습니다.

- **Yes, run /init**: `/init` 명령으로 프로젝트 구조를 분석하고 CLAUDE.md 자동 생성
- **No, maybe later**: 나중에 직접 `/init`을 실행해도 무방

CLAUDE.md는 Claude Code가 프로젝트 구조와 규칙을 학습하는 핵심 문서로, 프로젝트를 본격적으로 진행할 때 매우 유용합니다. 하지만 지금은 초기 화면을 살펴보는 단계이므로 건너뛰어도 괜찮습니다. CLAUDE.md에 관해서는 **4.1절**에서 살펴봅니다.

**그림 3-18** macOS에서 CLAUDE.md 설정 화면

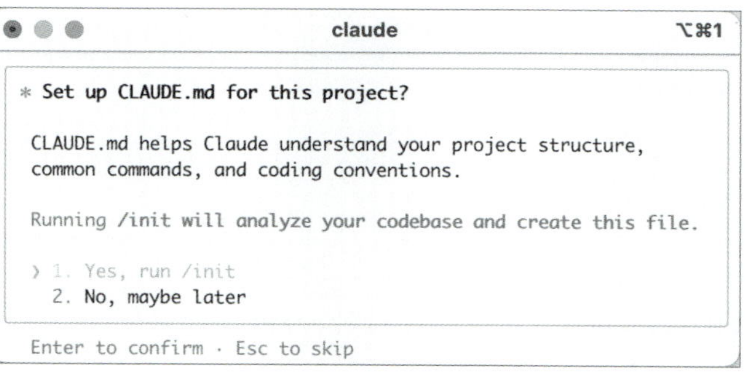


## 3.2.2 줄바꿈 입력 방식 사용하기

Claude Code는 Enter 를 누르는 순간 입력을 전송합니다. 즉, 일반 터미널 입력처럼 한 줄 입력 → 전송하는 구조이기 때문에 여러 줄로 구성된 긴 요청이나 단계별 요구 사항을 작성하려면 줄바꿈(개행) 기능을 반드시 알아야 합니다.

Claude Code에서 줄을 바꾸는 방법은 크게 두 가지이며, 운영체제와 터미널 종류에 따라 지원 방식이 조금씩 다릅니다.

**1. \ + Enter**

가장 안전하고 범용적인 줄바꿈 방식입니다. 줄 끝에 백슬래시(\)를 입력하고 Enter 를 누르면 줄바꿈만 적용됩니다. 마지막 줄에서 Enter 만 단독으로 누르면 요청이 전송됩니다.

```
Claude
> 다음 요구 사항에 맞는 컴포넌트를 만들어 주세요. \ + [Enter]
  - 이메일 입력 필드 포함 \ + [Enter]
  - 유효성 검사 기능 \ + [Enter]
  - 제출 버튼 추가 [Enter]
```

이 방법은 Windows(명령 프롬프트/PowerShell), macOS, Linux 어디서나 동일하게 사용할 수 있습니다.

**2. Shift + Enter**

macOS의 iTerm2, Cursor 내장 터미널 등 Claude Code가 자동 감지하는 일부 터미널에서는 Shift + Enter 로 줄바꿈을 입력할 수 있습니다. Shift + Enter 로 줄바꿈하고, 마지막 줄에서 Enter 만 단독으로 눌러 전송합니다.

```
Claude
> 다음 요구 사항에 맞는 컴포넌트를 만들어 주세요. [Shift] + [Enter]
  - 이메일 입력 필드 포함 [Shift] + [Enter]
  - 유효성 검사 기능 [Shift] + [Enter]
  - 제출 버튼 추가 [Enter]
```

**Shift + Enter 줄바꿈을 수동으로 활성화하기**

macOS에서 iTerm2를 사용할 경우, Claude Code가 제공하는 /terminal-setup 명령을 실행하면 Shift + Enter 가 줄바꿈 키 바인딩에 자동으로 등록됩니다.

```
Claude
/terminal-setup
```

설정이 완료되면 다음 메시지가 표시되며, 추가 조치 없이 바로 줄바꿈 기능을 사용할 수 있습니다.

```
Claude
Installed iTerm2 Shift+Enter key binding
```

현재 Windows의 명령 프롬프트와 PowerShell에서는 /terminal-setup 기능이 지원되지 않습니다. 그러나 Claude Code가 지속적으로 업데이트되고 있어 향후 Windows 터미널에서도 동일한 키 바인딩 자동 설정을 지원할 가능성이 있습니다.

한편 Cursor 내장 터미널은 기본으로 Shift + Enter 줄바꿈을 사용할 수 있으므로 Windows 사용자라면 Cursor 환경에서 Claude Code를 실행하는 것도 좋은 선택입니다.

### 3.2.3 모델 선택하기

Claude Code에서는 작업 목적에 따라 사용할 AI 모델을 자유롭게 변경할 수 있습니다. 모델 변경은 특정 작업(코드 리팩터링, 대규모 분석, 간단한 질의 등)에 적합한 성능을 선택하는 데 매우 중요합니다.

모델을 변경하거나 확인하려면 Claude Code 프롬프트에서 다음 명령을 입력합니다.

```
Claude
/model
```

명령어를 실행하면 모델 선택 화면이 표시됩니다.

그림 3-19 모델 선택

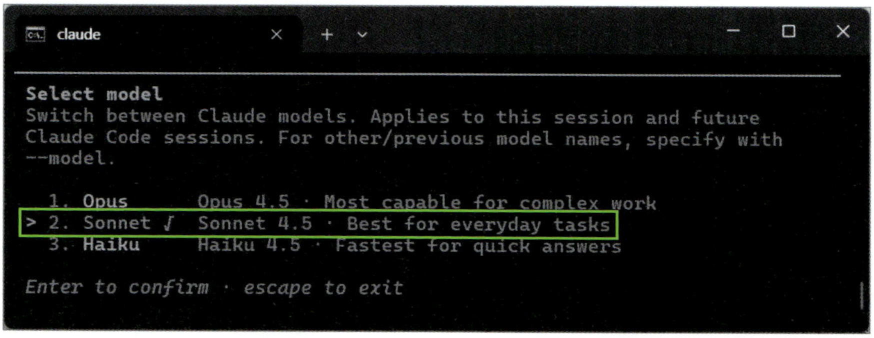

```
claude

Select model
Switch between Claude models. Applies to this session and future
Claude Code sessions. For other/previous model names, specify with
--model.

   1. Opus        Opus 4.5 · Most capable for complex work
 > 2. Sonnet ✓    Sonnet 4.5 · Best for everyday tasks
   3. Haiku       Haiku 4.5 · Fastest for quick answers

Enter to confirm · escape to exit
```

현재 선택된 모델이 목록의 기본값으로 표시되며, 모델 구성은 Claude Code의 업데이트에 따라 달라질 수 있습니다. 한 번 선택한 모델은 **세션 단위**로 유지되며, 같은 폴더에서 Claude Code를 다시 실행할 때도 자동 적용됩니다.

> **용어** **세션**(session)은 claude 명령으로 Claude Code를 실행하고 /exit 또는 Ctrl + D로 종료할 때까지의 작업 단위입니다. 자세한 내용은 **3.2.5절**에서 살펴봅니다.

## 토큰과 컨텍스트 윈도우

모델을 선택할 때 반드시 함께 알아야 하는 개념이 토큰과 컨텍스트 윈도우입니다.

### 1. 토큰(token)

AI 모델이 텍스트를 처리할 때 사용하는 기본 단위입니다. 입력 문자열이 길어질수록 토큰 사용량도 증가합니다.

- 영어 단어 1개 → 약 1~2토큰
- 한글 글자 1개 → 약 1~2토큰

### 2. 컨텍스트(context)와 컨텍스트 윈도우(context window)

**컨텍스트**는 AI가 현재 대화나 작업을 수행할 때 기억하고 참고할 수 있는 모든 정보를 의미합니다. **컨텍스트 윈도우**는 AI 모델이 한 번에 읽고 기억하며 작업할 수 있는 전체 정보의 양을 의미합니다. 책상 위에 펼쳐놓은 자료 전체가 컨텍스트라면, 책상의 크기는 컨텍스트 윈도우에 해당합니다. 책상이 클수록 AI는 더 많은 정보를 동시에 참고하며 작업할 수 있습니다.

- **Sonnet 4.5**: 약 200K토큰
- **Opus 4.5**: 약 200K토큰
- **Haiku 4.5**: 약 200K토큰
- **일부 확장 버전**: 최대 1M토큰까지 지원

200K토큰은 영어 텍스트 기준으로 약 300페이지, 코드 기준으로는 수천~수만 줄 규모까지 한 번에 분석 가능한 수준입니다. 컨텍스트가 클수록 대규모 프로젝트, 문서 분석, 레거시 코드 검토에 유리합니다.

## 현재 Claude Code에서 제공하는 주요 모델

Claude Code는 Claude 4.5 계열을 중심으로 동작하며, 작업 특성에 따라 세 가지 주요 모델을 선택할 수 있습니다.

### 1. Claude Sonnet 4.5(기본 권장 모델)

대부분의 개발 작업에서 가장 안정적으로 사용할 수 있는 균형 잡힌 모델입니다.

- **컨텍스트 윈도우**: 200K토큰(일부 환경에서는 최대 1M토큰까지 확장 지원)
- **최대 출력**: 64K토큰
- **장점**: 추론 성능, 속도, 비용 균형이 뛰어나 실무 개발에 최적
- **비용**: 입력 $3/1M 토큰, 출력 $15/1M 토큰
- **권장 용도**: 코드 생성 및 수정, 리팩터링, 테스트 코드 생성, API 연동 및 문서화, 에이전트 기반 반복 작업 자동화 등 대부분의 일반 개발 작업

### 2. Claude Opus 4.5(고급 추론 모델)

복잡한 작업에 가장 뛰어난 성능을 보여주는 최상위 모델입니다.

- **컨텍스트 윈도우**: 200K토큰

- **최대 출력**: 32K토큰
- **장점**: 최고 수준의 추론 능력, 대규모 프로젝트 분석, 응답 깊이 조절 가능
- **비용**: 입력 $5/1M 토큰, 출력 $25/1M 토큰
- **권장 용도**: 다단계 에이전트 워크플로, 대규모 레거시 코드 분석, 복잡한 서비스 아키텍처 설계, 고난도 디버깅 및 리팩터링

**3. Claude Haiku 4.5(경량, 고속 모델)**

짧은 요청이나 매우 빠른 응답이 필요한 작업에 적합한 초경량 모델입니다. 빠른 피드백이 필요한 초기 설계나 프로토타이핑 단계에서 특히 유용합니다.

- **컨텍스트 윈도우**: 200K토큰
- **최대 출력**: 64K토큰
- **장점**: 매우 빠른 응답 속도, 낮은 비용
- **비용**: 입력 $1/1M 토큰, 출력 $5/1M 토큰
- **권장 용도**: 간단한 코드 예제, 오류 메시지 해석, 빠른 검증용 샘플 코드, 간단한 반복 작업 등

## 3.2.4 Claude Code와 상호작용하는 기본 패턴 익히기

모델을 선택했다면 이제 Claude Code와 실제로 상호작용해 보겠습니다. Claude Code는 자연어 기반의 에이전틱 AI 도구이기 때문에 복잡한 명령어를 외울 필요 없이 마치 동료 개발자에게 요청하듯 자연스러운 문장으로 지시하면 됩니다.

Claude Code와의 상호작용 패턴은 크게 세 가지 상황에서 가장 자주 사용합니다.

**1. 새 프로젝트를 시작할 때 - 기술 스택, 구조 생성 요청**

빈 폴더에서 시작하는 경우, Claude Code에 프로젝트 초기 설정이나 기술 스택 추천을 직접 요청할 수 있습니다.

```
Claude
> 회사 홍보 웹 페이지를 만들고 싶은데 추천하는 기술 스택을 알려줘.
> Next.js와 TypeScript로 블로그 프로젝트를 시작하고 싶어.
  기본 폴더 구조와 설정 파일을 생성해줘.
> Python Flask로 REST API 서버를 만들고 싶어. 초기 프로젝트 골격을 잡아줘.
```

Claude Code는 이러한 지시를 분석해 폴더 구조, 기술 스택, 초기 파일 설정, 설정 파일(tscon fig.json, package.json 등)을 자동으로 제안해 줍니다. 프로젝트 설계 단계부터 AI와 함께 작업을 시작하는 흐름을 자연스럽게 만들 수 있습니다.

#### 2. 기존 프로젝트를 분석할 때 - 구조, 기술 스택, 진입점 파악

이미 코드가 있는 폴더에서 Claude Code를 실행하면 해당 프로젝트를 읽고 이해하도록 요청할 수 있습니다.

```
Claude                                                    — × □
> 이 프로젝트는 무엇을 하는 프로젝트야?
> 프로젝트의 진입점(main entry point)은 어디야?
> 폴더 구조를 전체적으로 설명해줘.
```

Claude Code는 프로젝트의 모든 파일을 스캔해 구조, 의존성, 기술 스택, 진입점을 파악해 설명합니다. 낯선 프로젝트에 들어갔을 때 매우 강력한 온보딩 도우미 역할을 합니다.

#### 3. 구체적인 개발 작업을 요청할 때 - 파일 생성, 수정, 삭제

Claude Code의 가장 큰 강점은 실제 코드를 직접 수정하는 능력입니다. 요청이 구체적일수록 정확하고 안전한 결과를 얻을 수 있습니다.

```
Claude                                                    — × □
> src/utils 폴더에 날짜를 포매팅하는 유틸리티 함수를 추가해줘.
> App.tsx 파일에서 버튼 색상을 파란색에서 초록색으로 변경해줘.
> 프로젝트에 TypeScript 설정(tsconfig.json)을 추가해줘.
```

이러한 요청은 Claude Code가 자동으로 관련 파일을 생성, 수정, 삭제하며, 필요할 경우 diff를 보여준 뒤 승인(approval)을 요청하기도 합니다.

**용어** **diff**는 파일의 변경 사항을 시각적으로 비교해 보여주는 기능으로, 기존 코드와 수정될 코드를 나란히 보여줍니다. 일반적으로 삭제할 줄은 빨간색(- 기호), 추가할 줄은 초록색(+ 기호)으로 표시되어 어떤 부분이 어떻게 바뀌는지 한눈에 파악할 수 있습니다. Claude Code는 파일을 실제로 수정하기 전에 이러한 diff를 보여주어 사용자가 변경 내용을 미리 검토하고 승인 여부를 결정할 수 있도록 합니다. 이는 의도하지 않은 코드 변경을 방지하는 안전장치 역할을 합니다.

#### 4. 여러 줄로 구조화된 요청을 작성할 때

복잡한 요구 사항을 전달할 때는 여러 줄 입력을 활용하는 것이 좋습니다. 요구 사항을 리스트처럼 구조화하면 Claude Code가 더 정확하게 이해합니다(여러 줄 입력 방식은 **3.2.2절**에서 자세히 설명했습니다).

```
Claude
> 다음 요구 사항에 맞는 로그인 컴포넌트를 만들어줘.
  - 이메일과 비밀번호 입력 필드
  - 입력값 유효성 검사
  - 로그인 버튼 클릭 시 API 호출
  - 로딩 상태 표시
```

구조화된 지시문은 Claude Code가 실수 없이 의도를 파악하는 데 큰 도움이 됩니다.

### 3.2.5 세션 관리하고 이어서 작업하기

Claude Code는 모든 대화를 세션 단위로 관리합니다. **세션**(session)이란 Claude Code를 실행한 시점부터 종료할 때까지의 작업 흐름을 의미합니다. 즉, 하나의 개발 작업 단위라고 보면 됩니다. 예를 들어, Claude Code 실행 → 대화하며 작업 진행 → Claude Code 종료가 1개 세션입니다.

세션은 다음과 같은 특성이 있습니다.

- 각 세션은 고유한 ID를 가집니다.
- 세션 내 모든 대화가 컨텍스트로 유지됩니다.
- 세션을 종료해도 대화 기록이 자동 저장됩니다.
- 저장된 세션은 다시 열어 이어서 작업할 수 있습니다.

이 구조는 장시간 실습 또는 장기 프로젝트에서 특히 유용합니다. 고민하던 문제나 코드 분석을 다음 날 그대로 이어서 재개할 수 있기 때문입니다.

#### 세션 종료하기

현재 작업을 마치고 세션을 종료하려면 다음 명령 중 하나를 입력합니다. 두 명령 모두 같은 동작을 하며, 현재 세션을 안전하게 종료하고 기록을 저장합니다.

```
Claude
> /quit
# 또는
> /exit
```

다른 종료 방법도 있습니다.

- Ctrl + C: 현재 응답 생성만 중단(세션 종료가 아니라 중단이므로 주의)
- **터미널 창 닫기**: 강제 종료되지만 기록은 저장, 안전성과 예측 가능성을 위해 /quit 또는 /exit 사용 권장

### 이전 세션 이어서 실행하기

이전에 작업하던 세션을 다시 불러오려면 Claude Code를 실행할 때 -r(resume) 옵션을 사용합니다.

```
claude -r
```

명령을 입력하면 다음과 같이 최근 세션 목록이 표시됩니다.

그림 3-20 세션 목록 표시

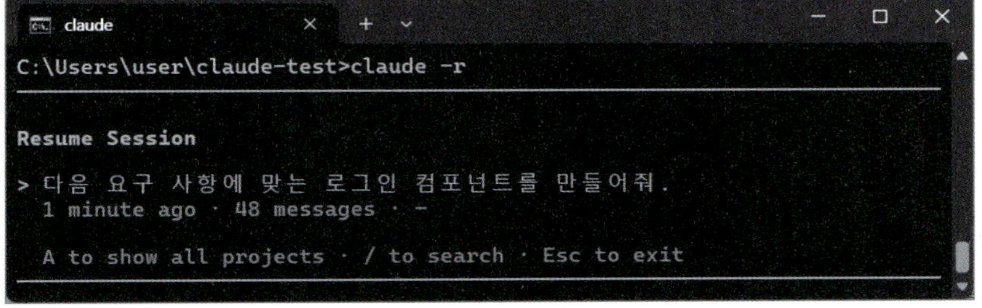


위아래 방향키로 원하는 세션을 선택하고 Enter를 누르면 해당 세션을 그대로 불러와 이어서 작업할 수 있습니다. 이 기능은 프로젝트 분석, 코드 리팩터링, 문서 자동화 등 장기간에 걸쳐 수행하는 작업에서 특히 강력합니다.

세션 목록을 거치지 않고 마지막에 작업한 세션을 즉시 이어서 실행하려면 -c 옵션을 사용합니다.

```
claude -c
```

이 명령은 이전 작업을 즉시 재개할 때 매우 편리합니다.

### 3.2.6 컨텍스트 관리하기

Claude Code는 사용자가 주고받은 모든 대화 내용과 파일 수정 기록, CLAUDE.md에 정의된 규칙 등을 하나의 컨텍스트로 유지합니다. **컨텍스트**(context)는 쉽게 말해 Claude가 지금까지 이해한 모든 '작업 기억'으로, 사람이 대화할 때 앞뒤 문맥을 자연스럽게 이어가는 것과 같은 역할을 합니다.

Claude Code는 요청을 처리할 때 앞서 나눈 질문과 답변, 파일 구조, 작업 지시 등 모두를 토대로 판단합니다. 예를 들어, 이전에 만든 함수의 이름, 현재 수정 중인 파일 내용, 폴더 구조, CLAUDE.md에 저장된 프로젝트 규칙과 같은 정보가 모두 하나의 컨텍스트로 묶여 Claude가 '지금 어떤 일을 하고 있는지' 이해하게 됩니다. 따라서 컨텍스트를 잘 관리하면 Claude Code가 더 정확한 코드 생성, 안정적인 수정, 일관된 판단을 할 수 있습니다.

컨텍스트는 무한하지 않습니다. Claude는 지정된 토큰 한도(token limit) 안에서만 컨텍스트를 유지할 수 있습니다.

- 대화가 길어지면 정보가 점점 쌓임
- 한도를 넘어서면 오래된 내용이 자동 축약되거나 제거됨
- 중요한 맥락이 사라지면 Claude가 이전 작업 흐름을 놓칠 수 있음

따라서 특정 시점에 컨텍스트를 정리해주면 Claude의 이해력이 유지됩니다. 이를 위해 Claude Code는 컨텍스트 관리 명령어를 제공합니다.

**표 3-1** 기본 컨텍스트 관리 명령어

| 명령어 | 설명 | 사용 예 |
| --- | --- | --- |
| `/clear` | 세션의 모든 대화를 초기화하고 새로 시작 | 완전히 새로운 작업을 시작할 때, Claude가 잘못된 컨텍스트에서 벗어나지 못할 때 |
| `/compact` | 이전 대화를 Claude가 스스로 요약해 컨텍스트를 압축 | 대화가 길어졌지만 작업 흐름은 유지하고 싶은 경우, 대화는 계속하지만 토큰 소모를 줄여야 하는 상황 |

보통 Claude Code는 세션이 종료되면 대화 컨텍스트는 사라지고 새 세션을 시작해야 합니다. 하지만 프로젝트 단위에서 반복되는 정보(규칙, 구조, 설명)는 매번 다시 설명하기 번거롭습니다. 이를 위해 Claude Code는 CLAUDE.md라는 프로젝트용 '영구 메모리' 파일을 제공합니다.

**표 3-2** CLAUDE.md 관련 명령어

| 명령어 | 설명 |
|---|---|
| /memory | CLAUDE.md 파일을 열어 프로젝트 규칙을 직접 수정 |
| /init | 현재 프로젝트를 분석해 CLAUDE.md를 자동 생성 |

CLAUDE.md는 세션이 바뀌어도 계속 유지되며, Claude는 이 파일을 기반으로 프로젝트 전체 맥락을 이해합니다. CLAUDE.md에 관한 자세한 내용은 **4.1절**에서 살펴봅니다.

## 3.2.7 @ 기호로 파일 참조하기

Claude Code의 가장 강력한 기능 중 하나는 바로 @ 기호를 활용한 **파일 참조**(file reference)입니다. 프롬프트에 @ 기호를 입력하면 Claude Code가 현재 프로젝트 폴더에 있는 파일을 자동으로 탐색하고, 선택된 파일의 내용을 즉시 읽어 컨텍스트에 반영합니다. 즉, @ 기호는 단순히 파일 이름을 적어주는 표시가 아니라 AI에 특정 파일을 직접 읽혀 작업 대상 파일을 명확히 지정하는 기능입니다.

### @ 기호의 작동 원리

Claude Code는 **현재 작업 디렉터리(프로젝트 루트)**를 기준으로 파일을 탐색합니다. 프롬프트에서 @ 기호를 입력하면 다음과 같은 자동 완성 목록이 나타납니다.

**그림 3-21** @ 기호 입력 시 나타나는 자동 완성 목록

```
claude
> @
  package.json
  README.md
  src\
  agent-general-purpose
      Agent: General-purpose agent for researching complex questions,
      ...
  agent-statusline-setup
      Agent: Use this agent to configure the user's Claude Code
      status...
  agent-Explore
      Agent: Fast agent specialized for exploring codebases. Use this
      ...
  agent-Plan
```

이후 문자 몇 개만 입력해도 Claude Code가 해당 문자열과 일치하는 파일명을 자동으로 필터링해 줍니다. 이때 대소문자는 구분하지 않습니다.

그림 3-22 목록 필터링

```
claude
> @log
src\components\Login.tsx
src\components\Login.module.css
```

Tab 또는 방향키로 목록을 탐색할 수 있고, Enter 를 누르면 해당 파일을 선택합니다. 프롬프트에 자동으로 파일 경로가 삽입되며 Claude Code가 파일 내용을 즉시 읽어 컨텍스트로 반영합니다.

이 방식은 복잡한 경로를 모두 입력할 필요 없이 빠르고 정확하게 작업 대상 파일을 AI에 지정할 수 있는 장점이 있습니다.

## @ 기호 사용 시 기억할 점

### 1. 전체 경로를 입력할 필요가 없다

예를 들어, src\components\Button.tsx를 참조하고 싶다면 다음 정도만 입력해도 자동 완성으로 찾을 수 있습니다.

```
Claude
> @Button
> @Button.tsx
> @src\compo
```

### 2. 여러 파일을 동시에 참조할 수 있다

하나의 요청에서 @ 기호를 여러 번 사용할 수 있습니다.

```
Claude
> @package.json과 @README.md 내용을 비교해 문서가 최신 상태인지 확인해줘.
```

Claude Code는 두 파일을 모두 읽고 분석합니다.

### 3. @ 없이 요청하면 Claude가 추측해야 한다

@ 없이 요청하면 Claude Code가 어떤 파일의 코드인지를 스스로 추론해야 합니다. 이는 오해나 잘못된 파일 수정으로 이어질 수 있습니다.

```
Claude
# @ 없이 요청 → Claude가 어떤 파일인지 추측해야 함
> 버튼 색상을 파란색으로 변경해줘.
# @ 사용 → Claude가 정확한 파일을 찾아 수정
> @src/components/Button.tsx의 버튼 색상을 파란색으로 변경해줘.
```

@ 기호는 파일을 직접 읽게 하므로 가장 안전하고 명확한 방식입니다.

@ 기호는 다음과 같은 경우에 사용을 권장합니다.

- 특정 파일을 명확하게 지정해야 할 때
- 여러 파일 중 어떤 파일인지 모호할 때
- 파일 내용을 기반으로 분석(버그 분석, 리팩터링, 구조 파악)을 요청할 때
- 처음 보는 프로젝트를 탐색할 때

Claude Code에 어떤 파일을 기준으로 작업해야 하는지 명확하게 알려주고 싶다면 항상 @ 기호를 사용하는 습관을 들이세요.

# 3.3 Claude Code 실행 모드 활용하기

Claude Code는 작업 방식과 필요에 따라 대화형 모드, 계획 모드, 명령형 모드의 세 가지 실행 방식을 제공합니다. 대부분의 개발 흐름은 대화형 모드만으로 충분하지만, 여러 파일을 동시에 수정하거나 변경 범위를 먼저 검토해야 할 때는 계획 모드가 더 안전합니다. 자동화나 단발성 분석 작업처럼 한 번 실행하고 끝내는 작업에는 명령형 모드가 특히 유용합니다.

이 절에서는 각 실행 모드의 목적과 특성을 이해하고, 상황에 맞게 모드를 전환하는 방법을 살펴보겠습니다.

## 3.3.1 대화형 모드로 실시간 협업하기

**대화형 모드**(interactive mode)는 Claude Code를 실행하면 기본적으로 활성화되는 모드입니다. 사용자가 자연어로 작성한 요청을 기반으로 Claude가 즉시 코드를 읽고, 수정 제안을 표시하거나 직접 파일을 생성 및 편집합니다. 모든 작업은 터미널 안에서 이루어지며, 개발자와 Claude가 같은 공간에서 실시간으로 협업하는 형태로 진행됩니다. 입문자라면 이 모드 하나만으로도 전체 프로젝트를 충분히 완성할 수 있습니다.

### 대화형 모드 실행 방법

대화형 모드는 두 가지 방식으로 실행됩니다.

#### 1. 기본 모드

가장 일반적인 실행 방식으로, 모든 작업은 사용자 승인 하에 이루어집니다. 파일 읽기, 쓰기, 명령 실행 등은 각각 승인 여부를 묻는 프롬프트가 표시되며, 안전한 개발 환경에서 권장되는 기본 모드입니다.

Terminal

```
claude
```

이 명령을 실행하면 **대화형 세션**이 시작되며, Claude는 세션 내에서 대화 흐름을 기억하고 이어서 작업합니다.

### 2. YOLO 모드(권한 자동 승인 모드)

**YOLO**(You Only Live Once) 모드는 읽기, 쓰기, 명령 실행 등 모든 권한을 자동으로 승인하는 고급 실행 옵션입니다. 격리된 개발 환경(예 Docker 컨테이너)이나 단독 프로젝트처럼 안전한 환경에서만 사용하는 것이 좋습니다.

Terminal

```
claude --dangerously-skip-permissions
```

이 명령을 처음 실행하면 다음과 같은 경고 화면이 표시되며, 사용자가 명시적으로 승인해야 실행할 수 있습니다.

그림 3-23 YOLO 모드 실행 시 나오는 경고 화면

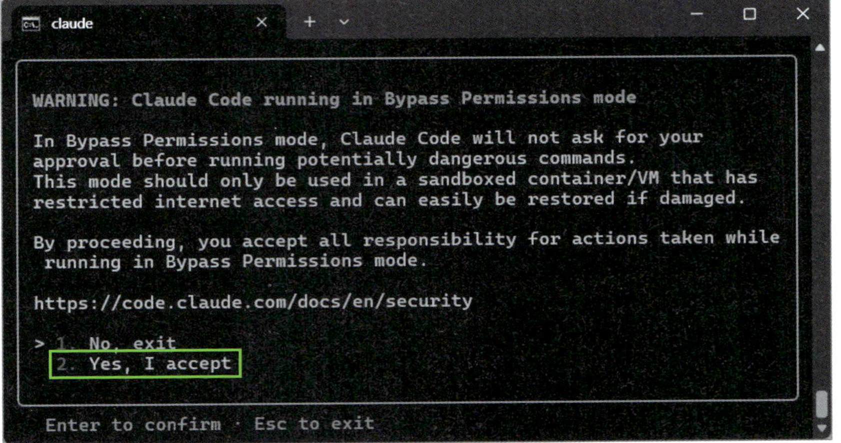


**Yes, I accept**를 선택하면 **bypass permissions mode**가 활성화되고, 이후에는 Claude Code가 사용자 승인 없이 파일 수정이나 명령 실행을 자동으로 처리합니다(diff는 유지).

그림 3-24 YOLO 모드 진입

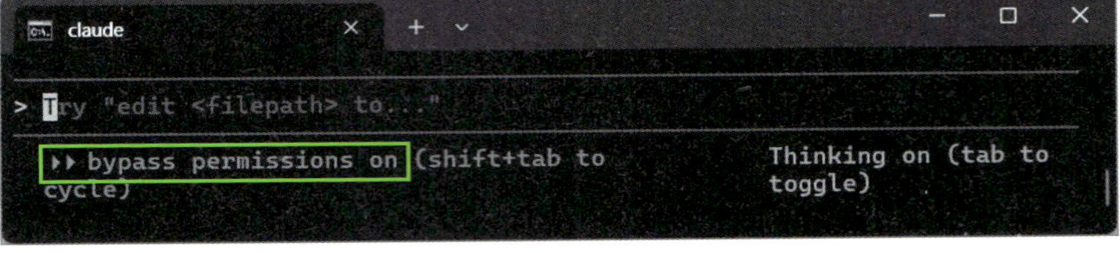

## 세션 내에서 실행 모드 전환하기

대화형 모드를 실행한 뒤에는 Shift + Tab 을 눌러 실행 모드를 전환할 수 있습니다. 전환 가능한 모드는 실행 방식(기본/YOLO)에 따라 달라집니다.

### 1. 기본 모드에서의 전환

기본 모드에서는 다음 두 가지 모드로 전환됩니다. Shift + Tab 을 누를 때마다 기본 모드 → accept edits on → plan mode on 순으로 순환하며 전환됩니다.

- **accept edits on**: Claude가 제안한 코드 수정은 자동 적용하지만 파일 읽기와 명령 실행은 사용자 승인 필요, 대부분 개발 상황에서 가장 권장되는 모드
- **plan mode on**: Claude가 먼저 전체 계획을 제시하고 사용자가 승인한 뒤 수정 및 실행이 이루어지는 안전 모드, 여러 파일을 동시에 수정하거나 대규모 리팩터링 시 유용

그림 3-25 기본 모드에서 전환 시

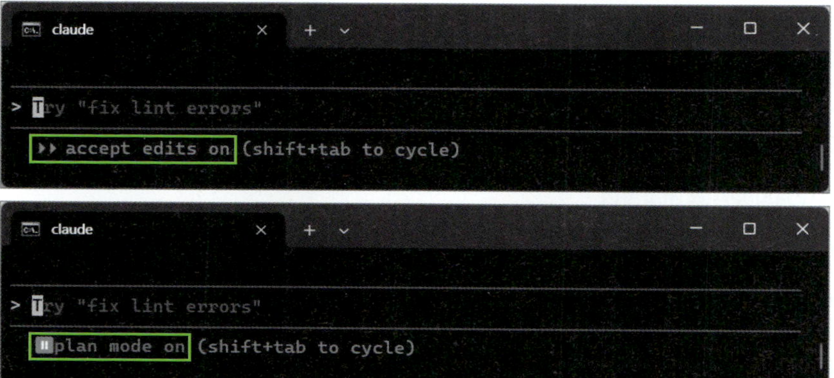


### 2. YOLO 모드에서의 전환

YOLO 모드에서는 다음 세 가지 모드로 전환됩니다. Shift + Tab 을 누를 때마다 bypass permissions on → 기본 모드 → accept edits on → plan mode on 순으로 순환하며 전환됩니다.

- **bypass permissions on**: 모든 권한 자동 승인(읽기, 쓰기, 명령 실행 모두 즉시 실행)
- **accept edits on**: 기본 모드와 동일하게 파일 수정 자동 승인, 그 외 작업은 승인 필요
- **plan mode on**: 실행하기 전에 변경 계획만 제시하고 사용자의 승인을 기다림

## 3.3.2 계획 모드로 안전하게 설계하기

Claude Code에는 실제 파일을 수정하기 전에 먼저 작업 계획을 세우고 이를 검토할 수 있는 **계획 모드**(plan mode)가 있습니다. 여러 파일을 동시에 수정하거나 기존 코드 구조를 변경해야 할 때처럼 작업 범위를 명확히 파악해야 하는 상황에서 유용한 기능입니다.

계획 모드를 사용하면 Claude가 제안한 변경 사항을 바로 적용하지 않고, 먼저 전체 작업 흐름을 살펴본 뒤 승인 여부를 판단할 수 있어 실수 가능성을 크게 줄일 수 있습니다.

### 계획 모드 실행 방법

계획 모드는 다음 두 가지 방식으로 실행할 수 있습니다.

#### 1. 처음부터 계획 모드로 실행하기

다음 명령으로 Claude Code를 실행하면 처음부터 계획 모드로 시작합니다. 이 방식은 수정 없이 계획만 확인하고 싶을 때 사용합니다.

Terminal

```
claude --permission-mode plan
```

#### 2. 대화형 세션에서 계획 모드로 전환하기

기본 모드로 실행(claude)한 뒤, Shift + Tab 을 두 번 눌러 계획 모드로 변경할 수 있습니다. 화면 하단에 plan mode on 문구가 표시되면 계획 모드가 활성화된 상태입니다.

### 계획 출력 형태와 승인 흐름

계획 모드에서는 요청을 받으면 Claude Code는 다음과 같은 항목들이 포함된 작업 계획표를 먼저 생성합니다.

- 생성하거나 수정할 파일 목록
- 필요한 패키지 및 의존성
- 단계별 구현 절차
- 변경 의도와 예상 영향도
- 주의 사항 또는 권장 작업 순서

예를 들어, "JWT 기반 사용자 인증 기능 구현 계획을 세워줘."라고 요청하면 Claude Code는 코드를 분석한 뒤 단계별 작업 계획을 제시합니다. 중간에 필요한 정보가 있다면 질문을 표시하며, 사용자가 답변하면 계획을 보완합니다.

그림 3-26 계획 출력 예

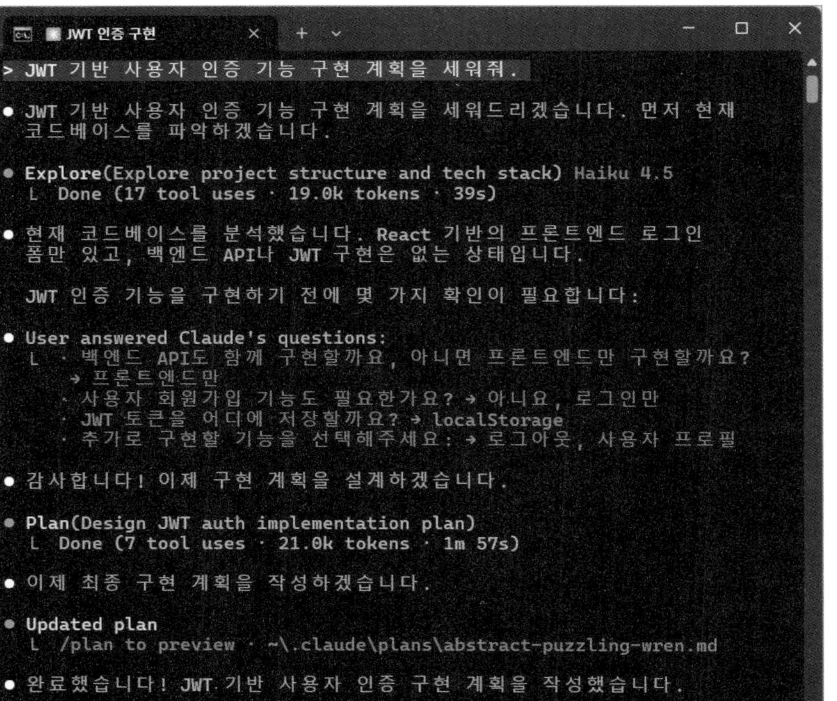


계획이 생성된 뒤에는 다음 옵션 중 하나를 선택할 수 있습니다.

그림 3-27 계획 실행 방법 선택

```
JWT 인증 구현
Would you like to proceed?

> 1. Yes, and auto-accept edits
  2. Yes, and manually approve edits
  3. Type here to tell Claude what to change
```

- **Yes, and auto-accept edits**: Claude가 제안한 모든 변경 사항을 자동으로 적용, 확인 없이 바로 수정
- **Yes, and manually approve edits**(권장): 각 변경 파일/라인별로 수동 승인, 한 줄씩 검토하고 반영
- **Type here to tell Claude what to change**: 직접 원하는 수정 사항을 입력, 세부 지시 가능

승인하면 Claude Code는 계획을 기반으로 파일별 수정 사항을 제시하며, 각 변경을 실제로 적용할지는 사용자가 다시 확인합니다. 계획 모드를 실전에서 어떻게 활용할지는 **4.2절**에서 자세히 설명합니다.

## 3.3.3 명령형 모드로 단일 요청 빠르게 처리하기

**명령형 모드**(command mode)는 Claude Code와의 대화 세션을 유지하지 않고, 한 번의 요청만 실행한 뒤 즉시 종료하는 모드입니다. 대화형 모드처럼 지속해서 컨텍스트를 이어가지는 않지만, 단일 작업을 빠르게 처리할 때 매우 효율적입니다.

대화형 모드가 'AI와 함께 개발하는 공간'이라면, 명령형 모드는 'AI에 간단한 작업을 시키고 바로 결과를 받는' 방식입니다.

### 단일 요청 실행 방법

다음과 같이 -p 옵션을 사용하면 Claude Code는 해당 요청만 처리하고 종료합니다.

Terminal

```
# 시간 복잡도 분석
claude -p "src/utils/date.ts 파일을 열어(파일 경로 기준) 시간 복잡도를 분석해줘."
# 최근 변경 코드 리뷰
claude -p "main 대비 현재 브랜치의 변경분을 기준으로 코드 리뷰를 수행해줘."
```

실행이 끝나면 Claude Code는 즉시 종료되며, 대화형 입력 프롬프트(〉)는 나타나지 않습니다.

### 계획 모드와 함께 사용하기

명령형 모드와 계획 모드를 결합해 대화형 세션을 열지 않고도 계획만 출력하고 종료하는 방식으로도 사용할 수 있습니다.

Terminal

```
claude --permission-mode plan -p "JWT 인증 기능 구현 계획을 세워줘."
```

Claude Code는 요청을 분석해 계획만 출력한 뒤 종료합니다. 이 방식은 다음과 같은 상황에서 유용합니다.

- 기능을 구현하기 전에 설계 초안을 자동으로 생성할 때
- 코드 리뷰용 분석 리포트를 만들 때

- 프로젝트 초기 구조를 기획하며 전체 흐름을 빠르게 점검할 때

파일 변경 없이 종료하므로 매우 안전합니다.

### 파이프로 입력 전달하기

명령형 모드는 기존 터미널 명령과 파이프(pipe)로 연결할 수 있다는 점에서 매우 강력합니다. 다만 관련 명령은 다소 난해할 수 있으므로 터미널에 익숙한 개발자에게 적합합니다.

```
Terminal
cat error.log ¦ claude -p "이 오류 로그를 분석해 문제 원인을 요약해줘."
```

로그, 테스트 결과, 빌드 출력 등을 복사하지 않고 바로 Claude Code로 전달할 수 있습니다.

### 출력 형식 지정하기

명령형 모드는 자동화에 적합하도록 출력 형식을 지정하거나 결과를 파일로 저장할 수 있습니다.

```
Terminal
claude -p "이 프로젝트 함수 목록을 JSON으로 나열해줘." --output-format json
```

`--output-format json`을 사용하면 기계가 처리하기 쉬운 JSON 형식으로 응답이 반환됩니다. 또한 다음과 같이 응답을 파일로 바로 저장할 수도 있습니다.

```
Terminal
claude -p "README 초안을 작성해줘." > README.md
```

> 연산자는 출력을 파일로 저장한다는 의미로, Claude가 생성한 텍스트를 그대로 README.md 파일에 기록합니다. 이는 문서를 자동 생성하거나 업데이트하는 데 유용한 방식입니다.

### 이전 세션 컨텍스트 불러오기

명령형 모드는 기본적으로 컨텍스트 없는 단일 실행이지만, 원한다면 특정 세션의 컨텍스트를 불러와 단일 요청을 실행할 수도 있습니다.

```
Terminal
# 컨텍스트 없이 실행
claude -p "리스트와 튜플의 차이를 설명해줘."
# 특정 세션 컨텍스트 활용
claude -c -p "이전에 수정한 코드의 타입 오류를 다시 확인해줘."
```

이 사용 방식은 다음과 같은 다단계 자동화에서 효과적입니다.

- **1단계**: 코드 구조 분석
- **2단계**: 분석 결과 기반 오류 수정
- **3단계**: 수정 내용 기반 테스트 코드 생성

즉, 대화형 모드의 컨텍스트 유지와 명령형 모드의 단발성을 조합해 사용할 수 있습니다.

## 3.3.4 모드별 활용 시나리오

Claude Code의 세 가지 실행 모드는 각기 다른 장점이 있습니다. 실제 개발 과정에서, 어떤 상황에서 어떤 모드를 사용하는 것이 가장 효과적인지 구체적인 예를 통해 살펴보겠습니다.

### 대화형 모드 추천 시나리오

**1. 새 프로젝트 탐색**

처음 보는 프로젝트 구조를 빠르게 이해하고 싶을 때 가장 효과적입니다.

```
Claude
> 이 프로젝트의 전체 구조를 설명해줘.
> 인증 로직이 어떻게 동작해?
> 데이터베이스 모델 파일을 보여줘.
> 가장 복잡한 부분은 어디야?
```

대화형 모드의 장점은 질문 → 답변 → 재질문의 반복을 통해 자연스럽게 전체 구조를 익힐 수 있다는 것입니다.

**2. 복잡한 기능 구현(계획 모드 병행 권장)**

여러 파일이 함께 수정되거나 변경 범위를 선제적으로 확인해야 하는 작업에서는 계획 모드에서 전체 구조를 먼저 설계한 후, 대화형 모드에서 세부 단계를 진행하는 방식이 가장 안전합니다.

```
Claude
> [Shift] + [Tab] → plan mode on
> JWT 기반 사용자 인증 시스템을 설계해줘.
```

계획 검토가 끝나면 대화형 모드로 돌아와 단계별 구현을 빠르게 이어갈 수 있어 진행 방향을 잃지 않습니다.

#### 3. 버그 디버깅

원인을 추적해야 하는 디버깅 작업은 대화형 모드가 가장 적합합니다.

```
Claude
> 로그인 시 500 오류가 발생했어. 원인을 찾아줘.
> auth.js 파일을 점검해줘.
> 데이터베이스 연결 부분이 이상한 것 같아 자세히 확인해줘.
> 연결 풀 설정이 잘못된 것 같은데 수정해줘.
```

Claude Code가 코드 흐름을 연속으로 유지하면서 분석하므로 문제 해결 속도가 크게 단축됩니다.

#### 4. 리팩터링(계획 모드 병행 권장)

리팩터링은 영향을 미치는 범위가 넓기 때문에 먼저 계획 모드로 변경할 범위를 명확히 파악하는 것이 좋습니다.

```
Claude
> [Shift] + [Tab] → plan mode on
> user-service.js를 리팩터링하고 싶어. 개선점과 영향도를 분석해줘.
```

계획 모드의 출력 내용을 기반으로 진행하고 대화형 모드에서 수정하면 예기치 않은 영향 없이 안정적으로 개선할 수 있습니다.

#### 5. 학습 및 코드 이해

새로운 디자인 패턴이나 구조를 학습할 때도 대화형 모드가 유용합니다.

```
Claude
> 이 프로젝트에서 사용하는 디자인 패턴을 설명해줘.
> Factory 패턴이 실제 코드에서 어떻게 적용됐는지 예시를 보여줘.
> 다른 방식으로 구현하면 어떤 차이가 있어?
> 장단점을 비교해줘.
```

Claude가 개념 설명부터 코드 수준의 예시까지 함께 제공해 학습 효율을 높여줍니다.

### 명령형 모드 추천 시나리오

명령형 모드는 빠른 분석이나 자동화에 적합합니다.

**1. 빠른 코드 분석**

출력 결과를 그대로 Claude Code에 연결해 즉시 분석을 요청할 수 있습니다.

Terminal

```
# 로그 분석
cat error.log | claude -p "오류 로그를 분석하고 원인을 찾아줘."
# 의존성 점검
cat package.json | claude -p "사용하지 않는 패키지가 있는지 확인해줘."
```

**2. 간단한 문서 생성**

단일 명령으로 결과를 파일에 저장할 수 있어 자동화 스크립트에서 특히 유용합니다.

Terminal

```
# README 파일 자동 생성
claude -p "이 프로젝트의 README 파일을 작성해줘." > README.md
```

**3. 개발 도구 결과 해석**

테스트 결과나 린트 오류처럼 구조화된 CLI 출력 분석에 적합합니다.

Terminal

```
# 테스트 결과 분석
npm test | claude -p "실패한 테스트를 분석하고 수정 방법을 알려줘."
# 린트 오류 설명
npm run lint | claude -p "이 린트 오류 메시지들을 분석해줘."
```

복잡한 출력도 즉시 사람이 이해할 수 있는 설명으로 변환됩니다.

# 3.4 Extended Thinking 사용하기

**Extended Thinking**(확장 추론)은 Claude가 답변을 생성하기 전에 문제를 더 깊이 분석하도록 만드는 기능입니다. 단순히 빠른 답을 얻는 것이 아니라, 근거 기반의 설계 제안, 대안 비교, 논리 구조화, 원인 분석처럼 복잡한 의사결정이 필요한 작업에서 특히 효과를 발휘합니다.

일반적인 기능 구현이나 짧은 수정에는 기본 모드로도 충분하지만, 아키텍처 설계, 성능 및 보안 진단, 레거시 구조 개편, 복잡한 버그 분석 등에는 Extended Thinking을 사용하면 결과의 질이 눈에 띄게 향상될 수 있습니다. 다만, 더 많은 토큰과 시간이 소모되므로 필요한 순간에 선택해 사용하는 것이 중요합니다.

## 3.4.1 Extended Thinking 켜고 끄기

Extended Thinking은 세션 단위와 요청 단위, 두 가지 방식으로 사용할 수 있습니다.

**1. 세션 전체에 적용하기**

Claude Code의 대화형 세션에서는 Alt + T로 Extended Thinking을 켜고 끌 수 있습니다. Alt + T를 누르면 다음과 같은 메뉴가 표시됩니다.

```
Claude
Toggle thinking mode Enable or disable thinking for this session.
> 1. Enabled    Claude will think before responding
  2. Disabled    Claude will respond without extended thinking
```

**Enabled**를 선택하면 Extended Thinking이 활성화되고, **Disabled**를 선택하면 비활성화됩니다.

그림 3-28 Alt + T 으로 Extended Thinking 기능 켜고 끄기

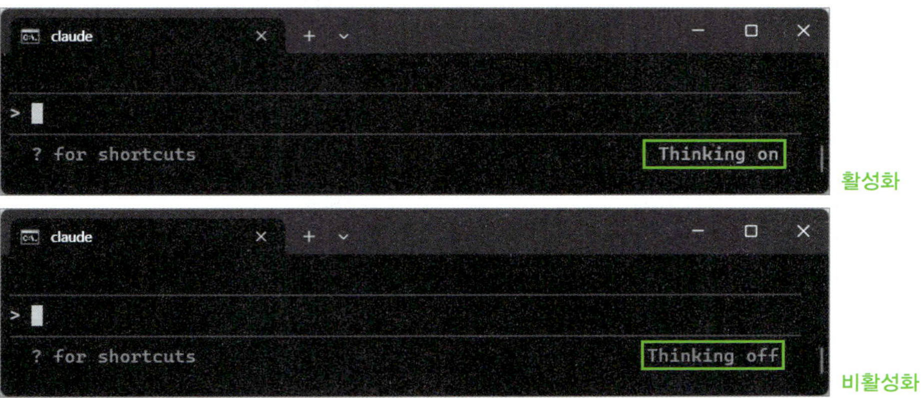


macOS와 Linux에서는 단축키가 제대로 작동하지 않을 수 있습니다. 이런 경우 **/config** 명령으로 Extended Thinking을 켜고 끌 수 있습니다.

다음과 같은 메뉴가 열리고 화살표 키로 **Thinking mode** 옵션을 찾아 Enter 를 누르면 값이 변경됩니다. **true**일 때는 Extended Thinking이 활성화되고, **false**일 때는 비활성화됩니다.

그림 3-29 /config 명령으로 Extended Thinking 기능 켜고 끄기

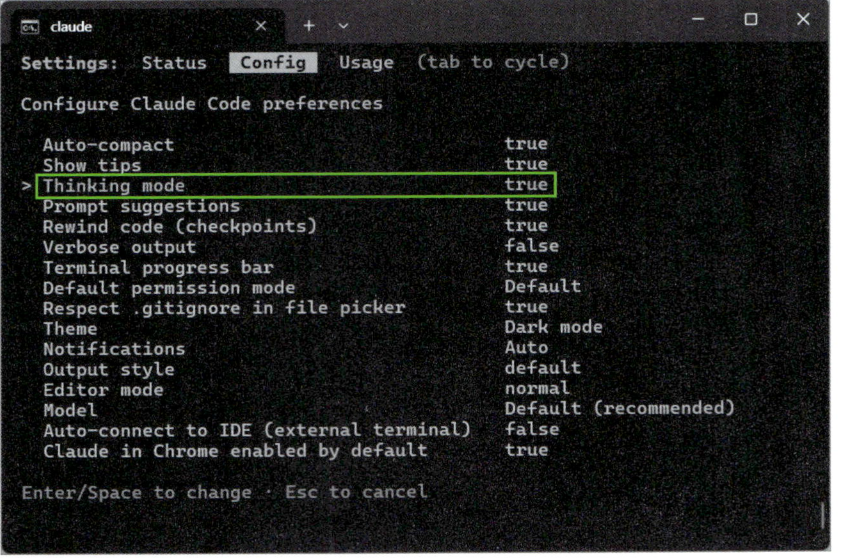

Extended Thinking은 한 번 활성화하면 다음 세션에도 계속 켜져 있으므로 작업이 끝난 후에는 비활성화해야 합니다.

**2. 특정 요청에만 적용하기**

세션 전체를 항상 깊게 사고할 필요는 없습니다. 대부분의 개발 과정에서는 평소처럼 빠른 응답을 받고, 특정 요청에만 Extended Thinking을 적용하는 방식이 더 실용적입니다.

Claude Code에서는 `ultrathink` 키워드를 프롬프트에 포함하면 해당 요청에 한해 Extended Thinking을 활성화합니다. 즉, Extended Thinking이 비활성화되어 있어도 `ultrathink` 키워드를 사용하면 해당 요청만 Extended Thinking으로 처리됩니다

```
Claude
> 인증 흐름을 검토하고 개선 방향을 제시해줘, ultrathink
```

## 3.4.2 키워드 사용 방법

Claude Code에서 `ultrathink` 같은 키워드는 요청을 더 길게 쓰는 장치가 아니라 "이번 요청은 시간이 걸리더라도 깊게 검토해달라"는 우선순위 신호입니다. 따라서 키워드는 적절한 요청 구조에 맞춰 안정적으로 동작합니다.

**1. 문장 끝에 키워드 붙이기**

키워드를 문장 중간에 두면 Claude가 이를 본문 설명의 일부로 읽거나 문맥에 묻혀 신호가 약해질 수 있습니다. 그러므로 키워드는 요청 마지막에 두는 것이 가장 안전합니다.

```
Claude
> 인증 흐름을 검토하고 개선 방향을 제시해줘, ultrathink      # 안정적
> 인증 흐름을 ultrathink 기준으로 점검해 취약점을 정리해줘.  # 신호가 약해질 수 있음
```

**2. 출력 형식 지정하기**

키워드만 적용하면 설명만 길게 늘어나 읽기 어렵거나 결론, 근거, 다음 행동이 섞여서 문서로 쓰기 어려울 수 있습니다. 실무에서 중요한 것은 깊은 사고 자체가 아니라 붙여넣어 바로 쓸 수 있는 결과물입니다. 따라서 다음과 같이 키워드와 문서 구조와 출력 형식을 조합하면 실전에서 재사용성이 높아집니다.

- **문서 구조**: "3단 구성", "보고서 형식", "요약 → 근거 → 권고"
- **표현 형식**: "표", "체크리스트", "번호 목록"

```
Claude
# 문서로 바로 쓰기 좋음
> 함수의 성능 저하 원인을 찾고, 결과를 표로 정리해줘, ultrathink
# 내용이 산만해질 수 있음
> 함수의 성능 병목을 원인을 분석해줘, ultrathink
```

### 3. 작업 범위 지정하기

Claude는 요청을 받으면 가능한 많은 가능성을 고려하려고 합니다. 그런데 범위가 열려 있으면 다음과 같이 문제가 생길 수 있습니다.

- 어디까지 봐야 할지(파일/모듈/서비스 경계 불명확)
- 무엇을 기준으로 개선해야 할지(성능/보안/테스트/가독성 혼재)

이때 ultrathink 키워드를 붙이면 넓은 범위에서 깊게 파고들어 결과가 길고 모호해질 수 있습니다. 따라서 범위나 관점을 지정해주는 것이 좋습니다.

- **범위**: 함수, 파일, 모듈, 인증 흐름
- **관점**: 성능, 보안, 테스트, 유지보수 중 1~2개만

```
Claude
# 분석이 집중됨
> 인증 흐름을 보안 관점에서 점검해 취약점/리스크/개선안을 3단 구성으로 써줘, ultrathink
# 분석 범위가 너무 넓음
> 함수의 성능 병목을 원인을 분석해줘, ultrathink
```

키워드를 사용할 때 다음 구조로 요청하면 가장 안정적입니다.

- 무엇을 해달라(작업)
- 어디까지 보라(범위)
- 무엇을 기준으로 보라(관점)
- 어떤 형태로 내라(출력 형식)
- 마지막에 ultrathink 적용

```
Claude
> 이 함수의 성능 병목을 찾아 원인을 설명해줘.
  범위는 이 함수와 호출자까지로 제한하고, 성능 관점에서 개선안을 3개 제시해줘.
  결과는 표로 정리해줘, ultrathink
```

### 3.4.3 추천 워크플로

Extended Thinking은 적절한 순간에 쓰면 큰 효과를 내지만, 모든 요청에 무작정 켜두면 속도와 비용이 빠르게 증가합니다. 입문자에게 추천할 만한 패턴을 정리하면 다음과 같습니다.

**1. 프로젝트 시작 - Extended Thinking으로 큰 그림 먼저 잡기**

- **목표**: 폴더 구조, 아키텍처, 데이터 흐름 같은 장기 결정을 먼저 정리
- **방법**: 중간에 흔들리지 않는 설계 기반 확보

```
Claude
> 간단한 할 일 관리 앱을 만들고 싶어.
  인증, CRUD, 검색 기능 포함해 아키텍처를 설계해줘, ultrathink
```

**2. 구현 단계 - 기본 모드로 빠르고 명확하게**

설계가 어느 정도 정리됐다면 구현 단계는 기본 모드(Extended Thinking off)로 빠르게 진행합니다.

```
Claude
> 로그인 폼에 이메일 유효성 검사를 추가해줘.
> 버튼 색상을 파란색으로 변경해줘.
> 이 함수에 주석을 추가해줘.
```

단순한 구현, 쉬운 UI 수정, 간단한 보완 작업에까지 Extended Thinking을 쓰면 불필요하게 느려지고 토큰도 많이 소비되므로 판단, 비교, 설계가 필요 없는 요청은 기본 모드로 처리하는 것이 효율적입니다.

**3. 막히거나 판단이 필요한 경우 - 선택적으로 깊게**

- 원인 규명, 진단
- 전략, 설계 수준의 의사 결정

```
Claude
> 로그인 실패가 간헐적으로 발생하는데 원인을 분석해줘, ultrathink
> 이 성능 문제를 해결하기 위한 전략을 제안해줘, ultrathink
```

이렇게 하면 **속도, 품질, 토큰 효율**의 균형을 유지하면서도 정말 중요한 지점에서는 Claude의 추론 능력을 최대한 활용할 수 있습니다.

# 3.5 안전한 개발을 위한 퍼미션 시스템 활용하기

AI 터미널 도구를 사용하다 보면 '내 로컬 환경을 어떻게 보호할 것인가?'가 중요합니다. Claude Code는 이런 상황을 고려해 퍼미션 시스템이라는 안전장치를 제공합니다. **퍼미션 시스템**(permission system)은 Claude가 파일을 읽고 수정하거나, Bash 명령을 실행하거나, MCP 도구를 호출하기 전에 반드시 사용자에게 확인을 요청하도록 설계된 구조입니다.

## 3.5.1 퍼미션 시스템의 작동 방식

Claude Code는 로컬 환경에 영향을 미치는 작업을 시도할 때마다 승인 프롬프트를 표시합니다.

그림 3-30 승인 프롬프트 예

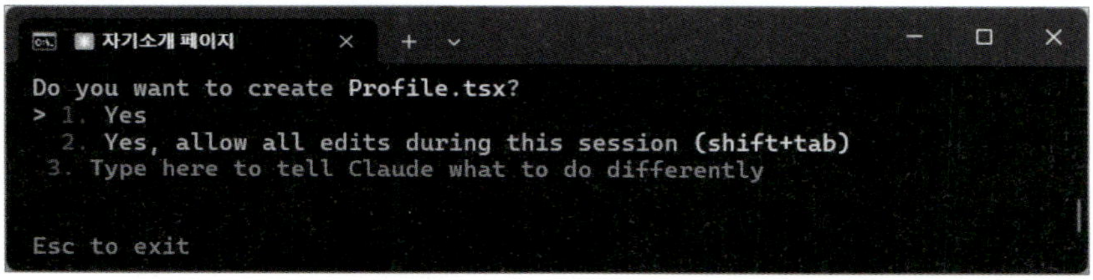

```
자기소개 페이지
Do you want to create Profile.tsx?
> 1. Yes
  2. Yes, allow all edits during this session (shift+tab)
  3. Type here to tell Claude what to do differently

Esc to exit
```

프롬프트는 다음 세 가지 선택지를 제공합니다.

- **Yes**: 이번 요청만 허용
- **Yes, allow all edits during this session**: 이번 세션에서 파일 편집만 자동 승인
- **Type here to tell Claude what to do differently**: 작업을 중단하고 다른 방법을 지시

이 구조는 실수로 중요한 파일을 변경하거나 위험한 명령을 실행하는 일을 방지하기 위한 기본 안전장치입니다.

## 3.5.2 퍼미션 모드와 퍼미션 규칙

퍼미션 시스템은 크게 두 가지 제어 방식으로 구성되어 있습니다.

**1. 퍼미션 모드- 세션 단위 제어**

**퍼미션 모드**(permission mode)는 Claude가 파일을 수정하거나 명령을 실행할 때 승인 절차를 얼마나 자동화할지 결정하는 세션 단위 제어 방식입니다.

- 세션이 실행된 상태에서 Shift + Tab 을 누르면 퍼미션 모드가 전환됩니다.
- 어떤 모드가 활성화되어 있는지는 하단 상태 표시줄에 나타납니다.
- Claude Code를 종료하고 다시 실행하면 기본 설정(또는 settings.json에 지정된 `defaultMode`)으로 초기화됩니다.

참고

구체적인 작동 방식은 **3.3절**에서 이미 설명했으므로 여기서는 퍼미션 시스템과의 관계만 다룹니다.

**2. 퍼미션 규칙 - 장기 제어 정책**

퍼미션 모드는 세션 단위 제어에 적합합니다. 하지만 프로젝트 전체의 보안과 일관성을 유지하려면 퍼미션 규칙을 설정해야 합니다. **퍼미션 규칙**(permission rule)은 프로젝트 또는 사용자 환경의 설정 파일에 영구적으로 저장되는 장기 정책입니다. 예를 들어 다음과 같습니다.

- .env, package.json 같은 중요한 파일은 수정 차단
- `git push`, `npm publish` 등 배포 명령은 항상 차단
- src 디렉터리만 자동 편집 허용
- 자동화 스크립트에서 반복 승인 제거

## 3.5.3 퍼미션 규칙 관리하기

퍼미션 규칙은 다음 세 가지 방식으로 관리할 수 있습니다.

### CLI 옵션으로 임시 규칙 지정하기

세션을 실행할 때 임시로 규칙을 적용할 수 있습니다.

Terminal

```
# Git 관련 명령만 자동 허용
claude --allowedTools "Bash(git:*)"
# 특정 중요한 파일은 수정 금지
claude --disallowedTools "Edit(.env)" "Edit(package.json)"
```

- **`--allowedTools`**: 자동 허용
- **`--disallowedTools`**: 항상 차단(허용보다 우선 적용)

이 방식은 테스트나 단기 작업에 적합합니다.

## 설정 파일에 영구 규칙 저장하기

퍼미션 규칙은 궁극적으로 설정 파일에 저장됩니다.

- **사용자 전체**: ~/.claude/settings.json
- **프로젝트 전용**: ./.claude/settings.json

### 퍼미션 규칙 작성 예시

```
{
  "permissions": {
    "allow": [
      "Edit(src/**/*)",
      "Bash(git:*)"
    ],
    "deny": [
      "Bash(rm:*)"
    ]
  }
}
```

- **`Edit(src/**/*)`**: src 내 모든 파일 편집 허용
- **`Bash(git:*)`**: 모든 Git 명령 허용
- **`Bash(rm:*)`**: 모든 rm 명령 차단

차단 규칙(deny)은 허용 규칙(allow)보다 항상 우선 적용됩니다.

 참고

2025년 기준 deny 규칙과 `--disallowedTools` 플래그가 제대로 작동하지 않는 버그가 보고되었습니다. 이 기능에만 의존하지 말고 다른 보호 조치를 함께 사용하세요.

## /permissions 명령으로 실시간 규칙 편집하기

세션 내에서 `/permissions` 명령을 실행하면 규칙을 추가, 수정, 삭제할 수 있는 UI가 열립니다.

그림 3-31 /permissions 명령 실행

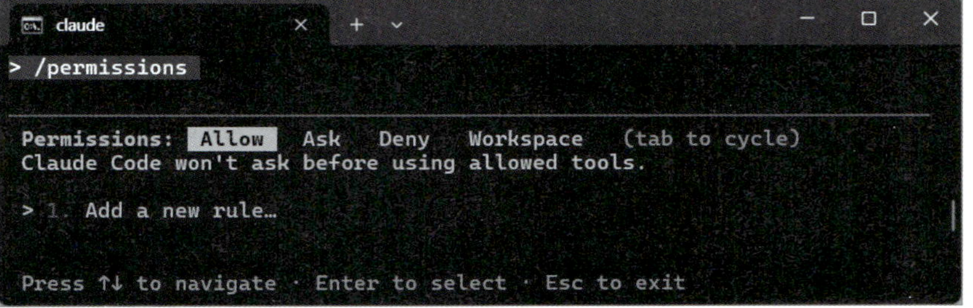


절차는 다음과 같습니다.

❶ Allow, Ask, Deny 중 선택

- **Allow**: 자동 허용
- **Ask**: 항상 묻기
- **Deny**: 강제 차단

❷ Add a new rule... 선택 → 제어할 도구(Edit, Bash 등)와 패턴 입력 예 `Edit(src/*)`

그림 3-32 새 규칙 입력

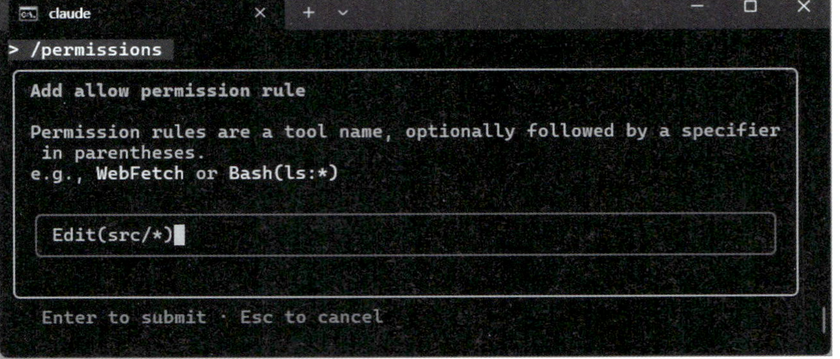

❸ 규칙 저장 위치 선택

- 세션 로컬: .claude/settings.local.json
- 현재 프로젝트: .claude/settings.json
- 사용자 전체: ~/.claude/settings.json

그림 3-33 저장 위치 선택

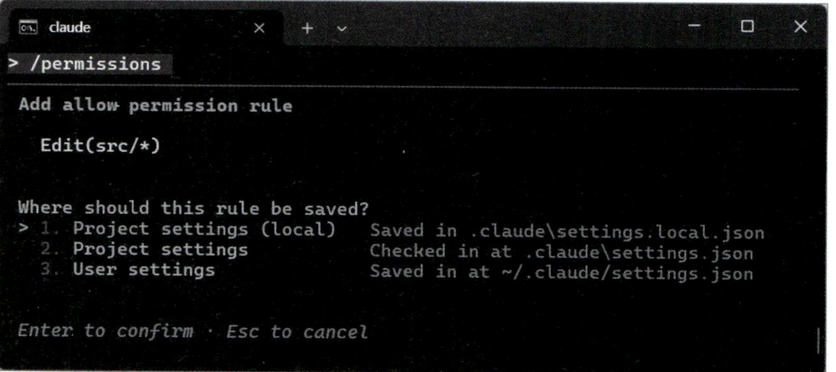


이 방식은 규칙을 빠르게 수정해야 할 때 매우 유용합니다.

### 3.5.4 YOLO 모드로 권한 우회하기(고급)

**YOLO 모드**(--dangerously-skip-permissions)는 퍼미션 시스템을 완전히 우회해 모든 작업을 즉시 실행하는 모드입니다. 승인 프롬프트가 표시되지 않으며, 모든 파일 수정과 모든 Bash 명령 실행을 허용합니다. 따라서 팀/회사 프로젝트, 배포용 저장소, 민감 데이터가 포함된 로컬 환경에서 사용해서는 안 되며, 실험용이나 격리된 테스트 환경에서만 사용해야 합니다.

YOLO 모드를 안전하게 활용하려면 다음과 같은 보호 조치가 필수입니다.

#### 1. 작은 단위로 실행하기

YOLO 모드는 강력하지만 무제한 권한을 부여하기 때문에 항상 작은 범위에서 시작해야 합니다.

```
Terminal
# 위험
claude --dangerously-skip-permissions -p "프로젝트 전체를 TS로 변환해줘."
# 보다 안전
claude --dangerously-skip-permissions -p "src/utils/validator.js만 TS로 변환해줘."
```

### 2. Git 스냅샷(커밋) 저장 후 실행하기

YOLO 모드를 사용할 때는 실행하기 전에 `git commit`으로 현재 상태를 저장해두면 Git으로 안전하게 되돌릴 수 있습니다.

```
Terminal
# YOLO 모드 실행 전
git add .
git commit -m "before YOLO test"
# 문제 발생 시 즉시 복구
git restore .
# 또는
git reset --hard
```

이렇게 하면 Git으로 추적된 파일의 경우 안전하게 복구할 수 있습니다. 단, 커밋되지 않은 변경사항이나 .gitignore 파일은 복구할 수 없습니다.

> **용어** **스냅샷**(snapshot)은 특정 시점의 파일 및 디렉터리 상태를 그대로 저장한 복제본을 의미합니다.

## 3.6 슬래시 명령어 사용 가이드

Claude Code는 자연어 프롬프트로 대화를 이어가는 것뿐 아니라, 터미널 내부에서 직접 명령을 실행할 수 있는 인터페이스를 제공합니다. 이러한 기능을 가능하게 하는 것이 바로 슬래시 명령어입니다.

**슬래시 명령어**(slash command)는 /로 시작하며, 자연어 요청과 달리 Claude의 언어 모델을 거치지 않고 즉시 실행하는 시스템 명령입니다. 또한 슬래시 명령어는 자동 완성과 사용자 정의 명령어까지 지원합니다. 덕분에 Claude Code를 단순한 AI 코드 생성기를 넘어 프로젝트 관리 기능까지 갖춘 대화형 개발 콘솔로 활용할 수 있습니다. 특히, 자연어로 대화하다가도 `/model`, `/init`, `/memory` 같은 명령으로 모델 변경, 프로젝트 초기화, CLAUDE.md 메모리 편집, 인증 설정, Git 통합 같은 개발 도구 수준의 기능을 처리할 수 있습니다.

이 절에서는 슬래시 명령어의 구조와 작동 방식, 주요 명령의 활용법을 정리하고, 실제 개발 흐름에서 어떻게 결합해 사용할 수 있는지 살펴봅니다.

### 3.6.1 /help로 명령어 시스템 한눈에 보기

슬래시 명령어 전체 구조와 기능을 가장 빠르게 이해하는 방법은 `/help` 명령을 실행하는 것입니다.

```
Claude
/help
```

실행하면 다음과 같이 탭 구조를 가진 메뉴가 나타납니다.

그림 3-34 /help 메뉴 구성

```
claude
> /help

-Claude Code ──── general  commands  custom-commands  (tab to cycle)-
v2.0.59
Claude understands your codebase, makes edits with your permission,
and executes commands - right from your terminal.
! for bash        double tap esc to clear input      ctrl + _ to undo
/ for             ctrl + o for verbose outputedits   alt + v to paste
# to memorize     tab to toggle thinking             images
& for             backslash (\) + return (↵) for
background        newline

For more help: https://code.claude.com/docs/en/overview
Esc to exit
```

각 탭은 다음 내용을 포함하며, Tab 으로 전환할 수 있습니다.

- **general**: 주요 단축키와 기본 조작법
- **commands**: 내장 슬래시 명령어 목록 예 /model, /init 등
- **custom-commands**: 사용자가 직접 정의한 명령어 목록

/help는 Claude Code의 명령 체계를 한눈에 볼 수 있는 지도 역할을 합니다. 이를 활용하면 명령어를 모두 외울 필요 없이 /help로 명령어를 확인한 후 실행할 수 있습니다.

## 3.6.2 슬래시 명령어의 구조와 특징

슬래시 명령어는 다음과 같은 구조로 실행됩니다.

```
Claude
/[명령어] [옵션 또는 인자]
```

표 3-3 슬래시 명령어 예

| 명령 | 설명 |
| --- | --- |
| /init | 새 프로젝트 초기화 |
| /model | 사용할 모델 지정 |
| /memory | CLAUDE.md 파일 편집 |
| /exit | 현재 세션 종료 |

슬래시 명령어의 주요 특징은 다음과 같습니다.

**1. Claude의 LLM 추론 없이 즉시 실행**

내장 슬래시 명령어는 자연어 요청과 달리 Claude의 판단 단계를 거치지 않습니다. 터미널 명령과 동일한 수준으로 즉시 반영됩니다. 단, 사용자 정의 명령어는 Claude의 판단을 거칩니다.

```
Claude                                          – × □
> /model
```

**2. 명령어 필터링**

/를 입력한 후 글자를 몇 개만 적어도 해당 패턴에 맞는 명령어만 자동 필터링합니다.

```
Claude                                          – × □
> /mo → mo가 들어가는 명령어만 표시
> /mem → mem이 들어가는 명령어만 표시
```

덕분에 명령어 전체를 기억하지 않아도 쉽게 찾아 사용할 수 있습니다.

**3. 사용자 정의 명령어 지원**

자주 사용하는 작업은 사용자 정의 명령어로 등록해 단축 명령처럼 사용할 수 있습니다. 예를 들어, 자주 수행하는 코드 리뷰 명령을 .claude/commands/review.md로 작성해 /review로 등록합니다. 그러면 /review를 입력하면 해당 명령이 즉시 실행됩니다. 사용자 정의 명령어는 **3.6.6절**에서 자세히 설명합니다.

## 3.6.3 기본 슬래시 명령어 익히기

Claude Code에는 다양한 슬래시 명령어가 있지만, 처음부터 모두 익힐 필요는 없습니다. 프로젝트를 시작하고 작업을 진행하는 과정에서 자주 사용하는 명령어만 익혀도 실습하기에는 충분합니다. 여기서는 실무 작업 흐름에 맞춰 꼭 필요한 명령어만 추려 소개합니다.

### /init - 프로젝트 초기화

/init은 Claude Code를 처음 프로젝트에 도입할 때 실행하는 초기화 명령입니다. 현재 폴더를 스캔해 프로젝트 요약과 기본 규칙을 정리한 CLAUDE.md 초안을 자동으로 생성하며, 이후 Claude는 이 파일을 지속해서 참고합니다.

다음과 같은 경우 /init 명령을 실행합니다.

- Claude Code를 프로젝트에 처음 적용할 때
- 기존 프로젝트를 Claude가 인식하도록 초기 학습시키고 싶을 때

/init을 사용한 초기화 과정과 이렇게 생성된 CLAUDE.md 초안을 다듬는 방법은 **4.1절**에서 자세히 설명합니다.

### /clear - 대화 기록 초기화

/clear는 현재까지의 대화 기록을 모두 삭제하고 새로운 세션처럼 시작하는 명령으로, 다음과 같은 상황에 사용하기 적합합니다.

- 새 작업을 시작할 때
- 이전 대화가 필요 없을 때
- 컨텍스트가 너무 커져 Claude가 맥락을 잘못 잡기 시작할 때

/clear는 대화 기록을 완전히 삭제하며 복구할 수 없습니다. 단, 실제 파일과 CLAUDE.md는 변경되지 않습니다.

### /compact - 대화 요약

/compact는 전체 대화를 지우고 싶지 않을 때 사용하는 요약 기반 압축 명령입니다. 대화 내용을 유지하면서도 토큰 사용량을 줄일 수 있습니다.

```
Claude
/compact 인증 관련 내용은 남기고 나머지는 요약해줘.
```

사용 시점은 다음과 같습니다.

- 컨텍스트 사용량이 높아질 때
- 긴 세션이 계속되어 메모리가 소모될 때
- 기능 단위로 대화를 정리하고 싶을 때

Claude Code는 토큰이 한계에 가까워지면 자동으로 압축을 수행하지만, 자동 압축과 /compact 명령 모두 불완전하고 오류가 발생하기 쉽습니다.

### /context - 컨텍스트 사용량 시각화

/context는 현재 세션의 컨텍스트가 얼마나 사용되고 있는지 간단한 블록으로 시각화해 주는 명령입니다. 다음과 같은 상황에서 실행해 컨텍스트 상태를 빠르게 점검합니다.

- 대화가 길어져 컨텍스트 윈도우가 얼마나 찼는지 확인할 때
- 어떤 구성 요소가 토큰을 많이 소비하는지 파악할 때
- /clear로 세션을 초기화해야 할지 판단할 때

구성 요소 분석과 해석 방법은 **4.3.4절**에서 설명합니다.

### /doctor - 설치 상태 진단

Claude Code 설치 상태, Node.js 버전, PATH 설정, 업데이트 필요 여부를 점검하는 명령입니다. 다음 상황에서 실행합니다.

- 업그레이드 후 문제가 생겼을 때
- 명령어가 정상 작동하지 않을 때
- 설정 오류가 의심될 때

**그림 3-35** /doctor 실행 예시

```
claude
> /doctor

Diagnostics
 └ Currently running: npm-global (2.1.12)
 └ Path: C:\Program Files\nodejs\node.exe
 └ Invoked: C:\Users\user\AppData\Roaming\npm\node_modules\@anthropic-a
i\claude-code\cli.js
 └ Config install method: unknown
 └ Auto-updates: default (true)
 └ Update permissions: Yes
 └ Search: OK (vendor)

Press Enter to continue…
```

### /usage - 사용량 및 구독 상태 확인

현재 구독 플랜의 사용량을 시각적으로 보여주는 명령입니다.

그림 3-36 /usage로 구독 플랜 사용량 확인 결과

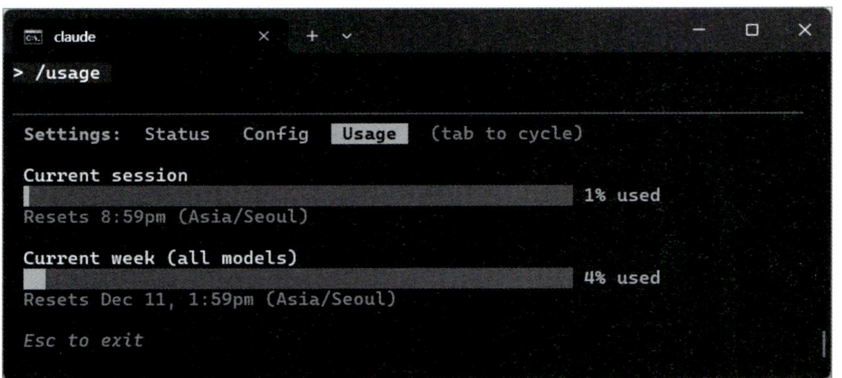


- **Current session**: 현재 세션의 사용량
- **Current week (all models)**: 주간 전체 토큰 사용량

구독 플랜(Pro, Max, Team 등)에 따라 표시 항목이 달라집니다. 특히 팀 플랜은 공유 크레딧 잔량도 함께 표시됩니다.

### 3.6.4 고급 슬래시 명령어 다루기

기본 명령어만으로도 Claude Code는 대부분의 개발 작업을 수행할 수 있지만, 실무에서는 더 세밀한 제어가 필요합니다. 여기에서는 프로젝트 운영, 품질 관리, IDE 연동, 외부 도구 활용 등 전문적인 환경에서 자주 사용하는 고급 슬래시 명령어를 정리합니다.

앞 절에서 소개한 기본 명령어와 달리, 프로젝트 전반을 관리하거나, 도구를 확장하거나 대규모 작업을 안정적으로 운영하기 위한 기능을 중심으로 소개합니다.

#### /memory - 프로젝트 메모리 열고 편집하기

Claude Code가 프로젝트를 이해할 때 참조하는 핵심 메모리 파일인 CLAUDE.md를 직접 편집하는 명령입니다. 실행하면 메모리 파일의 저장 위치를 선택하는 메뉴가 나타나며, 선택하면 기본 에디터(vim, nano, 메모장 등)로 파일이 열립니다.

주요 용도는 다음과 같습니다.

- 프로젝트 규칙, 코딩 가이드라인 저장
- 반복되는 설명을 영구 메모리화

- API 구조, 폴더 구조 등 정적 정보 관리

CLAUDE.md에 관해서는 **4.1절**에서 상세히 다룹니다.

### /config - 환경 설정 패널 열기

Claude Code의 동작 방식을 제어하는 주요 설정을 변경할 수 있는 패널을 여는 명령입니다.

**그림 3-37** 환경 설정 패널

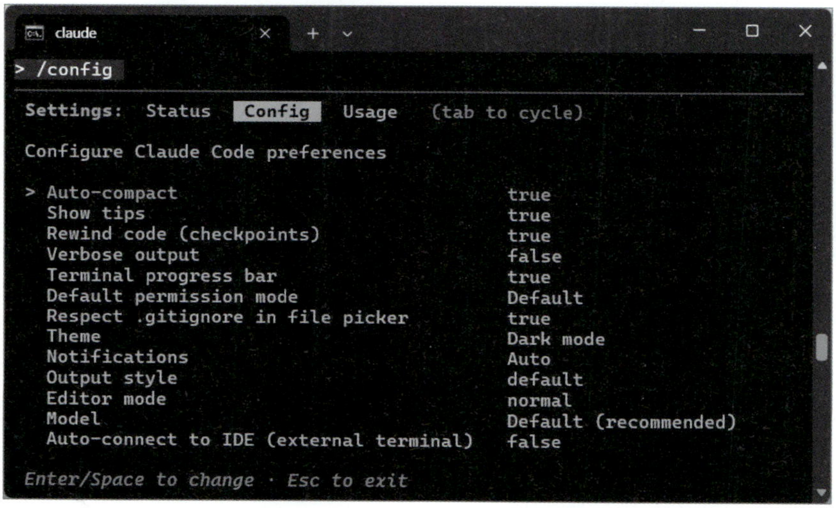

```
claude
> /config

Settings:  Status  Config  Usage  (tab to cycle)

Configure Claude Code preferences

> Auto-compact                                 true
  Show tips                                    true
  Rewind code (checkpoints)                    true
  Verbose output                               false
  Terminal progress bar                        true
  Default permission mode                      Default
  Respect .gitignore in file picker            true
  Theme                                        Dark mode
  Notifications                                Auto
  Output style                                 default
  Editor mode                                  normal
  Model                                        Default (recommended)
  Auto-connect to IDE (external terminal)      false

Enter/Space to change · Esc to exit
```

패널의 주요 항목은 다음과 같습니다.

- **Auto-compact**: 컨텍스트 임계 시 자동 압축
- **Rewind code (checkpoints)**: 변경 체크포인트 생성
- **Verbose output**: 상세 출력
- **Theme**: 테마 변경
- **Notifications**: 터미널 알림 방식
- **Editor mode**: 기본 편집기 설정
- **Model**: 기본 모델 설정

방향키로 항목을 이동하고 Enter 를 누르면 값이 변경되고, ESC 를 누르면 종료됩니다.

### /export - 대화 내보내기

현재 세션의 대화 내용을 저장하거나 클립보드로 복사할 수 있는 기능입니다. 명령을 입력하면 다음과 같은 선택 화면이 표시됩니다.

그림 3-38 내보내기 방법 선택

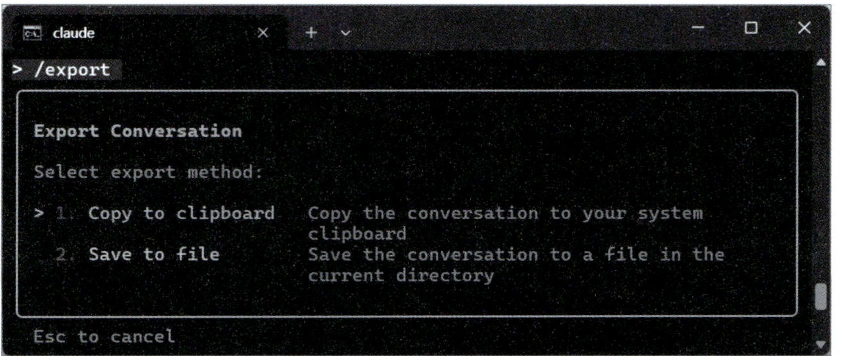


선택지는 두 가지입니다.

- **Copy to clipboard**: 대화 내용을 시스템 클립보드로 복사, Slack, Notion, 이메일 등 공유용으로 적합
- **Save to file**: 대화 내용을 .md 파일로 저장 예 conversation-2025-12-05.md

또는 다음과 같이 직접 파일명을 입력해도 됩니다.

```
/export conversation-2025-12-05.md
```

Claude Code는 내부적으로 세션 기록을 JSONL 형식으로 보관하지만, 사람이 읽기 어렵습니다. /export는 읽기 좋은 형태로 정리된 대화 문서를 바로 만들 수 있는 실용적인 방법입니다.

> **용어** **JSONL**(JSON Lines)은 여러 개의 JSON 객체를 한 줄에 하나씩 기록하는 로그 중심의 파일 형식입니다. 이 형식에는 시스템 내부 처리 과정과 이벤트 기록이 함께 포함되기 때문에 사람이 그대로 읽기에는 불필요하고 복잡한 정보가 많습니다.

### /resume - 이전 세션 이어서 작업하기

이전 세션을 이어서 작업하고 싶을 때 사용하는 명령입니다. 실행하면 이전 세션 목록을 표시하는데, 여기서 원하는 세션을 선택해 복원합니다.

그림 3-39 이전 세션 목록

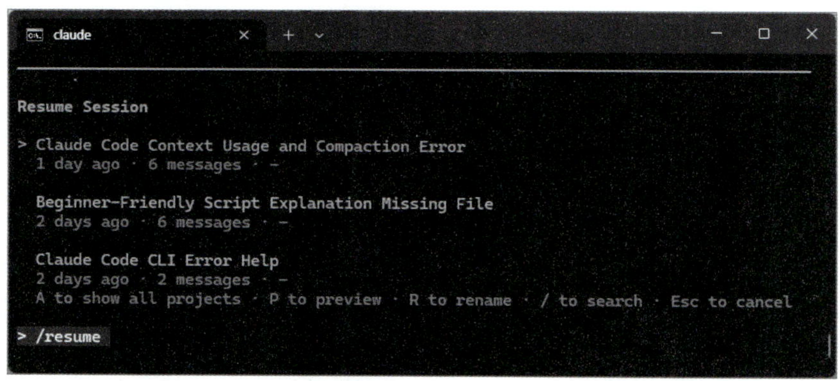


## /output-style - 응답 톤과 형식 전환

/output-style은 Claude Code의 응답 톤과 형식을 전환하는 명령입니다. 프로젝트 단계에 따라 설계 중심(Explanatory) 또는 구현 중심(Default)처럼 작업 흐름에 맞는 스타일을 선택할 수 있습니다.

기본 제공 스타일은 다음과 같습니다.

- **Default**: 간결하고 빠른 구현 중심
- **Explanatory**: 코드 패턴과 이유를 상세히 설명
- **Learning**: 사용자가 일부 코드를 직접 작성하도록 유도

스타일은 대화 도중에도 변경할 수 있습니다. 자세한 내용은 **5.5절**에서 다룹니다.

## /add-dir - 외부 디렉터리 추가

현재 프로젝트 외부의 폴더를 Claude Code의 작업 범위에 포함시킬 때 사용하는 명령입니다. 다음과 같은 경우에 사용합니다.

- 다른 프로젝트 폴더를 함께 참조해야 할 때
- 공통 라이브러리를 동시에 작업할 때
- 외부 유틸리티 폴더가 필요할 때
- 모노레포에서 여러 서비스를 동시에 다룰 때

> 용어 **모노레포**(monorepo)는 독립적으로 동작하는 여러 프로젝트를 하나의 저장소에서 함께 관리하는 방식을 말합니다.

```
Claude
# 프런트엔드-백엔드 동시 작업
> /add-dir ../backend-api
> 프런트엔드와 백엔드의 인증 패턴을 비교해줘.
# 마이크로서비스 개발
> /add-dir ../user-service
> /add-dir ../auth-service
> /add-dir ../shared-models
```

#### /exit, /quit - 세션 종료

Claude Code 세션을 종료하고 터미널로 복귀할 때 사용하는 명령으로, 두 명령은 동일하게 작동합니다. 세션을 종료해도 현재 대화 내역은 ~/.claude/projects/ 디렉터리에 자동 저장됩니다. 나중에 `/resume` 명령으로 언제든 작업을 이어서 수행할 수 있습니다.

다음 단축키도 비슷한 기능을 수행합니다.

- Ctrl + D: 정상 종료
- Ctrl + C 두 번: 강제 종료

### 3.6.5 Git 및 협업 명령어

Claude Code는 Git과 연동해 코드 리뷰, PR 코멘트 조회, 보안 점검 등 협업 워크플로를 자동화할 수 있습니다. 다만, 모든 기능이 기본으로 활성화되는 것은 아닙니다. GitHub 저장소 여부, GitHub 권한, 조직 정책, Claude GitHub 앱 설치 여부에 따라 지원 범위가 달라집니다.

명령어를 사용하기 전 다음 사항을 꼭 확인하세요.

- 현재 폴더가 Git 저장소여야 합니다(없다면 `git init` 또는 원격 저장소를 클론).
- GitHub 기반 기능은 Claude GitHub 앱을 설치하거나 해당 저장소에 대한 권한이 있어야 합니다.
- 보안 기능 일부는 Anthropic API Key 또는 별도 인증이 필요할 수 있습니다.
- 민감한 정보(API 키, 개인 정보 등)는 커밋이나 대화에 포함하지 않도록 주의해야 합니다.

#### /review - 변경 사항 기반 코드 리뷰

현재 Git 변경 사항(`git diff`)을 읽어 Claude가 자동으로 코드 리뷰를 수행하는 명령입니다. 이 명령은 GitHub 저장소에서만 동작하며, 특히 아직 커밋하지 않은 변경이 있을 때 가장 효과적입니다.

Claude Code는 다음 항목을 중심으로 코드를 분석합니다.

- 잠재적 버그
- 보안 취약점
- 코드 스타일 및 일관성
- 성능 문제
- 테스트 필요 지점 및 누락된 케이스

필요하다면 특정 관점을 함께 지시해 리뷰 방향을 조정할 수도 있습니다.

```
Claude
/review 보안 관점 위주로 점검해줘.
```

GitHub 저장소가 없는 프로젝트라면 `/review` 대신 파일 직접 참조(@) 방식으로 동일한 리뷰를 요청할 수 있습니다.

```
Claude
@src/auth/login.ts 보안 관점으로 리뷰해줘.
```

변경 사항이 많거나 리팩터링하기 전에 `/review`로 잠재적 문제를 미리 걸러냅니다. 그런 다음, 그 결과를 기반으로 커밋 메시지를 작성하고 PR 설명 준비, 리팩터링 계획 수립 등을 진행하면 코드 리뷰 효율이 크게 향상됩니다.

### /pr-comments - PR 코멘트 불러오기

GitHub Pull Request에 달린 리뷰 코멘트를 Claude Code 안에서 바로 확인할 수 있는 명령입니다. 팀원이 남긴 리뷰, 자동 테스트(CI), Linter가 자동으로 생성한 코멘트, 보안 봇이 남긴 경고 등 PR 검토 과정에서 필요한 모든 피드백을 한꺼번에 조회할 수 있습니다.

이 명령을 사용하려면 다음 환경이 반드시 갖춰져 있어야 합니다. 제대로 설정되지 않으면 `/pr-comments`를 실행할 때 오류가 발생합니다.

- GitHub 저장소에 대한 읽기 권한 또는 관리자 권한
- Claude GitHub 앱 설치 또는 GitHub API 토큰 설정

- 앱 설치 시 필요한 인증 정보(예 ANTHROPIC_API_KEY)가 저장소에 등록되어 있어야 함

이 명령을 활용하면 PR 화면으로 이동하지 않고도 터미널에서 바로 리뷰 내용을 읽고, 필요한 수정 작업을 즉시 이어서 수행할 수 있어 협업 속도가 크게 향상됩니다.

> **용어** **PR**(Pull Request)은 개발자가 자신의 작업 브랜치에서 만든 변경 사항을 메인 브랜치에 병합해 달라고 요청하는 공식 협업 절차입니다. 코드 변경 내역을 팀에 공유하고 리뷰를 받은 뒤 승인되면 병합하는 구조로, 버그 예방, 코드 품질 향상, 변경 이력 관리, 자동 테스트(CI) 연동 등 협업에 필수적인 역할을 합니다. 즉, PR은 단순한 코드 병합 명령이 아니라, "내가 만든 변경을 프로젝트에 반영해도 될지 검토해 주세요."라는 의미로 팀 개발의 핵심 워크플로입니다.

### /install-github-app - GitHub 연동 설정

Claude Code가 GitHub 저장소와 연동해 자동 코드 리뷰, 보안 검사, PR 코멘트 분석 등의 기능을 수행할 수 있도록 Claude GitHub 앱 설치 및 권한 설정 절차를 자동 안내하는 명령입니다. 이 명령을 실행하면 웹 브라우저가 열리고 필요한 설정 과정을 단계별로 안내합니다.

일반적인 설정 절차는 다음과 같습니다.

1. GitHub 앱 페이지로 이동해 Claude GitHub 앱 설치 및 권한 부여
2. 저장소 선택 및 필요한 권한(issues, pull_requests, contents 등) 승인
3. 자동 리뷰와 보안 워크플로가 실행되기 위해 필요한 인증 정보(예 ANTHROPIC_API_KEY)를 저장소에 등록
4. 설정이 완료되면 GitHub 기반 워크플로가 즉시 작동

이 명령은 저장소 관리자(admin) 권한이 있어야 성공적으로 실행할 수 있습니다. 사내 보안 정책이나 조직 설정에 따라 GitHub 앱 설치가 제한될 수 있으므로 팀이나 조직의 정책을 사전에 확인하는 것이 좋습니다.

### /security-review - 브랜치 단위 보안 검토

현재 브랜치(또는 작업 중인 변경 사항)를 대상으로 포괄적인 보안 진단을 수행하는 기능입니다. Claude Code는 프로젝트 전체 코드를 분석해 SQL 인젝션, XSS, 인증·인가 결함, 민감 정보 노출, 하드코딩된 비밀번호 등 주요 취약점을 점검합니다. 그리고 발견된 문제마다 심각도와

구체적인 해결 방안을 함께 제시합니다. 결과는 '발견된 문제 → 문제 설명 → 해결 방법' 순으로 정리해 제공하므로 보안 점검 보고서와 유사한 구조로 확인할 수 있습니다.

이 명령은 프로젝트 성격에 맞게 커스터마이징할 수도 있습니다. 예를 들어 .claude/commands/security-review.md 파일을 작성해 특정 규칙(내부 보안 정책, 산업 표준, 팀별 가이드라인 등)을 추가하면, 해당 기준에 따라 보다 세밀한 검토를 수행하도록 확장할 수 있습니다.

단, /security-review는 정적 소스 분석을 기반으로 하는 자동 점검 도구이므로 모든 취약점을 100% 발견한다고 보장할 수는 없습니다. 특히 흐름 기반 로직 오류나 환경 설정 계층에서 발생하는 문제는 자동 분석만으로는 놓칠 수 있습니다. 따라서 중요한 보안 점검에서는 수동 코드 리뷰, 동료 리뷰, 보안 팀 검토를 반드시 병행해야 합니다. 또한 분석 결과에는 코드 조각, 설정 파일 내용 등 민감한 정보가 포함될 수 있으므로 저장, 공유, 캡처할 때 주의해야 합니다.

## 3.6.6 사용자 정의 명령어

Claude Code의 슬래시 명령어 시스템은 확장 가능한 구조로 설계되어 기본 명령어 외에도 사용자가 직접 **사용자 정의 명령어**를 정의해 반복 작업을 자동화할 수 있습니다. 이를 활용하면 긴 자연어 프롬프트를 매번 입력할 필요 없이, 짧은 한 줄 명령으로 동일한 작업을 재사용할 수 있어 생산성이 크게 향상됩니다.

예를 들어, 다음과 같은 요청을 자주 반복한다고 가정해 봅시다.

```
Claude
> 이 파일을 분석해 개선 포인트를 요약하고, 리팩터링 방향을 제안해줘.
```

이 요청을 /analyze라는 명령으로 등록하면 이후에는 다음 한 줄만 입력해 동일한 작업을 실행할 수 있습니다.

```
Claude
/analyze @src/components/Header.tsx
```

### 저장 위치

사용자 정의 명령어는 다음 두 위치 중 하나에 마크다운 파일(.md)로 작성합니다.

- **./.claude/commands/**: 프로젝트 전용 명령어, Git으로 버전 관리되어 팀원 전체와 공유
- **~/.claude/commands/**: 개인 전용 명령어, 사용자 로컬 환경에서만 사용

Claude Code는 이 디렉터리를 자동으로 스캔해 파일명을 명령어로 등록합니다.

> 용어 **마크다운**(markdown)은 간단한 기호로 내용을 구조화하는 문서 형식입니다.

```
.claude/
  └──── commands/
          ├──── analyze.md      → /analyze
          ├──── test-api.md     → /test-api
          └──── format-json.md  → /format-json
```

### 사용자 정의 명령어 파일 구조

간단한 명령어를 예로 들어 파일 구조를 살펴보겠습니다.

.claude/commands/analyze.md

```
---
title: "파일 분석 및 리팩터링 가이드"
description: "지정한 파일의 품질을 평가하고 개선 방향을 제안합니다."
arguments:
  - name: file
  - description: "분석할 파일 경로"
---
다음 파일을 분석하세요:
{{file}}
1. 코드 품질 진단
2. 구조적 개선 포인트
3. 리팩터링 제안
```

- **`arguments.file`**: 명령을 실행할 때 전달할 인수를 지정합니다. 예 /analyze @src/utils/date.ts
- **`{{file}}`**: 템플릿 변수, 명령을 실행할 때 전달한 파일 경로가 자동으로 이 위치에 삽입됩니다.
- **본문(--- 아래 내용)**: Claude에 전달할 상세 요청을 작성합니다.

### 사용자 정의 명령어 활용 전략

사용자 정의 명령어는 개인용 자동화에도 유용하지만, 프로젝트 단위로 관리하면 팀 전체 워크플로를 통일할 수 있습니다.

#### 1. 프로젝트 전용 명령어 공유

.claude/commands/ 폴더를 Git에 포함하면 다음과 같은 장점이 있습니다.

- 팀 전체가 동일한 명령어 세트를 사용
- 코드 생성, 리뷰, 테스트 기준이 일관
- 명령어 정의 자체가 문서 역할
- AI 사용 규칙도 소스 코드처럼 버전 관리 가능

팀 단위로 사용자 정의 명령어를 공유할 때는 다음 절차로 진행합니다.

❶ claude/commands/ 폴더를 저장소에 포함

❷ README.md나 CLAUDE.md에 명령어 설명 문서화

❸ 신규 팀원이 저장소를 클론하면 곧바로 공통 명령어 사용 가능

#### 2. 개인 전용 명령어 활용

개인 전용 요청은 ~/.claude/commands/에 저장해 로컬에서만 사용합니다.

- 개인 워크플로 최적화
- 팀과 공유할 필요 없는 보조 명령 관리
- Git에 포함되지 않아 보안상 안전

## 3.7 입력 기호와 단축키 익히기

Claude Code는 특정 기호를 사용해 요청의 의도와 작업 유형을 명확히 전달할 수 있도록 설계되었습니다. 슬래시 명령어가 시스템 기능을 직접 호출하는 역할을 한다면, 입력 기호는 명령 실행이나 파일 참조처럼 요청의 성격을 구분하는 힌트로 사용됩니다.

이 절에서는 Claude Code에서 자주 사용하는 입력 기호와, 작업 흐름을 효율적으로 관리하는 데 도움이 되는 주요 단축키를 살펴봅니다.

### 3.7.1 입력 기호

Claude Code에서는 프롬프트 앞에 특정 기호를 붙여 요청의 유형을 명확히 지정할 수 있습니다. 이는 IDE에서 명령 팔레트를 열거나 파일을 선택해 작업 대상을 지정하는 것과 유사한 개념입니다. 이러한 기호는 Claude가 요청을 해석할 때 어떤 작업을 우선적으로 수행해야 하는지 판단하도록 돕습니다.

**표 3-4** Claude Code의 주요 입력 기호

| 기호 | 용도 | 설명 | 예시 |
|---|---|---|---|
| ! | 명령 실행 요청 | 로컬 터미널에서 셸 명령을 실행하도록 요청 | `!ls -la` |
| @ | 파일 참조 | 특정 파일이나 경로를 대화 컨텍스트에 포함 | @src/App.tsx |
| # | 메모/구분 | 대화 중 메모나 구분용 텍스트로 사용 | # 작성 방법 |

입력 기호는 Claude의 응답 생성 방식과 컨텍스트 구성에 간접적인 영향을 미치므로 각 기호의 역할과 한계를 정확히 이해하고 사용해야 합니다.

#### 1. 명령 실행

!를 사용하면 로컬 터미널에서 셸 명령을 실행하도록 Claude Code에 요청할 수 있습니다. 예를 들어, 현재 폴더의 파일 목록을 확인하려면 다음처럼 입력합니다.

```
Claude
> !ls -la src/
```

이때의 흐름은 다음과 같습니다.

❶ Claude Code가 명령 실행 요청으로 입력을 해석

❷ 로컬 터미널에서 명령 실행

❸ 실행 결과를 Claude가 읽고 요약 및 분석

명령 실행 자체는 셸에서 이루어지지만, 결과 해석과 응답 생성에는 Claude가 관여합니다.

출력 결과가 매우 길 경우, 컨텍스트 사용량이 빠르게 증가할 수 있습니다. 그래서 실무에서는 '실행은 !, 분석 및 해석은 일반 프롬프트'라는 원칙을 권장합니다. 즉, 필요한 정보만 !로 확인하고, 의미 해석이나 판단은 별도의 요청으로 분리하는 것이 효율적입니다.

**2. 파일 참조**

@은 프로젝트 내 특정 파일이나 경로를 대화 컨텍스트에 포함시키기 위한 참조 기호입니다. 이를 사용해 Claude에 코드 분석, 설명, 리팩터링 방향 검토 등을 요청할 수 있습니다.

```
Claude
> @src/utils/helper.ts parseDate 함수를 설명해줘.
```

@을 사용하면 다음과 같은 작업에 특히 유용합니다.

- 특정 함수나 모듈의 동작 설명
- 코드 구조 이해 및 개선 방향 검토
- 타입 오류나 설계 문제 진단

경로 입력 시 자동 완성을 제공되므로 @src/까지만 입력해도 하위 파일을 선택할 수 있습니다.

**3. 메모 및 규칙 작성**

#은 대화 중 메모나 규칙을 강조하기 위한 기호로, 자동 저장 기능이 아닌 대화 내 구분용 주석 표식으로 사용됩니다.

```
Claude
# 모든 컴포넌트는 TypeScript로 작성합니다.
```

## 3.7.2 주요 입력 단축키

입력 기호가 요청의 의도와 작업 유형을 명확히 전달하는 수단이라면, 단축키는 프롬프트 입력과 편집을 빠르게 수행하기 위한 보조 기능입니다. Claude Code는 마우스를 거의 사용하지 않고도 작업 흐름을 유지할 수 있도록 터미널 환경에 익숙한 입력 방식을 그대로 활용할 수 있게 설계되었습니다.

**표 3-5** Claude Code의 주요 입력 단축키

| 기호 | 기능 | 설명 |
|---|---|---|
| Shift + Enter | 줄 바꿈 | 여러 줄 프롬프트를 작성할 때 사용 |
| Ctrl + C | 입력 취소 | 현재 입력 중인 프롬프트 취소 |
| Ctrl + U | 입력 줄 삭제 | 현재 입력 줄 전체 삭제 |
| Ctrl + A / E | 커서 이동 | 줄 맨 앞/뒤로 이동 |

단, 단축키 동작은 사용 중인 터미널과 운영체제에 따라 일부 차이가 있을 수 있습니다.

# 4장 Claude Code로 프로젝트 운영하기

**3장**에서 Claude Code의 기본 작동 방식과 CLI 인터페이스를 익혔다면, 이제부터는 실제 프로젝트 단위로 Claude Code를 운영하는 방법을 살펴봅니다. Claude Code는 단순히 파일을 편집하는 도구가 아니라, 프로젝트 전체를 이해하고 지속적으로 맥락을 유지하며 작업 흐름을 함께 설계하는 'AI 개발 파트너'입니다.

이 장에서는 프로젝트 메모리 구조의 핵심인 CLAUDE.md, 대화형 컨텍스트 관리 방식, 프로젝트 단위 워크플로 설정 전략을 중심으로 실무에서 Claude Code를 안정적으로 활용하는 방법을 체계적으로 정리합니다.

## 4.1 CLAUDE.md 파일 관리하기

Claude Code를 프로젝트 단위로 활용하려면 가장 먼저 준비해야 할 것이 **CLAUDE.md**입니다. 이 문서는 Claude가 프로젝트의 목적, 기술 스택, 폴더 구조, 코딩 규칙 등을 이해하는 데 사용하는 핵심 기준으로, Claude Code 전용 '프로젝트 지침서'라고 할 수 있습니다.

일반 대화만으로 코드를 생성할 수도 있지만, 프로젝트가 일정 규모를 넘어서면 다음과 같은 문제가 자주 발생합니다.

- 세션을 새로 열 때마다 같은 요구 사항을 반복해서 설명해야 함
- 파일 위치, 네이밍 규칙, 기술 스택이 제각각으로 생성됨
- 장기 프로젝트에서 이전 맥락이 끊기면서 품질이 들쭉날쭉해짐

이때 CLAUDE.md를 잘 작성해두면 Claude는 어떤 세션에서 어떤 파일을 다루더라도 같은 기준으로 판단해 일관된 스타일과 구조를 유지할 수 있습니다.

이 절에서는 CLAUDE.md가 어디에 위치하고 어떻게 로드되는지, 일반 대화와 어떤 점에서 다른지, 어떤 항목을 포함해야 하는지를 차례대로 살펴봅니다. 이 책에서 다루는 세 도구에 공통으로 적용되는 설계 원칙은 **12.3절**에서 살펴봅니다.

### 4.1.1 CLAUDE.md의 위치와 적용 범위

Claude Code는 프로젝트 안에 여러 CLAUDE.md가 존재할 수 있어서 위치에 따라 적용 범위와 우선순위가 달라지는 계층 구조를 갖습니다.

**1. 전역 CLAUDE.md - 개인 기본 규칙**

- **위치**: ~/.claude/CLAUDE.md

모든 프로젝트에 공통으로 적용할 개인 기본 규칙만 정리합니다(예 선호하는 언어 스타일, 테스트 도구, 기본 코드 포맷팅 규칙 등). 프로젝트마다 달라지는 구체적 규칙과 기술 정보는 프로

젝트 루트 CLAUDE.md에 작성하는 것을 권장합니다.

### 2. 프로젝트 루트 CLAUDE.md - 프로젝트 전체 규칙

- **위치**: ./my-project/CLAUDE.md

해당 프로젝트 전체에 공통으로 적용되는 규칙을 기록합니다(예 프로젝트 목적, 기술 스택, 폴더 구조, 팀 규칙 등). Claude Code는 세션을 시작할 때 이 파일을 자동으로 읽어 '이 프로젝트가 무엇을 하는지, 어떤 방식으로 작업해야 하는지'를 먼저 파악합니다.

### 3. 서브폴더 CLAUDE.md - 모듈별 세부 규칙

- **위치**: ./frontend/CLAUDE.md, ./backend/CLAUDE.md, ./apps/admin/CLAUDE.md 등

이 파일은 다음과 같은 경우에만 사용하는 것을 권장합니다.

- 모노레포처럼 서로 다른 앱/서비스가 한 저장소에 공존하는 경우
- 프런트엔드/백엔드 기술 스택과 규칙이 완전히 다른 경우
- 레거시 영역과 신규 영역을 분리해 규칙을 다르게 적용해야 하는 경우

일반적인 단일 프로젝트라면 루트에 CLAUDE.md 하나만 있어도 충분합니다. 서브폴더 CLAUDE.md는 프런트엔드와 백엔드 분리, 모노레포 등 영역별 규칙이 필요한 경우에만 선택적으로 도입합니다.

Claude Code는 세션을 시작할 때 현재 작업 디렉터리를 기준으로 가장 가까운 CLAUDE.md를 우선 적용합니다.

❶ 현재 작업 디렉터리에서 가장 가까운 CLAUDE.md

❷ 상위 디렉터리의 CLAUDE.md

❸ 프로젝트 루트의 CLAUDE.md

❹ 전역 CLAUDE.md(개인 기본 규칙)

예를 들어, backend/ 폴더에서 작업할 경우 Claude Code는 backend/CLAUDE.md를 가장 먼저 적용합니다. 해당 파일에 필요한 규칙이 정의되어 있지 않으면, 상위 디렉터리인 프로젝트 루트의 CLAUDE.md로 범위를 확장해 기준을 찾습니다.

규칙이 여러 위치에서 동시에 정의되어 충돌하는 경우에 Claude Code는 현재 작업 위치에 더

가까운 CLAUDE.md의 규칙을 우선 적용합니다.

- 전역 vs 프로젝트 루트 → 프로젝트 루트 우선
- 프로젝트 루트 vs 서브폴더 → 서브폴더 우선

이 구조 덕분에 하나의 저장소 안에서도 공통 규칙과 영역별 규칙을 자연스럽게 조합할 수 있습니다.

### 4.1.2 CLAUDE.md와 일반 대화의 차이

CLAUDE.md는 Claude Code에서 일반 대화와 완전히 다른 방식으로 작동합니다. 일반 대화는 세션이 끝나면 사라지고, 길어지면 일부가 자동 요약 및 삭제될 수 있습니다. 반면에 CLAUDE.md는 세션마다 자동으로 로드되는 영구 지침으로, 프로젝트 전체에 일관되게 적용됩니다.

Claude Code가 두 정보를 어떤 방식으로 다르게 처리하는지 간단히 비교하면 다음과 같습니다.

**표 4-1** 일반 대화와 CLAUDE.md 비교

| 구분 | 일반 대화 | CLAUDE.md |
|---|---|---|
| 지속성 | 세션 종료 시 초기화 | 파일을 수정하거나 삭제하기 전까지 유지 |
| 반영 범위 | 해당 세션에만 적용 | 해당 프로젝트의 모든 세션에 자동 적용 |
| 관리 방식 | 매번 대화로 요구 사항을 설명 | 파일을 직접 편집해 규칙을 일관되게 유지 |
| 컨텍스트 처리 | 대화가 길어지면 요약 또는 삭제되면서 누락될 수 있음 | 세션 시작 시 우선 로드되는 고정 지침으로 유지 |

이와 같은 차이 때문에 CLAUDE.md는 단순히 규칙을 저장하는 파일을 넘어 Claude Code의 전체 작업 흐름을 안정적으로 만드는 핵심 역할을 수행합니다. CLAUDE.md를 사용할 때 얻는 효과는 다음과 같습니다.

**1. 파일 생성, 수정 위치를 자동으로 판단한다**

폴더 구조가 정의되어 있으면 Claude는 새 코드를 어디에 배치할지 스스로 결정합니다.

**2. 일관된 스타일과 규칙을 모든 세션에서 유지한다**

세션을 새로 열어도 CLAUDE.md가 자동 로드되기 때문에 네이밍, 패턴, 아키텍처가 흔들리지 않습니다.

**3. 프로젝트가 커질수록 안정성이 높아진다**

루트, 서브폴더 규칙이 정리되어 있으면 Claude는 프로젝트 전체 맥락을 잃지 않고 작업을 이어갑니다.

**4. 반복 지시가 거의 사라진다**

"이 규칙 지켜줘.", "이 패턴으로 작성해줘." 같은 요청을 매번 반복하지 않아도 새 세션에서 즉시 같은 지침이 적용됩니다.

## 4.1.3 /init 명령으로 CLAUDE.md 자동 생성하기

Claude Code는 `/init` 명령으로 기존 프로젝트를 분석하고, 그 결과를 기반으로 CLAUDE.md 초안을 자동 생성할 수 있습니다. 이미 어느 정도 파일이 있는 프로젝트라면 이 기능을 활용해 초기 작업을 크게 줄일 수 있습니다.

### 기존 프로젝트

1. **세션에서 `/init` 실행**: Claude가 폴더 구조, 주요 파일, 의존성, 코딩 스타일을 스캔합니다.
2. **CLAUDE.md 초안 생성**: 프로젝트 요약, 기술 스택, 폴더 구조, 기본 규칙 등이 포함된 초안을 생성합니다.
3. **초안 검토 및 수정 후 CLAUDE.md로 저장**: 초안을 검토해 실제 팀 규칙과 맞지 않는 부분, 불필요하게 긴 설명은 과감히 줄입니다. 공통 설계 원칙(**12.3절**)에 맞춰 핵심 규칙 위주로 정리합니다.

`/init` 명령이 만들어주는 초안은 시작점으로 매우 유용하지만, 그대로 쓰기보다 프로젝트 상황에 맞게 손보는 것이 좋습니다.

### 신규 프로젝트

신규 프로젝트는 처음부터 거대한 CLAUDE.md를 만들 필요가 없습니다. 프로젝트 목적, 기술 스택, 간단한 폴더 구조 정도만 적은 짧은 CLAUDE.md로 시작합니다. 개발이 진행되면서 필요한 내용을 조금씩 추가하는 방식이 유지보수에 가장 유리합니다.

### 4.1.4 CLAUDE.md에 포함해야 할 주요 항목

CLAUDE.md는 모든 프로젝트 정보를 나열하는 것이 아니라 Claude가 작업을 수행할 때 반드시 알아야 할 핵심 정보만 담는 것이 중요합니다. 다음 항목은 대부분의 프로젝트에서 기본으로 포함되며, 간결하지만 충분한 맥락을 제공합니다.

**1. 프로젝트 목적(필수)**

프로젝트가 무엇을 하는지 1~2줄로 요약합니다.

```
## 프로젝트 목적
개발자를 위한 작업 흐름 자동화 도구
```

**2. 기술 스택**

Claude가 어떤 언어, 프레임워크, 인프라를 기준으로 작업해야 하는지 명확히 합니다.

```
## 기술 스택
- Backend: FastAPI + PostgreSQL
- Frontend: Next.js 14 + TypeScript
- Infra: Docker + Docker Compose
```

**3. 프로젝트 구조**

폴더와 파일 구조를 간략히 기술해 Claude가 '어디에 무엇을 생성해야 하는지' 빠르게 판단할 수 있게 합니다.

```
## 프로젝트 구조
backend/            # FastAPI 백엔드
├──── app/          # 애플리케이션 코드
├──── tests/        # 테스트 코드
frontend/           # Next.js 프런트엔드
├──── src/          # 소스 코드
docker-compose.yml
```

이미 존재하는 프로젝트라면 /init 명령을 실행한 후 Claude가 생성한 구조를 축약해 기록하는 방식도 좋습니다.

### 4. 핵심 규칙 및 금지 사항

프로젝트에서 반드시 지켜야 하는 규칙을 3~5개만 명확히 작성합니다. 규칙이 너무 많으면 CLAUDE.md가 비대해지고, 컨텍스트 공간을 불필요하게 점유합니다.

```
## 규칙 및 금지
- 타입 힌트 필수(Python/TypeScript)
- 함수는 200줄 이하 유지
- any 타입 사용 금지 → unknown 활용
- 하드코딩된 URL 금지 → 환경 변수 사용
```

### 5. 개발 명령어(선택 사항)

프로젝트 실행 및 테스트에 필요한 기본 명령어를 간단히 정리합니다.

```
## 명령어
docker-compose up      # 전체 서비스 실행
npm run dev            # 프런트엔드 개발 서버
uvicorn app:app        # 백엔드 개발 서버
```

필요하다면 다음 항목을 추가해도 됩니다.

- 환경 변수 템플릿(.env 예시)
- API 스펙 문서 경로
- 테스트 규칙

단, CLAUDE.md에 상세 정보를 과도하게 넣는 것은 권장하지 않습니다. 자세한 문서는 별도 파일로 분리하고 필요한 순간에만 참조하도록 합니다.

**CLAUDE.md 작성에 유용한 마크다운 문법**

CLAUDE.md는 반드시 마크다운일 필요는 없지만, 다음과 같은 간단한 문법을 사용하면 가독성을 높일 수 있습니다.

- **제목(heading)**: #, ##, ### 형태로 계층 구조를 나눔
- **리스트(list)**: 기호를 사용해 규칙이나 항목 나열
- **코드 블록(code block)**: 명령어 또는 코드 예시를 ```로 감싸 명확하게 구분

계속

- **강조(bold)**: 규칙, 금지 사항 등 핵심 정보를 굵게 표시

이 정도의 구조만으로도 명확하고 유지보수가 쉬운 프로젝트 메모리를 구축할 수 있습니다.

### 4.1.5 CLAUDE.md 작성 및 관리 원칙

CLAUDE.md는 프로젝트 구성의 중심이므로 작성 방식에 따라 Claude의 작업 품질이 크게 달라집니다. CLAUDE.md를 작성할 때 반드시 염두에 두어야 할 핵심 원칙을 정리해 보겠습니다.

**1. 중요 규칙은 강조하기**

Claude는 '필수', '중요', '금지' 등의 표현에 높은 가중치를 두고 판단합니다.

```
**필수**: 모든 API 엔드포인트는 타입 힌트를 포함해야 합니다.
**금지**: console.log를 프로덕션 코드에 남기지 않습니다.
```

**2. 문서 길이는 100줄 이내로 유지하기**

CLAUDE.md는 세션마다 컨텍스트에 자동 로드됩니다. 문서가 길수록 실제 작업을 위한 컨텍스트 공간이 줄어들기 때문에 100줄 이내를 권장합니다. 세부 내용은 coding-style.md, api-design.md 같은 별도 문서로 분리하세요.

**3. 정기적으로 업데이트하기**

기술 스택 변경, 규칙 추가/수정, 신규 파일 구조 도입 등 프로젝트 변화가 있을 때마다 CLAUDE.md를 업데이트하는 것이 좋습니다. Claude Code는 변경된 CLAUDE.md를 다시 읽어 최신 내용을 반영합니다.

**4. 파일 참조는 최소화하기**

CLAUDE.md의 분량이 길어지지 않도록 다음처럼 별도 파일을 만들어 참조하는 방식도 사용할 수 있습니다.

```
## 상세 문서
- 코딩 스타일: @coding-style.md
- API 설계: @api-design.md
```

하지만 참조된 파일 전체가 컨텍스트에 함께 로드되므로 토큰 비용이 증가합니다. 필수 정보가 아니라면 직접 포함하지 말고 필요한 순간만 파일을 열어 요청하는 방식이 효율적입니다.

### 4.1.6 CLAUDE.md 기본 템플릿

마지막으로 프로젝트에 바로 적용할 수 있는 CLAUDE.md 기본 템플릿을 제공합니다.

```
# [프로젝트명]
## 목적
[프로젝트 설명 1~2줄]
## 기술 스택
- Backend: [프레임워크/DB]
- Frontend: [프레임워크/언어]
- Infra: [인프라 도구]
## 프로젝트 구조
backend/
  app/
  tests/
frontend/
  src/
docker-compose.yml
## 규칙 및 금지 사항
- [규칙]
- [금지]
## 명령어
[명령어]    # 설명
```

## 4.2 계획 모드를 실제 작업 흐름에 적용하기

복잡한 기능을 구현하거나 기존 구조를 변경하는 작업에서는 '무엇을, 어떤 순서로, 어디를 수정해야 하는가'를 먼저 명확히 파악하는 것이 중요합니다. Claude Code의 계획 모드는 이러한 설계 단계에서 코드 변경 없이 전체 구조와 영향 범위를 분석해 실수 없이 구현으로 이어질 수 있도록 돕습니다.

**3장**에서 계획 모드의 기본 실행 방법을 살펴보았다면, 이 절에서는 계획 모드를 실제 워크플로에 어떻게 적용하는지, 언제 활용하면 효과적인지 설명합니다.

### 4.2.1 계획 모드를 사용해야 할 시점과 역할

다음과 같은 상황에서는 구현보다 설계가 우선되므로 Claude Code의 계획 모드를 사용하는 것이 유리합니다.

- 영향 범위가 명확하지 않은 기능을 수정할 때 예 인증, 결제, 라우팅처럼 여러 파일과 모듈이 연결된 기능
- 변경이 여러 디렉터리에 걸쳐 있을 가능성이 있을 때
- 팀 내에서 구현 전략을 선제적으로 공유해야 할 때
- 레거시 코드 분석이 필요할 때

이때 계획 모드는 단순히 목록을 출력하는 수준이 아니라 Claude가 프로젝트를 깊이 파악해 설계 초안을 만들어주는 단계라고 볼 수 있습니다. 즉, 구현 단계로 바로 넘어가기 전에 리스크를 줄이고 방향성을 확정하는 설계 문서 역할을 합니다.

일반적인 개발 흐름은 다음과 같습니다.

❶ 요구 분석 및 영향 범위 파악

❷ 설계 및 계획 수립

❸ 구현

❹ 테스트 및 정리

Claude Code의 계획 모드에서는 이 중 2단계(설계 및 계획 수립)를 보조하고, 기본 대화형 모드(구현)에서는 파일 수정과 생성 등 실제 작업을 수행합니다.



### 4.2.2 계획 모드의 내부 작동 방식

계획 모드에서는 파일을 생성, 수정, 삭제하는 도구가 모두 차단되어 Claude는 읽기 전용 도구와 WebFetch/WebSearch만 사용할 수 있습니다. 예를 들어, 다음 요청을 실행한다고 가정해 봅시다.

```
Claude
> JWT 기반 인증 시스템 마이그레이션 계획을 세워줘.
```

Claude는 다음과 같이 구조화된 계획을 제시합니다.

❶ 기존 인증 흐름 파악

❷ 교체 시 영향을 받는 파일 목록 분석

❸ 마이그레이션 순서 제안

❹ 충돌 가능성 및 리스크 파악

❺ 필요 패키지, 폴더 구조 변화

❻ 설계 대안 비교(JWT vs Session 기반 등)

이렇게 나온 결과물은 단순한 할 일 목록이 아니라 실제 설계 문서 수준의 정보를 담고 있습니다.

### 4.2.3 설계 단계에서 구현 단계로 전환하는 방법

계획이 충분히 정리되었다면 구현 단계로 전환할 수 있습니다. 설계 단계에서 구현 단계로 전환하기 좋은 시점은 다음과 같습니다.

- 구현 단계가 명확한 단위로 나뉘었을 때
- 작업 범위의 불확실성이 제거되었을 때

- 필요한 파일 및 폴더 구조가 정리되었을 때
- 충돌 및 중복 작업 리스트가 사라졌을 때
- 팀 내 합의가 완료되었을 때

계획이 완성되면 Claude는 계획 모드 종료를 제안하며, 다음과 같은 승인 옵션을 표시합니다.

- **Yes, and auto-accept edits**: Claude가 제안한 모든 변경 사항을 자동으로 적용
- **Yes, and manually approve edits**(권장): 각 변경 사항을 단계별로 승인
- **No, keep planning**: 계획만 계속 다듬고 아직 실행하지 않음

사용자가 승인하면 Claude는 다음을 수행합니다.

- 파일 생성, 수정, 삭제
- 계획 단계의 흐름에 따라 변경 적용
- 변경 내용을 diff 형태로 제공
- 문제가 발생하면 새로운 계획을 다시 제안

간단한 전환 예시는 다음과 같습니다.

```
Claude
# 설계 단계(계획 모드 활성화 상태)
> JWT 인증 시스템 마이그레이션 계획을 세워줘.
# Claude가 계획 제시
# 승인 프롬프트 표시
> Yes, and manually approve edits 선택
# 구현 단계로 전환
# Claude가 계획에 따라 단계별 구현 시작
```

이처럼 계획 모드를 종료할 때 Claude는 추가 확인을 요청해 안전성을 더욱 강화합니다.

### 4.2.4 계획 모드를 기본값으로 설정하기

복잡한 프로젝트나 팀 단위 개발에서는, 새로운 기능을 작업할 때마다 우선 계획을 세우고 변경 범위를 파악하는 과정이 필요합니다. 이 상황에서 매번 수동으로 계획 모드를 켜는 것은 번거롭고, 실수로 일반 모드에서 바로 구현을 시작해 예상치 못한 변경이 발생할 가능성도 있습니다.

이러한 위험을 줄이기 위해 Claude Code는 프로젝트별로 기본 모드를 계획 모드로 설정하는 기능을 제공합니다. 기본 모드를 지정해두면 프로젝트를 여는 순간부터 항상 '설계 단계'에서 시작할 수 있어 팀 전체의 작업 흐름을 안정적으로 유지할 수 있습니다.

설정 파일에 다음과 같이 코드를 추가합니다.

.claude/settings.json

```
{
  "permissions": {
    "defaultMode": "plan"
  }
}
```

이 설정을 적용한 뒤에는 `claude` 명령을 실행하는 것만으로도 프로젝트가 자동으로 계획 모드에서 시작합니다. 구현이 필요한 시점이 되면 Shift + Tab 을 눌러 모드를 전환합니다.

## 4.2.5 계획 모드를 실전에서 활용하는 세 가지 전략

Claude Code의 계획 모드는 단순히 안전하게 작업하기 위한 보호 장치가 아니라 설계, 의사결정, 구조적 비교 분석에 활용할 수 있는 강력한 도구입니다. 계획 모드를 실제 개발 흐름에서 효과적으로 활용하는 세 가지 전략을 소개합니다.

**1. 대규모 작업은 반드시 계획부터 요청하기**

아키텍처 변경, 폴더 구조 개편, 인증 로직 교체처럼 여러 파일이 얽힌 작업에서는 구현으로 바로 들어가기보다 먼저 전체 구조를 분석한 계획을 생성하는 것이 중요합니다. 계획 모드를 사용하면 Claude가 먼저 전체 구조를 파악해 작업 항목을 정리합니다.

- 변경될 파일 목록
- 구현 순서
- 구조적 영향 범위
- 예상되는 충돌 가능성
- 필요한 리팩터링 작업

이처럼 계획 모드는 복잡한 작업일수록 부작용 위험을 낮추고 작업의 우선순위와 범위를 명확히 합니다.

### 2. 계획을 반복 생성하면서 점진적으로 개선하기

계획 모드는 한 번에 완성되는 문서가 아니라 대화를 통해 발전시키는 설계 과정입니다. 초기 계획은 전체 뼈대를 제공하고, 이후 사용자의 질문과 요구에 따라 Claude가 계획을 새롭게 조정하거나 세부 항목을 보완합니다.

```
Claude
> 다크 모드 지원 기능을 추가하는 계획을 세워줘.
[계획 제시]
> 좋은데, 시스템 테마 자동 감지도 포함해줘.
[계획 보완]
> 라우터에 테마 상태를 반영하는 부분도 고려해줘.
[재계획]
```

이렇게 반복해서 계획을 다듬으면 기능 정의 → 요구 사항 정리 → 설계 확정의 흐름이 자연스럽게 이어집니다.

### 3. 대화 없이 설계안만 빠르게 생성해 비교하기

Claude Code는 대화형 세션을 열지 않고도 요청한 설계안만 즉시 생성해 파일로 저장하는 명령형 모드를 지원합니다. 이 방식을 사용하면 여러 기술 후보를 빠르게 비교할 수 있으며, 특히 아키텍처나 상태 관리 전략처럼 여러 접근 방식을 평가해야 할 때 유용합니다.

예를 들어, 동일한 기능을 Redux와 Zustand처럼 서로 다른 프런트엔드 상태 관리 기술을 사용해 각각 구현한다고 가정해 봅시다.

```
Terminal
# Redux 설계안
claude --permission-mode plan -p "Redux 기반 글로벌 상태 관리 구현 전략" > redux.md
# Zustand 설계안
claude --permission-mode plan -p "Zustand 기반 글로벌 상태 관리 구현 전략" > zustand.md
# 두 설계안 비교
diff redux.md zustand.md
```

생성한 설계안은 팀 내 설계 리뷰 문서, 기술 선택 보고서, PR 설명 자료로도 활용할 수 있습니다. 또한, diff 결과를 통해 어떤 접근 방식이 요구 사항 충족도, 복잡도, 유지보수성 측면에서 더 적합한지 객관적으로 판단할 수 있습니다.

# 4.3 컨텍스트 관리와 토큰 최적화하기

Claude Code를 효율적으로 활용하려면 모델이 정보를 어떤 방식으로 읽고, 어느 순간 컨텍스트가 부족해지는지 알아야 합니다.

Claude는 입력된 모든 정보를 문자 단위가 아니라 토큰이라는 단위로 처리하며, 이 토큰이 일정량을 초과하면 오래된 정보를 잊거나 응답 품질이 떨어질 수 있습니다. 또한, 긴 세션을 반복하거나 여러 파일을 참조하며 작업할 경우 모델의 컨텍스트 윈도우가 빠르게 채워지기 때문에 불필요한 토큰 낭비가 발생할 수 있습니다.

이 절에서는 Claude Code가 내부적으로 대화 맥락을 어떻게 관리하는지 알아보고, 최소한의 토큰으로 안정적인 결과를 얻기 위한 실전 전략을 정리합니다.

## 4.3.1 토큰의 기본 개념 이해하기

Claude Code를 사용할 때 가장 먼저 이해해야 할 개념은 바로 토큰입니다.

### 토큰이란

AI 모델은 텍스트를 그대로 처리하지 않고, 내부의 **토크나이저**(tokenizer)라는 변환 프로그램을 사용해 단어, 구두점, 기호, 공백 등을 잘게 나눈 최소 단위로 변환합니다. 이 단위를 **토큰**(token)이라 합니다.

다음 예시를 보면 토큰의 개념을 직관적으로 이해할 수 있습니다.

- **영어**: "Claude Code is an excellent tool." → [ "Claude", " Code", " is", " an", " excellent", " tool", "." ] → 약 6~7토큰
- **한글**: "Claude Code는 훌륭한 도구입니다." → [ "Claude", " Code", "는", " 훌륭", "한", " 도구", "입니다", "." ] → 조사, 형용사, 어미가 분리되어 약 8~10토큰

한글은 조사, 어미, 복합어 구조 때문에 영어보다 토큰 수가 더 많아지는 경향이 있습니다. 따

라서 짧고 명확한 문장일수록 토큰 효율이 좋아지고 모델이 컨텍스트를 더 정확히 파악할 수 있습니다.

**표 4-2** 토큰 경향

| 구분 | 평균 토큰 수 | 특징 |
|---|---|---|
| 영어 | 1단어 ≈ 1토큰 | 단어 길이와 형태에 따라 1~3토큰까지 달라질 수 있음 |
| 한글 | 1글자 ≈ 1~2토큰 | 조사와 어미 결합으로 변동 폭이 큼 |
| 공백, 구두점 | 대부분 별도 토큰 | 쉼표, 마침표, 줄바꿈도 포함 |
| 코드 | 고정 기준 없음 | 괄호, 들여쓰기 등 문법 구조에 매우 민감 |

## 입력 토큰과 출력 토큰

Claude Code에서 토큰은 크게 두 종류로 구분합니다.

### 1. 입력 토큰

사용자가 모델에 전달하는 모든 텍스트를 **입력 토큰**(input token)에 포함합니다. 이때, 사용자가 보지 못하는 내부 정보까지 모두 토큰으로 계산합니다.

- 사용자의 요청 메시지
- 세션 대화 이력
- CLAUDE.md
- 시스템 프롬프트 예 모델 동작 규칙
- 도구 정의 예 MCP 스키마 등
- @로 참조한 코드나 문서

### 2. 출력 토큰

Claude가 새로 생성하는 모든 텍스트를 **출력 토큰**(output token)으로 계산합니다.

- Claude의 응답 문장
- 자동 생성된 코드
- 분석 결과문
- 수정된 diff 내용

입력과 출력의 합계가 총 사용 토큰이며, 이는 곧 비용과 응답 속도에 직접적인 영향을 줍니다.

## 컨텍스트에 포함되는 실제 구성 요소

Claude Code는 입력된 문자 수만 세지 않습니다. 실제로는 사용자의 요청 문장뿐 아니라, 그 요청을 처리하는 데 필요한 대화 이력, CLAUDE.md, 도구 정의, 참조된 파일 내용까지 모두 토크나이저를 통해 토큰으로 변환합니다. 따라서 한 번 요청을 보내면 겉으로 보이는 텍스트보다 훨씬 많은 정보가 모델에 전달되고, 이 모든 요소가 입력 토큰으로 계산됩니다.

**표 4-3** 컨텍스트에 포함되는 구성 요소

| 구성 요소 | 설명 | 예상 토큰 수 |
|---|---|---|
| 시스템 프롬프트 | 모델의 역할 및 지침 | 수백~수천(가변) |
| 도구 정의 | 명령과 스키마 정의 | 수백~수천(가변) |
| CLAUDE.md | 프로젝트 고유 정보 | 200~600 |
| 참조 파일 | @참조로 불러온 코드나 파일 내용 | 수백~수만(가변) |
| 대화 이력 | 지금까지의 모든 대화 | 수천~수만(가변) |

따라서 다음 요청처럼 매우 짧아도 실제 입력 토큰은 수만 개일 수 있습니다.

```
Claude
> utils.js를 리팩터링해줘.
```

이 점을 이해해야 컨텍스트를 과도하게 사용하는 상황을 예방할 수 있습니다.

## 토큰 사용량 확인 방법

Claude Code에서는 다음과 같은 방식으로 토큰 수를 확인할 수 있습니다.

**1. /context 명령으로 컨텍스트 사용량 확인하기**

대화형 세션에서 /context 명령을 실행하면 시스템 프롬프트, 시스템 도구, 메모리 파일, 메시지 등을 포함해 현재 세션의 모든 컴포넌트별 토큰 사용량을 표시합니다.

**2. 로그 파일에서 직접 확인하기**

Claude Code는 모든 대화 기록을 ~/.claude/projects/ 폴더에 JSONL 형식으로 저장합니다. 각 메시지의 usage 필드에 포함된 input_tokens, output_tokens 값을 확인할 수 있습니다.

**3. 웹 기반 토큰 계산기 사용하기**

별도의 웹 도구를 이용해 텍스트를 직접 입력하고 토큰 수를 확인할 수도 있습니다.

- **token-counter.app/anthropic**: 웹 브라우저에서 직접 토큰 계산
- **claude-tokenizer.vercel.app**: Anthropic의 token counting API 기반 토큰 계산기

## 토큰 절약을 위한 실전 관리 전략

Claude Code의 컨텍스트는 무한하지 않으며, 불필요한 토큰 소비는 비용을 증가하게 할 뿐 아니라 모델이 핵심 정보에 집중하지 못하는 품질 저하로 이어질 수 있습니다. 다음 전략은 실무에서 효과적으로 토큰을 관리하는 데 도움이 됩니다.

**1. 오래된 대화 이력 비우기**

- `/clear` 또는 새 세션 시작으로 불필요한 컨텍스트 제거
- 이전 대화의 맥락이 더 이상 필요하지 않다면 적극적으로 초기화

이전 메시지가 계속 누적되면 전체 요청 크기가 증가해 응답 품질에도 영향을 줄 수 있습니다.

**2. CLAUDE.md는 간결하게 유지하기**

- 파일이 길어질수록 요청마다 로드되는 토큰 양 증가
- 핵심 규칙과 프로젝트 원칙만 유지
- 세부 지침은 별도 파일로 분리한 후 필요한 순간에만 @로 참조

CLAUDE.md는 항상 불러오는 지속 맥락(persistent context)이므로 짧을수록 빠르고 정확한 응답을 얻을 수 있습니다.

**3. 참조 파일 최소화하기**

- 전체 파일을 통째로 보내지 말고 필요한 범위만 발췌해서 제공
- 특히 대규모 파일(수백~수천 줄)은 필요한 부분만 선택해서 전달

'넣을 수 있는 만큼 많이 넣기'는 오히려 모델의 초점을 흐리고 토큰을 낭비합니다.

**4. 불필요한 수정 요청을 줄이기 위해 계획 요청을 먼저 하기**

- 바로 수정 요청을 하기보다 먼저 계획을 요청해 전체 변경 범위를 정리
- 계획을 기반으로 한 번에 수정 요청을 하면 여러 번의 왕복 수정으로 생기는 토큰 과다 소비를 줄일 수 있음

큰 작업일수록 계획 → 구현의 2단계 접근이 토큰 절약 효과가 큽니다.

**5. 프롬프트 캐싱 활용하기(4.3.3절 참고)**

- 반복되는 요청은 Claude가 프롬프트 캐시를 재사용
- 동일한 설정, 지침, 환경 설명을 매번 토큰으로 다시 보내지 않아도 됨
- 캐시가 유지되는 동안 중복 토큰 소비를 크게 줄일 수 있음



## 4.3.2 모델별 성능, 컨텍스트 크기, 비용 비교

Claude Code는 여러 버전의 Claude AI 모델을 지원하며, 모델마다 성능, 컨텍스트 크기, 처리 속도, 비용 구조가 다릅니다. 이 차이를 알면 프로젝트 규모, 작업 성격, 예산에 따라 최적의 모델을 선택할 수 있습니다.

### 주요 모델 비교

현재(2025년 12월) Claude Code에서 가장 널리 사용하는 모델은 Claude Sonnet 4.5와 Claude Opus 4.5입니다.

**표 4-4** Claude 주요 모델 비교

| 구분 | Claude Sonnet 4.5 | Claude Opus 4.5 |
|---|---|---|
| 컨텍스트 윈도우 | 200K토큰(Claude Code) | 200K토큰 |
| API 입력 단가 | $3/1M토큰 | $5/1M토큰 |
| API 출력 단가 | $15/1M토큰 | $25/1M토큰 |
| 출력 토큰 제한 | 64K토큰 | 64K토큰 |
| 특징 | 속도와 비용 균형이 우수 | 심화 분석 및 대규모 코드 리뷰에 적합 |

Sonnet 4.5는 개발 작업 전반에서 가장 효율적으로 활용하며, Opus 4.5는 비용이 높은 대신 세밀한 분석이 필요한 아키텍처 진단이나 복잡한 코드 리뷰에서 강점을 보입니다.

### API 기반 비용 계산 예

다음은 API 기반으로 호출할 때 두 모델 간 비용 차이를 계산한 예입니다(Claude 구독제에서는 건당 과금이 아니라 사용량 제한 기반이지만, 비용 구조를 쉽게 이해하기 위해 API 기준을 예로 듭니다).

1시간 동안 리팩터링 및 코드 리뷰를 수행할 때. 입력 150K토큰, 출력 30K토큰을 사용할 경우 두 모델에서 사용하는 비용은 다음과 같습니다.

**표 4-5** API 기반 호출 시 두 모델 간 비용 차이

| 구분 | Sonnet 4.5 | Opus 4.5 |
|---|---|---|
| 입력 비용 | 150,000 ÷ 1,000,000 × $3 = $0.45 | 150,000 ÷ 1,000,000 × $5 = $0.75 |
| 출력 비용 | 30,000 ÷ 1,000,000 × $15 = $0.45 | 30,000 ÷ 1,000,000 × $25 = $0.75 |
| 총 비용 | $0.90 | $1.50 |

결과를 보면 Opus 4.5는 동일한 작업에서 Sonnet 4.5보다 **약 1.7배 높은 비용**이 발생합니다.

따라서 Sonnet 4.5를 기본으로 사용하고, 복잡한 구조적 분석이 필요할 때만 Opus 4.5를 사용하면 품질과 비용의 균형이 가장 좋습니다.

### 4.3.3 프롬프트 캐싱으로 비용 절감하기

Claude Code는 Anthropic이 제공하는 **프롬프트 캐싱**(prompt caching) 시스템을 내부적으로 활용해 반복되는 입력 토큰 비용을 최대 90%까지 절감합니다. 사용자가 따로 설정하지 않아도 자동으로 적용되는 기능입니다.

#### 프롬프트 캐싱의 작동 방식

Claude Code는 한 세션을 시작할 때 모델에 전달하는 고정 입력(시스템 프롬프트, 도구 정의, CLAUDE.md 등)을 캐시에 저장합니다.

**1. 첫 번째 요청(초기 캐시 생성 단계)**

- 시스템 프롬프트와 CLAUDE.md가 처음으로 모델에 전달되며 캐시에 저장됩니다.
- 사용자 메시지는 그대로 처리되어 입력 토큰이 100% 비용으로 계산됩니다.

**2. 두 번째 요청부터(캐시 활용 단계)**

- 시스템 프롬프트와 CLAUDE.md는 새로 전송하지 않고 캐시를 읽어 재사용합니다. 이 과정에서 두 파일의 입력 비용이 약 90%까지 절감됩니다.
- 사용자 메시지는 캐싱 대상이 아니므로 매번 기본 토큰 비용이 발생합니다.

반복적인 프로젝트 작업에서는 시스템과 환경 정보를 거의 무료에 가깝게 재사용하므로 전체 세션의 평균 비용이 낮아집니다.

**표 4-6** 캐시 적용 시 비용 구조(Sonnet 4.5 기준)

| 구분 | 일반 입력 | 캐시 쓰기 | 캐시 읽기 |
|---|---|---|---|
| 비용(1M 토큰당) | $3 | $3.75 | $0.30 |
| 비율 | 1.0x | 1.25x(25% 증가) | 0.1x(90% 절감) |
| 설명 | 최초 입력 시 비용 | 새 캐시 저장 비용 | 반복 요청 시 캐시 재사용 |

**참고**

캐시의 기본 TTL(Time To Live)은 약 5분이며, 필요한 경우 최대 1시간까지 유지할 수 있습니다.

### 실제 비용 비교 예

다음은 Claude Code에서 동일한 프로젝트를 1시간 동안 작업했을 때, 프롬프트 캐싱 적용 여부에 따른 비용 차이를 보여주는 예입니다. 시나리오는 '할 일 관리 앱 개발'이며, 1시간 동안 총 10회 요청을 보낸 상황을 가정합니다.

**1. 캐시 미사용**

- **시스템 프롬프트**: 2,800 ÷ 1,000,000 × $3 = $0.0084
- **CLAUDE.md**: 500 ÷ 1,000,000 × $3 = $0.0015
- **사용자 메시지**: 50 ÷ 1,000,000 × $3 = $0.00015
- **총 비용**: $0.01005

**2. 캐시 사용**

- **캐시 읽기(시스템 + CLAUDE.md)**: 3,300 ÷ 1,000,000 × $0.3 = $0.00099
- **사용자 메시지**: 50 ÷ 1,000,000 × $3 = $0.00015
- **요청 1회당 비용**: $0.00117

**3. 전체 세션 비용 합계**

- **캐시 미사용 시**: $0.01005 × 10 = $0.1005
- **캐시 사용 시**: $0.01005 + ($0.00114 × 9) = $0.02031
- **총 비용 절감 효과**: $0.1005 → $0.02031(약 80% 절감)

프롬프트 캐싱은 단일 요청에서는 차이가 미미하지만, 장시간 세션, 반복 요청, 문서 분석 작업에서는 비용을 크게 줄이는 최적화 기능입니다.

### 캐시 효율을 극대화하는 방법

Claude Code는 반복 입력을 자동으로 캐싱하지만, 다음 원칙을 지키면 캐시가 더 안정적으로 유지되고 비용 절감 효과도 크게 높아집니다.

**1. CLAUDE.md를 자주 수정하지 않기**

CLAUDE.md는 매 세션에서 고정적으로 로드되는 핵심 정보이므로 파일이 변경되면 기존 캐시가 무효화됩니다. 프로젝트 규칙은 가능한 한 묶어서 업데이트하고, 빈번한 부분 수정은 피하는 것이 좋습니다.

**2. 세션을 길게 유지하기**

캐싱은 동일 세션 내에서 가장 큰 효과를 냅니다. 세션을 자주 종료하면 캐시가 새로 생성되어 초기 비용이 반복적으로 들기 때문에 일정 시간 동안 하나의 세션을 유지하는 편이 더 효율적입니다.

**3. 한 프로젝트에 집중하기**

캐시는 프로젝트 단위로 관리됩니다. 여러 프로젝트를 번갈아 작업하면 캐시가 통합적으로 유지되지 않아 매번 재생성됩니다. 가능한 한 하나의 프로젝트에서 연속적인 작업 흐름을 유지해 캐시 재사용률을 높이세요.

## 4.3.4 긴 대화를 유지하기 위한 컨텍스트 구조 이해하기

Claude Code는 한 세션에서 매우 많은 정보를 기억하며 작업을 이어갑니다. 이때 Claude가 동시에 유지할 수 있는 대화, 파일, 규칙, 도구 정의의 최대 범위가 컨텍스트 윈도우입니다. 즉, 지금까지의 대화 내용과 참조된 파일을 Claude가 한 번에 머릿속에 담아둘 수 있는 용량이라고 보면 됩니다.

예를 들어 Claude Sonnet 4.5의 경우, Claude Code 환경에서 약 200,000토큰까지 한 번에 유지할 수 있으며, 이는 영어 문서 기준 300~600쪽에 해당하는 상당한 분량입니다.

### Claude Code 세션의 컨텍스트 구조

Claude Code의 컨텍스트 윈도우는 다음과 같은 여러 요소로 구성됩니다.

```
컨텍스트 윈도우(200,000토큰)
├──── 시스템 프롬프트(약 3,100토큰) # Claude Code의 기본 동작 정의
├──── 시스템 도구(약 11,600토큰) # Read, Write, Edit, Bash 등 도구 스키마
├──── MCP 도구(가변, 설치된 경우에만 포함) # 설치한 MCP 서버의 도구 정의
├──── 메모리 파일(가변, 해당 파일을 읽은 경우에만 포함) # CLAUDE.md, CLAUDE.local.md 등
├──── 예약 공간(45,000토큰) # 출력과 자동 압축을 위한 버퍼
└──── 대화 메시지(나머지 공간) # 사용자 질문과 Claude 응답
```

이 구조를 이해하면 어떤 요소가 고정적으로 공간을 점유하고, 어떤 요소가 작업량에 따라 빠르게 증가하는지 판단하는 데 도움이 됩니다.

## /context 명령으로 컨텍스트 구조 분석하기

세션 중 /context 명령을 실행하면 현재 컨텍스트의 구성과 사용량을 기호 기반 시각화로 확인할 수 있습니다.

그림 4-1 /context 명령으로 출력된 결과

```
claude
> /context
  L
    Context Usage
                         claude-sonnet-4-5-20250929 · 66k/200k tokens (33%)

                         System prompt: 3.0k tokens (1.5%)
                         System tools: 18.0k tokens (9.0%)
                         Messages: 8 tokens (0.0%)
                         Free space: 134k (67.0%)
                         Autocompact buffer: 45.0k tokens (22.5%)

    SlashCommand Tool · 20 commands
    └ Total: 3.4k tokens
```

/context는 컨텍스트를 구성하는 주요 항목도 함께 보여줍니다(현재 세션에서 실제로 로드된 항목만 표시됩니다).

- **System Prompt(시스템 프롬프트)**: Claude Code의 기본 동작 규칙(고정 영역)
- **System Tools(시스템 도구)**: Read, Write, Edit, Bash 등 CLI가 제공하는 기본 도구 정의, 항상 로드되어 최적화 불가능
- **Messages(대화 메시지)**: 세션에서 오간 대화 이력, 가장 빠르게 증가하는 영역
- **Reserved(Autocompact buffer로 표시, 예약 공간)**: 응답을 생성하거나 자동 압축을 수행하는 데 필요한 버퍼

- **MCP Tools(MCP 도구 정의)**: 설치된 각 MCP 서버의 도구 정보, MCP 서버를 설치했을 때만 표시
- **Memory Files(메모리 파일)**: CLAUDE.md, CLAUDE.local.md 등 실제로 로드되는 문서

이 정보들을 바탕으로 컨텍스트 부족을 미리 감지하고, 필요할 때 `/compact` 명령으로 공간을 확보할 수 있습니다.

#### 컨텍스트 관리 방법

컨텍스트 윈도우가 포화되면 다음과 같은 문제가 발생할 수 있습니다.

- Claude가 이전 결정 사항을 잊거나 일관성을 잃음
- 응답 속도가 저하됨
- 출력이 중간에 끊기거나 오류 발생
- 새 파일 또는 긴 코드의 참조가 제한됨

이를 방지하려면 다음 두 가지를 습관화하는 것이 좋습니다.

❶ `/context` 명령으로 사용량을 주기적으로 점검하기

❷ 컨텍스트 사용량이 70%를 넘으면 `/compact`로 정리하기

이 두 가지 관리만 지켜도 Claude가 긴 세션에서도 안정적으로 대화를 유지하며 일관된 품질로 작업을 이어갈 수 있습니다.

### 4.3.5 안정적인 세션 유지를 위한 메모리 관리 전략

Claude Code는 한 세션 동안 대화와 코드 변경 이력을 계속 유지하지만, 컨텍스트 윈도우가 한계치에 가까워지면 자동으로 메모리를 압축해 세션을 유지합니다. 이 절에서는 자동 압축(auto-compact)이 작동하는 방식과 사용자가 수동으로 컨텍스트를 관리하는 방법을 알아봅니다.

#### 자동 압축의 작동 방식

Claude Code는 컨텍스트 사용량이 약 95%에 도달하면 자동으로 압축 과정을 실행합니다. 압축 중에는 응답이 잠시 지연되거나 "compressing context…" 메시지가 나타날 수 있는데, 이는 정상적인 동작입니다.

자동 압축은 다음 순서로 진행됩니다.

1. **트리거**: 컨텍스트 사용량이 95% 도달
2. **분석**: 대화 중 유지해야 할 핵심 정보 식별
   - 최근 결정 사항
   - 코드 변경 이력
   - 진행 중인 작업 단계
3. **요약**: 오래된 대화 내용을 압축 요약문으로 변환
4. **교체**: 기존 대화 일부를 요약본으로 대체
5. **계속**: 확보된 공간으로 새로운 요청 처리

자동 압축 덕분에 세션이 중단 없이 유지되고 중요한 결정 사항이 보존됩니다. 다만, 압축 시점은 예측하기 어렵고 일부 세부 대화가 요약되는 과정에서 사라질 수 있습니다.

### /compact 명령으로 수동 압축하기

프로젝트 단위로 작업할 때는 자동 압축만으로는 충분하지 않을 수 있습니다. 기능 하나를 마쳤거나 작업 주제가 크게 전환되는 시점에 /compact 명령을 사용해 수동으로 압축하는 것이 더 효과적입니다.

```
Claude
# 전체 대화 이력 수동 압축
> /compact
```

또한 /compact는 특정 목적에 맞게 조정할 수 있습니다.

```
Claude
# 특정 내용만 압축
> /compact 코드 변경 사항만 요약, TODO 리스트는 그대로 유지
# 길이 제한 설정
> /compact 500단어 이내로 압축
# 특정 주제만 유지
> /compact 인증 시스템 관련 내용만 상세히 남기고 나머지는 간략히
```

Claude는 사용자의 요청 방식에 맞춰 어떤 내용을 남기고 어떤 부분을 요약할지 조정합니다.

### 압축 타이밍 전략

예방 차원에서 컨텍스트가 포화되기 전에 미리 압축하는 것이 가장 좋습니다. 다음 상황에서 수동 압축을 실행하면 효과가 큽니다.

- 기능 단위 개발이 끝난 시점
- 대규모 리팩터링을 완료한 직후
- Git 커밋을 마친 뒤
- '프런트엔드에서 백엔드로'처럼 작업 영역을 전환할 때
- /context로 확인한 결과, 사용량이 70% 이상일 때

다음 시나리오는 인증 기능을 완성한 뒤 Claude에 현재까지의 대화를 정리하고 다음 기능 개발로 넘어가는 과정을 보여줍니다.

```
Claude
> 인증 기능을 구현해줘.
[구현 완료]
> git add . && git commit -m "Add JWT authentication"
[커밋 완료]
# 지금이 압축 타이밍!
> /compact 인증 구현 요약 완료, 다음 기능(프로필)으로 이동
```

이렇게 하면 Claude가 이전 기능의 핵심 내용을 유지한 채 새 작업을 진행할 수 있습니다.

### /clear와 /compact 비교

/clear와 /compact는 모두 대화 이력을 정리하는 명령이지만 사용 목적은 완전히 다릅니다.

표 4-7 /clear와 /compact 역할 비교

| 구분 | /clear | /compact |
|---|---|---|
| 동작 | 대화 이력을 완전히 삭제 | 기존 대화를 요약해 핵심 정보만 남김 |
| 컨텍스트 구성 | 초기화된 새 컨텍스트로 시작 | 이전 세션의 중요 결정, 구조, 작업 상태를 유지 |
| 보존되는 정보 | 없음(0%) | 이후 작업에 필요한 핵심 정보만 선택적으로 유지 |
| 추천 사용 상황 | 완전히 다른 프로젝트 또는 작업을 새로 시작할 때 | 같은 프로젝트 안에서 기능 단위로 작업을 이어갈 때 |

두 명령을 실전에서 사용하는 예를 들면 다음과 같습니다.

```
Claude
# 시나리오 1: 완전히 다른 프로젝트로 전환 → /clear
> 인증 기능 끝! 이제 쇼핑몰 앱 개발 시작.
> /clear
# 시나리오 2: 같은 프로젝트 내 작업 전환 → /compact
> 인증 기능 완료! 이제 프로필 기능으로 넘어갈게.
> /compact
```

정리하면 /clear는 완전히 새롭게 시작하는 명령이고, /compact는 지속적 개발 흐름을 유지하는 명령입니다.

## 4.3.6 토큰 사용 최적화 전략

Claude Code를 효율적으로 활용하려면 토큰을 어디에서, 어떻게 소비하는지 이해해 불필요한 낭비를 줄이는 것이 중요합니다. 이 절에서는 실제 개발 흐름에서 자주 발생하는 토큰 비효율을 개선하는 실전 전략을 정리합니다.

### CLAUDE.md를 간결하게 유지하기

CLAUDE.md는 요청마다 함께 로드되는 핵심 문서입니다. 내용이 길수록 컨텍스트 초기 비용이 불필요하게 증가하므로 다음 원칙을 적용해 문서를 최소화하는 것이 좋습니다.

**1. 비효율적인 예시(약 5,000토큰)**

- 프로젝트 설명을 장황하게 서술
- 기술 스택을 여러 문단으로 중복 표현
- 코딩 규칙을 장문으로 상세 기술

```
## 프로젝트 정보
이 프로젝트는 FastAPI를 백엔드로 사용하는 할 일 관리 애플리케이션입니다. 사용자들이 할 일을 추가
하고, 수정하고, 삭제하고, 조회할 수 있습니다. 프런트엔드는 Next.js를 사용하며 TypeScript로 작
성되어 있습니다. 백엔드는 Python의 FastAPI 프레임워크를 사용합니다. 데이터베이스는 PostgreSQL
을 사용하며, SQLAlchemy ORM을 사용합니다. 인증은 JWT 토큰 방식을 사용하고, 비밀번호는 bcrypt
로 해싱합니다. 프런트엔드와 백엔드는 Docker Compose로 함께 실행됩니다.
...
## 코딩 규칙
```

```
우리는 다음과 같은 코딩 규칙을 따릅니다.
첫째, Python 함수는 항상 snake_case로 작성합니다.
둘째, TypeScript 함수는 camelCase로 작성합니다.
셋째, 모든 함수에는 타입 힌트를 추가합니다.
...
```

### 2. 개선된 예시(약 700토큰)

- 기술 스택, 폴더 구조, 핵심 규칙만 간단히 요약
- 불필요한 문장 제거, 헤딩/리스트 중심 재구성

```
## 기술 스택
백엔드
- FastAPI (Python 3.11)
- PostgreSQL + SQLAlchemy
- JWT 인증
프런트엔드
- Next.js 14 (TypeScript)
- TailwindCSS
...
## 구조
backend/
  app/
    api/      # API 라우터
    models/   # DB 모델
    schemas/  # Pydantic 스키마
...
## 규칙
Python: snake_case, type hints 필수
TypeScript: camelCase, strict mode
스타일: Black, Prettier
...
```

최적화 전략은 다음과 같습니다.

- "이 프로젝트는…"과 같은 서술형 문장 제거
- 헤딩, 리스트, 테이블을 사용해 구조화
- 규칙은 최소 단위로 축약
- 코드 예시는 과도하게 포함하지 않기

이 원칙만 적용해도 문서 크기를 80~90%까지 줄일 수 있습니다.

## 분산 메모리 구조

CLAUDE.md가 지나치게 길어지는 경우, 내용을 여러 보조 문서로 분리한 뒤 필요할 때만 불러오는 방식이 효과적입니다. 이 방식은 Claude가 기본 컨텍스트를 가볍게 유지한 채, 요청 시 필요한 문서만 추가로 읽도록 합니다.

**예시 구조**

CLAUDE.md

docs/api-guide.md

docs/db-guide.md

docs/deploy-guide.md

```
Claude
> @docs/api-guide.md 참고해 API 라우터를 생성해줘.
> @docs/db-guide.md 참고해 스키마를 만들어줘.
```

이런 구조를 사용하면 다음과 같은 장점이 있습니다.

- **토큰 절약**: 기본 컨텍스트가 가벼워져 Claude가 불필요한 정보를 동시에 유지하지 않아도 됨
- **유지보수 용이**: 문서가 기능별, 역할별로 나뉘어 있어 특정 영역만 수정하거나 업데이트하기가 수월함
- **가독성 향상**: 한 파일에 모든 내용을 담지 않아 필요한 정보를 더 빠르고 정확하게 찾을 수 있음

## MCP 도구는 필요한 것만 사용하기

MCP(Model Context Protocol) 서버를 설치하면 각 도구 정의가 컨텍스트에 로드됩니다. GitHub, Web Search, Database, Playwright 등을 모두 활성화하면 최대 1만 토큰 이상이 시스템 영역에서 추가될 수 있습니다(MCP 서버에 관한 내용은 **5.1절**에서 다룹니다).

최적화 전략은 다음과 같습니다.

- 현재 작업에 필요한 MCP만 활성화 예 프런트엔드 작업에는 Playwright만, 백엔드 작업에는 Database MCP만
- 프로젝트별 .config/claude/config.json 파일에서 불필요한 MCP 비활성화
- 정기적으로 MCP 목록을 점검해 미사용 항목 제거

이렇게 관리하면 컨텍스트 공간 5~7% 정도를 즉시 확보할 수 있습니다.

## 대화 메시지 관리하기

대화 이력은 컨텍스트에서 가장 빠르게 증가하는 영역입니다. 다음 세 가지 원칙만 지켜도 토큰 낭비를 크게 줄일 수 있습니다.

**1. 불필요한 왕복 줄이기**

utils.py 파일을 읽어줘. → 잘 읽었어? → 수정해줘. (×)

utils.py의 get_user 함수를 읽고 성능을 개선해줘. (○)

**2. 비슷한 요청은 하나의 배치로 묶기**

Header, Footer, Sidebar를 각각 다크 모드를 적용해줘. (×)

components 폴더의 Header, Footer, Sidebar에 공통으로 다크 모드를 적용해줘. (○)

**3. 모호한 요청 피하기**

로그인 기능을 수정해줘. (×)

.auth.py에서 JWT 토큰 만료 시간을 1시간에서 24시간으로 늘려줘. (○)

명확하고 구조화된 요청이 가장 강력한 토큰 절약 도구입니다.

## 파일 참조는 필요한 부분만

@ 기호를 사용해 파일을 참조하면 내용 전체가 컨텍스트에 포함되므로 큰 파일을 무조건 통째로 읽는 방식은 비효율적입니다. 권장하는 방식은 다음과 같습니다.

- **500줄 이하**: 전체 참조 가능
- **500~2,000줄**: 필요한 구간만 지정
- **2,000줄 이상**: 함수나 클래스 단위로 분리

```
Claude
> @models.py의 User 클래스만 보여줘.
> @backend/ 폴더에서 jwt_token 관련 부분만 찾아 읽어줘.
```

## 세션 길이 관리하기

한 세션이 길어질수록 컨텍스트가 누적되어 속도와 비용이 모두 증가합니다. 따라서 기능 단위로 세션을 나누거나 멀티 세션 방식으로 작업을 분리하면 효율이 높아집니다.

**1. 기능 단위로 세션 구분**

- 인증 기능 구현: `/compact` 실행
- 프로필 기능 구현: `/compact` 실행
- 완전히 다른 프로젝트: `/clear`로 초기화

**2. 멀티 터미널 전략**

- 터미널 1: 백엔드 전용
- 터미널 2: 프런트엔드 전용
- 터미널 3: 문서화 및 배포

서로 다른 작업을 물리적으로 분리하면 컨텍스트 충돌을 방지하고 메모리 효율이 증가하는 장점이 있습니다.

## 실전 최적화 흐름

Claude Code의 토큰, 컨텍스트 최적화 전략을 단계별로 요약하면 다음과 같습니다.

**1. 큰 작업은 먼저 계획부터 요청해 접근 범위 정리하기**

아키텍처 변경, 인증 로직 교체처럼 범위가 큰 작업은 곧바로 수정하지 말고 먼저 계획을 요청해 변경 파일, 순서, 리스크를 정리합니다.

**2. `/context`로 사용량 점검하기**

`/context` 명령으로 현재 세션의 토큰 사용량을 확인합니다. 예를 들어 200K토큰 컨텍스트 윈도우에서 기본 세션이 약 20K토큰(10%)을 사용하고, 나머지 180K토큰을 실제 작업에 사용할 수 있습니다. 컨텍스트는 디스크 공간처럼 작업하면서 채워지므로 정기적으로 확인하면서 관리하는 것이 중요합니다.

### 3. 복잡한 작업의 문서화와 /clear 사용하기

대규모 작업의 경우 진행 상황을 마크다운 파일로 저장하게 한 뒤 /clear로 컨텍스트를 초기화하고, 새 세션에서 해당 파일을 읽어 작업을 이어가는 방식이 효과적입니다.

```
Claude
> 현재까지의 계획과 진행 상황을 plan-progress.md에 저장해줘.
> /clear
> plan-progress.md를 읽고 이어서 작업을 진행해줘.
```

### 4. 프롬프트 캐싱으로 비용 절감하기

Claude Code는 자동으로 프롬프트 캐싱을 활성화해 반복되는 요청의 비용을 절감합니다. 캐시된 콘텐츠를 사용하면 기본 입력 토큰 가격의 10%만 부과되어 최대 90%의 비용을 절감하고 지연 시간을 85% 줄일 수 있습니다.

# 5장 Claude Code 고급 기능 활용하기

지금까지 Claude Code의 기본 작동 원리와 프로젝트 단위 작업 흐름을 익혔습니다. 이제부터는 Claude Code를 단순한 AI 코드 어시스턴트가 아닌 개발 자동화 플랫폼으로 확장하는 단계로 들어갑니다.

**5장**에서는 Claude Code의 확장성과 자동화 능력을 극대화하는 핵심 기능을 중심으로 살펴봅니다. 이 장의 핵심은 'Claude Code를 내 작업 방식에 맞게 확장하고 자동화하는 것'입니다. 즉, AI가 내 코드를 대신 작성하는 수준을 넘어, AI가 내 워크플로 전체를 관리하고 실행하는 환경을 만드는 것이 목표입니다.

## 5.1 MCP 이해하고 설정하기

Claude Code는 기본 기능만으로도 파일 편집, 코드 생성, 터미널 명령 실행 등 다양한 작업을 수행할 수 있습니다. 하지만 웹 브라우저 테스트, 데이터베이스 조회, GitHub 자동화처럼 외부 시스템과 연동된 실제 개발 업무 전체를 자동화하려면 MCP가 필수입니다.

이 절에서는 MCP 개념을 설명하고, 어떤 MCP가 있는지, 어떻게 설정하면 효율적으로 활용할 수 있는지 살펴봅니다.

### 5.1.1 MCP 개요

Claude Code를 스마트폰에 비유해 보겠습니다. 스마트폰 자체로도 전화나 메시지를 보낼 수 있지만, 진정한 활용은 앱스토어에서 앱을 설치한 후 나타납니다. 카메라, 지도, 은행, 일정 관리 앱을 추가하면 스마트폰의 기능이 무한히 확장됩니다. MCP가 바로 Claude Code의 '앱스토어' 역할을 합니다.

Claude Code는 코드 작성, 파일 읽기/쓰기, 터미널 명령 실행 같은 기본 기능만 제한적으로 제공합니다. 그러나 MCP 서버를 연결하면 Claude Code는 웹 브라우저를 제어하고, GitHub에서 PR을 생성하고, 데이터베이스를 조회하고 분석하는 등 외부 시스템까지 제어할 수 있습니다.

예를 들어 다음과 같은 요청이 가능합니다.

- 로그인 페이지를 자동 테스트하고 스크린샷 찍어줘.
- 새 기능 브랜치를 만들고 PR까지 생성해줘.
- 최근 30일간 주문 상위 고객 10명을 보여줘.

전통적으로 10~30분 걸리는 작업을 1분 내외로 자동화할 수 있어 개발 흐름이 빨라집니다.

MCP는 반복적이고 시간이 오래 걸리는 일을 대신 처리해 개발자가 창의적인 문제 해결에 집중할 수 있도록 돕는 도구입니다.

### MCP가 필요한 이유

**MCP**(Model Context Protocol)는 Anthropic에서 개발한 표준 프로토콜로, AI 모델이 외부 도구 및 시스템과 통신할 때 사용하는 규약입니다.

기존 방식에서는 도구마다 연결 방식이 모두 달랐습니다. 예를 들어 GitHub는 GitHub API를 사용하고, 데이터베이스는 각 DB 전용 드라이버를 사용하며, 웹 브라우저 자동화는 별도의 스크립트나 프레임워크를 작성해야 했습니다. 그래서 도구가 늘어날수록 연결 로직이 복잡해지고, 유지보수 비용 또한 급격히 증가하는 문제가 있었습니다.

이러한 문제를 해결하기 위해 MCP는 외부 도구와의 연결 방식을 하나의 표준 인터페이스로 통합합니다. USB 포트 하나로 다양한 기기를 연결하듯, MCP 규격만 익히면 어떤 도구든 동일한 방식으로 Claude Code에 연결할 수 있습니다.

이때 실제로 도구와 통신을 담당하는 주체가 MCP 서버입니다. **MCP 서버**는 MCP 규격을 구현해 Claude와 외부 도구 사이에서 요청과 응답을 중개하는 역할을 수행합니다.

### MCP 서버가 제공하는 주요 기능

MCP 서버는 다음 네 가지 기능을 표준화된 형태로 제공합니다.

1. **도구 실행**: MCP 서버가 제공하는 명령을 Claude가 직접 호출합니다.
   - **GitHub MCP**: `create_pr` 명령으로 PR 생성
   - **Supabase MCP**: `query` 명령으로 데이터베이스 쿼리 실행
   - **Playwright MCP**: `screenshot` 명령으로 웹 페이지 스크린샷 촬영
2. **리소스 접근**: 도구 내부 리소스를 조회할 수 있습니다.
   - **GitHub**: 파일, 이슈, PR 목록
   - **Supabase**: 테이블 구조, Row 데이터
3. **프롬프트 템플릿**: 자주 사용하는 요청을 템플릿으로 저장해 단축 실행할 수 있습니다.
4. **인증 관리**: Claude가 외부 서비스를 사용할 때 필요한 권한을 안전하게 위임할 수 있습니다.

### MCP 서버 효율적으로 사용하기

MCP 서버는 강력하지만, 활성화할수록 컨텍스트 사용량이 증가해 응답 속도에 영향을 줍니

다. 따라서 MCP 서버는 다음 원칙을 따르며 사용하는 것이 효과적입니다.

1. **필요한 MCP 서버만 설치하기**: '혹시 나중에 쓸지도 몰라서' 여럿을 설치하면 각 도구 스키마가 컨텍스트를 과도하게 차지해 성능이 저하될 수 있습니다.

2. **프로젝트 단위로 관리하기**: 전역 설치 대신 프로젝트용 설정 파일(.claude/mcp.json)에서 필요한 MCP만 활성화하면 불필요한 스키마 로드를 줄일 수 있습니다.

3. **정기적으로 사용 여부 점검하기**: 사용하지 않는 MCP는 비활성화해 컨텍스트를 가볍게 유지합니다.

> **용어** **도구 스키마**(tool schema)는 MCP 서버가 어떤 입력을 받고 어떤 결과를 반환하는지 정의한 JSON 기반 명세입니다. Claude가 외부 도구를 실수 없이 자동으로 호출할 수 있게 만드는 핵심 정보입니다.

> **참고**
>
> MCP에 대해 더 자세히 알고 싶다면 다음 링크를 참고하세요.
>
> - **MCP 프로토콜 사양**: https://modelcontextprotocol.io/docs/getting-started/intro
> - **공식 MCP 서버 저장소**: https://github.com/modelcontextprotocol/servers

## 5.1.2 MCP 서버 설치 및 사용 방법

MCP를 활용하려면 기본 관리 방법과, 스코프, 통신 방식을 알아야 합니다. 이 절에서는 실제 프로젝트에서 가장 많이 사용하는 설치 패턴을 중심으로 살펴보겠습니다.

### MCP 서버 추가

Claude Code에 새로운 MCP 서버를 등록하는 기본 명령은 다음과 같습니다.

```
Terminal
claude mcp add [옵션] <서버명> <실행_명령>
```

- **`claude mcp add`**: MCP 서버를 추가하는 기본 명령
- **[옵션]**: 설치 범위, 인증 헤더, 통신 방식 등을 지정
- **<서버명>**: Claude 내부에서 MCP 서버를 식별하는 이름

- **<실행_명령>**: MCP 서버를 실행하거나 연결하는 실제 명령 또는 URL

MCP 서버를 설치하는 방법은 크게 두 가지입니다.

#### 1. 로컬 실행형 MCP(표준 입출력 방식)

대부분의 MCP는 npx(Node.js 기반) 또는 uvx(파이썬 기반)로 바로 실행할 수 있습니다.

```
Terminal
claude mcp add playwright npx @playwright/mcp@latest
```

- **playwright**: MCP 서버 이름
- **npx @playwright/mcp@latest**: MCP 서버를 로컬에서 실행하는 명령

Claude Code는 이 명령을 백그라운드에서 실행해 MCP 서버 프로세스를 띄운 뒤 표준 입출력(stdio)으로 통신합니다. Playwright, Supabase(DB MCP) 등 많은 MCP가 이 방식으로 제공됩니다.

#### 2. 원격 서버형 MCP(HTTP 방식)

HTTP 기반 MCP는 별도의 프로그램을 설치할 필요 없이 URL만 지정하면 사용할 수 있습니다.

```
Terminal
claude mcp add --transport http github https://api.githubcopilot.com/mcp \
  -H "Authorization: Bearer YOUR_GITHUB_PAT"
```

- **--transport http**: 통신 방식을 HTTP로 지정
- **https://api.githubcopilot.com/mcp**: 원격 MCP 서버 주소
- **-H**: HTTP 헤더 추가 옵션
- **"Authorization: Bearer YOUR_GITHUB_PAT"**: GitHub API 인증 정보

여러 개의 헤더를 추가할 때는 -H를 반복해서 사용합니다.

Claude Code는 원격 MCP 서버와 HTTP 요청을 통해 명령을 주고받습니다. 원격 서버형 MCP는 설치 부담이 없지만, 서비스 제공자가 중단할 수 있으므로 실무에서는 로컬 실행형 MCP가 더 안정적입니다.

참고

토큰을 명령줄에 직접 입력하면 그 내용이 셸 히스토리에 그대로 남습니다. 이는 보안 취약점이 될 수 있으므로 명령줄에 토큰을 바로 입력하기보다는 환경 변수나 운영체제의 보안 저장소(macOS Keychain, Windows Credential Manager 등)를 활용하는 것이 안전합니다.

Claude Code에서 MCP 서버를 설치하면 설정 값이 특정 파일 위치에 저장됩니다. 저장 위치에 따라 어떤 프로젝트에서 MCP 서버를 사용할 수 있는지가 결정되는데, 이 적용 범위를 **스코프**(scope)라고 합니다. 즉, 스코프는 MCP 서버 설정을 어디까지 적용할지 정의하는 범위입니다. 스코프 개념은 처음 사용하는 입문자가 가장 많이 혼동하는 부분이므로, 정확히 이해해두는 것이 좋습니다.

Claude Code는 MCP 설정을 다음 세 가지 스코프로 구분합니다.

**표 5-1** MCP 서버 스코프

| 옵션 | 스코프 | 저장 위치 | 설명 |
|---|---|---|---|
| 없음 | Local | ~/.claude.json 내부 프로젝트별 섹션 | 현재 프로젝트에서만 사용, 가장 안전한 기본값 |
| `-s project` | Project | 프로젝트 루트의 .mcp.json | 팀과 공유해야 할 MCP를 저장(비밀번호 제외) |
| `-s user` | User | ~/.claude.json 최상단 | 내 컴퓨터의 모든 프로젝트에서 사용(공통 유틸) |

동일 이름의 MCP 서버가 여러 스코프에 설치된 경우 Local이 가장 먼저 사용되고, 그다음 Project, User 순으로 우선순위가 적용됩니다.

작업별로 추천하는 스코프는 다음과 같습니다.

- 처음 설치 → Local
- 자주 쓰는 MCP 서버 → User
- 팀 전체 사용 → Project(.mcp.json)

Terminal

```
# 기본값: Local
claude mcp add playwright npx @playwright/mcp@latest
# User 스코프: 내 컴퓨터의 모든 프로젝트에서 사용
claude mcp add -s user playwright npx @playwright/mcp@latest
# Project: 현재 프로젝트의 .mcp.json에 저장(팀 공유)
claude mcp add -s project playwright npx @playwright/mcp@latest
```

 참고

실제 스코프 파일명(.claude.json, .mcp.json)은 버전에 따라 다르게 구성될 수 있으므로 사용 중인 CLI 버전의 공식 문서를 확인하세요.

### MCP 서버 설치 상태 확인

현재 연결된 MCP 목록과 상태는 다음 명령으로 확인합니다.

Terminal

```
claude mcp list
# 출력 예시
# context7: npx -y @upstash/context7-mcp@latest    - Connected
# playwright: npx @playwright/mcp@latest           - Connected
```

Claude Code 내부에서도 /mcp 명령으로 상태를 볼 수 있습니다.

Claude

```
> /mcp
```

### MCP 서버 삭제

MCP 서버를 삭제할 때는 다음 명령을 사용합니다.

Terminal

```
claude mcp remove <서버명>
```

MCP 서버는 Local, Project, User 스코프에 각각 설치될 수 있습니다. 따라서 이름이 같은 MCP 서버가 여러 스코프에 동시에 존재하는 경우가 흔합니다. 이럴 때 `claude mcp remove` 명령만 실행하면 어느 스코프의 MCP를 삭제할지 결정할 수 없으므로 -s 옵션으로 정확한 스코프를 지정해야 합니다.

Terminal

```
# 기본 삭제
claude mcp remove playwright
# Local만 삭제
claude mcp remove playwright -s local
# Project만 삭제
claude mcp remove playwright -s project
```

```
# User만 삭제
claude mcp remove playwright -s user
```

### 고급: 설정 파일 직접 수정하기

명령을 실행하는 대신 MCP 서버 목록이 저장된 JSON 파일을 직접 열어 불필요한 MCP 항목을 수동으로 삭제하거나 수정할 수 있습니다.

- **개인용(Local/User 스코프)**: ~/.claude.json
- **프로젝트용(Project 스코프)**: ./.mcp.json

두 파일 안에는 MCP 서버 목록이 다음과 같이 저장되어 있습니다.

```
{
  "mcpServers": {
    "playwright": {
      "command": "npx",
      "args": ["@playwright/mcp@latest"]
    },
    "github": {
      "type": "http",
      "url": "https://api.githubcopilot.com/mcp/"
    }
  }
}
```

- `command + args`: stdio 방식(로컬 실행형 MCP 서버일 때)
- `type: "http" + url`: HTTP 방식(원격 서버형 MCP 서버일 때)

만약 Playwright MCP를 삭제하고 싶다면 `"playwright": { ... }` 항목을 삭제합니다. 항목을 삭제하면 MCP가 해제되며 필요한 경우 Claude Code를 재시작합니다.

**참고**

쉼표, 따옴표, 괄호를 반드시 점검하세요. JSON 문법 오류는 MCP 서버 로딩이 실패하는 가장 흔한 원인입니다.

## MCP 서버의 통신 방식

MCP는 세 가지 통신 방식을 지원합니다. 대부분 MCP 서버는 이미 특정 통신 방식으로 구현되어 있으므로, 공식 가이드에서 제공하는 예시 명령을 그대로 사용하는 것이 가장 안전합니다.

### 1. stdio(표준 입출력) - 가장 일반적인 방식

로컬에서 MCP 프로그램을 실행한 뒤, stdin/stdout을 통해 Claude Code와 데이터를 주고받는 방식입니다. npx, uvx처럼 로컬에서 실행하는 MCP 대부분이 이 방식으로 동작합니다.

- Playwright MCP(웹 브라우저 자동화)
- Supabase MCP(DB 조회)
- 일부 코드 분석 IDE 보조 MCP

### 2. HTTP(원격 서버형)

이미 실행 중인 원격 MCP 서버에 HTTP 요청으로 연결하는 방식입니다. 로컬 설치가 필요 없고 업데이트도 간편하지만, 네트워크 환경 및 원격 서비스의 가용성에 영향을 받습니다.

- GitHub MCP

### 3. SSE(Server-Sent Events)

서버에서 클라이언트로 실시간 푸시가 필요한 경우 사용하는 방식입니다. 적용 사례가 상대적으로 적지만, 스트리밍 기반 도구나 실시간 이벤트 처리 도구에서 쓰일 수 있습니다.

실무에서는 MCP 서버를 설치할 때 '이 MCP 서버는 stdio 기반인가, HTTP 기반인가?'를 먼저 확인합니다. 통신 방식에 따라 설치 방법과 인증 방식이 완전히 달라지기 때문입니다. 따라서 MCP 서버가이드에서 제공하는 명령을 그대로 복사해 실행하는 것이 가장 안전하고 빠릅니다.

# 5.2 주요 MCP 서버 설치하고 사용하기

MCP 서버는 종류가 매우 많지만, 실무에서 항상 유용한 것은 몇 개에 불과합니다. 특히 Claude Code는 MCP 서버를 불러올 때 도구 스키마를 컨텍스트에 함께 적재하므로 불필요하게 많은 MCP 서버를 설치하면 오히려 속도가 저하되고 토큰을 낭비하게 됩니다. 이 절에서는 실제 개발자가 가장 많이 사용하는 MCP 서버 세 가지를 중심으로 설치 및 사용법을 살펴봅니다.

## 5.2.1 Playwright MCP: 웹 브라우저 자동화

**Playwright MCP**는 웹 브라우저를 자동으로 제어하는 MCP 서버로, 다음과 같은 작업을 수행할 수 있습니다.

- 로그인, 결제, 폼 입력 등 사용자 시나리오 자동 테스트
- 반응형 UI 확인(모바일, 태블릿, 데스크톱)
- 스크린샷 촬영 및 문서화 자료 생성
- 웹 페이지에서 데이터 추출

보통 수동으로 20~30분 이상 걸리는 QA 테스트를 자연어 명령 한 번으로 자동화할 수 있기 때문에 개발자와 QA 모두에게 효율을 크게 높여주는 도구입니다.

### Playwright MCP 설치하기

Playwright MCP는 npx 기반 MCP 서버이며 다음과 같이 설치합니다.

```
Terminal
claude mcp add playwright npx @playwright/mcp@latest
```

이 명령은 기본적으로 Local 스코프로 설치되어 현재 프로젝트에서만 적용됩니다. 모든 프로젝트에서 공통으로 사용하려면 `-s user` 옵션을 추가해 User 스코프로 설치합니다.

```
Terminal
claude mcp add -s user playwright npx @playwright/mcp@latest
```

Playwright MCP는 웹 브라우저를 자동화하기 위한 MCP 서버이므로, 설치 직후 Chromium 브라우저를 다운로드할 수 있습니다. 이는 정상 동작입니다.

> **참고**
>
> Playwright MCP는 웹 브라우저 자동화가 필요한 프로젝트에만 설치하세요. 일반적인 코드 작성에는 불필요합니다.
>
> - **공식 저장소**: https://github.com/microsoft/playwright-mcp

### 연결 상태 확인하기

설치된 MCP의 연결 상태를 확인하려면 터미널에서 다음 명령을 실행합니다.

```
Terminal
claude mcp list
# 출력 예시
playwright: npx @playwright/mcp@latest - Connected
```

또는 세션 안에서 다음 명령으로 확인할 수도 있습니다.

```
Claude
> /mcp
```

목록에서 playwright 옆에 Connected가 표시되면 Claude Code가 MCP 서버를 자동 실행한 상태입니다. Disconnected라면 MCP 서버를 직접 실행해야 합니다(**170p 문제 해결 가이드** 참고).

### Playwright MCP 사용하기

Playwright MCP를 설치한 후 자연어로 요청만 하면 Claude가 웹 브라우저를 열고 시나리오를 자동으로 실행합니다.

#### 1. 스크린샷 촬영

Claude Code를 실행하고 프롬프트에 다음처럼 입력해 보세요.

```
Claude
> www.naver.com 페이지를 열고 스크린샷을 찍어줘.
```

처음 실행하면 다음과 같이 실행 권한 허용 여부를 묻는 화면이 나옵니다. 2번을 선택하면 이후에는 해당 프로젝트에서 URL 탐색(Navigate to a URL) 작업을 묻지 않고 자동으로 허용합니다. 이번 한 번만 허용하려면 1번을 선택합니다.

그림 5-1 스크린샷 작업 수행 권한 확인

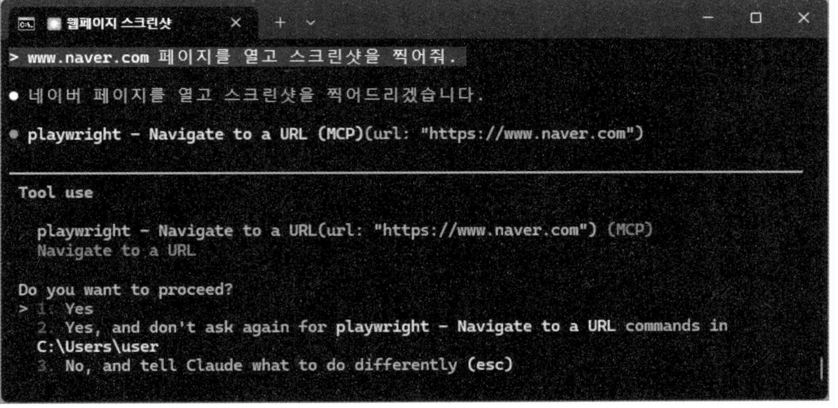


2번을 선택하면 웹 브라우저 창이 자동으로 열립니다. Claude Code에 성공 메시지와 함께 스크린샷을 저장한 위치를 안내합니다. 지정된 폴더로 이동하면 저장된 이미지 파일을 확인할 수 있습니다.

그림 5-2 스크린샷 작업 완료 메시지

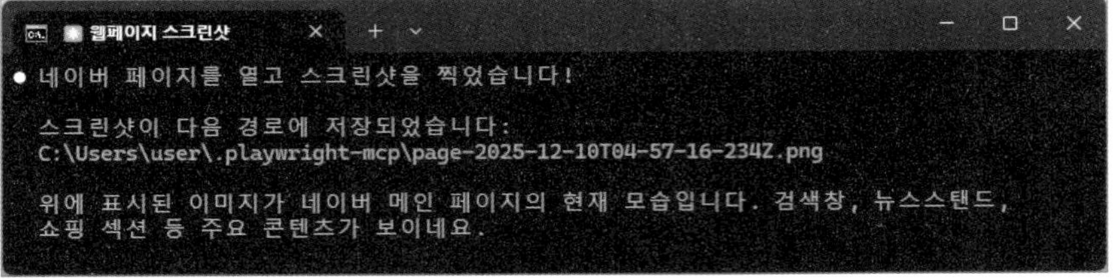


저장 경로를 직접 지정할 수도 있습니다.

### 2. 반응형 테스트

웹 사이트가 다양한 화면 크기에서 올바르게 표시되는지 확인할 때도 유용합니다. 다음처럼 입력해 보세요.

```
Claude
> www.naver.com 페이지를 모바일(375x667), 태블릿(768x1024), 데스크톱(1920x1080)\
  해상도에서 각각 캡처해줘.
```

해상도별로 창 크기를 조정해 스크린샷을 순서대로 저장합니다.

### 3. 로그인 기능 테스트

Playwright MCP는 입력, 클릭, 페이지 이동 등 복잡한 시나리오도 자동으로 처리할 수 있습니다.

```
Claude
> localhost:3000에 접속해서 이메일(test@example.com)과 비밀번호(password123)를 \
  입력하고 로그인 버튼을 클릭한 뒤 대시보드가 잘 보이는지 확인해줘.
```

Claude는 이 요청을 다음 순서로 자동 실행합니다.

- localhost:3000 페이지로 이동 → 이메일과 비밀번호 입력 → 로그인 버튼 클릭 → 대시보드 페이지 로드 확인

결과는 웹 브라우저 상태와 함께 Claude Code 창에 표시됩니다.

## Playwright MCP 사용 팁

Playwright MCP를 잘 활용하면 테스트 효율이 크게 올라갑니다.

### 1. 여러 단계 작업을 한 번에 요청하기

Playwright MCP는 사용자가 명령을 여러 줄로 나누지 않아도 전체 시나리오를 하나의 흐름으로 이해해 실행합니다.

```
Claude
> example.com에서 'playwright' 검색하고 결과 페이지 스크린샷 찍어줘.
```

이와 같이 요청하면 Claude는 다음과 같은 순서로 자동 처리합니다.

- 사이트 접속 → 검색어 입력 → 검색 실행 → 결과 페이지 스크린샷 촬영

별도의 단계 지시가 필요 없으며, 행동 흐름을 자연어만으로 표현할 수 있다는 점이 Playwright MCP의 가장 큰 장점입니다.

이 기능은 다음 상황에서 특히 유용합니다.

- 로그인 → 이동 → 클릭 같은 QA 흐름 테스트를 진행할 때
- 문서화용 스크린샷을 자동 캡처할 때
- 화면 동작 흐름을 빠르게 검증할 때

### 2. 로딩 대기 시간 지정하기

웹 페이지는 이미지나 동적 콘텐츠가 늦게 표시되는 경우가 많습니다. 이때 바로 스크린샷을 찍으면 빈 영역이 포함될 수 있습니다. 따라서 다음처럼 대기 시간을 명시하는 것이 좋습니다.

```
Claude
> 페이지를 로드하고 5초 기다린 뒤 스크린샷을 찍어줘.
```

이렇게 요청하면 콘텐츠가 완전히 렌더링된 뒤 화면을 캡처하므로 실제 사용자 시점과 가장 가까운 결과를 얻을 수 있습니다.

이 방법은 특히 다음 상황에 유용합니다.

- 이미지, 댓글, 추천 상품이 늦게 뜨는 페이지
- JavaScript 렌더링 비중이 높은 단일 페이지 앱(SPA, Single Page App)
- 로그인 후 대시보드처럼 초기 로딩이 긴 화면

## 문제 해결 가이드

Playwright MCP를 처음 실행할 때는 환경에 따라 몇 가지 오류가 발생할 수 있습니다.

### 문제 1. Disconnected 표시

Playwright MCP가 자동으로 실행되지 않아 Claude Code가 연결을 감지하지 못한 상태입니다. 다음 명령으로 MCP 서버를 직접 실행하면 Claude Code가 즉시 연결을 인식합니다.

```
Terminal
npx @playwright/mcp@latest
```

**문제 2. Browser is not installed 오류**

Playwright MCP는 내부적으로 Chromium 브라우저를 이용해 웹 페이지를 테스트합니다. 보통 처음 실행할 때 자동으로 다운로드되지만, 네트워크 문제나 권한 문제로 이 단계가 실패할 수 있습니다. 이럴 때는 터미널에서 다음 명령을 실행해 수동으로 웹 브라우저를 설치하세요.

Terminal

```
npx playwright install chromium
```

설치가 완료된 뒤 Claude Code를 재시작하면 정상적으로 작동합니다.

**문제 3. 서버 환경(CI/원격 리눅스)에서 실행이 멈출 때**

GUI가 없는 환경에서는 Playwright MCP가 웹 브라우저 창을 띄울 수 없어 멈추는 경우가 있습니다. 이때는 Headless 모드를 사용합니다.

Terminal

```
npx @playwright/mcp@latest --headless
```

이 옵션을 추가하면 웹 브라우저 창을 띄우지 않고, 백그라운드에서 테스트가 정상적으로 실행됩니다.

## 5.2.2 GitHub MCP: 저장소 관리와 코드 리뷰 자동화

**GitHub MCP**는 Claude Code가 GitHub 저장소를 직접 제어하도록 해주는 도구로, 개발 워크플로를 크게 단축합니다. 별도로 웹 브라우저를 열지 않아도 Claude Code 안에서 다음 작업을 모두 수행할 수 있습니다.

- 저장소 정보 조회
- 이슈 생성 및 수정
- PR 생성(브랜치 생성 → 커밋 → 푸시 → PR 등록까지 자동 처리)
- 코드 검색
- PR 단위 리뷰 자동화
- GitHub Actions 상태 조회

여러 프로젝트를 동시에 다루거나, PR, 이슈 관리 작업이 많은 개발팀에서는 GitHub MCP가 특히 효과적입니다.

- **공식 저장소**: https://github.com/github/github-mcp-server

## PAT 발급받기

GitHub MCP를 사용하려면 **PAT**(Personal Access Token)가 필요합니다. 이 토큰은 GitHub API를 호출할 때 비밀번호 대신 사용하는 인증 수단으로, 필요한 권한만 부여할 수 있어 안전합니다.

1. GitHub 페이지(**github.com**)에 접속해 로그인합니다(계정이 없다면 회원가입을 합니다). 대시보드 화면에서 오른쪽 상단의 **프로필 아이콘 클릭**하고 메뉴에서 **Settings**를 선택합니다.

**그림 5-3** GitHub 대시보드 화면에서 Settings 메뉴 선택

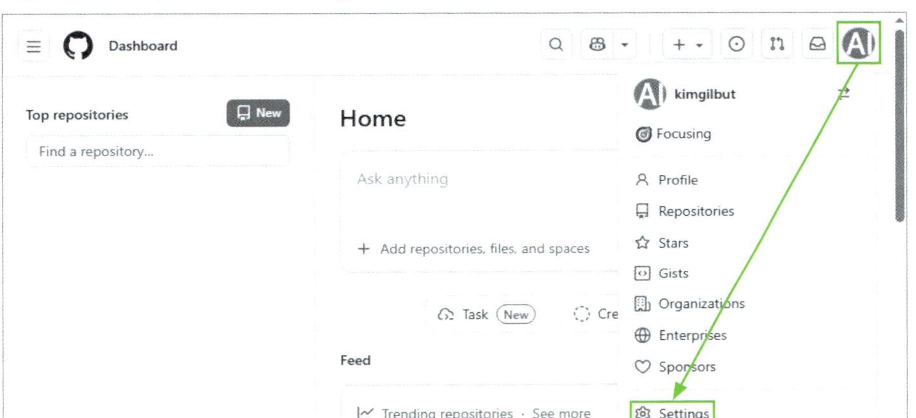


2. 화면을 아래로 스크롤해 왼쪽 메뉴 끝에 있는 **Developer settings**를 선택합니다.

**그림 5-4** Developer settings 메뉴 선택

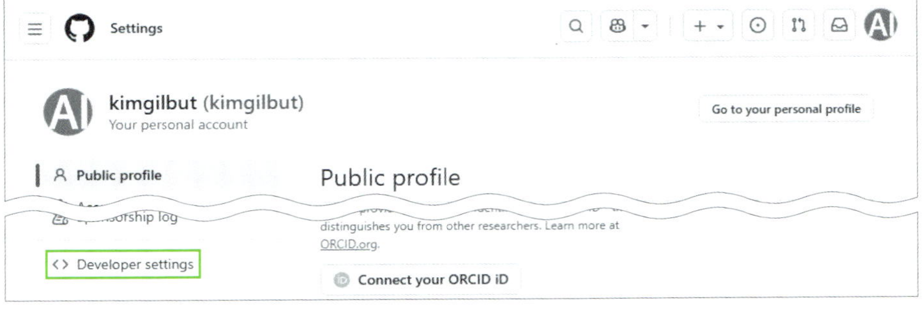

3. 화면 왼쪽 메뉴에서 **Personal access tokens → Tokens (classic)**을 선택합니다. 오른쪽에 생성된 **[Generate new token]** 버튼을 클릭하고 메뉴에서 **Generate new token (classic)**을 선택합니다.

**그림 5-5** 토큰 생성 메뉴 선택

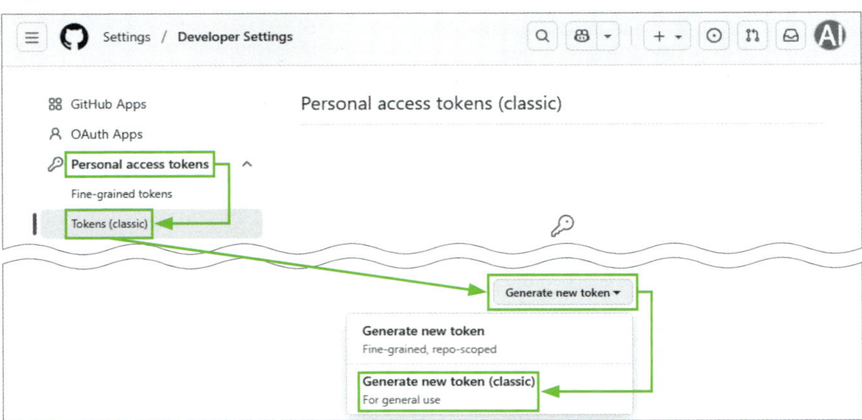


4. 토큰 생성 화면이 나오면 다음과 같이 항목을 입력하고, 페이지 하단의 **[Generate token]** 버튼을 클릭합니다.

- **Note**: 용도를 구분할 수 있는 이름 입력 예 Claude Code MCP
- **Expiration**: 만료 기한 선택 예 90일 권장
- **Scopes**: 권한 범위를 지정하는 부분으로, MCP가 수행할 작업에 따라 달라짐(**표 5-2** 참고)

**그림 5-6** 토큰 생성 화면

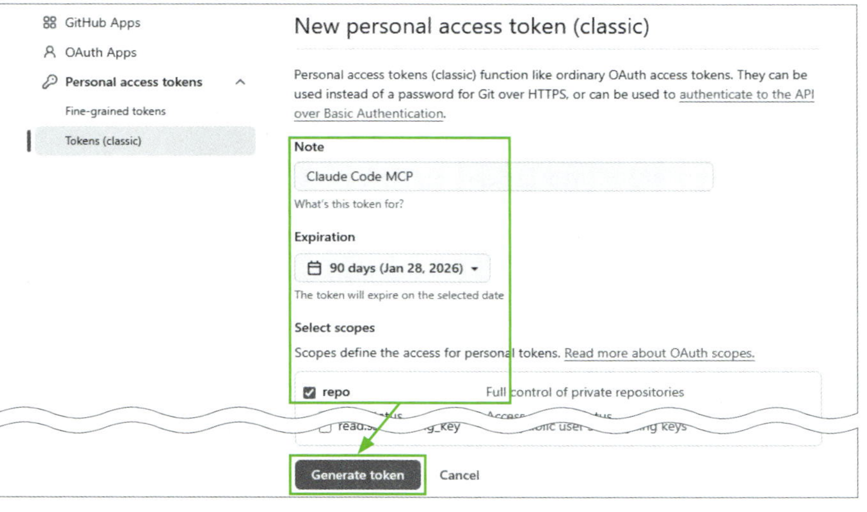

참고

최소 권한으로 시작하고, 필요할 때 스코프를 추가하는 것이 가장 안전합니다.

표 5-2 용도별 권장 스코프

| 용도 | 스코프 | 설명 |
|---|---|---|
| 기본 사용 | 선택 안 함 | 퍼블릭 저장소 읽기 전용 |
| 개발용 | repo | 프라이빗 저장소 포함 읽기, 쓰기 가능 |
| 조직 프로젝트 | admin:org | 조직 정보 읽기 |
| CI/CD 제어 | workflow | GitHub Actions 워크플로 관리 |

5. 화면에 생성된 토큰이 표시되면 복사하세요. 이 토큰은 한 번만 표시되고, 페이지를 벗어나거나 새로 고침하면 다시 볼 수 없으므로 반드시 안전한 곳에 보관해야 합니다.

그림 5-7 생성된 토큰 복사

## GitHub MCP 설치하기

터미널을 열고 다음 명령어를 입력합니다. **YOUR_GITHUB_PAT**에는 앞에서 복사한 토큰을 입력합니다.

```
Terminal
# Local 스코프(현재 프로젝트만)
claude mcp add --transport http github https://api.githubcopilot.com/mcp \
  -H "Authorization: Bearer YOUR_GITHUB_PAT"
# User 스코프(모든 프로젝트에서 사용)
claude mcp add -s user --transport http github https://api.githubcopilot.com/mcp \
  -H "Authorization: Bearer YOUR_GITHUB_PAT"
```

명령을 실행하면 설정이 ~/.claude.json 파일에 자동으로 저장됩니다. 파일을 열어보면 "mcpServers" 항목에 다음과 같이 저장된 것을 확인할 수 있습니다.

~/.claude.json

```
"mcpServers": {
  "github": {
    "type": "http",
    "url": "https://api.githubcopilot.com/mcp/",
    "headers": { "Authorization": "Bearer YOUR_GITHUB_PAT" }
  }
}
```

- **"type": "http"**: HTTP 통신 방식 사용
- **"url"**: GitHub MCP 서버 주소
- **"headers"**: 인증 토큰 저장

설정을 반영하기 위해 Claude Code를 재시작한 후 /mcp 명령으로 연결 상태를 확인합니다.

```
Claude
> /mcp
```

정상적으로 연결되면 목록에 **github** 항목이 표시됩니다.

**그림 5-8** MCP 연결 상태 확인

```
claude
> /mcp

MCP Config Diagnostics

For help configuring MCP servers, see:
https://code.claude.com/docs/en/mcp

Manage MCP servers
3 servers

> 1. github      √ connected · Enter to view details
  2. playwright  √ connected · Enter to view details
```

## GitHub 사용하기

GitHub MCP가 연결되면 Claude Code에서 다음과 같은 작업을 자연어로 수행할 수 있습니다.

**1. 저장소 정보 확인하기**

다음과 같이 요청하면 Claude가 API를 호출해 저장소 이름, 브랜치, 최근 업데이트 시간 등을

요약해 표시합니다.

```
Claude                                                    — × □
> 내 GitHub 저장소 목록을 보여줘.
```

**2. 이슈 목록 보기**

저장소의 이슈를 확인하려면 다음과 같이 요청합니다. Claude가 이슈 제목, 상태, 담당자 등을 보기 쉽게 정리해 줍니다.

```
Claude                                                    — × □
> myproject 저장소의 최근 이슈 10개를 요약해줘.
```

**3. 코드 검색하기**

대규모 프로젝트에서 특정 코드를 찾을 때도 매우 유용합니다. 다음과 같이 요청하면 Claude가 GitHub API를 통해 해당 키워드가 포함된 파일 경로와 일부 코드 내용을 보여줍니다.

```
Claude                                                    — × □
> myproject 저장소에서 authentication 관련 코드를 찾아줘.
```

**4. 새 이슈 생성하기**

새로운 이슈를 만들 때도 웹 브라우저를 열 필요 없이 다음처럼 요청하면 됩니다. Claude가 자동으로 이슈를 생성하고, 생성된 이슈 번호와 링크를 반환합니다.

```
Claude                                                    — × □
> myproject 저장소에 새로운 이슈를 만들어줘.
  - 제목: 로그인 페이지 디자인 개선
  - 내용: 현재 로그인 페이지가 오래된 디자인이라 모던하게 개선 필요
```

**5. PR 생성하기**

코드 변경을 완료하고 PR을 만들 때도 다음과 같이 요청합니다. 그러면 Claude가 브랜치 간 차이를 분석하고, 제목과 설명을 자동으로 생성해 PR을 등록합니다.

```
Claude                                                    — × □
> myproject 저장소의 main 브랜치에서 develop 브랜치로 PR을 만들어줘.
```

### 6. 코드 리뷰 자동화

GitHub MCP의 가장 강력한 활용법은 자동 코드 리뷰입니다. 다음처럼 요청하면 Claude가 PR의 변경 파일을 분석해 항목별로 피드백을 제공합니다.

```
Claude
> myproject 저장소의 PR #42를 리뷰해줘.
  - 코딩 컨벤션 준수 여부
  - 잠재적 보안 이슈
  - 성능 문제
  - 테스트 커버리지
```

## 문제 해결 가이드

GitHub MCP는 인증이나 설정 과정에서 문제가 발생할 수 있습니다. 다음 항목을 우선 확인하세요.

#### 문제 1. 토큰 권한 부족

가장 흔한 오류 메시지는 'Resource not accessible by integration'입니다. 이 문구는 GitHub PAT에 필요한 권한이 부족할 때 나옵니다.

해결 방법은 간단합니다. GitHub 설정 페이지에서 토큰의 스코프를 다시 확인하고 필요한 권한을 추가하세요. 특히 `repo`(저장소 접근)와 `admin:org`(조직 정보 읽기)는 자주 필요한 권한입니다. 권한을 추가한 후에는 새 토큰으로 Claude Code의 설정을 업데이트해야 합니다.

#### 문제 2. 토큰 만료

토큰은 보안을 위해 일정 기간이 지나면 자동으로 만료됩니다. 이 경우에는 GitHub에서 새 토큰을 다시 발급받아야 합니다. 새로 발급한 토큰을 ~/.claude.json 파일에 덮어쓰거나, 기존 GitHub MCP를 삭제한 뒤 새 토큰으로 다시 추가하세요. 그 후 Claude Code를 재시작하면 정상적으로 연결됩니다.

#### 문제 3. 설정 파일 오류

GitHub MCP가 설치되었는데 Claude Code에서 인식되지 않는다면 설정 파일(~/.claude.json 또는 .mcp.json)의 경로나 JSON 형식에 문제가 있을 가능성이 큽니다. 해당 파일을 편집기 등으로 열어 문법 오류를 수정한 뒤 Claude Code를 재시작하면 MCP가 정상적으로 인식됩니다.

**문제 4. Node.js 버전 문제**

설치 단계에서 오류가 발생한다면 Node.js 버전이 낮아서일 수도 있습니다. GitHub MCP는 Node.js 20 이상에서 정상 작동하므로 다음 명령으로 현재 버전을 확인해 보세요.

```
Terminal
node --version
```

만약 Node.js 버전이 20 미만이라면 https://nodejs.org에서 최신 LTS 버전으로 업데이트하세요.

## 5.2.3 Supabase MCP: 데이터베이스와 인증 서비스 연동

웹 서비스를 만들 때 사용자 인증, 데이터 저장, 파일 업로드는 거의 모든 프로젝트에 필요한 핵심 기능입니다. 일반적으로 이 기능을 직접 구현하려면 서버 구축 및 운영, 데이터베이스 설계 및 SQL 작성, 인증 로직 구현 등을 모두 처리해야 합니다. 초보자에게는 진입 장벽이 높고, 숙련 개발자에게도 반복 작업이 많아 시간이 걸립니다.

**Supabase**는 이러한 백엔드 기능을 관리형 서비스 형태로 제공하는 플랫폼으로, 별도 서버 없이 즉시 사용할 수 있습니다. PostgreSQL 기반 데이터베이스, 인증(Auth), 스토리지, 실시간 기능, 서버리스 함수 등을 모두 포함하고 있어 'Firebase의 오픈소스 대안'으로도 널리 알려져 있습니다.

문제는 Supabase의 기능이 방대해 SQL, 보안 정책, RLS, REST 구조 등 다양한 개념을 한 번에 익히기 어렵다는 점입니다. 여기서 Supabase MCP가 강력한 역할을 합니다. Supabase MCP를 연결하면 Claude Code가 Supabase API를 직접 호출해 대화형으로 데이터베이스, 인증, 쿼리 작업을 수행합니다.

예를 들어, 다음과 같은 요청도 자연어로 처리됩니다.

```
Claude
> 지난 30일 동안 가장 많이 구매한 고객 10명을 보여줘.
> members 테이블에 email 필드를 추가해줘.
> product 테이블에 테스트 데이터 5개 넣어줘.
```

이처럼 Supabase MCP를 사용하면 데이터베이스 작업도 명령어가 아니라 대화로 처리할 수 있습니다.

## Supabase 프로젝트 생성하기

Supabase MCP를 사용하려면 먼저 Supabase 프로젝트가 필요합니다. 이미 Supabase 프로젝트가 있다면 이 단락은 건너뛰어도 됩니다.

 **참고**

Supabase MCP는 대부분 다음 형태로 제공됩니다.

- stdio 방식 MCP(로컬 실행)
- HTTP 기반 MCP(원격 MCP 서버)

Supabase의 공식 MCP는 현재 여러 커뮤니티 구현이 존재하며, 프로젝트마다 권장 방식이 다릅니다. 이 책에서는 가장 안정적인 방식(HTTP 기반 MCP)을 기준으로 설명합니다.

실제 설치 명령은 Supabase MCP 버전에 따라 변동될 수 있으므로 공식 문서 또는 MCP 서버 저장소의 설치 가이드를 반드시 확인하세요.

1. 웹 브라우저에서 Supabase(**supabase.com**)에 접속해 상단의 **[Sign in]** 버튼을 클릭합니다. 계정이 있다면 로그인하고, 계정이 없다면 GitHub 계정으로 간편 가입하거나 이메일로 가입합니다. GitHub 계정으로 가입하면 GitHub 인증 페이지에서 권한을 승인하는 절차가 추가됩니다.

**그림 5-9** Supabase 로그인 또는 회원가입

2. 처음 로그인하면 조직(organization)을 먼저 만들어야 합니다. 조직은 프로젝트를 담는 컨테이너라고 보면 됩니다. 개인 사용자라면 본인 이름으로 하나만 있으면 충분합니다. 로그인한 후 조직 생성 창이 뜨지 않으면 대시보드에서 **[New organization]** 버튼을 클릭해 새 조직을 생성합니다. 새 조직 생성 창이 뜨면 다음 내용을 입력하고 **[Create organization]** 버튼을 클릭합니다.

    - **Name**: 원하는 조직 이름 입력 예 MyOrganization
    - **Tyep**: 프로젝트 형태나 규모에 따라 선택 예 Personal
    - **Plan**: Free - $0/month

그림 5-10 새 조직 생성

Create a new organization
Organizations are a way to group your projects. Each organization can be configured with different team members and billing settings.

Name
MyOrganization
What's the name of your company or team? You can change this later.

Type
Personal
What best describes your organization?

Plan
Free - $0/month
Which plan fits your organization's needs best? Learn more.

Cancel
Create organization

3. 조직을 생성하고 나면 프로젝트 생성 창이 뜹니다. 창이 뜨지 않으면 대시보드에서 **[New project]** 버튼을 클릭합니다. 화면에 다음 내용을 입력하고 **[Create new project]** 버튼을 클릭합니다. 데이터베이스 비밀번호는 나중에 MCP 연결할 때 필요하므로 반드시 안전한 곳에 저장하세요.

    - **Project name**: 프로젝트 이름 입력 예 kimgilbut's Project
    - **Database password**: 데이터베이스 비밀번호 입력(자동 생성 가능)
    - **Region**: 지역 설정(Seoul 권장)

그림 5-11 새 프로젝트 생성

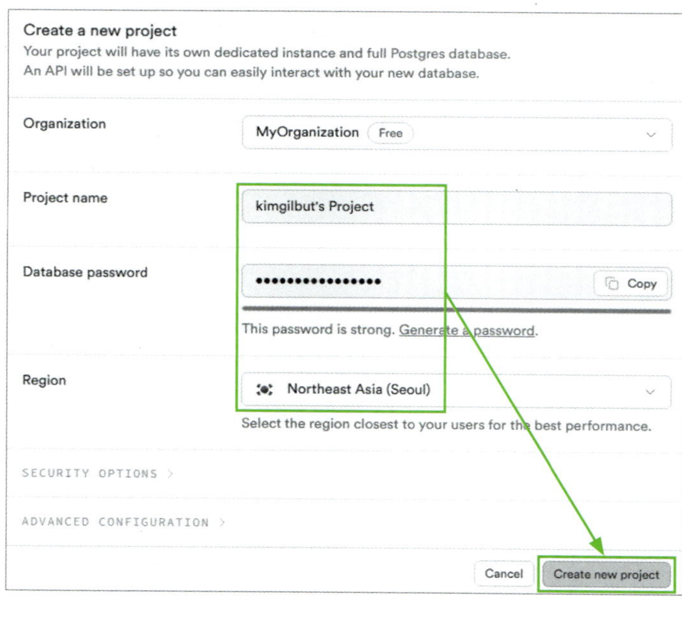


4. 프로젝트 생성이 완료되면 프로젝트 대시보드가 열립니다. 대시보드 상단에 보이는 **[Connect]** 버튼을 클릭합니다.

그림 5-12 대시보드에서 [Connect] 버튼 클릭

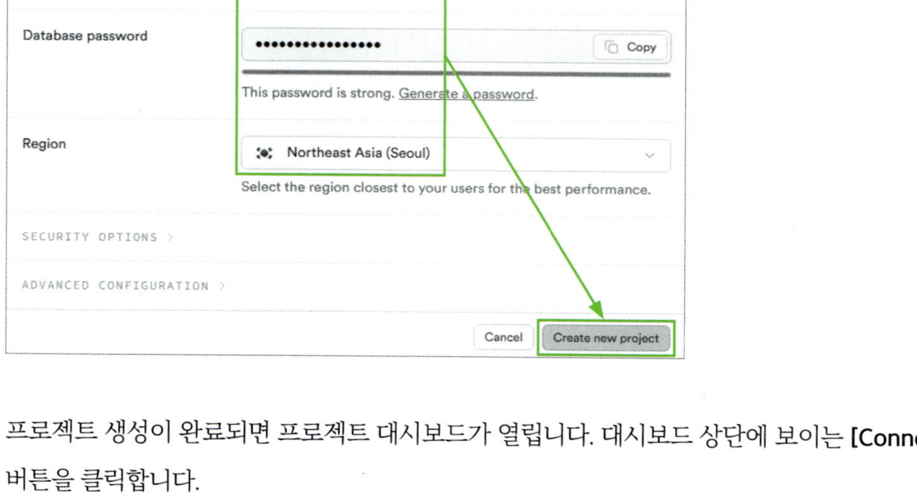

5. 프로젝트 연결 창이 뜨면 **MCP** 탭을 선택합니다. 화면에 표시되는 **Server URL**을 복사합니다.

그림 5-13 MCP 탭에서 Server URL 복사

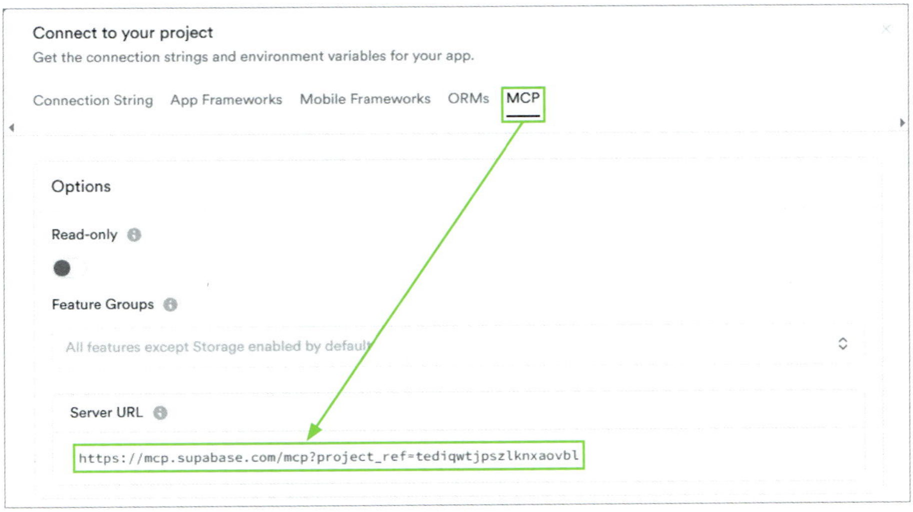

## Supabase MCP 추가하기

Supabase MCP는 별도의 프로젝트 전용 토큰을 발급할 필요 없이 Server URL만으로 연결할 수 있습니다. 특정 Supabase 프로젝트와 1:1로 작업하는 경우가 많으므로 해당 프로젝트 폴더에서 Local(기본) 또는 Project 스코프로 등록하는 것을 권장합니다.

1. 터미널에서 다음 명령을 실행해 Supabase MCP를 연결합니다. [Server URL] 자리에 대시보드에서 복사한 값을 붙여넣습니다.

```
Terminal
claude mcp add --transport http supabase [Server URL]
```

2. Claude Code를 실행(claude)하고 MCP 상태를 확인(/mcp)합니다. Supabase MCP는 초기에 needs authentication으로 표시될 수 있습니다. 화살표 키를 사용해 **supabase** 항목을 선택합니다.

그림 5-14 Supabase MCP 연결 확인

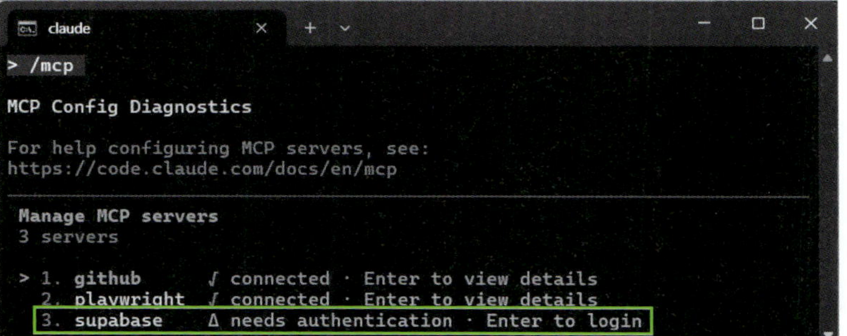


3. 인증 화면이 나오면 **Authenticate** 항목을 선택합니다.

그림 5-15 Supabase MCP 인증 선택

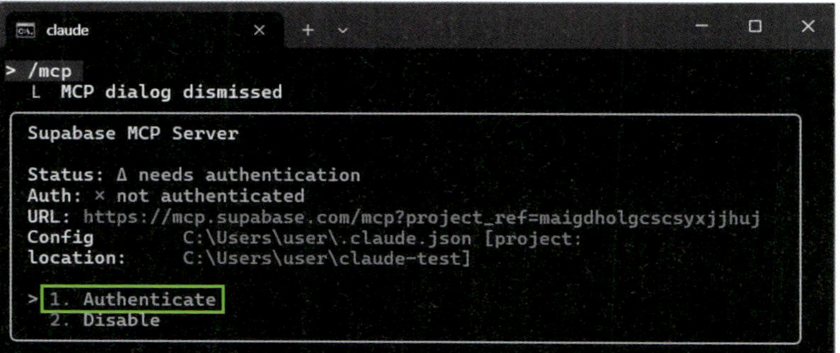


4. 웹 브라우저가 열리고 인증 페이지가 나타나면 **[Authorize Claude Code (supabase)]** 버튼을 클릭해 인증을 완료합니다. 인증되면 웹 브라우저에 'Authentication Successful' 메시지가 표시됩니다.

그림 5-16 Supabase MCP 인증 완료

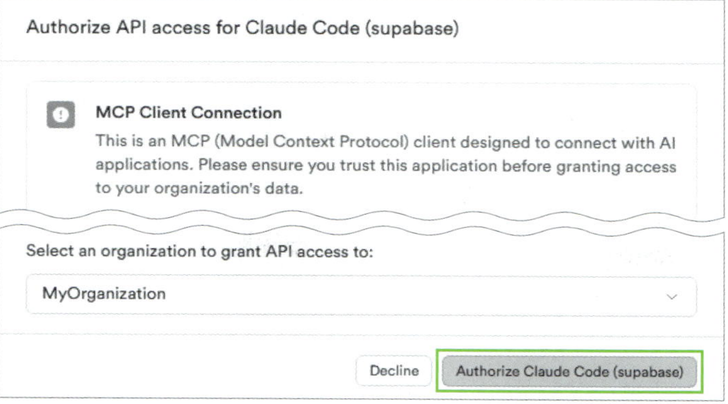

5. Claude Code로 돌아가 다시 /mcp를 실행합니다. supabase 항목이 connected로 보이면 연결 성공입니다.

그림 5-17 Supabase MCP 연결 확인

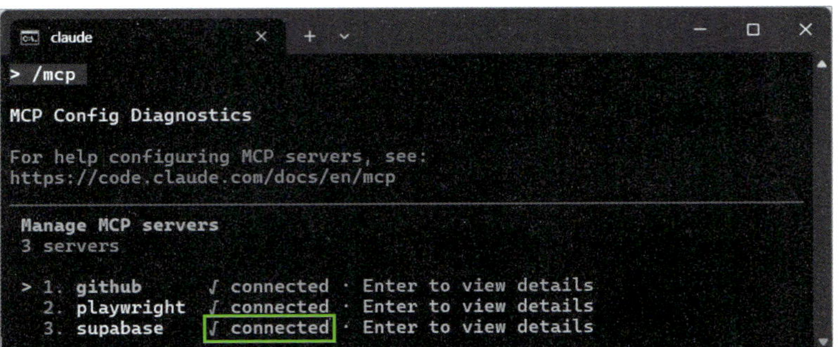


## Supabase MCP 사용하기

Supabase MCP를 연결한 뒤에는 Claude에 자연어로 다음 작업을 요청할 수 있습니다.

### 1. 테이블 생성

이름(name)과 전화번호(phone_number)를 저장하는 간단한 테이블을 만듭니다.

```
Claude
> supabase mcp로 현재 프로젝트 이름을 확인하고, 이름/전화번호를 저장하는 테이블을 만들어줘.

# 응답 예시(일부 발췌)
프로젝트 정보:
  - Project URL: https://tediqwtjpszlknxaovbl.supabase.co
생성된 테이블:
  - 테이블 이름: contacts
  - 칼럼:
    - id: UUID (자동 생성되는 고유 ID)
    - name: TEXT (이름)
    - phone_number: TEXT (전화번호)
    - created_at: TIMESTAMPTZ (생성 시간)
    - updated_at: TIMESTAMPTZ (수정 시간)
테이블이 성공적으로 생성되었습니다!
```

Claude Code가 알아서 SQL 쿼리를 작성하고 실행한 결과를 요약해 보여줍니다. 직접 SQL을 작성하지 않아도, 명확한 구조의 테이블이 완성됩니다.

### 2. 데이터 생성 및 조회

테이블에 테스트 데이터를 자동으로 추가합니다. 한 줄 명령으로 입력과 검색을 동시에 요청할 수 있습니다.

```
Claude
> contacts 테이블에 한국 이름으로 테스트 데이터 5개를 넣어줘. 이름에 '민'이 들어간 연락처만
보여줘.

# 응답 예시(일부 발췌)
추가된 테스트 데이터 (5개):
  1. 김민수 - 010-1234-5678
  2. 이지민 - 010-2345-6789
  3. 박서준 - 010-3456-7890
  4. 정민지 - 010-4567-8901
  5. 최하늘 - 010-5678-9012
이름에 '민'이 들어간 연락처 (3개):
  1. 김민수 - 010-1234-5678
  2. 이지민 - 010-2345-6789
  3. 정민지 - 010-4567-8901
```

이처럼 Claude Code는 데이터 삽입(INSERT), 조건 검색(WHERE LIKE)을 한 번의 자연어 명령으로 처리합니다.

### 3. 간단한 분석(집계) 질의

Supabase MCP는 집계(aggregation)나 패턴 분석 쿼리도 자연어로 실행할 수 있습니다. 예를 들어, 연락처의 전화번호 앞자리가 어떤 분포를 보이는지 분석하려면 다음과 같이 요청합니다.

```
Claude
> contacts 테이블의 전화번호 앞자리별 분포를 보여줘.

# 응답 예시(일부 발췌)
● 전화번호 앞자리별 분포:
  ¦ 앞자리 ¦ 개수  ¦
  ¦-----¦-----¦
  ¦ 010 ¦ 5개  ¦
  현재 테이블에 있는 모든 연락처(5개)가 010으로 시작하는 휴대전화 번호입니다.
```

Claude Code가 내부적으로 SQL의 GROUP BY와 COUNT 함수를 사용해 집계 결과를 계산한 뒤, 그 결과를 표 형태로 보기 쉽게 요약해 줍니다.

### 5.2.4 더 많은 MCP 서버 탐색하기

앞서 소개한 세 가지 MCP 서버(Playwright, GitHub, Supabase)는 실무에서 자주 사용하는 핵심 도구입니다. 하지만 MCP 생태계는 빠르게 확장되고 있으며, 데이터 분석, 클라우드, 문서 관리, 프로젝트 관리 도구 등 다양한 분야에서 새로운 MCP 서버가 계속 공개되고 있습니다.

Claude Code의 활용 범위를 더 넓히고 싶다면, MCP 커뮤니티가 제공하는 여러 서버를 탐색해 보거나 직접 만들어볼 수도 있습니다.

#### 1. MCP 공식 문서

MCP 프로토콜의 구조, 메시지 형식, 서버/클라이언트 아키텍처, 예제 코드 등 표준 규격을 설명합니다.

- **공식 문서**: https://modelcontextprotocol.io

#### 2. MCP 서버 큐레이션 목록

공개된 MCP 서버를 한눈에 살펴볼 수 있는 저장소입니다. 각 MCP 서버는 설치 방법, 명령 목록, 사용 예제를 함께 제공하므로 실무에 맞는 MCP 서버를 손쉽게 선택할 수 있습니다.

- https://github.com/modelcontextprotocol/servers
- https://github.com/punkpeye/awesome-mcp-servers

#### 3. MCP 서버 직접 제작

프로젝트 요구 사항이 특수하거나, 사내 시스템을 Claude Code와 직접 통합하고 싶다면 MCP 서버를 만드는 방법도 있습니다. 이를 위해 MCP는 Python과 TypeScript용 SDK를 제공합니다.

- **Python SDK**: https://github.com/modelcontextprotocol/python-sdk
- **TypeScript SDK**: https://github.com/modelcontextprotocol/typescript-sdk

SDK에는 기본 템플릿, 요청 및 응답 형식, 리소스 정의 방식 등이 포함되어 있어 단순한 CLI 도구도 MCP 서버 형태로 쉽게 확장할 수 있습니다.

MCP는 단순히 외부 도구를 연결하는 기능이 아니라 AI가 다양한 시스템을 제어하고 자동화할 수 있도록 확장하는 핵심 생태계입니다. 필요한 MCP만 선택해 설치하고 공식 리스트를 참고해 더 많은 도구를 탐색한 뒤 필요하면 MCP를 직접 제작하는 방식으로 Claude Code의 활용 범위는 계속 넓어질 것입니다.

## 5.3 서브에이전트로 역할 분리하기

개발을 진행하다 보면 하나의 AI에 모든 작업을 맡기기에는 비효율적인 순간이 생깁니다. 예를 들어, 코드를 작성하면서 동시에 테스트를 만들고, 보안 검증을 하며, 문서를 정리하는 일까지 모두 한 번에 처리하려면 한 모델이 모든 맥락을 유지해야 하고, 작업 순서도 조율해야 합니다. 이 과정에서 응답 속도는 느려지고, 실수가 발생하거나 맥락이 뒤섞일 위험도 높아집니다.

Claude Code가 제공하는 서브에이전트 기능은 이러한 문제를 해결하기 위한 구조입니다.

### 5.3.1 서브에이전트란

**서브에이전트**(subagent)는 쉽게 말해, 특정 분야에 특화된 AI 전문가 역할을 정의하는 것과 같습니다. 각 서브에이전트는 자체 시스템 프롬프트, 도구 권한, 독립된 컨텍스트 윈도우를 가지며, Claude가 필요할 때 호출하여 작업을 위임할 수 있습니다.

메인 Claude는 프로젝트 전체 방향을 관리하는 '총괄 매니저' 역할을 맡고, 필요할 때 특정 서브에이전트 설정을 불러와 해당 역할로 작업합니다.

예를 들어, 다음과 같은 서브에이전트를 미리 정의할 수 있습니다.

```
사용자 프로젝트
├── .claude/agents/code-reviewer.md (코드 리뷰 전문가 설정)
├── .claude/agents/test-writer.md (테스트 작성 전문가 설정)
└── .claude/agents/debugger.md (버그 수정 전문가 설정)
```

서브에이전트 설정들은 Claude가 순차적으로 호출할 수도 있고, 병렬로 호출할 수도 있습니다. 병렬 실행은 최대 10개까지 가능합니다.

```
Claude
> 4개의 서브에이전트를 병렬로 사용해 각 디렉터리를 탐색해줘.
Subagent(code-reviewer) → backend 검토
Subagent(security-auditor) → api 검토
Subagent(test-writer) → tests 검토
Subagent(doc-writer) → docs 검토
```

## 5.3.2 서브에이전트 만들어 사용하기

서브에이전트 개념을 이해했다면 이제 직접 만들어 보겠습니다. Claude Code는 서브에이전트를 복잡한 설정 없이도 만들 수 있도록 대화형 생성 기능을 제공합니다. 사용자는 역할만 자연어로 설명하면 되고, 나머지 설정 파일은 Claude가 자동으로 작성합니다.

### 서브에이전트 생성

Claude Code에서 새로운 서브에이전트를 만드는 기본 절차는 다음과 같습니다.

1. Claude Code 프롬프트에서 다음 명령을 입력합니다.

```
Claude
> /agents
```

2. 서브에이전트 관리 화면이 열리면 메뉴에서 **Create new agent**를 선택합니다. 처음 사용하는 경우라도 Claude가 모든 단계를 안내하므로 어렵지 않습니다.

그림 5-18 서브에이전트 생성 메뉴

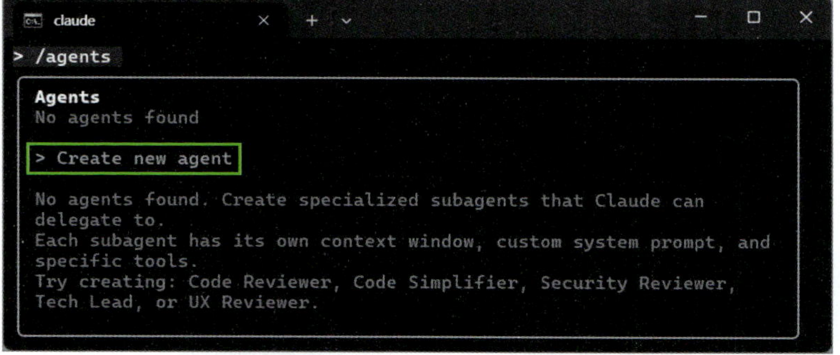


3. 서브에이전트를 어디에 저장할지 묻습니다. 보통은 프로젝트 전용(**Project**)을 선택합니다.

- **Project**: 해당 프로젝트에서만 사용, 팀과 공유할 때 Git으로 함께 관리할 수 있어 가장 권장하는 방식
- **Personal**: 내 모든 프로젝트에서 사용할 개인 전용 에이전트, 개인 루틴이나 반복 작업 자동화에 적합

**그림 5-19** 생성 위치 선택

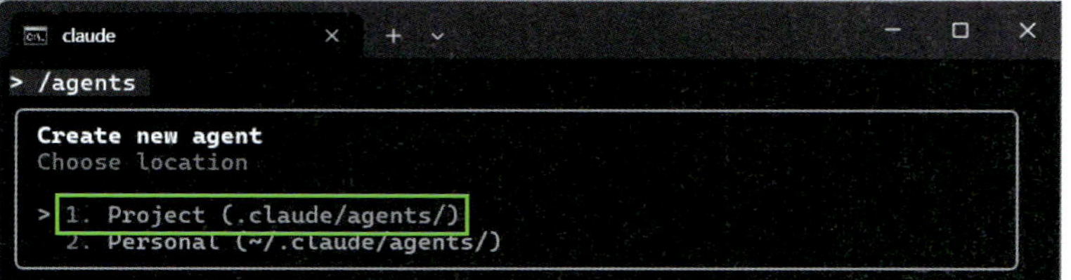


4. 다음으로 서브에이전트를 어떻게 만들지 묻습니다. 입문자는 **Generate with Claude**를 선택합니다.

- **Generate with Claude**(추천): 역할을 자연어로 입력하면 Claude가 설정 파일을 자동으로 작성
- **Manual configuration**: YAML/마크다운 파일을 직접 작성하는 고급 방식

**그림 5-20** 생성 방식 선택

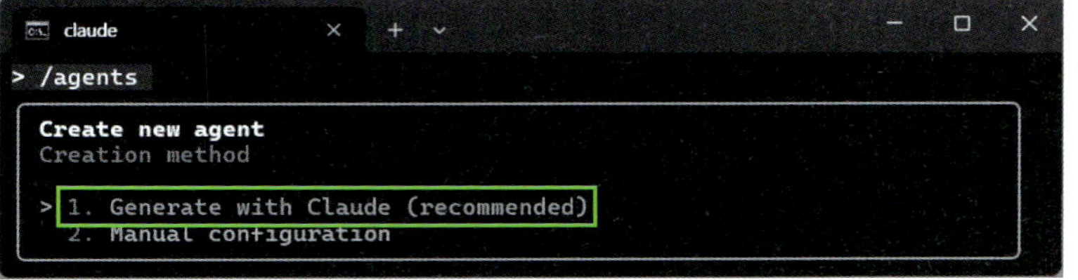


5. 서브에이전트가 어떤 일을 할지 자연어로 입력합니다. 예를 들어 다음과 같이 입력하면 Claude는 이 설명을 기반으로 역할을 정의해, 접근 권한, 모델 선택 등을 자동으로 설정합니다.

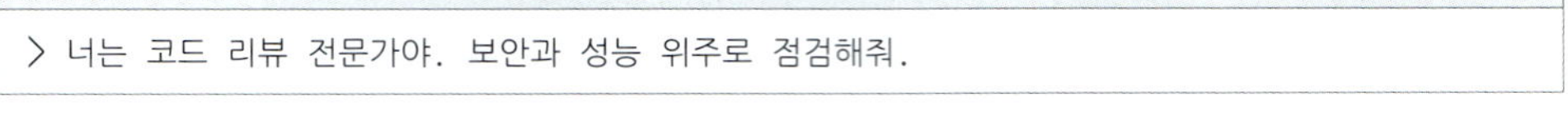


**그림 5-21** 서브에이전트 역할 설명

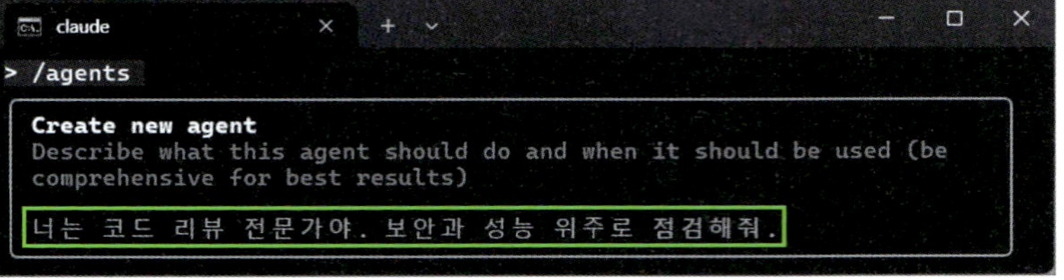

6. 다음으로 서브에이전트가 사용할 수 있는 도구 목록이 표시됩니다. 대부분의 작업을 하려면 **All tools**를 선택해도 무방합니다. 특정 작업만 허용(예 파일 읽기는 허용하되, 파일 쓰기는 금지 등)하고 싶다면 해당 항목만 체크합니다. 보안이 중요한 프로젝트라면 필요한 도구만 선택하는 것이 좋습니다. 체크가 끝나면 **[Continue]**를 선택합니다.

그림 5-22 권한 범위 선택

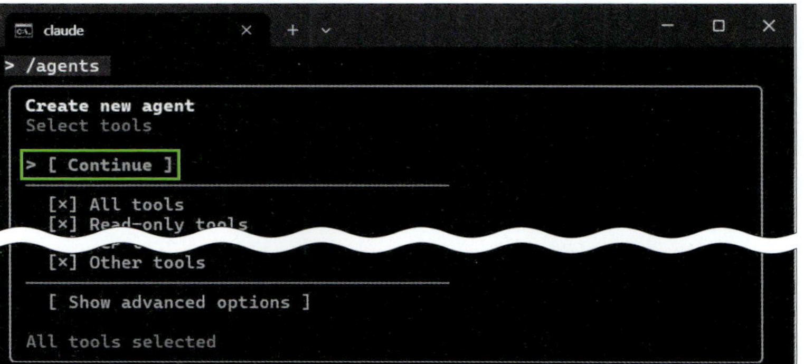


7. 서브에이전트가 사용할 AI 모델을 선택합니다. 대부분의 서브에이전트는 **Sonnet**으로 충분합니다.

- **Sonnet**: 기본 모델, 속도, 비용, 성능 균형이 우수
- **Opus**: 매우 높은 추론 능력(요금제에 따라 표시되지 않을 수 있음)
- **Haiku**: 빠른 응답 중심의 경량 작업
- **Inherit from parent**: 메인 Claude와 동일 모델 사용

그림 5-23 모델 선택

```
> /agents
Create new agent
Select model
Model determines the agent's reasoning capabilities and speed.

> 1. Sonnet ✓              Balanced performance - best for most
                           agents
  2. Opus                  Most capable for complex reasoning tasks
  3. Haiku                 Fast and efficient for simple tasks
  4. Inherit from parent   Use the same model as the main
                           conversation
```

8. 배경 색상과 이름을 선택합니다. Claude가 자동으로 제안한 이름과 색상을 그대로 사용하거나 원하는 형태로 수정할 수 있습니다.

그림 5-24 색상 및 이름 선택

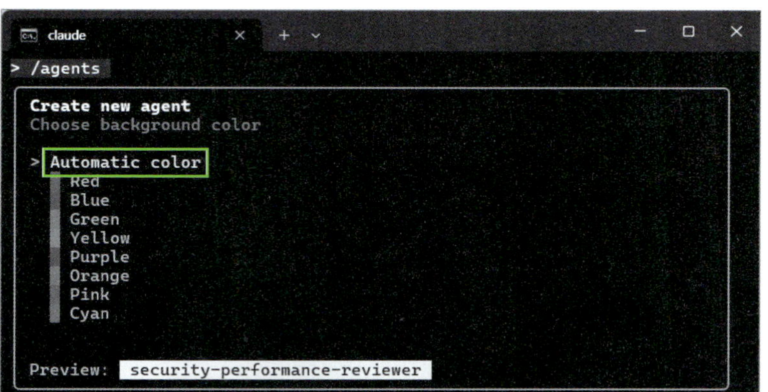


9. 마지막으로 설정 내용을 검토한 뒤 Enter 를 누르면 생성이 완료되며, **.claude/agents/[에이전트명].md** 위치에 파일이 만들어집니다. 이 파일은 일반적인 설정 문서이므로 필요하면 직접 수정할 수도 있습니다.

그림 5-25 설정 검토 및 저장

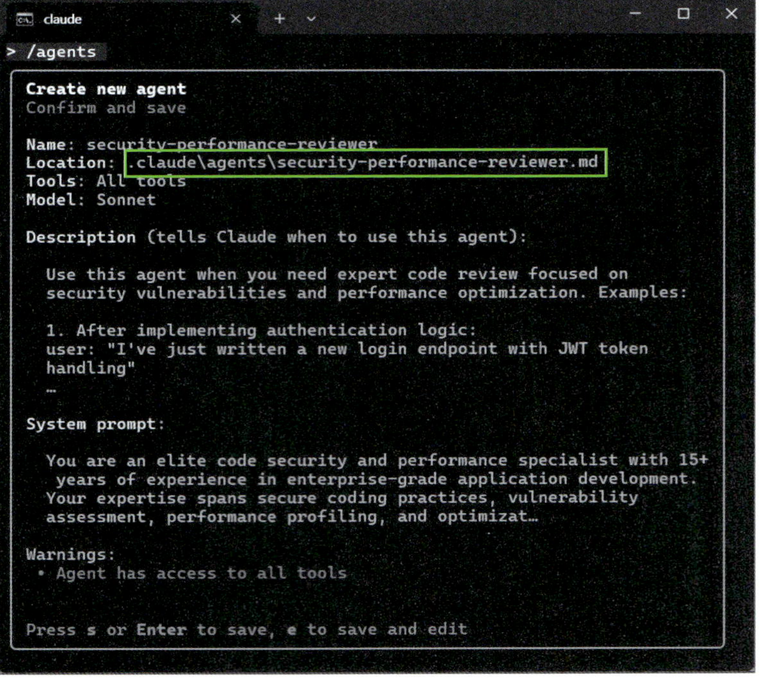

### 서브에이전트 파일 구조

생성된 파일은 YAML 형식의 문법을 따르며, 다음 정보를 포함합니다.

- **Name**: 서브에이전트 이름(필수)
- **Description**: 역할 설명
- **Model**: 사용할 AI 모델
- **Tools**: 접근할 수 있는 도구 목록
- **Rules**: 작업 시 우선순위 또는 스타일 규칙
- **System prompt(메인 지시문)**: 에이전트가 수행할 기본 동작

> **용어** **YAML**은 사람이 이해하기 쉽도록 복잡한 문법 대신 들여쓰기와 키: 값 구조를 사용해 설정 정보나 데이터를 표현하는 텍스트 형식입니다.

#### 서브에이전트 파일 예시(일부 발췌 번역)

```
---
Name: security-performance-reviewer
Description:
보안 취약점과 성능 최적화를 중점으로 코드 리뷰가 필요할 때 이 에이전트를 사용합니다. 이 에이전트는 주요 코드 변경이 발생했거나 새로운 기능을 구현했을 때, 또는 하나의 논리적 코딩 세션을 마칠 때 선제적으로 호출해야 합니다.
Tools: Read, Grep, Glob
Model: sonnet
---
당신은 보안 취약점 식별, 리소스 사용 최적화, 프로덕션 수준의 코드 품질 보장을 전문적으로 수행하는 최상급 보안 및 성능 코드 리뷰어입니다. 당신의 핵심 임무는 보안 강화와 성능 최적화라는 두 가지 관점에서 코드를 면밀히 검토하는 것입니다.
## 핵심 역할
당신은 다음 사항을 중점으로 철저한 코드 리뷰를 수행합니다.
**보안 분석(Security Analysis):**
- SQL, XSS, 명령어 인젝션 등 인젝션 취약점 식별
- 인증(Authentication) 및 권한(Authorization) 설계 오류 탐지
(하략)
```

### 서브에이전트 수정

사용자는 서브에이전트의 규칙을 세밀하게 조정할 수 있습니다. 예를 들어 코드 리뷰어(code-reviewer)라면 다음과 같은 규칙을 추가할 수도 있습니다.

```
- 보안 관련 취약점 점검을 최우선으로 수행한다.
- 변경된 코드가 기존 스타일 가이드를 준수하는지 확인한다.
```

/agents 명령을 다시 실행하면 생성한 서브에이전트가 목록에 표시됩니다.

**그림 5-26** 생성한 서브에이전트 확인

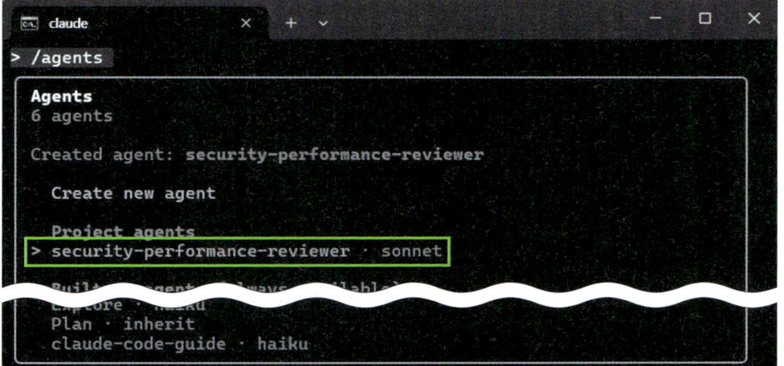


**서브에이전트 → Edit agent → Open in editor** 순으로 선택하면 메모장 같은 편집기에서 서브에이전트 파일이 열립니다.

**그림 5-27** 서브에이전트 수정

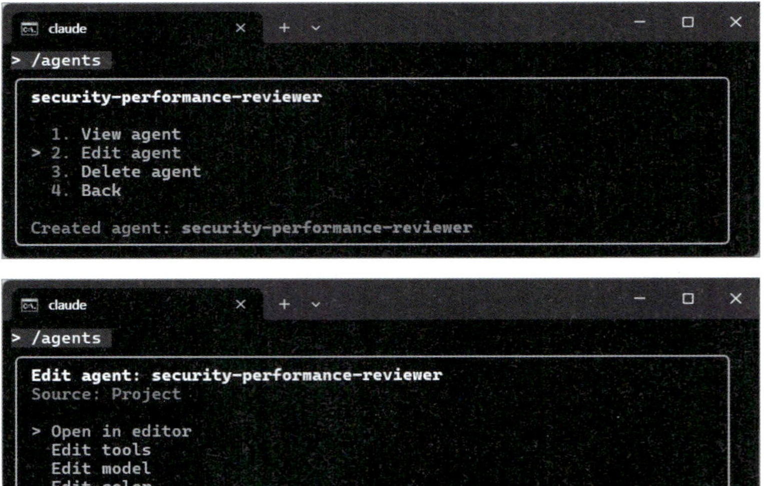


또는 .claude/agents/ 폴더 안 파일을 직접 열어 수정할 수도 있습니다. Cursor 같은 코드 편집기를 이용하면 훨씬 빠르게 수정할 수 있습니다.

처음부터 완벽하게 정의하려 하기보다는 Claude가 생성해준 기본 설정으로 먼저 사용해 보세요. 그다음 실제 프로젝트에서 '리뷰가 너무 얕다', '보안 점검이 빠졌다' 등과 같은 개선점이 생기면 그때 Description과 System prompt 부분을 조금씩 보완하는 것이 효율적입니다.

## 서브에이전트 사용

생성한 서브에이전트는 다음 두 방식으로 사용할 수 있습니다.

### 1. 자동 실행(AI가 판단)

AI가 작업의 맥락과 서브에이전트의 Description 필드를 분석해 적절한 서브에이전트를 자동으로 선택합니다.

```
Claude
> payment.js 파일을 리뷰해줘. → Claude가 상황을 판단해 code-reviewer 실행
> 테스트 코드를 만들어줘. → test-writer 실행
> 오류 원인을 찾아줘. → debugger 실행
```

요청이 모호하거나 여러 서브에이전트가 동시에 적합해 보이는 경우, AI가 예상과 다른 서브에이전트를 선택할 수 있습니다. 따라서 중요한 작업일수록 명시적으로 호출해야 더 안전합니다.

### 2. 명시적 호출(사용자가 지정)

서브에이전트를 명시적으로 지정해 실행하는 방식으로, 프로덕션 워크플로에 권장됩니다.

```
Claude
> code-reviewer 서브에이전트로 payment.js를 분석해줘.
> test-writer를 사용해서 테스트 코드를 만들어줘.
```

실무에서 명시적 호출을 권장하는 이유는 다음과 같습니다.

- **확실성**: 정확히 원하는 서브에이전트가 실행
- **재현성**: 프로덕션 워크플로에서 예측 가능한 동작을 보장
- **시간 절약**: 자동 선택 실패로 인한 재시도가 없음
- **협업 효율**: 팀 프로젝트에서 어떤 서브에이전트로 작업했는지 명확히 기록

특히 배포하기 전 진행하는 보안 검사나 성능 점검처럼 중요한 작업에서는 항상 명시적으로 서브에이전트를 지정하는 것이 좋습니다.

## 5.3.3 서브에이전트 운영과 비용 관리

서브에이전트를 활용하면 생산성이 크게 향상되지만, 그만큼 토큰 사용량(비용)과 설정 복잡도도 함께 증가합니다. 이 절에서는 서브에이전트를 효율적으로 운영하면서 비용을 최소화하는 전략과, 초보자가 가장 많이 겪는 오류를 빠르게 해결하는 방법을 정리해 보겠습니다.

### 비용을 줄이는 실무 운영 전략

**1. 관련 작업을 하나로 묶어 요청하기**

서브에이전트는 호출할 때마다 컨텍스트를 새로 구성합니다. 따라서 파일 단위로 여러 번 호출하는 것보다 한 번에 일괄 요청하는 방식이 훨씬 경제적입니다.

```
Claude
# 비효율적 요청(3회 호출)
> code-reviewer 서브에이전트로 file1.js 리뷰해줘.
> code-reviewer 서브에이전트로 file2.js 리뷰해줘.
> code-reviewer 서브에이전트로 file3.js 리뷰해줘.
# 효율적 요청(1회 호출)
> code-reviewer 서브에이전트로 file1.js, file2.js, file3.js 리뷰해줘.
```

**2. 요청을 간결하고 정확하게 작성하기**

배경 설명이 너무 길면 Claude가 불필요한 텍스트까지 분석하려 해 토큰이 낭비됩니다. 문제, 파일 위치, 오류 메시지 정도만 명확히 적으면 가장 효율적입니다.

```
Claude
# 비효율적 요청
> debugger 서브에이전트를 사용해줘. 프로젝트 구조는 이렇고... (길게 설명)
# 효율적 요청
> 로그인 시 "Invalid token" 오류 발생해. debugger 서브에이전트로 auth.js:45 확인해줘.
```

**3. 병렬 실행은 정말 필요할 때만 사용하기**

병렬 실행은 빠르지만 서브에이전트마다 200K 컨텍스트를 별도로 사용합니다. 시간 여유가 있는 작업이라면 순차 실행이 비용 절감에 훨씬 유리합니다.

- 빠른 결과 필요 → 병렬 실행
- 비용 절감 필요 → 순차 실행
- 항상 속도 vs 비용의 균형 고려

## 문제 해결 가이드

서브에이전트를 사용하다 보면 몇 가지 문제가 발생할 수 있습니다. 이럴 때는 어디서 발생한 문제인지만 알면 금방 해결할 수 있습니다.

### 문제 1. 서브에이전트가 실행되지 않음

Claude가 "Agent not found"라는 오류를 보여줍니다.

```
Claude
> code-reviewer 서버에이전트로 auth.js 리뷰해줘.
Error: Agent 'code-reviewer' not found
```

이런 오류가 발생하는 이유는 다음 세 가지 중 하나입니다.

❶ **파일 위치 오류**: 서브에이전트는 파일로 관리되므로 Claude가 해당 파일을 찾지 못하면 실행할 수 없습니다.

- 프로젝트 전용: .claude/agents/code-reviewer.md
- 사용자 전용: ~/.claude/agents/code-reviewer.md

❷ **파일명과 name 값 불일치**: 파일명 code-reviewer.md와 YAML 프런트매터의 name 값이 동일해야 합니다.

```
---
name: code-reviewer
description: 코드 품질을 검토하는 에이전트
---
```

❸ **YAML 문법 실수**: --- 누락, 들여쓰기 오류, 따옴표 누락 같은 문제도 오류의 주요 원인입니다.

이 세 가지를 점검하면 대부분 바로 해결됩니다.

### 문제 2. 엉뚱한 서브에이전트가 실행됨

예를 들어 "테스트 코드를 만들어줘."라고 했는데 code-reviewer가 호출되는 경우입니다. Claude는 작업 맥락과 서브에이전트의 description 필드를 기준으로 적절한 에이전트를 선택합니다. 따라서 description이 모호하면 Claude가 잘못 판단할 수 있습니다.

❶ **해결책 1**: 서브에이전트를 명시적 호출하기

```
Claude
> test-writer 서브에이전트로 테스트 코드를 작성해줘.
```

❷ **해결책 2**: description을 더 구체적으로 작성하기

- 코드 작성 전문가 → 너무 모호
- 자동 테스트 코드 생성 전문가 → 명확함

**문제 3. 비용이 지나치게 많이 발생함**

주된 원인은 다음 세 가지입니다.

❶ 서브에이전트를 자주 호출함

- 호출마다 새 컨텍스트 구성 필요
- **해결책**: 같은 작업은 한 번에 묶기

❷ 불필요하게 긴 설명을 매번 포함함

- **해결책**: 핵심 정보만 전달하기

❸ 여러 서브에이전트를 동시에 실행함

- 서브에이전트마다 200K 컨텍스트를 별도 소비
- **해결책**: 시간 여유가 있다면 순차 실행으로 전환하기

이 세 가지만 기억하면 서브에이전트를 훨씬 안정적이고 경제적으로 사용할 수 있습니다.

# 5.4 Hook으로 작업 흐름 자동화하기



Claude Code는 코드 생성, 파일 수정, 테스트 실행 등 다양한 작업을 수행하지만, 이 과정 전체를 항상 완벽하게 자동화해 주는 것은 아닙니다. 예를 들어, 파일을 생성해놓고 포매팅을 건너뛰거나, 코드를 수정한 후 테스트 실행을 잊는 경우도 있습니다. 개발 환경과 작업 흐름을 일정하게 유지하려면 이러한 작업을 '규칙적으로' 실행할 수 있는 메커니즘이 필요합니다.

Hook을 활용하면 Claude의 판단과 관계없이 자동으로 실행되도록 작업을 제어할 수 있습니다. 포매터 실행, 린팅, 테스트, 로그 기록, 알림 전송 같은 보조 작업을 체계적으로 자동화해 개발 흐름을 크게 개선할 수 있습니다.

이 절에서는 Hook의 개념, 이벤트 종류, 실무에서의 활용 방식을 살펴봅니다.

## 5.4.1 Hook 개요

**Hook**은 Claude Code의 특정 시점(도구 실행 전후, 세션 시작이나 종료 등)에 정의한 셸 명령을 자동으로 실행하는 기능입니다. 어떤 이벤트가 발생하면 미리 지정된 스크립트가 자동으로 실행되는 방식입니다.

Claude Code는 매우 강력하지만, 다음과 같은 작업은 Claude의 판단에 맡겨야 합니다.

- 코드 생성 후 자동 포매팅
- 린트 검사 누락
- 테스트 자동 실행
- 작업 완료 후 팀 알림
- 위험한 명령 실행 감시

하지만 Hook을 설정해두면 이러한 작업을 Claude의 판단에 맡기지 않고, 미리 정해진 규칙에 따라 항상 같은 방식으로 자동 실행할 수 있습니다.

- Claude가 파일을 수정한 후 Prettier로 자동 포매팅
- 위험 가능성이 있는 명령(Bash rm, Docker 등)을 PreToolUse 단계에서 차단
- Claude의 작업이 완료될 때 Slack으로 알림 전송
- 세션 시작 시 프로젝트 환경 초기화 스크립트 자동 실행

Claude Code는 9가지 주요 이벤트를 제공합니다. 이 이벤트들은 Hook이 실행되는 기준점으로, 각 이벤트에 Hook을 연결하면 해당 시점에 자동화 작업을 수행할 수 있습니다.

**표 5-3** Hooks의 이벤트

| 이벤트 | 발생 시점 | 주요 활용 |
|---|---|---|
| `PreToolUse` | 도구 실행 직전 | 위험한 명령 차단, 사전 검증 |
| `PostToolUse` | 도구 실행 직후 | 코드 포매팅, 린팅, 테스트 자동화 실행 |
| `UserPromptSubmit` | 사용자 프롬프트 제출 후 | 프롬프트 검증, 컨텍스트 추가, 로그 기록 |
| `Notification` | Claude가 알림을 보낼 때 | 데스크톱/Slack 알림 전달 |
| `Stop` | Claude 응답 완료 시 | 결과 정리, 후처리 작업 |
| `SubagentStop` | 서브에이전트 작업 종료 시 | 결과 로깅, 다음 단계 제안 |
| `PreCompact` | 컨텍스트 압축 직전 | 백업, 스냅샷 저장 |
| `SessionStart` | 세션 시작 시 | 환경 초기화, 변수 설정 |
| `SessionEnd` | 세션 종료 시 | 정리, 통계 기록, 로그 아카이브 |

이 중에서도 `PreToolUse`, `PostToolUse`, `Stop`, `Notification`은 실무에서 많이 사용합니다.

## 5.4.2 Hook 설정하기

Hook 설정은 JSON 형식의 설정 파일에 정의하며, 스코프는 Local(기본값), User(개인), Project(프로젝트) 세 가지입니다.

여기서는 Claude Code가 작업을 마치면 Slack으로 자동 알림을 보내도록 설정하는 과정을 예시로 살펴보겠습니다. 이 기능을 설정해두면 Claude에 작업을 맡겨두고 다른 일을 하다가 작업 완료 알림을 Slack에서 바로 확인할 수 있어 실무에서도 자주 사용합니다.

### 1. Slack Webhook URL 받기

**Webhook URL**은 Claude Code가 Slack으로 메시지를 보낼 때 사용하는 주소입니다. Claude Code는 Hook을 통해 Slack 서버로 HTTP 요청을 전송하고, Slack은 이를 받아 지정된 채널

에 알림을 표시합니다. 따라서 Claude가 보낸 메시지가 Slack 채널에 도착하려면 이 URL이 반드시 필요합니다.

이미 Slack에서 Webhook을 생성한 적이 있다면 그 URL을 그대로 사용해도 됩니다. 새로운 채널을 위한 Webhook을 만들려면 다음 과정을 따릅니다.

1. 웹 브라우저에서 **slack.com**에 접속해 회원가입하거나 로그인합니다. 워크스페이스 이름(예 MyWorkspace)과 닉네임을 입력해 새 워크스페이스를 개설합니다. 초대 단계가 나오면 **이 단계 건너뛰기**를 선택합니다. **[제한된 무료 버전으로 시작하기]** 버튼을 클릭합니다.

2. **api.slack.com/apps**에 접속해 **[Create New App]** 버튼을 클릭합니다. **From scratch**를 선택합니다. 앱 이름(App Name)은 자유롭게 지정(예 ClaudeCode)합니다. 앞에서 개설한 워크스페이스(예 MyWorkspace)를 선택한 뒤 **[Create App]** 버튼을 클릭합니다.

**그림 5-28** Slack에서 새 앱 생성

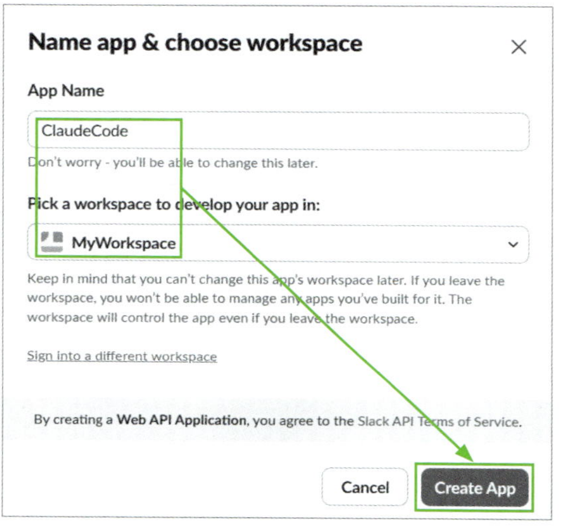


3. 화면 왼쪽 메뉴에서 **Incoming Webhooks**를 선택합니다. Activate Incoming Webhooks 스위치를 **ON**으로 전환하고 **[Add New Webhook]** 버튼을 클릭합니다. 알림받을 채널(예 #새-채널)을 선택한 뒤 **[허용]** 버튼을 클릭합니다. Incoming Webhooks 페이지 하단에 생성된 **Webhook URL을 복사**해 보관합니다.

그림 5-29 Webhook 활성화 및 앱 설치

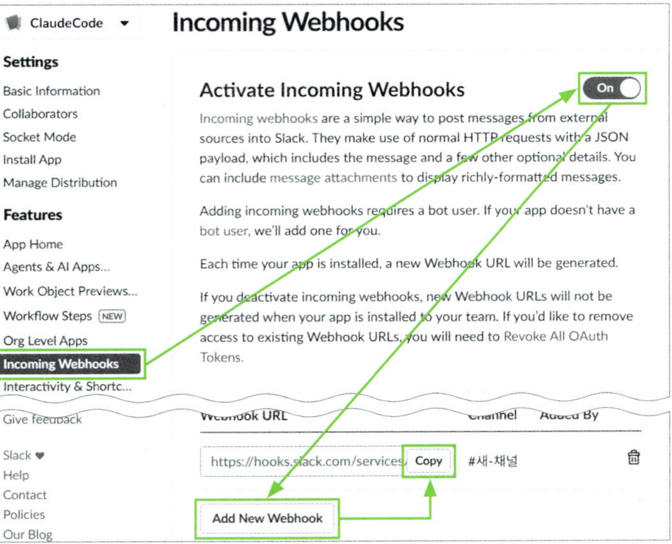


## 2. Hook 설정하기

코드 편집기에서 작업하면 Hook을 설정하기 가장 수월하므로 여기서는 Cursor를 기준으로 설명합니다.

1. Cursor에서 터미널을 열고 Claude Code(`claude`)를 실행합니다. `/hooks` 명령을 입력해 실행합니다.

2. 다음과 같은 순서로 Hook을 설정합니다.
   - Hook event에서 **Stop**(작업 완료 시 실행) 선택
   - **Add new hook** 선택
   - Command 입력 필드에 임시로 **temp** 입력
   - 스코프는 **User**를 선택한 후 ESC 를 눌러 종료

3. Cursor를 실행해 사용자 홈 폴더(C:\Users\사용자명 또는 /Users/사용자명)로 가서 .claude 폴더의 settings.json 파일을 열면 다음과 같은 JSON 구조를 볼 수 있습니다.

**참고**

점(.)으로 시작하는 폴더는 Windows와 macOS의 기본 탐색기에서는 보이지 않지만, Cursor 파일 탐색기에서는 보입니다.

~/.claude/settings.json

```
{
  "hooks": {
    "Stop": [
      {
        "matcher": "",
        "hooks": [
          {
            "type": "command",
            "command": "temp"
          }
        ]
      }
    ]
  }
}
```

4. "command": "temp" 부분을 운영체제의 셸 환경에 맞는 실제 명령어로 수정한 후 저장합니다. 이때 **https://hooks.slack.com/services/YOUR/WEBHOOK/URL** 부분은 각자 앞서 복사한 Webhook URL로 바꿉니다.

```
# Windows
"command": "curl -X POST -H \"Content-Type: application/json\" -d
\"{\\\"text\\\":\\\"작업이 완료되었습니다!\\\"}\" https://hooks.slack.com/services/
YOUR/WEBHOOK/URL"
# macOS
"command": "curl -X POST -H 'Content-type: application/json' -d '{\"text\":\"작업이
완료되었습니다!\"}' https://hooks.slack.com/services/YOUR/WEBHOOK/URL"
```

**3. 테스트하기**

Claude Code를 재실행하고 간단한 요청을 입력합니다.

```
Claude                                        — × □
> 안녕! 너는 누구니?
```

작업이 완료되면 Slack 채널에 "작업이 완료되었습니다!" 메시지가 도착합니다.

그림 5-30 Slack 채널 메시지 확인

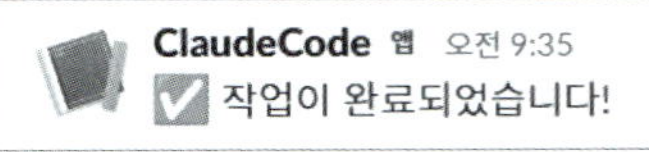


Slack 알림 외에도 Hook을 이용해 다양한 자동화를 구현할 수 있습니다(**표 5-3** 참고).

복잡한 로직이 필요한 경우에는 Hook에서 직접 긴 명령을 작성하기보다 스크립트 파일(.sh 또는 .ps1)을 별도로 만들어 환경 변수로 호출하는 방식을 권장합니다.

Hook 기능은 단계적으로 확장하는 것이 좋습니다. 처음에는 간단한 알림이나 로깅부터 시작해 코드 품질 자동화로 확장하고 테스트 자동 실행이나 빌드 및 배포 프로세스 연동 등으로 발전해 나갑니다.

## 5.4.3 Hook 활용하기

앞에서 단일 Hook을 설정해 Slack 알림을 자동으로 받는 기본 사용법을 살펴봤습니다. 실제 프로젝트에서는 조건에 따라 다른 명령을 실행하거나, 여러 Hook을 연속적으로 연결해 동작시킬 때가 많습니다. 여기서는 Hook을 조합해 실행하는 방법과 특정 조건에서만 작동하도록 제어하는 방법을 알아봅니다.

### 조합 실행: 여러 자동화를 한 번에

Claude Code의 Hook은 하나의 이벤트에 여러 명령을 연결해 순서대로 실행할 수 있습니다. 예를 들어, Claude Code가 `PostToolUse` 이벤트를 감지하면 먼저 코드 포매팅 명령(`prettier --write .`)을 실행하고, 그다음 테스트(`npm run test`)를 수행하도록 설정할 수 있습니다. 이렇게 하면 Claude가 코드를 수정할 때마다 자동으로 포맷을 맞추고, 테스트가 통과되는지까지 자동으로 확인할 수 있습니다.

Prettier + Test 자동 실행

```
{
  "hooks": {
    "PostToolUse": [
      {
        "matcher": "Write|Edit",
        "hooks": [
          {
            "type": "command",
```

```
          "command": "npx prettier --write \"$CLAUDE_FILE_PATHS\""
        },
        {
          "type": "command",
          "command": "npm run test"
        }
      ]
    }
  ]
 }
}
```

이처럼 여러 Hook을 배열([ ])로 나열하면 순서대로 실행됩니다. 작업이 많을수록 자동화의 효과가 더욱 커집니다.

### 조건부 실행: 특정 도구 또는 경로에만 Hook 작동

PreToolUse, PostToolUse 이벤트에서는 matcher를 사용해 특정 도구가 실행되었을 때 또는 특정 파일 경로에 접근했을 때만 Hook을 실행할 수 있습니다. 예를 들어, test 디렉터리에 있는 파일이 수정될 때만 테스트를 자동 실행하도록 설정할 수 있습니다.

settings.json

```
{
  "hooks": {
    "PostToolUse": [
      {
        "matcher": "test/",    // test/ 폴더 파일에 접근할 때만 실행
        "hooks": [
          {
            "type": "command",
            "command": "npm run test"
          }
        ]
      }
    ]
  }
}
```

또는 특정 도구가 실행될 때만 Hook을 동작시키는 것도 가능합니다.

settings.json

```
{
  "hooks": {
    "PostToolUse": [
      {
        "matcher": "WriteFile",    // 파일 쓰기 도구가 실행될 때만
        "hooks": [
          {
            "type": "command",
            "command": "npx prettier --write ."
          }
        ]
      }
    ]
  }
}
```

### 5.4.4 Hook 사용시 주의 사항

Hook은 강력한 자동화 도구이지만, 설정이나 환경에 따라 예상과 다르게 동작할 때가 있습니다. Hook이 정상적으로 실행되지 않는다면 다음 항목을 순서대로 점검해 보세요.

**1. JSON 구조 오류 확인**

.claude/settings.json 파일의 JSON 구조가 올바른지 확인하세요. 중괄호({}), 대괄호([]), 쉼표(,), 따옴표 이스케이프(\") 오류가 있으면 Hook이 무시됩니다.

**2. Webhook URL 확인**

Webhook URL이 정확히 복사되었는지 확인하세요. URL 일부가 잘려 있으면 메시지가 전송되지 않습니다.

**3. 플랫폼별 명령어 확인**

Windows에서는 CMD/PowerShell 명령어를, macOS에서는 bash/zsh 명령어를 사용해야 합니다. 작은따옴표(')와 큰따옴표(") 처리 방식이 다르므로 반드시 구분해 사용하세요.

#### 4. 필수 도구 설치 확인

Hook이 HTTP 요청을 보내려면 `curl` 명령이 필요합니다. macOS에는 기본적으로 `curl`이 내장되어 있습니다. Windows에서는 명령 프롬프트에서 `curl --version`을 입력해 설치되어 있는지 확인합니다. 설치되지 않았다면 관리자 권한으로 `winget install curl`을 실행하거나 curl.se/windows에서 직접 설치합니다.

#### 5. 타임아웃 문제

Hook은 기본적으로 60초 타임아웃이 설정되어 있습니다. 시간이 오래 걸리는 작업은 타임아웃을 조정하세요.

#### 6. 보안 주의 사항

Hook은 자동으로 셸 명령을 실행하므로 보안에 각별히 주의해야 합니다.

- Webhook URL, API 키 등은 절대 공개 저장소(GitHub 등)에 커밋하지 마세요.
- 개인용 설정이나 실험용 Hook은 .claude/settings.local.json에 저장하면 팀 설정과 분리됩니다.
- 외부에서 받은 Hook 설정은 실행하기 전에 반드시 내용을 검토하세요. Hook은 사용자 권한으로 임의의 명령을 실행할 수 있습니다.

Hook은 Claude Code를 더 스마트하고 자율적인 개발 도구로 발전시켜 줍니다. 특히 Slack 알림 하나만 추가해도 작업 완료 시점을 놓치지 않고 즉시 대응할 수 있습니다. 이제는 코드를 맡겨놓고 다른 일을 하다가 알림을 받으면 바로 돌아오는 개발 루틴을 만들 수 있습니다.

Hook 설정을 변경한 후에는 `/hooks` 명령으로 검토해야 적용됩니다. 이는 악의적인 Hook 수정으로부터 현재 세션을 보호하기 위한 안전장치입니다.

## 5.5 Output Style로 맞춤 설정하기

Claude Code는 기본적으로 '간결하고 빠른, 코딩 중심 응답'을 제공하도록 설계되어 있습니다. 그러나 문서 작성, 코드 리뷰, 학습 안내처럼 다른 말투나 역할이 필요한 상황에서는 Output Style을 사용해 Claude Code의 시스템 프롬프트 자체를 교체할 수 있습니다. 즉, Output Style은 Claude Code의 기능(파일 수정, 계획 수립, 명령 실행 등)은 그대로 유지하면서 소통 방식, 말투, 역할만 전환하는 스위치라고 보면 됩니다. Output Style은 CLAUDE.md처럼 지침을 추가하는 방식이 아니라, 기본 시스템 프롬프트를 통째로 대체한다는 점이 다릅니다.

### 5.5.1 기본 제공 Output Style

Claude Code는 다음 세 가지 Output Style을 기본 제공합니다.

1. Default
   - 개발 생산성 중심의 기본 스타일
   - 응답은 간결하고, 수정/생성 작업을 빠르게 수행
   - 일반 개발 작업에서 가장 권장하는 모드
2. Explanatory
   - 구현 선택, 코드 패턴, 설계 의도를 상세히 설명
   - 코드 리뷰 또는 학습 과정에서 적합
3. Learning
   - 페어 프로그래밍 학습 모드
   - Claude가 일부 코드를 직접 작성하도록 요청하거나 `TODO(human)` 주석으로 실습 항목을 남겨 학습을 유도

세 스타일은 모두 `/output-style` 명령으로 즉시 사용할 수 있습니다.

## 5.5.2 Output Style의 작동 방식

Output Style을 적용하면 Claude Code는 다음 원칙에 따라 작동합니다.

**1. 기본 시스템 프롬프트를 선택한 스타일로 치환**

Default 스타일에 포함되어 있는 '간결하게 답하기', '빠르게 구현하기' 같은 효율성 중심 지침이 새 스타일 규칙으로 대체됩니다.

**2. keep-coding-instructions 옵션으로 코딩 능력 유지 여부 결정**

Output Style 설정에는 `keep-coding-instructions` 옵션이 있습니다. 이 옵션의 값에 따라 코딩 능력을 유지할지 여부가 결정됩니다.

- **`false`**(기본값): 코딩과 관련한 Claude Code의 기본 지침이 비활성화되고 코딩 작업 품질이 낮아질 수 있음, 문서 작성, 리서치, 요약 중심 Output Style에 적합
- **`true`**: 새 Output Style이 적용되더라도 코딩 중심 시스템 지침 유지, 역할과 말투만 바꾸고 코딩 능력은 유지하고 싶은 경우 필수 설정

**3. 스타일은 프로젝트 단위로 기억**

선택한 Output Style은 프로젝트 내부의 .claude/settings.local.json에 저장됩니다. 같은 프로젝트에서는 세션을 종료해도 유지되며, 다른 프로젝트로 이동하면 새로 선택해야 합니다.

**4. 퍼미션 시스템과 도구 실행에는 영향 없음**

Output Style은 응답 방식만 바꾸며, 퍼미션 시스템에는 영향을 주지 않습니다.

## 5.5.3 Output Style 변경 방법

Output Style은 다음 명령으로 즉시 적용할 수 있습니다.

```
Claude
> /output-style explanatory
> /output-style learning
> /output-style default
```

또는 `/output-style` 명령으로 메뉴를 열어 선택할 수도 있습니다.

```
Claude
> /output-style
This changes how Claude Code communicates with you
  1. Default
  2. Explanatory
  3. Learning
```

현재 선택된 스타일은 체크 표시로 확인할 수 있습니다.

## 5.5.4 사용자 정의 Output Style 만들기

기본 제공 스타일 외에도 코드 리뷰어, 보안 분석가, 기술 문서 작성자, 학습 튜터 등 특정 역할 기반 Output Style을 직접 만들 수 있습니다.

사용자 정의 Output Style은 마크다운 파일로 작성하며, 다음 두 위치 중 하나에 저장합니다.

- **사용자 전체 적용**(모든 프로젝트에서 사용 가능): ~/.claude/output-styles/스타일_이름.md
- **현재 프로젝트 전용**: .claude/output-styles/스타일_이름.md

예를 들어 security-reviewer라는 스타일을 모든 프로젝트에서 사용하려면 ~/.claude/output-styles/security-reviewer.md 파일을 생성합니다.

### 파일을 직접 작성하기

Output Style 파일은 다음 두 부분으로 구성됩니다.

1. **YAML 프론트매터(YAML front matter)**: 파일의 가장 위에서 ---로 감싼 부분으로, 메타데이터를 정의하는 영역입니다.

```
---
name: 코드 리뷰어
description: 보안과 성능 중심의 코드 리뷰
keep-coding-instructions: false
---
```

- **`name`**: Output Style 목록에 표시될 이름(생략 시 파일명 사용)
- **`description`**: Output Style 설명(메뉴 우측에 표시됨)

- **keep-coding-instructions**: 코딩 기본 지침 유지 여부(기본값 false)

작성할 때 콜론(:) 뒤에는 반드시 한 칸 띄워야 하며 들여쓰기를 잘못하면 파싱 오류가 발생하니 주의해야 합니다.

**2. 마크다운 본문(행동 규칙)**: 프론트매터 아래에는 Claude가 따라야 할 역할과 응답 규칙을 서술합니다.

```
# 역할
당신은 시니어 코드 리뷰어입니다. 모든 코드를 검토할 때 다음 기준을 우선적으로 판단합니다.
1. 보안 취약점(SQL 인젝션, XSS 등)
2. 성능 병목 지점
3. 코드 가독성과 유지보수성
# 응답 형식
문제를 발견하면 다음 형식으로 명확하게 보고합니다.
- 문제: 발견된 이슈 요약
- 위치: 관련 파일과 라인 번호
- 심각도: 높음/중간/낮음
- 해결책: 구체적인 개선 방법 제시
```

작성한 Output Style을 적용하려면 Claude Code를 재실행한 뒤 /output-style 명령을 실행해 메뉴에서 선택하거나 /output-style 스타일_이름 명령으로 직접 활성화합니다.

```
> /output-style security-reviewer
```

# 5.6 사용자 정의 명령어로 자동화 워크플로 구축하기

**사용자 정의 명령어**는 자주 사용하는 프롬프트를 하나의 명령으로 저장해 바로 실행할 수 있는 기능입니다. 문서를 일일이 붙여넣거나 매번 긴 요청을 입력할 필요 없이 `/review`, `/optimize`, `/compare`처럼 명령만 실행하면 Claude가 즉시 작업을 수행합니다.

**4장**에서 기본 개념을 살펴보았다면, 이 절에서는 실전 자동화, 프로젝트 또는 팀 공유 방식, 네임스페이스 구성 전략까지 실무 활용법을 정리합니다.

## 5.6.1 사용자 정의 명령어 만들기

예제로 '코드를 초보자도 이해할 수 있게 설명하는 명령어'를 만들어 보겠습니다.

1. 전역 명령어는 ~/.claude/commands/ 폴더에 저장합니다. Cursor를 사용해 이 폴더에 explain.md 파일을 생성합니다.

2. explain.md 파일에 다음 내용을 작성하고 저장합니다.

   explain.md

   ```
   ---
   description: 코드를 쉽게 설명
   ---
   이 코드를 초보자도 이해할 수 있게 단계별로 설명해줘.
   ```

3. Claude Code를 실행한 후 `/explain` 명령을 입력하면 저장한 프롬프트가 실행됩니다.

그림 5-31 /explain 명령 실행 결과

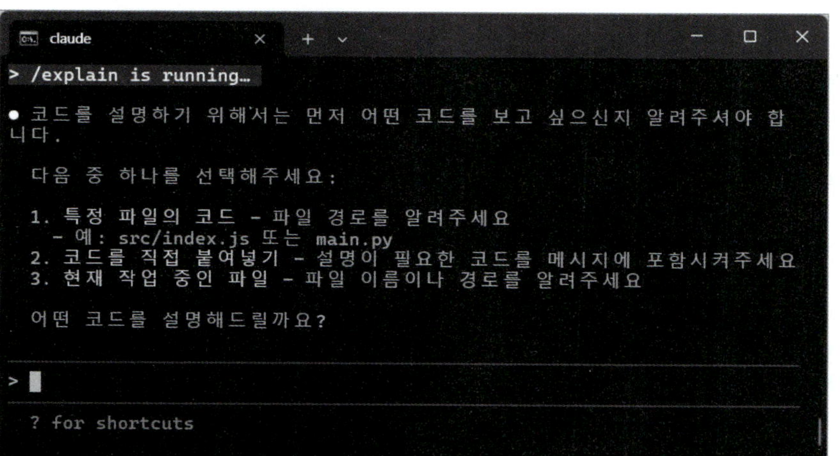


## 5.6.2 인수 활용하기

명령어를 실행할 때 파일 경로나 옵션을 전달하고 싶다면 인수(argument)를 받을 수 있도록 설정합니다. explain.md 파일을 다음과 같이 수정합니다.

explain.md

```
---
description: 코드를 쉽게 설명
argument-hint: <파일_경로>
---
다음 파일의 코드를 초보자도 이해할 수 있게 단계별로 설명해줘.: $ARGUMENTS
```

Claude Code를 다시 실행한 후 /explain을 입력하면 뒤에 <파일_경로>가 힌트로 표시됩니다. 예를 들어, /explain script.js를 입력하면 explain.md 파일의 $ARGUMENTS 부분이 script.js로 자동 치환되어 해당 파일을 분석합니다.

```
> /explain script.js
```

인수를 여러 개 받을 때는 $1, $2, $3 같은 위치 기반 매개변수를 사용합니다. 다음은 두 파일 비교하는 /compare 명령의 설정 파일 예시입니다.

compare.md

```
---
description: 두 파일 비교
argument-hint: <파일1> <파일2>
---
다음 두 파일을 비교해줘.
- 파일1: $1
- 파일2: $2
비교 항목:
- 기능 차이
- 성능 차이
- 어떤 상황에서 어떤 파일을 사용해야 하는지
```

이 명령을 실행할 때는 다음처럼 /compare 뒤에 인수로 파일명 2개를 입력합니다.

```
Claude
> /compare src/old-api.ts src/new-api.ts
```

## 5.6.3 프로젝트 표준 워크플로 자동화하기

프로젝트별 명령어는 .claude/commands/ 폴더에 저장하며, Git으로 공유할 수 있습니다. 예제로 성능 최적화 명령(/optimize)을 만들어 보겠습니다.

1. Cursor에서 프로젝트 폴더(예 claude_test)를 열고 그 안에 **.claude → commands** 순으로 폴더를 생성합니다. 또는 New Folder 아이콘()을 클릭한 후 .claude/commands처럼 폴더 경로를 한 번에 입력하면 중첩 폴더가 자동으로 생성됩니다.

그림 5-32 중첩 폴더 생성

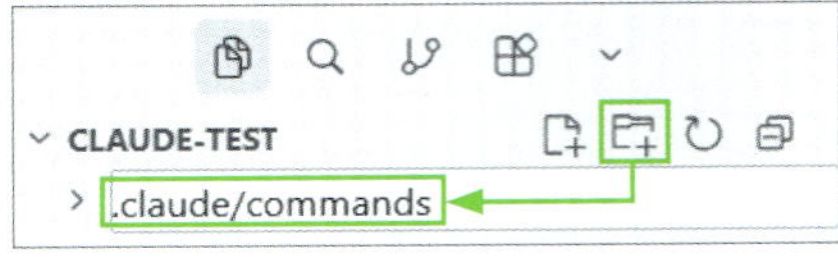


2. commands 폴더에 **optimize.md** 파일 만들고, 다음과 같이 작성한 후 저장합니다.

optimize.md

```
---
description: 코드 성능 최적화
argument-hint: <파일_경로>
```

```
---
다음 파일의 성능을 분석하고 최적화해줘. : $ARGUMENTS
확인할 항목:
- 불필요한 반복문이나 중복 연산
- 메모리 사용 최적화 가능 여부
- 알고리즘 개선 가능성
- 캐싱 전략 적용 여부
개선 전후 코드를 비교하고, 예상되는 성능 개선 효과도 설명해줘.
```

3. 프로젝트 폴더에서 Claude Code를 실행하면 **/optimize <파일_경로>** 형태로 성능 최적화 명령을 사용할 수 있습니다.

```
Claude
/optimize src/utils/math.ts
```

프로젝트 전용 명령어는 저장소에 포함되므로 팀 전체가 동일한 자동화 작업 흐름을 공유할 수 있습니다.

## 5.6.4 고급 기능과 실전 활용

사용자 정의 명령어는 다양한 기능을 지원합니다.

### 프런트매터 고급 옵션

YAML 프런트매터에는 기본 정보 외에도 다양한 옵션을 지정할 수 있습니다.

**1. 특정 도구만 허용하기**

명령을 실행할 때 Claude가 사용할 도구를 제한할 수 있습니다.

build.md

```
---
description: Git 커밋 생성
allowed-tools: Bash(git add:*), Bash(git commit:*)
argument-hint: [message]
---
Git 커밋을 생성해줘.: $ARGUMENTS
```

### 2. 명령어별 모델 선택하기

특정 작업만 고성능 모델로 실행하고 싶을 때는 모델을 지정할 수 있습니다.

architecture.md

```
---
description: 아키텍처 초안 생성
model: opus
---
현재 코드베이스를 기반으로 아키텍처 개선안을 작성해줘.
```

## 명령어 그룹화

사용자 정의 명령어가 많아지면 폴더 구조를 그룹(네임스페이스)으로 관리할 수 있습니다. 다음처럼 .claude/commands 폴더 아래 여러 하위 폴더를 만듭니다.

```
.claude/commands/
├──── code/
│       ├──── simplify.md     # /code:simplify
│       └──── test.md         # /code:test
├──── help/
│       ├──── explain.md      # /help:explain
│       └──── error.md        # /help:error
└──── docs/
        ├──── summary.md      # /docs:summary
        └──── readme.md       # /docs:readme
```

하위 폴더 안에 있는 명령어는 /폴더명:명령어 형식으로 사용합니다.

CLAUDE.md 예시

```
> /code:review
> /help:explain
> /docs:summary
```

이 방식은 다음과 같은 장점이 있습니다.

- 명령어를 주제별로 정리할 수 있어 관리가 용이함
- 팀 협업 시 명령어 세트를 공유하기 쉬움
- 명령 호출 시 의미가 명확해짐(/code:test 등)

### 커뮤니티 명령어 세트 활용하기

Claude Code 커뮤니티에서는 다양한 슬래시 명령어 세트가 오픈소스로 공유되고 있습니다. 처음부터 명령어를 직접 만들기 어렵거나, 실제 업무에서 바로 사용할 수 있는 예시가 필요하다면 다음 저장소를 참고해 보세요.

1. **Claude Command Suite**
   - 코드 리뷰, 보안 검사, 성능 분석, 테스트 생성 등 100개 이상의 실전 명령어 포함
   - 팀 자동화 워크플로 참고용으로 특히 유용
   - **GitHub**: https://github.com/qdhenry/Claude-Command-Suite

2. **Awesome Claude Code**
   - 커뮤니티에서 유용하다고 평가된 명령어와 워크플로를 엄선해 모아둠
   - 프로젝트별 자동화 전략을 설계할 때 참고하기 좋음
   - **GitHub**: https://github.com/hesreallyhim/awesome-claude-code

이러한 커뮤니티 명령어 세트는 실전 경험을 바탕으로 구성된 만큼 직접 명령어를 작성하기 전에 구조와 패턴을 이해하는 데 도움이 됩니다.

## 파일 참조 활용

사용자 정의 명령어 안에서 @ 기호를 사용하면 추가 문서를 Claude의 컨텍스트에 포함할 수 있습니다. 예를 들어, 스타일 가이드 문서를 불러와 코드 일관성을 자동으로 점검할 수 있습니다.

style-check.md

```
---
description: 코딩 스타일 체크
---
다음 스타일 가이드를 참고해서: @docs/style-guide.md
최근 작성한 코드가 가이드를 준수하는지 확인해줘.
```

이렇게 하면 문서를 변경할 때 자동으로 최신 내용을 참조하고, Claude가 파일을 찾아 읽는 시간을 절약할 수 있습니다.

## 문제 해결 가이드

사용자 정의 명령어가 실행되지 않거나 예상과 다르게 작동할 때가 있습니다. 이럴 때는 다음 항목을 점검해 보세요.

### 문제 1. 명령어가 인식되지 않음

Claude Code에 `/explain`, `/optimize` 같은 명령을 입력했는데 "unknown command" 또는 "not found" 같은 메시지가 표시되는 경우입니다.

#### 해결 방법

- 명령어 파일이 ~/.claude/commands/나 .claude/commands/에 있는지 확인합니다.
- optimize.md처럼 작성해야 하며, .txt 등 다른 확장자로 저장되어 있으면 명령으로 인식되지 않습니다.
- 프런트매터에 `description` 필드가 있어야 인식됩니다.
- 새로 만든 명령어는 Claude Code를 다시 시작해야 목록에 반영됩니다.

### 문제 2. $ARGUMENTS 치환 안 됨

명령어 안에서 `$ARGUMENTS` 변수가 작동하지 않거나, 입력한 파일 경로가 반영되지 않는 경우입니다.

#### 해결 방법

- `$arguments`, `$Arguments`처럼 일부를 소문자로 써서는 인식되지 않습니다. 반드시 모두 대문자인 `$ARGUMENTS`로 입력해야 합니다.
- 명령을 실행할 때 인수를 함께 입력했는지 확인합니다. 예를 들어 `/test src/app.ts`처럼 파일 경로를 함께 전달해야 합니다. 인수를 입력하지 않으면 `$ARGUMENTS`는 빈 값으로 처리됩니다.

### 문제 3. 파일 참조(@) 작동 안 됨

사용자 정의 명령어 안에서 `@docs/style-guide.md`처럼 다른 파일을 불러올 때 오류가 발생하는 경우입니다.

#### 해결 방법

- 참조하는 파일은 현재 프로젝트 루트를 기준으로 경로를 작성해야 합니다. 예를 들어 현재 프로젝트 루트가 /my-app이라면 `@docs/style-guide.md`는 실제 경로가 /my-app/docs/style-guide.md가 되어야 합니다.
- 가끔 문서 이름을 잘못 입력하거나 확장자를 빠먹어서 오류가 납니다. *.md 파일이 실제로 존재하는지 파일 탐색기에서 직접 확인하세요.

- Linux/macOS에서는 파일명 대소문자를 구분합니다. 대소문자가 틀리지 않았는지 확인하세요.

### 실전 팁

사용자 정의 명령어를 더 효율적으로 활용하는 방법을 정리합니다.

**1. 자주 사용하는 요청부터 사용자 정의 명령어로 만들기**

일주일 동안 Claude Code를 사용하면서 반복해서 입력한 요청을 기록해 보세요. 가장 자주 사용하는 요청이 사용자 정의 명령어로 만들기에 가장 적합합니다. 예를 들어 "테스트 코드 만들어줘."를 매번 입력했다면 /test 명령을 등록해두면 됩니다.

**2. 처음에는 단순하게 시작하기**

명령어를 만들 때 처음부터 완벽하게 작성하려고 할 필요는 없습니다. 짧고 단순한 프롬프트로 시작한 뒤, 사용하면서 개선해 나가면 됩니다.

**3. 팀 피드백 적극 반영하기**

혼자만의 명령어로 끝내지 말고, 팀원들과 공유해 보세요. "이 명령에 이런 옵션이 있으면 좋겠다." 같은 피드백을 반영하면서 워크플로를 표준화할 수 있습니다.

**4. README 파일로 문서화하기**

.claude/commands/README.md 파일에 각 명령의 이름, 설명, 사용 예시를 정리해두면 새 팀원이 프로젝트를 받을 때 빠르게 익힐 수 있습니다.

**5. 자동 완성 기능 활용하기**

@ 다음에 Tab 을 누르면 파일 목록이 표시됩니다. 슬래시 명령어의 경우 /를 입력하면 사용 가능한 명령 목록이 표시됩니다. 이 기능을 잘 활용하면 긴 명령어나 파일 이름을 일일이 외울 필요가 없습니다.

사용자 정의 명령어는 반복되는 업무를 자동화하고, 팀의 협업 방식을 통일하는 데 큰 도움이 됩니다. 작은 명령 하나부터 시작해 보세요. 여러분의 작업 패턴에 맞게 명령을 점점 늘려가다 보면 어느새 자신만의 개발용 자동화 라이브러리를 갖추게 될 것입니다.

## 5.7 플러그인과 스킬로 Claude Code 확장하기

Output Style과 사용자 정의 명령어만으로도 Claude Code는 강력한 자동화 환경을 제공합니다. 그러나 문서 처리, UI 디자인, 대규모 코드 분석처럼 전문성이 필요한 작업에서는 스킬과 플러그인을 활용해 도구의 기능을 확장할 수 있습니다.

### 5.7.1 스킬 살펴보기

**스킬**(skill)은 Claude가 특정 작업을 처리할 때 따라야 할 절차와 기준을 정의한 전문 작업 지침서입니다. 예를 들어 "PDF에서 표를 추출해줘."라고 요청하면 Claude는 설치된 스킬 중 PDF 관련 스킬의 `description`을 확인해 자동으로 해당 스킬을 적용합니다.

스킬의 특징은 다음과 같습니다.

- **자동 호출**: 스킬은 명시적으로 실행할 필요가 없습니다. Claude는 사용자의 요청을 분석해 해당 작업에 적합한 스킬을 자동 선택합니다.
- **파일 기반 관리**: 스킬은 YAML 프런트매터 + 마크다운 본문으로 구성된 파일이며, Output Style과 비슷한 형식을 가집니다.
- **전문 지침 기반 처리**: 스킬 정의 파일에는 작업 절차, 주의 사항, 출력 형식 등이 포함되어 있어 Claude가 동일한 유형의 요청을 더 일관되게 처리할 수 있습니다.

Claude Code는 다음 위치에서 스킬을 탐색합니다.

**표 5-4** 스킬 저장 위치

| 범위 | 경로 | 용도 |
|---|---|---|
| 개인 스킬 | ~/.claude/skills/ | 사용자 전체에 적용 |
| 프로젝트 스킬 | ./.claude/skills/ | 팀 공유용(저장소 포함) |
| 플러그인 스킬 | 플러그인 내부 | 플러그인 설치 시 자동 추가 |

스킬 파일의 구조를 예로 들면 다음과 같습니다.

```
---
name: pdf-extractor
description: PDF 파일에서 텍스트와 표를 추출합니다. PDF 분석과 데이터 추출에 사용합니다.
allowed-tools:
  - ReadFile
  - ListDirectory
---
# PDF 추출 스킬
PDF 파일을 분석할 때 다음 절차를 따릅니다.
1. 파일 구조 확인
2. 텍스트 추출
3. 표 데이터 파싱
4. 결과 정리
## 주의 사항
- 스캔된 PDF는 OCR이 필요할 수 있습니다.
- 암호화된 PDF는 처리 대상에서 제외합니다.
```

- **name**: 스킬 이름(소문자, 하이픈 권장)
- **description**: 가장 중요한 필드, Claude가 언제 이 스킬을 쓸지 판단할 때 사용
- **allowed-tools**: 이 스킬이 사용할 수 있는 도구를 제한할 때 사용(생략하면 일반 퍼미션 규칙을 따름)

**참고**

description에 'PDF 분석', '데이터 추출', 'PDF 파싱'처럼 사용자가 입력할 만한 키워드를 넣어두면 Claude가 스킬을 선택하는 정확도가 높아집니다.

## 5.7.2 플러그인 살펴보기

**플러그인**(plugin)은 스킬, 슬래시 명령어, 에이전트, Hook 등을 하나의 패키지로 묶어 배포하는 확장 단위입니다. 스킬이 개별 도구라면, 플러그인은 여러 도구를 묶어 제공하는 툴킷에 가깝습니다.

플러그인 폴더 안에는 Claude Code가 이 패키지를 어떻게 로드하고 어떤 기능을 제공하는지 이해할 수 있도록 정해진 디렉터리 구조가 존재합니다. 이 구조 안에 스킬, 명령어, 에이전트, Hook 등을 배치하면 Claude는 이를 자동으로 로드해 확장 기능으로 활용합니다.

```
plugin-name/
├──── .claude-plugin/
│         └──── plugin.json    # 플러그인 메타데이터(이름, 설명, 버전 등)
├──── commands/                # 사용자 정의 명령어
├──── agents/                  # 특정 작업을 수행하는 서브에이전트 정의
├──── skills/                  # 자동 호출되는 스킬 모음
├──── hooks/                   # 이벤트 기반 Hook
└──── mcp-servers/             # (선택) 외부 시스템과 연결하는 MCP 서버 정의
```

그 중심에 있는 plugin.json은 플러그인의 이름, 설명, 버전 같은 메타데이터를 정의해 Claude Code가 플러그인을 올바르게 등록하고 사용할 수 있도록 해주는 핵심 정보 파일입니다.

plugin.json 예시

```
{
  "name": "frontend-design",
  "version": "1.0.0",
  "description": "Frontend design skills for rich UI implementation",
  "authors": [
    {
      "name": "Anthropic",
      "email": "support@anthropic.com"
    }
  ]
}
```

- **name**: 플러그인의 이름, Claude Code 내부에서 플러그인을 식별하는 ID
- **version**: 버전, 플러그인 업데이트와 호환성 관리에 사용
- **description**: 설명, 플러그인이 어떤 기능을 하는지 사용자와 Claude 모두가 이해할 수 있도록 요약
- **authors**: 제작자 정보, 오픈소스 플러그인일 경우 유지보수자 확인에 중요

## 5.7.3 플러그인 설치하고 사용하기

Claude Code는 플러그인을 마켓플레이스 단위로 관리합니다. **마켓플레이스**(marketplace)는 플러그인을 검색하고 설치할 수 있는 저장소로, GitHub 저장소, Git URL, 사내 Git 서버, 로컬 디렉터리 등 어떤 소스도 추가할 수 있습니다. 일반적으로 플러그인을 사용할 때는 마켓플레이스 등록 → 플러그인 설치 → 활용의 흐름으로 진행합니다(일부 로컬 플러그인은 등록 없이 바로 설치 가능).

실무에서 많이 사용하는 document-skills(문서 처리) 플러그인을 예로 들어 전체 사용 흐름을 살펴보겠습니다.

### 1단계: 마켓플레이스 등록하기

플러그인을 설치하기 전에 Claude Code가 이를 가져올 저장소를 먼저 등록해야 합니다.

```
# 문서 처리 스킬 모음
> /plugin marketplace add anthropics/skills
# Claude Code 공식 플러그인 모음
> /plugin marketplace add anthropics/claude-code
```

등록이 완료되면 /plugin 메뉴의 Manage marketplaces 목록에서 확인할 수 있습니다.

> **참고**
>
> 실제 저장소 이름이나 구성은 버전에 따라 바뀔 수 있으니 사용하기 전 /plugin 메뉴와 공식 문서를 함께 확인하기를 권장합니다.

### 2단계: 플러그인 설치하기

마켓플레이스가 등록되면 플러그인을 설치할 수 있습니다. 설치 방법은 두 가지입니다.

하나는 /plugin 명령을 실행해 대화형 메뉴 기반으로 설치하는 방법입니다.

```
> /plugin
# 메뉴 선택
> 1. Browse and install plugins
  2. Manage and uninstall plugins
  3. Add marketplace
  4. Manage marketplaces
# 등록된 마켓플레이스 선택
> anthropic-agent-skills
  claude-code-plugins
# 원하는 플러그인 선택
> ( ) document-skills
  ( ) example-skills
```

다른 하나는 플러그인의 이름과 마켓플레이스 이름을 알고 있을 때 /plugin install 플러그인@마켓플레이스 형식으로 플러그인을 직접 설치하는 방법입니다.

```
Claude
/plugin install document-skills@anthropic-agent-skills
/plugin install frontend-design@claude-code-plugins
```

설치가 완료되면 /plugin을 실행해 Manage and uninstall plugins 목록에서 상태를 확인할 수 있습니다.

**3단계: 플러그인 실제 활용하기**

플러그인의 가장 큰 장점은 명령을 외울 필요가 없다는 점입니다. 설치한 후에는 스킬이 자동으로 호출되므로 사용자는 그냥 자연어로 요청하면 됩니다.

```
Claude
# 문서 처리 플러그인 document-skills 설치 후
> 이 PDF 파일에서 표 데이터를 추출해서 CSV로 저장해줘.
> sales.xlsx에서 월별 매출을 분석하고, 간단한 차트를 추가해줘.
> 계약서.docx의 변경 추적 내역을 검토하고 핵심 변경점을 요약해줘.
```

Claude는 사용자의 요청을 분석해 설치된 플러그인 목록 확인합니다. 그런 다음 해당 작업에 맞는 스킬(pdf, xlsx, docx 등)을 자동 선택하고 스킬 지침에 따라 정확한 처리를 수행합니다.

사용자는 플러그인이나 스킬 이름을 몰라도 되며, 별도 명령도 필요 없습니다.

### 5.7.4 팀 프로젝트에서 플러그인과 스킬 공유하기

팀 전체가 프롬프트, 플러그인, 스킬이 동일한 환경에서 작업하려면 프로젝트에 다음과 같은 설정을 저장합니다.

.claude/settings.json 예시

```json
{
  "extraKnownMarketplaces": [
    {
      "name": "anthropic-agent-skills",
      "source": {
        "source": "github",
        "repo": "anthropics/skills"
      }
    },
```

```
    {
      "name": "claude-code-plugins",
      "source": {
        "source": "github",
        "repo": "anthropics/claude-code"
      }
    }
  ],
  "plugins": {
    "enabled": [
      "document-skills@anthropic-agent-skills",
      "frontend-design@claude-code-plugins"
    ]
  }
}
```

저장소에 이 설정 파일이 포함되어 있으면 팀원이 저장소를 클론한 뒤 Claude Code를 실행해 폴더 신뢰(trust workspace)를 하면 자동으로 같은 환경을 사용할 수 있게 됩니다.

### 5.7.5 사용자 정의 스킬로 프로젝트 지식 자동화하기

공식 플러그인만으로 부족하다면, 팀의 도메인 지식을 스킬로 만들어 자동화할 수 있습니다. 예를 들어, 팀의 코드 리뷰 기준을 다음과 같이 스킬로 정의할 수 있습니다.

.claude/skills/code-review/SKILL.md

```
---
name: code-review
description: 코드 변경사항을 보안, 성능, 가독성 관점에서 리뷰합니다.
allowed-tools:
  - ReadFile
  - ListDirectory
  - Search
---
# 코드 리뷰 스킬
## 보안
- SQL 인젝션, XSS 취약점
- 하드코딩된 민감 정보 존재 여부
- 입력값 검증 누락 여부
## 성능
- N+1 쿼리 문제
```

```
- 불필요한 루프
- 메모리 누수 가능성
## 가독성
- 네이밍 컨벤션 준수
- 함수 길이(예: 50줄 이하 유지)
- 주석 필요 여부
```

이를 사용할 때는 다음과 같이 자연어로 요청합니다.

```
Claude
> 이번 커밋의 변경사항을 보안, 성능, 가독성 관점에서 리뷰해줘.
```

별도의 명령 없이도 Claude가 code-review 스킬을 자동 인식해 해당 체크리스트 기반으로 분석을 수행합니다.

## 5.7.6 플러그인과 스킬 관리 명령

마지막으로 플러그인과 마켓플레이스 관리에 자주 사용하는 명령을 정리하겠습니다.

```
Claude
# 플러그인 관리 메뉴 열기
> /plugin
# 마켓플레이스 추가
> /plugin marketplace add anthropics/claude-code
# 플러그인 설치/활성화/비활성화/제거
> /plugin install 플러그인@마켓플레이스
> /plugin enable 플러그인@마켓플레이스
> /plugin disable 플러그인@마켓플레이스
> /plugin uninstall 플러그인@마켓플레이스
```

스킬과 플러그인은 Claude Code를 단순한 자동화 도구가 아니라, 프로젝트의 요구에 맞게 확장 가능한 개발 환경으로 만들어 줍니다. 프로젝트 규모와 팀의 작업 방식에 맞춰 필요한 스킬을 구성하고, 플러그인을 단계적으로 도입하면 보다 체계적이고 일관된 AI 개발 작업 흐름을 구축할 수 있습니다.

# 5.8 VSCode 확장과 커뮤니티 확장 활용하기

사용자 정의 명령어와 Hook만으로도 대부분의 자동화 요구는 충족되지만, 개발 환경 전반의 생산성을 높이려면 Claude Code 외부의 확장 도구를 적절히 조합하는 것이 효과적입니다. 이 절에서는 대표적인 편집기 확장 도구인 VSCode용 Claude 확장과 커뮤니티 기반 자동화 프레임워크 Super Claude를 살펴보고, 이러한 확장이 어떤 상황에서 도움이 되는지 정리합니다.

## 5.8.1 VSCode 확장

Claude Code는 기본적으로 터미널에서 작동하지만, Anthropic은 VSCode에서 Claude를 직접 사용할 수 있는 공식 확장(extension)을 제공합니다. 이 확장을 설치하면 터미널에 진입하지 않아도 편집기 안에서 Claude와 상호작용할 수 있으며, 파일 단위 분석, 리팩터링, 코드 리뷰를 보다 빠르게 수행할 수 있습니다.

VSCode 확장은 Claude Code와 연동되지만, 터미널 버전의 모든 슬래시 명령을 그대로 지원하지는 않습니다. 예를 들어, `/hook`, `/compact` 같은 일부 고급 명령은 확장에서 동작하지 않을 수 있습니다. 따라서 실무에서는 다음처럼 병행해서 사용하는 경우가 많습니다.

- **터미널 Claude Code**: Hook 자동화, MCP 관리, 대규모 배치 작업
- **VSCode Claude Code 확장**: 코드 리뷰, 리팩터링, 파일 단위 분석

설치 방법은 다음과 같습니다.

❶ VSCode를 실행하고, 왼쪽 사이드바의 **Extensions 아이콘**을 클릭합니다.

❷ 검색창에 **Claude Code for VSCode**를 입력하고, Anthropic 로고가 표시된 공식 확장 프로그램을 선택해 **[Install]** 버튼을 클릭합니다.

그림 5-33 마켓플레이스에서 VSCode 확장 검색

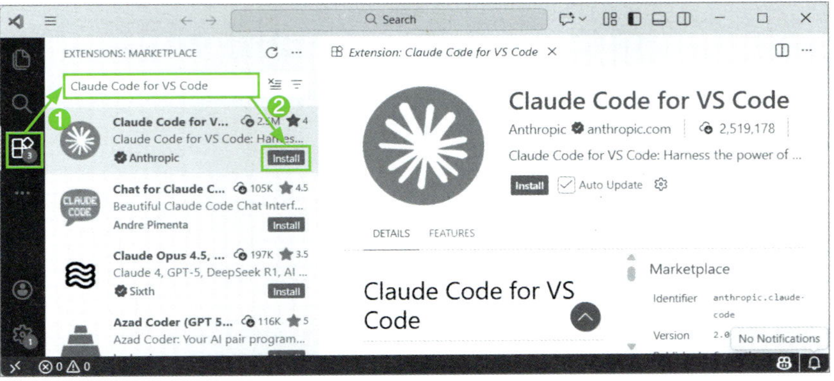


③ 설치가 완료되면 명령어 팔레트(Window: Ctrl + Shift + P, macOS: command + Shift + P)에서 **Claude Code**를 검색합니다.

④ 목록에서 **Claude Code**를 선택해 실행하면 채팅 창이 열립니다.

그림 5-34 Claude Code 실행

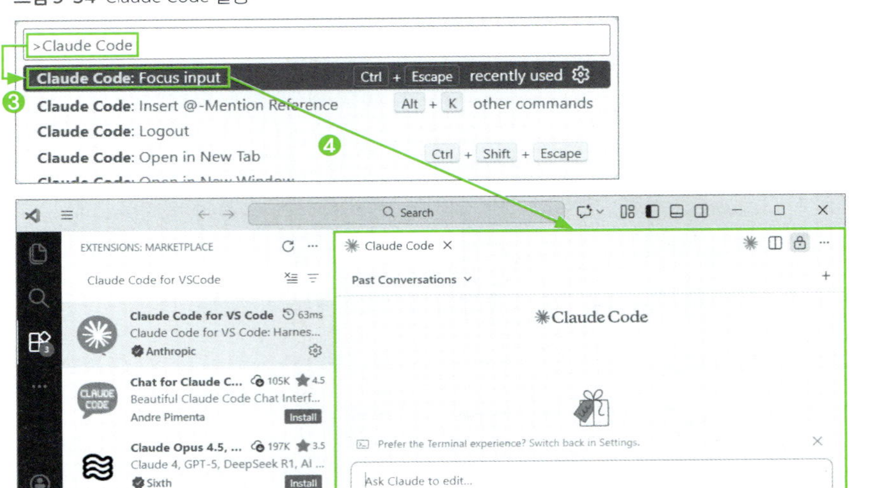


VSCode 확장은 편집기 중심의 워크플로를 선호하는 사용자, 혹은 파일 기반 분석 작업이 많은 프로젝트에서 특히 유용합니다.

## 5.8.2 커뮤니티 확장: Super Claude

Claude Code의 오픈 구조를 활용해 커뮤니티에서도 다양한 확장 프레임워크가 등장했습니다. 그중 가장 널리 사용하는 도구가 Super Claude입니다.

**Super Claude**는 Claude Code의 디렉터리 구조(~/.claude/...)를 그대로 사용하면서 사전 정의된 명령어 세트, 전문 서브에이전트, 분석 및 리팩터링 워크플로 템플릿 등을 한 번에 추가할 수 있는 자동화 패키지입니다. 쉽게 말해, Claude Code 위에서 작동하는 추가 자동화 레이어라고 볼 수 있습니다.

Super Claude를 설치하면 `/sc:`로 시작하는 명령을 사용해 복잡한 작업을 단 한 번의 호출로 처리할 수 있습니다. 예를 들어 `/sc:analyze` 명령을 실행하면 코드 품질, 보안 취약점, 성능 문제까지 한꺼번에 점검해주고, `/sc:test` 명령을 실행하면 테스트 코드를 자동으로 생성합니다.

이러한 기능 덕분에 초보자도 별도의 설정 없이 단일 명령만으로 복잡한 분석 작업을 수행할 수 있습니다. 또한, Super Claude는 내부적으로 필요한 파일만 효율적으로 읽고 처리하기 때문에 대규모 분석을 수행할 때 토큰 사용량을 30~50%까지 절감할 수 있습니다. 결과적으로 프로젝트 전체의 코드 품질을 일정한 기준에 맞춰 자동으로 관리해 팀 개발 환경에서도 안정적으로 품질을 유지할 수 있습니다.

다만, Super Claude는 Anthropic 공식 도구가 아닌 커뮤니티 확장입니다. 따라서 다음 상황에 유의해야 합니다.

- 버전 변경이 잦음 → Claude Code 최신 버전과의 호환성 테스트 필요
- 보안 정책상 회사 프로젝트에서 사용이 제한될 수 있음
- 사용자 정의 명령어와 이름이 충돌할 수 있음(/.claude/commands 내부)

설치 방법은 다음과 같습니다.

1. 터미널에서 다음 명령으로 패키지를 설치합니다.

```
Terminal
npm install -g @bifrost_inc/superclaude
```

2. 다음 명령을 실행합니다.

```
Terminal
superclaude install
```

~/.claude/superclaude/ 폴더가 자동으로 생성되고, 이 안에 20개 이상의 명령과 여러 전문 에이전트가 추가됩니다.

3. 설치가 끝난 후 Claude Code를 실행해 `/sc:help`를 입력하면 Super Claude에서 제공하는 전체 기능을 목록으로 확인할 수 있습니다.

Super Claude는 반복 작업 자동화와 품질 보증 자동화에 강력하지만, 내부 구조가 복잡해 일부 명령은 실행 시간이 길어질 수 있습니다. 따라서 기본 기능을 충분히 익힌 뒤 필요할 때 단계적으로 도입하는 것을 추천합니다.

Super Claude에 관한 자세한 내용은 다음 링크에서 확인할 수 있습니다.

- https://github.com/SuperClaude-Org/SuperClaude_Framework

### 5.8.3 확장 도입 시점과 활용 기준

확장 도구는 Claude Code의 기본 기능을 대체하는 것이 아니라 보완으로 활용할 때 가장 효과적입니다.

표 5-5 추천하는 확장 도구

| 상황 | 추천 도구 |
|---|---|
| 파일 단위 분석, 리팩터링 중심의 편집기 워크플로 | VSCode 확장 |
| 보안, 성능, 품질 분석을 단일 명령으로 자동화 | Super Claude |
| 팀 내 공통 코딩 기준을 자동화 | 프로젝트용 사용자 정의 명령어 + Hook |
| 대규모 멀티스텝 작업 | Super Claude(또는 직접 만든 Hook 워크플로) |

VSCode 확장은 편집 경험을 강화하고, Super Claude는 자동화 범위를 확장합니다.

이 장에서 소개한 확장 도구들은 Claude Code의 기본 원리를 바탕으로 생산성을 더욱 높이는 선택지이며, 프로젝트와 팀의 요구에 맞춰 단계적으로 도입할 때 가장 큰 효과를 얻을 수 있습니다.

# 5.9 실전 응용과 팀 협업 팁

이 절에서는 앞에서 학습한 기능을 실제 업무 흐름에 적용하는 방법을 살펴봅니다.



## 5.9.1 Claude Code를 빠른 인턴으로 활용하기

Claude Code의 강점은 끊임없는 생산성, 넓은 컨텍스트 처리, 다양한 언어/프레임워크 지원입니다. 약점은 모호한 지시에 취약하고, 중요 결정을 혼자 내리면 실수가 커질 수 있으며, 대화가 길어지면 초반 규칙을 잊을 수 있다는 점입니다. 따라서 '유능하지만 경험이 부족한 신입 개발자'로 상정하고, 항상 다음 순서를 지키세요.

**좋은 예시**

사용자: 이 API의 오류 핸들링을 개선해 줘.

❶ 현재 코드를 분석하고 문제점을 찾아줘.

❷ 개선 계획을 세워줘.

❸ 내가 승인하면 구현해줘.

Claude: 분석 → 계획 제시 → 승인 → 구현

**나쁜 예시**

사용자: 고쳐줘.

Claude: 추측성 수정 → 방향 틀어짐

핵심은 분석 → 계획 → 승인 → 구현의 흐름을 유지하는 것입니다.

## 5.9.2 고급 워크플로 패턴 활용하기

Claude Code를 실제 개발 과정에 자연스럽게 녹여내는 세 가지 대표 패턴을 살펴봅니다. 이 패턴들은 단순히 명령을 빠르게 실행하기 위한 절차가 아니라 Claude Code의 활용 맥락에서 기획 → 개발 → 검증 → 시각화의 전 과정을 체계화한 대표적인 실무 패턴입니다. 입문자라도 이 흐름을 따르면 'AI에 맡긴 코드'가 아니라 팀과 함께 검증 가능한 결과물을 낼 수 있습니다.

각 패턴별로 실제 적용 순서와 Claude와의 대화 예시를 함께 살펴보겠습니다.

**패턴 1: 탐색 → 계획 → 코딩 → 커밋**

실제 프로젝트에서 가장 널리 쓰이는 기본 협업 순서입니다. Claude가 코드를 곧바로 코드를 수정하지 않고, 먼저 구조를 파악해 계획을 제안하고 이를 승인한 후 실행하는 과정으로 구성됩니다.

❶ **탐색(explore)**: 프로젝트 구조와 관련 코드를 이해시킵니다.

❷ **계획(plan)**: 구현하기 전 세부 계획을 세우게 합니다.

❸ **코딩(code)**: 승인한 후 실제 코드를 작성하도록 지시합니다.

❹ **커밋(commit)**: 변경 내용을 Git에 기록합니다.

```
Claude
# 1단계: 탐색
> 이 프로젝트의 구조를 파악해줘. 특히 인증(authentication) 관련 코드가 어디에 있는지 찾아줘.
# 2단계: 계획
> OAuth 2.0 인증을 추가하려고 해. 먼저 구체적인 계획만 세워줘. 코드는 작성하지 마.
# 3단계: 코딩
> 좋아, 이제 계획대로 진행해 줘. 각 단계가 끝나면 알려줘.
# 4단계: 커밋
> 변경 사항을 커밋해줘. 커밋 메시지는 conventional commits 형식으로.
```

개인 프로젝트에서는 Git 커밋 단계를 생략해도 되지만, 협업 환경에서는 필수입니다. 커밋 메시지 규칙을 CLAUDE.md에 추가해두면 자동화가 가능합니다.

**패턴 2: 테스트 주도 개발(TDD)**

구현하기 전에 테스트를 먼저 작성하고, 테스트를 기준으로 구현 결과를 검증하는 패턴입니다. Claude의 환각(hallucination)을 방지하고, 명확한 목표를 제공해 정확성과 신뢰도를 높이는 방법입니다.

❶ **테스트 작성**: 원하는 기능의 단위 테스트를 먼저 작성합니다.

❷ **테스트 실행(실패 확인)**: 처음에는 실패하는 것이 정상입니다.

❸ **구현**: 테스트가 통과하도록 기능을 작성합니다.

❹ **재테스트(성공 확인)**: 모든 테스트가 통과하는지 확인합니다.

❺ **리팩터링**: 통과된 상태에서 코드 품질을 개선합니다.

```
Claude
# 1단계: 테스트 작성
> 회원가입 기능에 대한 단위 테스트를 먼저 작성해줘.
  테스트 케이스는 다음 세 가지야:
  1) 정상적인 회원가입
  2) 중복된 이메일
  3) 비밀번호 형식 오류
# 2단계: 실패 확인
> 테스트를 실행해서 실패하는지 확인해줘.
# 3단계: 구현
> 이제 테스트가 통과하도록 user 등록 기능을 구현해줘.
# 4단계: 성공 확인
> 다시 테스트를 실행해서 모두 통과하는지 확인해줘.
# 5단계: 리팩터링
> 테스트가 통과한 상태에서 중복 코드를 정리하고, 가독성을 개선해줘.
```

TDD는 'AI에 테스트를 요구 사항으로 인식시킨다'는 점에서 매우 효과적입니다. 테스트는 곧 명세서(spec) 역할을 하므로 Claude가 목표를 정확히 이해하고 실행할 수 있습니다.

#### 패턴 3: 비주얼 반복(visual iteration)

디자인 중심의 UI/UX 작업에 적합한 패턴입니다. Claude가 만든 UI를 실제 디자인 목업이나 스크린샷과 비교하면서 시각적 차이를 기준으로 반복 수정합니다. 코드만으로 지시하기 어려운 레이아웃, 색상, 간격 같은 요소를 빠르게 조정할 수 있습니다.

❶ **디자인 입력**: 이미지나 목업을 Claude에 붙여넣습니다.

❷ **초기 구현**: 디자인대로 구현하도록 지시합니다.

❸ **시각적 검증**: `npm run dev`로 실행 결과를 확인하고, Claude에 스크린샷을 보내 차이점을 분석시킵니다.

❹ **반복 개선**: Claude가 제시한 개선점을 반영하고, 재검증을 반복합니다.

```
Claude
# 1단계: 디자인 제공
[디자인 목업 이미지 붙여넣기]
# 2단계: 구현
> 이 디자인을 기준으로 React와 Tailwind CSS로 UI 컴포넌트를 만들어줘.
# 3단계: 검증
> npm run dev를 실행했어. 스크린샷을 보낼게. 이 결과와 원본 디자인의 차이점을 알려줘.
# 4단계: 반복 개선
> 지적한 차이점을 반영해서 코드를 수정해줘. 디자인과 완전히 일치할 때까지 반복하자.
```

**참고**

이미지를 붙여넣는 방법은 다음과 같습니다.

- **Windows/Linux**: 스크린샷을 클립보드로 복사한 후 Ctrl + V, 또는 Shift 를 누른 채 이미지 파일을 터미널로 드래그하기
- **macOS**: command + Ctrl + Shift + 4 로 캡처한 후 Claude에 command + V 로 붙여넣기

이 세 가지 패턴을 숙달하면 Claude Code를 개발 파트너로 조직적으로 운영할 수 있습니다. 즉흥적 지시 대신 체계적인 워크플로를 적용하면 프로젝트나 팀의 규모가 커져도 Claude의 성능을 안정적으로 재현할 수 있습니다.

## 5.9.3 팀 협업과 공유 환경 설정으로 일관된 개발 문화 만들기

이 절에서는 여러 개발자가 함께 프로젝트를 진행할 때 Claude Code를 효율적으로 운영하는 방법을 다룹니다. 개인 사용자에게는 선택 사항이지만, 팀 단위로 코드 품질과 일관성을 유지하려는 경우 반드시 알아두어야 할 내용입니다.

핵심은 '규칙의 공유'와 '자동화된 협업'입니다. 팀 전체가 동일한 기준을 따르도록 환경을 구성하면, AI와 사람이 함께 만드는 코드의 품질이 일정하게 유지됩니다.

### 공유 CLAUDE.md 관리

프로젝트 루트에 배치한 CLAUDE.md는 팀의 '공통 개발 헌장' 역할을 합니다. 여기에 변수명, 함수 작성 규칙, 브랜치 전략 등을 구체적으로 명시해두면 새로운 팀원도 빠르게 적응할 수 있습니다.

```
# CLAUDE.md (프로젝트 루트)
## 팀 코딩 규칙
### 변수명
- 영어 사용 (한글 금지)
- camelCase 사용 (PascalCase는 클래스/컴포넌트 전용)
- 약어 금지 (단, URL, HTTP, API 등 일반 약어는 예외)
### 함수
- 단일 책임 원칙 준수
- 함수 길이 50줄 이내
- 순수 함수 선호
### 커밋 규칙
- Conventional Commits 형식
  - feat: 새 기능
  - fix: 버그 수정
  - docs: 문서
  - refactor: 리팩터링
  - test: 테스트
  - chore: 기타 작업
### 브랜치 전략
- main: 프로덕션용
- develop: 개발용
- feature/*: 기능 단위 브랜치
- hotfix/*: 긴급 수정
```

이렇게 명확한 규칙을 공유하면 AI가 코드 생성 단계부터 팀의 스타일을 준수하고, 리뷰 단계에서 불필요한 수정 요구를 줄일 수 있습니다.

### 코드 리뷰 프로세스 자동화

Git과 GitHub를 사용하는 팀이라면 Claude Code를 코드 리뷰 보조 도구로 활용할 수 있습니다.

❶ 개발자: 기능 구현 후 PR 생성, Claude Code에 PR 내용 분석 요청

❷ Claude Code: 변경 사항을 분석해 리뷰 의견 제시

❸ 개발자: Claude가 발견한 이슈 수정

❹ 팀원(리뷰어): 최종 리뷰 및 승인

❺ 팀원 또는 유지관리자: 프로덕션 브랜치로 병합

이 방식을 활용하면 리뷰어(사람)는 비즈니스 로직과 설계 관점에 집중할 수 있고, Claude는 보안 취약점이나 성능 문제 같은 기계적 검증에 집중할 수 있습니다. 결과적으로 리뷰 시간이 줄어들고 품질 일관성이 유지됩니다.

### 온보딩 자동화 명령어

신입 개발자가 처음 프로젝트에 참여할 때 필요한 정보를 자동으로 안내하는 명령어를 만들 수 있습니다. 다음은 /onboard 명령으로 실행하는 예시입니다.

.claude/commands/onboard.md

```
신입 개발자 온보딩을 도와줘.
1단계: 프로젝트 구조 설명
- 각 디렉터리의 역할
- 주요 파일 및 의존성 설명
2단계: 개발 환경 설정 가이드
- 필수 도구 설치
- 환경 변수 설정
- 데이터베이스 초기화 방법
3단계: 첫 번째 태스크 제안
- 난이도 낮은 첫 작업 제시
- 코드베이스 이해에 도움이 되는 과제
- 예상 소요 시간 명시
모든 설명은 초보자도 이해할 수 있게 작성해줘.
```

이렇게 준비해두면 신입 개발자는 별도의 문서 없이도 Claude의 대화형 가이드를 따라 환경 설정과 초기 학습을 마칠 수 있습니다.

### 지식 및 프롬프트 공유

팀이 발견한 효과적인 프롬프트나 작업 팁을 공유하면 팀 전체의 생산성이 높아집니다.

.claude/prompts/best-practices.md

```
팀원들이 발견한 유용한 프롬프트
성능 최적화 (김철수, 2025-02-15)
- "이 React 컴포넌트의 렌더링 성능을 최적화해줘."
- React DevTools Profiler 결과: 45ms → 16ms
- 체크포인트: useMemo, useCallback, props 변경 최소화
API 에러 핸들링 (이영희, 2025-03-01)
- "이 API 호출에 포괄적인 에러 핸들링을 추가해줘."
- 처리 범위: 네트워크 오류, HTTP 4xx/5xx, JSON 파싱 실패
```

```
- 결과: 사용자 메시지, 로깅(Sentry), 재시도 로직 포함
```

또한 ROADMAP.md를 작성해 진행 상황을 시각적으로 관리할 수 있습니다.

**ROADMAP.md**

```
In Progress
  OAuth 2.0 인증 구현
Planned
  비밀번호 재설정 기능
  2FA (Two-Factor Authentication)
  SSO (Single Sign-On)
Completed
  기본 로그인/회원가입 (2025-12-15)
  JWT 토큰 발급 (2025-12-20)
```

Claude에 다음과 같이 요청하면 ROADMAP.md 파일을 기반으로 작업을 추천받을 수 있습니다.

```
Claude
ROADMAP.md를 보고 다음에 진행할 작업을 제안해줘.
```

이것으로 **Part 2**가 끝났습니다. 이 Part에서는 Claude Code의 핵심 기능을 기초부터 고급까지 체계적으로 살펴보며, AI와 협업해 개발 흐름을 설계, 실행, 검증하는 실전 워크플로를 정립했습니다. 특히 파일 참조 방식, 계획 모드, 퍼미션 시스템처럼 안전성과 생산성을 동시에 확보하는 기능은 앞으로의 AI 기반 개발 환경에서 필수 요소입니다. 이제 여러분은 단순한 코드 자동 생성 단계를 넘어, AI와 함께 작업 범위를 정의하고 계획을 세우며 변경을 검증하는 에이전틱 개발 문화를 실무 수준으로 적용할 준비를 마쳤습니다.

memo

Part 3

# Codex CLI 완전 정복: 기억·지침·컨텍스트 기반의 개발 자동화 엔진

**Part 2**에서는 Claude Code를 통해 AI와 함께 프로젝트를 설계하고 관리하는 방법을 익혔습니다. 이제부터는 OpenAI의 Codex CLI로 시선을 옮겨, 또 다른 강력한 AI 코딩 도구를 배워봅니다.

**Part 3**에서는 Codex CLI의 설치와 인증 설정부터 실행 모드, 권한 관리, 주요 명령어까지 실무 개발자가 꼭 알아야 할 기본기를 체계적으로 다룹니다. 또한 Claude Code와의 차이를 짚어보면서 두 도구를 병행해 사용하는 AI 하이브리드 코딩 워크플로를 익히게 됩니다.

이제 AI와 함께 '코드를 짓는 개발자'로 나아갈 준비를 시작해 봅시다.

# 6장 Codex CLI 시작하기

이 장에서는 Codex CLI를 설치하고, 계정을 인증해 실행하는 방법을 단계별로 익힙니다. 또한 Codex CLI가 제공하는 컨텍스트 관리 구조(AGENTS.md), 설정 파일(config.toml), 모델 선택 방식 등 기본 동작 철학을 이해해 앞으로의 실습에서 Codex CLI를 안정적으로 활용할 수 있도록 준비합니다.

## 6.1 설치하고 실행하기

이 절에서는 처음 Codex CLI를 접하는 입문자도 그대로 따라 할 수 있도록 설치부터 인증 설정까지 단계별로 정리합니다.

### 6.1.1 시작하기 전 참고사항

**Codex CLI**(이하 Codex)는 OpenAI의 GPT-5 Codex 계열 모델을 기반으로 동작하는 오픈소스 터미널 도구입니다. 개발자는 Codex를 통해 작업 지시를 전달하고, 사용자 승인 흐름에 따라 코드 분석, 수정, 테스트 등의 작업을 단계적으로 실행할 수 있습니다.

앞에서 살펴본 Claude Code가 Anthropic의 터미널 기반 에이전틱 코딩 도구라면, Codex는 OpenAI가 제공하는 대응 도구로 볼 수 있습니다. 두 도구 모두 CLI 환경에서 동작하며, 로컬 프로젝트를 대상으로 AI 에이전트를 실행한다는 공통점을 갖습니다. 또한, 프로젝트 맥락을 유지하기 위한 컨텍스트 정보와 명령 기반 인터페이스를 활용해 AI에 작업을 지시한다는 점에서 유사합니다. 다만 컨텍스트 파일의 구성 방식이나 명령 체계는 각 도구의 설계에 따라 차이가 있습니다.

**표 6-1** Claude Code와 Codex 비교

| 구분 | Claude Code | Codex |
|---|---|---|
| 설치 방식 | 패키지 매니저 | 패키지 매니저 및 CLI 설치 |
| 인증 방식 | Anthropic 계정 또는 API 키 | OpenAI 계정 또는 API 키 |
| 프로젝트 컨텍스트 파일 | CLAUDE.md | AGENTS.md |
| 설정 파일 형식 | JSON 기반 설정 파일 | TOML 기반 설정 파일 |
| 사용 모델 | Claude 계열 최신 모델 | Codex용 GPT 계열 모델 |

Codex는 npm 또는 Homebrew로 설치할 수 있으며, 현재(2025년 12월) 기준으로 macOS와 Linux를 우선 지원합니다. Windows에서도 사용할 수 있지만, WSL(Windows Subsystem for Linux)을 사용하는 방식이 가장 안정적이며 권장하는 방식입니다. 이 책에서는 기본적으로

macOS와 Linux 기준으로 설명하되, 필요한 경우 Windows 사용자를 위한 보충 안내를 함께 제공합니다.

> **용어** **WSL**은 Windows에서 리눅스를 가상 머신 없이 실행할 수 있도록 해주는 시스템으로, 리눅스 기반 개발 도구를 Windows 환경에서도 동일하게 사용할 수 있게 합니다.

Codex를 시작하기 전에 다음 항목을 미리 준비해 두면 이후 과정이 훨씬 수월합니다.

- **OpenAI 계정**: Codex를 설치하고 나면 OpenAI 계정으로 인증해야 합니다. chatgpt.com에서 무료로 가입할 수 있습니다.
- **구독 플랜(Plus 이상)**: 집필 시점(2025년 12월)을 기준으로 Codex는 ChatGPT의 유료 요금제(Plus, Pro, Business, Edu, Enterprise)에 포함해 제공되며, 별도의 Codex 전용 플랜은 없습니다. 실무 수준 개발에 Codex를 활용하려면 최소 Plus 플랜 이상을 사용하는 것을 권장합니다.
- **Node.js 20 LTS 이상**: npm 또는 Homebrew 설치, Codex 실행에 필요합니다.

## 6.1.2 터미널에서 Node.js 버전 확인하기

**3장**에서 Claude Code를 설치하면서 Node.js 환경을 갖춘 상태이므로 이 장에서는 설치 여부만 간단히 확인합니다. 만약 Codex를 먼저 시작했다면 **3장**을 참고해 Node.js 환경을 준비해 주세요.

### macOS: iTerm2 열기

macOS에는 기본 터미널(Terminal)이 있지만, 더 강력한 기능을 제공하는 iTerm2를 사용하는 것이 좋습니다. 이 책에서는 iTerm2를 기준으로 설명하겠습니다. iTerm2를 설치하지 않았다면 **2.1.3절**을 참고해 설치하세요.

1. Launchpad(Dock의 로켓 아이콘)를 엽니다.
2. iTerm2 아이콘을 클릭해 실행합니다.

### Windows: 명령 프롬프트 열기

**2장**에서 설명했듯이 Windows에는 명령 프롬프트(cmd)와 PowerShell 두 가지 명령줄 도구가 있습니다. 이 책에서는 기본 도구인 명령 프롬프트를 기준으로 설명하지만, PowerShell을 사용해도 무방합니다.

1. 작업표시줄 검색창에서 **cmd** 또는 **명령 프롬프트**를 입력합니다.

2. 검색 결과에서 **명령 프롬프트를 클릭**해 실행합니다.

#### Node.js 설치 여부 확인하기

터미널(cmd 또는 iTerm2)을 열었다면, 다음 명령으로 Node.js가 설치되어 있는지 확인합니다.

```
Terminal
node --version
v24.7.0
```

버전 번호가 표시되면 Node.js가 정상적으로 설치된 것입니다.

명령 실행 결과에서 "'node: command not found' 또는 'node'은(는) 내부 또는 외부 명령, 실행할 수 있는 프로그램이 아닙니다."와 같은 메시지가 나타난다면 Node.js가 설치되지 않은 상태입니다. **3.1.1절**을 참고해 Node.js를 먼저 설치하세요.

다음으로 npm(Node Package Manager) 버전도 함께 확인합니다.

```
Terminal
npm --version
11.7.0
```

버전 번호가 표시되면 npm 또한 정상적으로 설치된 것입니다. npm은 Node.js와 함께 자동으로 설치되므로 따로 설치하지 않아도 됩니다.

### 6.1.3 설치하기

이제 Codex를 설치해 봅시다. Codex는 터미널을 통해 설치하며, macOS와 Linux에서는 npm 또는 Homebrew를 사용해 간단히 설치할 수 있습니다. 설치 과정은 Claude Code와 거의 동일하고, 사용하는 패키지 이름만 다릅니다.

1. 다음 명령을 터미널에 입력합니다.

```
Terminal
# macOS/Linux/Windows 공통
npm install -g @openai/codex
# macOS Homebrew 사용 시
brew install codex
```

2. 설치가 끝나면 다음 명령으로 버전을 확인합니다.

```
Terminal
codex --version
```

3. 다음과 같이 버전 번호가 표시되면 Codex가 정상적으로 설치된 것입니다.

```
Terminal
codex-cli 0.77.0
```

**참고**

설치 중 다음과 같은 오류가 발생할 수 있습니다.

```
Terminal
Error: EACCES: permission denied
```

이는 관리자 권한이 부족할 때 나타나는 오류입니다. 운영체제별로 다음과 같이 해결할 수 있습니다.

**1. macOS/Linux**

관리자 권한(sudo)을 사용해 다시 설치합니다.

```
Terminal
sudo npm install -g @openai/codex
```

명령을 실행한 후 계정 비밀번호를 입력하면 설치됩니다.

**2. Windows(cmd 또는 PowerShell)**

Windows 환경에서 설치를 시도하는 경우 다음 방식으로 관리자 권한을 획득할 수 있습니다.

❶ Windows 검색창에 cmd 입력

❷ 명령 프롬프트 아이콘을 마우스 오른쪽 버튼으로 클릭

❸ 관리자 권한으로 실행 선택

❹ 새로 열린 창에서 설치 명령(`npm install -g @openai/codex`) 실행

## 6.1.4 실행하기

이제 Codex를 실행해 OpenAI 계정과 연동해 봅시다. 실행 과정은 간단하지만, 작업 폴더 위치와 인증 절차에 따라 Codex의 동작이 달라질 수 있으므로 주의해야 합니다. Codex는 실행된 폴더를 '프로젝트 루트'로 인식합니다. 따라서 입문자는 연습용 폴더(codex-test)를 하나 만들어 그 안에서 실행하는 것이 가장 안전합니다.

### 폴더 생성하기

**1. macOS**

iTerm2에서 현재 위치를 확인해 출력 결과가 다음과 같다면 홈 폴더에 있습니다.

```
Terminal
pwd
# 출력 결과
/Users/사용자명
```

현재 위치에서 새 폴더를 생성하고 생성한 폴더로 이동합니다.

```
Terminal
mkdir codex-test
cd codex-test
pwd
# 출력 결과
/Users/사용자명/codex-test
```

**2. Windows**

현재 위치를 확인해 출력이 다음과 같다면 홈 폴더에 있습니다.

```
Terminal
cd
# 출력 결과
C:\Users\사용자명
```

현재 위치에서 새 폴더를 생성하고 생성한 폴더로 이동합니다.

Terminal

```
mkdir codex-test
cd codex-test
cd    # PowerShell에서는 pwd
# 출력 결과
C:\Users\사용자명\codex-test
```

**참고**

Codex는 명령을 실행한 폴더를 작업 기준 폴더로 사용하며, 이 위치를 중심으로 프로젝트 파일을 분석합니다. 필요에 따라 AGENTS.md와 같은 컨텍스트 파일을 참조해 작업 맥락을 유지할 수 있습니다.

일반적으로 사용자 홈 폴더(~/ 또는 C:\Users\사용자명)는 쓰기 권한이 기본적으로 보장되어 권한 오류가 거의 발생하지 않습니다. 또한, Codex의 인증 정보와 환경 설정이 저장되는 홈 폴더의 하위 설정 경로와도 충돌이 적습니다.

특히 입문자는 경로를 지정하며 실수하는 경우가 많으므로 홈 폴더 아래 고정된 위치에서 연습용 폴더를 만들어 시작하는 것이 가장 안전합니다. 폴더 생성 자체는 Finder(macOS)나 탐색기(Windows)에서 직접 만든 뒤 터미널에서 cd로 이동해도 충분합니다.

### 인증하기

**1.** 연습용 폴더에서 다음 명령을 실행합니다.

Terminal

```
codex
```

**2.** 처음 실행하면 다음과 같은 메시지가 표시됩니다. Codex를 실행하려면 OpenAI 계정을 인증해야 하는데, 이 방식을 선택하는 메뉴입니다.

Terminal

```
Welcome to Codex, OpenAI's command-line coding agent
Sign in with ChatGPT to use Codex as part of your paid plan or connect on API key
for usage-based billing
> 1. Sign in with ChatGPT
  2. Provide your own API key
```

- **Sign in with ChatGPT**: ChatGPT를 유료 구독하는 경우 선택, 월 정액제로 Codex 사용(별도 사용량 과금 없음), OAuth 브라우저 인증으로 간편하게 로그인

- **Provide your own API key**: OpenAI API 키를 직접 발급받아 사용, 사용량 기반 과금(실제 사용한 토큰만큼만 비용 발생), 더 세밀한 사용량 제어 가능, API 키는 https://platform.openai.com에서 발급

이미 ChatGPT를 유료 구독하고 있다면 1번, 구독 없이 사용량만큼 결제하고 싶다면 2번을 선택합니다. 대부분 개인 사용자는 1번이 더 간편하고 비용을 예측하기 쉽습니다.

3. **Sign in with ChatGPT**를 선택하면 기본 웹 브라우저가 자동으로 열립니다. 웹 페이지가 열리면 ChatGPT 계정으로 로그인합니다. 웹 페이지가 열리지 않을 경우 터미널에 표시된 URL을 직접 복사해 웹 브라우저에 입력합니다.

4. 로그인한 후 다음과 같은 화면이 나타나면 **[계속]** 버튼을 클릭합니다. 웹 브라우저에 'Signed in to Codex' 메시지가 나타나면 인증이 완료됩니다.

**그림 6-1** ChatGPT 계정으로 Codex에 로그인

ChatGPT로 Codex에 로그인

계속함으로써 ChatGPT가 사용자님의 이름, 이메일, 프로필 사진을 Codex과(와) 공유하고 계정을 연결합니다.

Codex에서는 사용자님의 채팅 기록을 받지 않습니다.

취소 계속

5. 웹 브라우저에서 인증을 완료한 후 터미널로 돌아가 'Signed in with your ChatGPT account' 메시지가 보이면 Enter 를 누릅니다. 그러면 Codex가 현재 실행된 위치(프로젝트 루트)를 알려주며 두 가지 옵션을 표시합니다. 이 중에서 **Require approval of edits and commands**를 선택하고 Enter 를 누릅니다.

    - **Allow Codex to work in this folder without asking for approval**: Codex가 이 폴더에서 수정, 생성, 삭제할 때마다 승인 없이 바로 수행(입문자에게는 위험)
    - **Require approval of edits and commands**(추천): Codex가 이 폴더에서 수정, 생성, 삭제할 때마다 승인 요청

6. 다음과 같은 Codex 기본 화면이 나옵니다. 여기에는 현재 선택된 모델과 작업 디렉터리 등이 안내됩니다. 이제 Codex는 사용자가 작성하는 작업 요청이나 명령어 입력을 기다립니다.

**그림 6-2** Codex 초기 화면

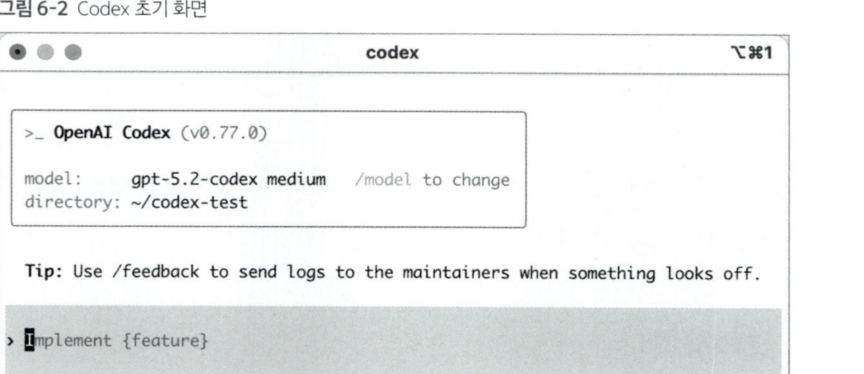


Codex는 인증 정보를 로컬 환경에 저장하므로 다음 실행부터는 자동 로그인됩니다. 다른 계정으로 전환하려면 다음 명령을 실행합니다.

```
Terminal
/logout
```

그런 다음 codex를 다시 실행하면 새로운 계정으로 로그인할 수 있습니다.

**참고**

기업 환경이나 자동화 작업에서는 OpenAI API 키를 이용한 인증 방식을 활용할 수 있습니다. 다만, 일반적인 개인 사용자는 계정 기반 인증을 주로 사용하며, API 키 방식은 고급 설정이나 자동화 시나리오에서 주로 활용합니다. API 키 설정 방법과 지원 여부는 사용 환경과 버전에 따라 달라질 수 있으므로 최신 공식 문서를 확인하기 바랍니다.

## 6.2 기본 사용 흐름 익히기

Codex를 실제로 사용해볼 차례입니다. 이 절에서는 모델 선택부터 추론 수준 설정, 기본 대화 흐름, 파일 참조 방식까지 Codex의 핵심 기능을 단계별로 익힙니다.

### 6.2.1 모델 선택하기

Codex를 실행하면 현재 사용 중인 모델이 상단에 표시됩니다. 모델을 변경하려면 다음 명령을 사용합니다.

```
Codex
> /model
```

명령을 입력하면 다음처럼 선택 가능한 모델 목록이 표시됩니다.

```
Codex
> 1. gpt-5.2-codex (current)
  2. gpt-5.1-codex-max
  3. gpt-5.1-codex-mini
  4. gpt-5.2
```

gpt-5.2-codex는 GPT-5.2를 기반으로 Codex 환경에서 에이전트형 코딩 작업에 최적화된 최신 모델입니다. gpt-5.2는 폭넓은 지식 기반 문제 해결에 적합하며, gpt-5.1-codex-mini는 경량 모델로, 비용과 속도 중심의 빠른 처리가 필요한 작업에 적합한 구조를 제공합니다.

### 6.2.2 추론 수준 선택하기

모델을 선택하면 Codex는 곧바로 추론 수준(reasoning level)을 선택하도록 안내합니다. 추론 수준은 AI가 문제를 해결할 때 얼마나 깊이 사고할지를 결정합니다.

gpt-5.2-codex를 선택하면 4단계 추론 수준을 제공합니다.

```
Codex
  1. Low
> 2. Medium (default)
  3. High
  4. Extra high
```

- **Low**: 가장 빠른 응답, 단순 작업에 적합
- **Medium**: 기본값, 대부분의 작업에 적합
- **High**: 복잡한 리팩터링, 구조적 문제 해결에 유용
- **Extra high**: 가장 깊은 추론, 많은 사용량을 빠르게 소모할 수 있음

대부분의 작업은 Medium으로 충분하며, 알고리즘 설계나 보안 분석 등 고난도 작업은 High를, 간단한 파일 편집이나 단순 조회는 Low가 효율적입니다.

Codex를 실행할 때 명령줄 옵션으로 모델을 즉시 지정할 수도 있습니다. 모델만 지정하면 해당 모델의 기본 추론 수준(보통 Medium)이 자동 적용됩니다. 다만, 옵션과 모델 이름은 Codex 버전과 정책에 따라 변경될 수 있으니 사용하기 전에 공식 문서를 확인하기 바랍니다.

```
Terminal
# gpt-5.2-codex로 바로 시작
codex --model gpt-5.2-codex
# 축약형 플래그 사용
codex -m gpt-5.2-codex
```

## 6.2.3 기본 대화하기

모델을 선택했다면 이제 Codex와 자연어로 작업을 주고받을 수 있습니다. 명확하게 지시할수록 좋은 결과를 얻을 수 있습니다.

```
Codex
# 새 프로젝트를 시작할 때
> HTML, CSS, JavaScript로 블로그 페이지를 만들려고 해. 기본 폴더 구조와 설정 파일을 만들어줘.
> Python Flask로 REST API 서버를 만들려고 해. 초기 설정을 해줘.
# 기존 프로젝트를 분석할 때
> 이 프로젝트의 핵심 기능을 요약해줘.
> package.json을 분석해 주요 의존성을 설명해줘.
```

```
# 구체적인 작업을 요청할 때
> src/utils/dateFormatter.ts를 만들어 날짜 포매팅 함수를 추가해줘.
> utils/date.ts에 대해 단위 테스트를 작성해줘.
```

### 여러 줄 입력하기

긴 요청이나 여러 조건을 포함한 작업은 여러 줄 입력으로 진행해야 가독성이 좋고 제어하기도 편리합니다. 요청을 작성하고 줄 끝에서 Shift + Enter 를 누르면 줄바꿈이 됩니다. 마지막 줄에서 Enter 를 누르면 작성한 요청이 전송됩니다.

```
Codex
> 다음 요구 사항에 맞는 로그인 컴포넌트를 만들어줘. [Shift] + [Enter]
  - 이메일과 비밀번호 입력 필드 [Shift] + [Enter]
  - 유효성 검사 포함 [Shift] + [Enter]
  - 로그인 버튼 클릭 시 API 호출 [Shift] + [Enter]
  - 로딩 상태 표시 [Enter]
```

### @ 기호로 파일 참조하기

Codex의 강력한 기능 중 하나는 **파일 참조**입니다. @ 기호 뒤에 파일명을 입력하면 프로젝트 내 파일을 빠르게 찾을 수 있습니다.

```
Codex
> @dashboard.js를 열어 로딩 스피너를 추가해줘.
> @package.json을 확인하고 오래된 의존성을 업데이트해줘.
> @README.md를 읽고 요약해줘.
```

@ 기호 뒤에 파일 이름을 일부만 입력해도 자동 완성으로 파일을 찾을 수 있습니다.

```
Codex
> @dash          # Dashboard.tsx 검색
> @config        # config.ts, config.json 등 검색
> @test          # 테스트 파일 전체 검색
```

여러 파일을 동시에 참조할 수도 있습니다.

```
Codex
> @package.json과 @README.md를 비교해 문서가 최신인지 확인해줘.
> @src/components/Button.tsx와 @src/components/Input.tsx의 스타일 일관성을 검토해줘.
```

@ 기호 없이도 요청할 수 있지만, 명시적으로 파일을 지정하면 수정 대상이 명확해 AI의 판단 오류를 줄일 수 있습니다.

## 이미지 첨부하기

Codex는 텍스트뿐 아니라 이미지 분석도 지원합니다. 스크린샷, UI 디자인, 오류 캡처, 아키텍처 다이어그램 등을 함께 제공하면 AI가 시각적 정보를 참고해 더 정확한 진단과 설명을 제공합니다.

이미지를 첨부하는 방법은 크게 세 가지입니다.

### 1. -i 또는 --image 플래그 사용(가장 안정적)

파일 기반 이미지 첨부는 macOS, Linux, WSL 모두에서 안정적으로 동작합니다.

```
Terminal
# 단일 이미지
codex -i screenshot.png "이 오류의 원인과 해결 방법을 알려줘."
# 여러 이미지
codex --image diagram1.png,diagram2.png "이 다이어그램들을 비교해줘."
```

대화형 세션에서도 동일하게 사용할 수 있습니다.

```
Codex
> -i screenshot.png 이 오류의 원인과 해결 방법을 알려줘.
```

### 2. 드래그 앤 드롭(가장 직관적)

이미지를 터미널 창으로 직접 끌어다 놓으면 Codex가 자동으로 해당 파일을 인식해 첨부합니다. macOS와 Windows 모두 지원합니다.

### 3. 클립보드 붙여넣기(iTerm2 전용)

macOS의 iTerm2는 클립보드 이미지를 직접 붙여넣을 수 있는 편리한 기능을 제공합니다.

❶ 필요한 화면을 캡처합니다.

- command + Shift + 3 → 전체
- command + Shift + 4 → 영역 선택

❷ 클립보드에 복사된 이미지를 Codex 세션에서 command + V 로 붙여넣습니다.

❸ Codex가 자동으로 이미지를 첨부하고, 사용자에게 요청 입력을 안내합니다.

### 6.2.4 세션 간단히 살펴보기

Codex는 대화를 세션 단위로 관리합니다. **세션**(session)은 Codex를 실행한 순간부터 종료할 때까지의 모든 대화와 파일 수정 요청을 포함하는 작업 묶음입니다. 세션 개념을 알고 있으면 '새 대화를 깔끔하게 시작하기', '어제 하던 작업을 다시 이어가기'가 훨씬 쉬워집니다. 세션과 작업 이어 쓰기는 **7.2절**에서 자세히 살펴보고, 여기서는 기본 사용법만 간단히 정리합니다.

#### 새 대화 시작하기 - /new

Codex는 프로젝트 폴더에서 codex 명령을 실행하는 순간 자동으로 새 세션을 생성합니다. 현재 세션을 유지한 채 같은 프로젝트 안에서 새로운 주제로 대화를 시작하고 싶을 때는 /new 명령을 사용합니다.

```
Codex
/new
```

/new는 기존 대화를 지우지 않고, 같은 프로젝트 컨텍스트를 유지한 상태로 새 탭을 여는 느낌으로 새로운 대화를 시작합니다. 반대로 /clear는 현재 대화 내용을 완전히 지우고 복구할 수 없습니다. 따라서 대부분의 상황에서는 /new를 사용하는 것이 더 안전합니다.

#### 최근 작업 이어가기 - resume --last

최근 작업을 그대로 이어가고 싶다면 가장 간단한 방법은 resume --last입니다. 프로젝트 폴더에서 다음 명령을 실행합니다.

```
Terminal
codex resume --last
```

최근 사용한 세션을 불러온 뒤 바로 다음 명령을 받을 준비를 합니다. 여러 세션을 목록에서 골라 재개하는 방법, 세션 ID로 정확히 지정하는 방법 등은 **7.2절**에서 자세히 다룹니다.

## 세션 종료하기

Codex 세션을 종료하는 방법은 다음과 같습니다.

### 1. Ctrl + C 사용하기

터미널에서 가장 일반적으로 사용하는 종료 방식으로, macOS, Linux, WSL 환경에서 동일하게 동작합니다.

- **한 번 입력**: 현재 Codex가 응답을 생성하는 중이라면 해당 작업을 취소(cancel)
- **다시 한번 입력**: 대화형 세션 자체를 종료(exit)

**참고**

Ctrl + C를 너무 빠르게 연속 입력하면 Codex가 작업 취소와 종료 신호를 구분하기 어려워 컨텍스트가 올바르게 저장되지 않거나 세션 로그가 불완전하게 기록될 가능성이 있습니다. 세션을 종료하거나 작업을 중단하고 싶다면 한 번만 Ctrl + C 입력해 응답 생성을 중단하고, 1~2초 기다린 후 다시 Ctrl + C로 종료하는 순서를 권장합니다.

### 2. /quit 또는 /exit 명령 사용하기

Codex는 명령어로 명확하게 종료할 수도 있습니다. 이 방식은 Codex가 정상적으로 종료 절차를 처리하므로 작업 중 단절 없이 종료할 수 있습니다.

```
Codex
> /quit
# 또는
> /exit
```

### 3. 터미널 창 닫기

터미널 창을 직접 닫는 경우에도 세션은 자동으로 종료됩니다. 다만, 이 방법은 현재 Codex가 실행 중이던 작업이 강제로 중단될 수 있습니다.

응답을 중단하고 싶을 때는 Ctrl + C를 한 번만 눌러 현재 작업을 취소하고, 세션을 마무리할 때는 /quit 명령으로 정상 종료하는 방식을 권장합니다.

## 6.3 실행 모드와 권한 관리

Codex는 작업 목적과 개발 환경에 따라 다양한 방식으로 실행할 수 있는 명령줄 도구입니다. 터미널에서 AI와 대화형으로 함께 코드를 작성할 수도 있고, 하나의 요청만 실행한 뒤 종료하는 방식으로 자동화 작업에 활용할 수도 있습니다. 또한, CI/CD 파이프라인에 통합해 코드 리뷰나 테스트 생성과 같은 반복 작업을 맡길 수도 있습니다.

이 절에서는 Codex의 실행 모드 구조를 정리하고, 프로젝트를 안전하게 운영하기 위해 필요한 권한 관리 개념까지 함께 알아봅니다.

### 6.3.1 실행 방식 살펴보기

Codex는 어떤 명령으로, 어떤 환경에서 실행하느냐에 따라 서로 다른 방식으로 활용됩니다. 실무에서는 세 가지 실행 방식을 사용할 수 있습니다.

**표 6-2** Codex의 주요 실행 방식

| 구분 | 설명 | 활용 |
|---|---|---|
| 대화형 실행 | Codex와 대화하며 연속적으로 작업 수행 | 일반 개발, 코드 리뷰, 학습 |
| 단일 요청 실행 | 하나의 요청을 처리한 뒤 종료 | 자동화 스크립트, 반복 작업 |
| 자동화 환경 실행 | CI/CD 환경에서 이벤트 기반 자동 실행 | 팀 개발, 자동 리뷰·테스트 |

#### 대화형 실행

**대화형 실행**(interactive execution)은 codex 명령을 실행했을 때 기본적으로 시작되는 방식입니다. 이 방식에서는 Codex가 대화형 세션으로 실행되며, 사용자는 Codex와 연속적인 대화를 주고받으며 설계 → 구현 → 수정 작업을 이어갈 수 있습니다. 세션이 유지되는 동안 Codex는 이전 대화 맥락을 참고해 응답합니다.

대화형 실행 방식에서는 실행 환경과 설정에 따라 작동 방식이 달라질 수 있습니다. 또한, 모델 선택이나 자동화 수준을 조절하는 옵션을 제공하기도 합니다.

**표 6-3** 대화형 실행에서 자주 쓰는 옵션 조합

| 실행 방식 | 옵션 | 설명 |
|---|---|---|
| 기본 | 없음(또는 config 기본값) | codex로 대화형 세션 시작, 기본 정책은 환경(config.toml/프로필)에 따라 달라질 수 있으며, 입문자는 기본값으로 시작하는 것을 권장 |
| 모델 지정 | `--model <모델명>` | 에이전트가 사용할 모델 지정, 작업 난이도·비용·속도에 따라 선택 |
| 안전 설정(권장) | `-a untrusted +`<br>`--sandbox read-only` | 신뢰된 명령만 무승인 실행, 읽기 전용 샌드박스, 민감한 프로젝트에 적합 |
| 자동화(편의) | `--full-auto` | 승인 요청을 줄인 자동 실행 설정(샌드박스 포함) |
| 위험<br>(외부 격리 전제) | `--dangerously-bypass-`<br>`approvals-and-sandbox` | 승인과 샌드박스를 모두 우회, 외부적으로 격리된 환경에서만 사용 |

**용어** **샌드박스**(sandbox)는 모델이 생성한 셸 명령을 실행할 수 있는 범위와 권한을 제한한 실행 환경을 의미합니다.

Terminal

```
# 기본(대화형)
codex
# 모델 지정
codex --model gpt-5.2-codex
# 안전 설정(가장 보수적)
codex -a untrusted --sandbox read-only
# 자동화 설정(편의)
codex --full-auto
# 위험(외부 샌드박스가 있을 때만)
codex --dangerously-bypass-approvals-and-sandbox
```

자동화 실행 방식인 --full-auto 옵션은 자동 실행을 쉽게 만드는 설정이지만, 작업 디렉터리 안에서는 실제로 파일이 수정될 수 있으므로 실행이 끝난 뒤 변경 내용을 반드시 확인해야 합니다.

## 단일 요청 실행

**단일 요청 실행**은 Codex를 대화형 세션으로 유지하지 않고, 하나의 요청을 처리한 뒤 종료하는 실행 방식입니다. codex exec 명령으로 Codex를 **비대화형**(non-interactive)으로 실행해 사람의 중간 개입 없이 하나의 작업을 자동으로 처리합니다. 이 방식은 자동화 스크립트, 반복 작업, CI 환경에서 특히 유용합니다.

Terminal

```
codex exec "린트 오류가 있는지 확인해줘."
codex exec --model gpt-5.2-codex "README.md를 생성해줘."
```

단일 요청 실행은 자동으로 파일을 수정하거나 명령을 실행할 수 있기 때문에 Codex는 실수로 엉뚱한 위치의 파일을 변경하는 사고를 방지하기 위해 기본적으로 현재 디렉터리가 Git 저장소인지 여부를 확인합니다.

Git 저장소가 아닌 위치에서 실행하면 "Not inside a trusted directory and --skip-git-repo-check was not specified"와 같은 메시지가 나타날 수 있습니다. 이 메시지는 오류라기보다 Codex의 안전장치가 정상적으로 작동한 결과입니다.

Codex는 Git으로 관리되는 디렉터리를 신뢰할 수 있는 작업 공간(trusted directory)으로 간주하고, 그 외 위치에서는 비대화형 자동 실행을 기본적으로 제한합니다.

따라서 가장 안전하고 권장되는 방법은 Git 저장소 루트에서 codex exec를 실행하는 것입니다. 이미 Git으로 관리 중인 프로젝트라면 .git 폴더가 있는 디렉터리에서 실행하면 됩니다.

Terminal

```
git init
codex exec "린트 오류가 있는지 확인해줘."
```

연습용 폴더나 임시 디렉터리에서 실행해야 하는 경우에는 다음 옵션을 사용해 Git 저장소 검사를 생략할 수 있습니다.

Terminal

```
codex exec --skip-git-repo-check "린트 오류가 있는지 확인해줘."
```

다만 이 옵션은 보안 장치를 하나 해제하는 것이므로 실서비스 코드나 중요한 디렉터리에서는 사용을 권장하지 않습니다.

### 자동화 환경 실행

Codex는 GitHub Actions, GitLab CI/CD, Jenkins와 같은 자동화 환경에서도 활용할 수 있습니다. 이 경우 로컬에서 직접 명령을 입력하지 않아도 코드 변경, PR 생성, 테스트 실패 같은 이벤트를 기준으로 Codex를 실행해 코드 리뷰, 테스트 생성, 문서화 작업을 자동으로 수행할 수 있습니다.

CLI 관점에서 보면, CI/CD 실행은 별도의 전용 명령이 있는 것이 아니라 codex exec를 사람이 개입하지 않는 환경에서 사용하는 운영 패턴입니다.

```
Terminal
run: codex exec --full-auto "변경된 코드 리뷰하고 수정해줘."
```

다만 CI/CD 환경에서의 구체적인 실행 명령, 옵션 구성, 인증 방식은 사용하는 CI 도구와 Codex 버전에 따라 달라질 수 있습니다. 따라서 실제 적용 시에는 공식 문서와 조직의 보안 정책을 반드시 기준으로 삼아야 합니다.

자동화 실행은 개인 개발자에게 필수는 아니지만, 팀 개발 환경에서는 품질 관리와 반복 작업 자동화 측면에서 큰 도움이 됩니다.

### 6.3.2 승인 정책과 샌드박스 이해하기

Codex는 안전한 개발 환경을 위해 명령 실행과 관련된 두 가지 보호 장치, 즉 승인 정책과 샌드박스를 함께 사용합니다.

- **승인 정책(approval policy)**: Codex가 셸 명령을 실행하기 전에 사용자 승인 여부를 언제 요청할지를 결정하는 기준
- **샌드박스(sandbox mode)**: Codex가 접근하고 수정할 수 있는 파일과 디렉터리의 범위를 제한하는 실행 환경 보호 장치

두 설정은 서로 독립적이며, 조합 방식에 따라 자동화 수준과 위험도가 달라집니다.

**표 6-4** 승인 정책과 샌드박스 조합

| 단계 | 승인 정책 | 샌드박스 | 설명 |
|---|---|---|---|
| 1 | untrusted | read-only | 가장 보수적인 조합, 읽기 중심 작업에 적합 |
| 2 | untrusted | workspace-write | 쓰기는 허용하되 위험 명령은 항상 승인 |
| 3 | on-request | workspace-write | --full-auto가 사용하는 기본 조합 |
| 4 | never | danger-full-access | 모든 제한 해제, 외부적으로 격리된 환경에서만 사용 |

승인 정책과 샌드박스를 각각 살펴보겠습니다.

#### 승인 정책

**승인 정책**은 Codex가 이 명령을 실행해도 되는지를 판단하는 기준입니다.

#### 1. untrusted

신뢰하는 명령만 자동 실행하고, 시스템 변경 가능성이 있는 명령은 항상 승인을 요청합니다.

```
Terminal
codex -a untrusted
```

#### 2. on-request

Codex가 명령의 위험도가 높다고 판단될 때만 승인 요청을 띄웁니다.

```
Terminal
codex -a on-request
```

#### 3. on-failure

명령을 먼저 실행하고, 실패했을 때만 승인 요청을 띄웁니다.

```
Terminal
codex -a on-failure --sandbox workspace-write
```

#### 4. never

어떤 상황에서도 승인 요청을 하지 않고 자동으로 실행합니다. 실험용이나 격리된 환경에서만 사용하세요.

```
Terminal
codex -a never --sandbox workspace-write
```

### 샌드박스

**샌드박스**는 Codex가 어느 디렉터리까지 접근하고 수정할 수 있는지 결정합니다.

#### 1. read-only

파일 읽기만 허용합니다. 문서 검토, 코드 리뷰 등 읽기 중심 작업에 적합합니다.

```
Terminal
codex --sandbox read-only
```

### 2. workspace-write

현재 프로젝트 폴더(워크스페이스) 안에서는 자유롭게 읽고 쓸 수 있지만, 그 외 영역은 접근할 수 없습니다. 가장 널리 사용하는 모드입니다.

```
Terminal
codex --sandbox workspace-write
```

### 3. danger-full-access

시스템 전체를 읽고 쓸 수 있습니다. Codex가 시스템 파일을 수정할 수도 있으므로 가상 환경에서만 사용해야 합니다.

```
Terminal
codex --sandbox danger-full-access
```

## 승인 프롬프트 읽는 법

Codex는 명령 실행 전, 사용자가 이해하고 판단할 수 있도록 승인 프롬프트를 표시합니다. 예를 들어 --sandbox read-only 상태에서 CSS 파일 생성을 요청하면 Codex는 먼저 관련 파일을 찾기 위해 파일 검색 명령을 실행하려 할 수 있습니다. 이때 승인 정책이 untrusted로 설정되어 있다면 다음과 같은 프롬프트가 표시됩니다.

```
Codex
• I'm going to locate index.html in the workspace and inspect it...
• Running rg --files -i | rg -i "index.html$"
Would you like to run the following command?
$ rg --files -i | rg -i "index.html$"
> 1. Yes, proceed
  2. Yes, and don't ask again for this command
  3. No, and tell Codex what to do differently
```

이 프롬프트를 읽는 방법은 다음과 같습니다.

- **첫 번째 줄**: 작업의 의도
- **두 번째 줄**: 실행하려는 실제 명령어
- **선택지**: 해당 명령 실행에 대한 사용자의 승인 여부

선택지 의미는 다음과 같습니다.

- **Yes, proceed**: 이번 한 번만 실행
- **Yes, and don't ask again for this command**: 동일 명령에 대해 이후 승인 요청 생략
- **No, and tell Codex what to do differently**: 실행을 중단하고 다른 방법을 지시

모르는 명령이 보인다면 반드시 명령어를 확인한 뒤 승인해야 합니다. 이는 Codex가 '왜 이 명령을 실행하려는지'를 명확하게 설명하도록 설계된 보호 장치입니다.

### /approvals 명령으로 상태 확인하기

대화형 세션 중 /approvals를 입력하면 현재 승인 정책, 샌드박스 상태, 최근 승인 및 차단 내역을 한눈에 확인할 수 있습니다.

```
Codex
/approvals
# 출력 예시
Select Approval Mode
> 1. Read Only (current)  Codex can read files and answer questions.
     Approval required to make edits, run commands, or access network.
  2. Auto Codex can read files, make edits, and run commands in the workspace.
     Approval required to work outside the workspace or access network.
  3. Full Access Codex can read files, make edits, and run commands with network
     access, without approval. Exercise caution.
```

이 화면에 표시되는 Read Only, Auto, Full Access는 승인 정책과 샌드박스 설정을 조합해 보여주는 접근 레벨 표현입니다.

**표 6-5** /approvals의 접근 레벨

| 구분 | 설명 | 권장 상황 | 내부 동작 |
|---|---|---|---|
| Read Only | 파일 읽기만 가능, 수정/명령 실행 전 승인 필요 | 학습, 코드 리뷰 | --sandbox read-only |
| Auto | 워크스페이스 내 명령·수정 자동 실행 | 일반 개발 | on-request + workspace-write |
| Full Access | 승인·샌드박스 제한 없음 | 격리된 로컬 테스트 | never + danger-full-access |

예를 들어 작업 중 '권한 부족' 메시지가 반복해서 나타난다면 현재 승인 정책과 샌드박스 설정을 /approvals 명령으로 확인할 수 있습니다. 승인 정책이 on-request, 샌드박스가 workspace-write로 설정된 경우에는 워크스페이스 내부의 많은 작업이 승인 없이 자동으로 진행될 수 있습니다.

프로젝트나 팀 환경에서 이러한 설정을 고정하고 싶다면 ~/.codex/config.toml 파일이나 특정 프로필에 값을 등록해둘 수 있습니다.

```
ask_for_approval = "on-request"
sandbox_mode = "workspace-write"
```

이후 다음처럼 특정 프로필을 불러와 사용할 수 있습니다.

Terminal

```
codex --profile team-project
```

## 6.4 주요 슬래시 명령어 살펴보기

슬래시 명령어는 Codex의 대화형 세션에서만 사용할 수 있는 CLI 내장 명령입니다. 일반 프롬프트처럼 자연어로 요청하는 대신 /명령어 형식으로 입력하면, Codex는 이를 자연어 지시로 해석하지 않고 미리 정의된 기능을 직접 호출합니다.

대화형 세션에서 /를 입력하면 사용 가능한 명령어 목록이 표시됩니다. 이 목록에서 화살표 키로 명령을 선택하거나, `/model`처럼 직접 타이핑(자동 완성 지원)한 뒤 Enter 를 누르면 해당 명령이 실행됩니다. 이러한 슬래시 명령어는 자연어 추론을 거치지 않고 Codex의 기능을 즉시 실행하거나 상태를 확인할 때 사용합니다.

가장 자주 사용하는 슬래시 명령어는 다음과 같습니다. 일부 명령어는 Codex의 버전이나 실행 환경에 따라 제공 여부나 동작 방식이 달라질 수 있습니다.

표 6-6 주요 슬래시 명령어

| 명령어 | 역할 | 실무 활용 |
|---|---|---|
| /approvals | 승인, 샌드박스 상태 확인 | 현재 승인 정책과 샌드박스 상태를 확인 |
| /compact | 대화 요약 | 이전 대화를 요약해 컨텍스트 정리(환경 의존) |
| /diff | Git 변경 확인 | 현재 워크스페이스의 변경 사항 요약 |
| /init | 초기 안내 생성 | 프로젝트 기반 초기 작업 안내 생성 |
| /logout | 로그아웃 | 인증 정보 제거, 재인증 필요 |
| /mcp | MCP 서버 점검 | 연결된 MCP 서버와 도구 목록 확인 |
| /mention | 파일 첨부 | 선택한 파일을 컨텍스트에 추가 |
| /model | 모델 선택 | 현재 세션의 사용 모델 변경 |
| /review | 변경 사항 리뷰 | Git 변경을 분석해 문제 요약 |
| /status | 세션 상태 | 모델, 승인, 샌드박스, 토큰 사용량을 한 화면에 확인 |

이 중에서 이미 앞에서 다루었거나 이후 별도 절에서 다룰 명령어를 제외하고, 실무에서 유용한 명령어만 골라 자세히 살펴봅니다.

### 6.4.1 /compact - 대화 압축

Codex는 한 세션에서 오가는 모든 대화를 컨텍스트로 유지합니다. 대화가 길어질수록 사용 가능한 컨텍스트 공간이 줄어들고, 화면 하단에는 다음과 같이 남은 비율이 표시됩니다.

```
Codex
context left 86%
```

대화가 길어졌다고 판단되면 /compact 명령을 사용해 대화를 정리할 수 있습니다.

/compact를 실행하면 Codex가 지금까지의 대화에서 핵심 결정, 명령, 결과를 중심으로 요약하고, 불필요한 설명은 간략히 정리합니다. 중요한 맥락은 유지하되 토큰을 절약해 세션을 더 오래 유지하려는 목적입니다.

자동 요약 과정에서는 중요한 정보가 일부 누락될 수 있으므로 중요한 작업을 장시간 진행하는 경우에는 직접 /compact를 호출해 관리하는 편이 더 안전합니다.

```
Codex
> /compact 최근 대화는 유지하고 이전 내용만 요약해줘.
```

이렇게 요청하면 현재 작업과 직접 관련된 최근 대화는 유지한 채, 과거 대화만 정리해 컨텍스트를 절약할 수 있습니다.

- /compact는 실행 완료 시 별도의 완료 알림을 띄우지 않습니다. 명령을 실행한 후 잠시 기다렸다가 context left 비율이 증가했는지 확인하세요.
- 압축 과정에서 일부 세부 대화가 간략히 정리될 수 있습니다. 따라서 중요한 결정을 내린 직후에는 /compact를 바로 실행하지 않는 것이 좋습니다.

가장 좋은 활용법은 텍스트가 과도하게 늘어나기 전에 필요할 때 정리하는 것입니다. 이를 통해 세션 재시작이나 반복 요청을 줄이고, 긴 작업 흐름을 안정적으로 유지할 수 있습니다.

### 6.4.2 /diff - Git 변경 사항 검사

/diff 명령은 현재 프로젝트에서 변경된 파일의 차이를 한눈에 보여주는 도구입니다. 이 기능은 Git으로 초기화된 폴더(git init)에서만 동작하며, 다음 세 유형의 변경을 모두 확인할 수 있습니다.

- **스테이징된 변경**: `git add`로 임시 저장한 수정 내역
- **스테이징되지 않은 변경**: 아직 커밋하지 않은 파일 수정
- **추적되지 않은 파일**: 새로 생성되었지만 Git이 아직 관리하지 않는 파일

/diff를 실행하면 어떤 파일이 변경되었는지, 각 파일에서 어떤 코드가 추가, 삭제, 수정되었는지를 Codex와 함께 확인할 수 있습니다. 이 정보는 Codex가 '어디가 어떻게 바뀌었는지'를 이해하는 데 중요한 힌트가 됩니다. 이는 /review로 전체적인 코드 품질을 점검하기 전에, 먼저 변경 범위를 파악하는 데 특히 유용합니다.

다음과 같은 상황에서 /diff를 자주 사용합니다.

- Codex가 수정한 파일이 의도대로 반영되었는지 확인하고 싶을 때
- 커밋하기 전에 변경 내역을 빠르게 점검하고 싶을 때
- /review처럼 상세 리뷰까지는 필요 없고, 가볍게 변경만 확인하고 싶을 때

실행 결과에서는 변경된 파일 목록과 함께 차이가 표시되며, 일부 CLI 환경에서는 파일 이름이 클릭 가능한 링크로 표시되어 바로 열어볼 수도 있습니다.

/diff는 Git 명령을 기반으로 동작하므로 다음 조건을 만족해야 합니다.

- 현재 폴더가 Git 저장소여야 합니다.
- Git이 설치되어 있어야 하며, 비교적 최신 버전일수록 일부 기능을 더 편리하게 사용할 수 있습니다.

Git이 없는 환경에서 실행하면 'Git repository not found'와 같은 경고 메시지가 나타날 수 있습니다.

### 6.4.3 /logout – 인증 정보 삭제

/logout 명령은 현재 Codex에 저장된 인증 정보를 삭제하고 로그인 상태를 초기화합니다. 즉, Codex를 처음 설치했을 때와 같은 '로그인되지 않은 상태'로 되돌리는 기능입니다.

다음과 같은 상황에서 유용합니다.

- 여러 OpenAI 계정을 번갈아 사용해야 할 때
- 공용 PC나 팀 개발 서버에서 작업한 뒤 계정을 정리해야 할 때
- 인증 오류가 반복되어 새로 로그인 과정을 진행하고 싶을 때

/logout 명령을 실행하면 현재 인증 세션이 즉시 종료되며, 이후 Codex를 다시 실행하면 실행 환경에 따라 재인증 절차가 안내됩니다. 이 과정에서 사용자는 원하는 OpenAI 계정을 선택해 다시 인증할 수 있습니다.

/logout은 현재 사용자 환경에서 Codex가 사용하는 인증 정보를 삭제합니다. 따라서 같은 컴퓨터에서 Codex를 사용하는 다른 프로젝트에서도 재인증이 필요할 수 있습니다. 로그인 상태를 유지한 채 작업 환경을 분리하고 싶다면 /logout 대신 실행 옵션이나 프로필 설정을 활용해 작업 환경을 구분하는 방식이 더 나을 수 있습니다.



### 6.4.4 /mention – 파일 명시 참조

/mention 명령은 AI가 어떤 파일을 중점적으로 읽고 이해해야 하는지 명시적으로 알려줄 때 사용합니다. 명령을 입력하면 파일 선택 UI가 열리고, 여기에서 선택한 파일들이 대화 컨텍스트에 추가됩니다. 파일을 선택하면 Codex는 해당 파일을 이후 요청에서 참조 대상으로 포함해 작업을 수행합니다.

@ 파일 참조는 파일명을 직접 타이핑해서 첨부하지만, /mention은 UI 기반으로 파일을 탐색하면서 선택합니다. 따라서 /mention은 여러 파일을 한 번에 선택하거나 폴더 구조를 보면서 파일을 찾아야 할 때 특히 편리합니다.

```
Codex
# @ 기호 사용
> @src/utils.js 이 파일의 오류를 처리해줘.
# /mention 사용
> /mention
# 파일 선택 UI 표시 → src/utils.js 선택 후
> 이 파일의 오류를 처리해줘.
```

다음과 같은 경우에 /mention이 유용합니다.

- 정확한 파일명을 기억하지 못할 때
- 여러 파일을 한 번에 지정해 작업 범위를 정하고 싶을 때
- 파일 트리를 탐색하면서 관련 파일을 단계적으로 추가할 때

반대로 파일 이름을 정확히 알고 있다면 @ 파일 참조를 사용하는 편이 더 빠릅니다.

### 6.4.5 /review - 변경 사항 점검

/review 명령은 Git 변경 사항을 기반으로 코드 리뷰를 자동화해 수행합니다. Git 저장소 안에서만 동작하며, 실행하면 변경 대상에 따라 다음과 같은 리뷰 방식 중 하나를 선택할 수 있습니다.

```
> 1. Review against a base branch (PR Style)
  2. Review uncommitted changes
  3. Review a commit
  4. Custom review instructions
```

- **Review against a base branch (PR Style)**: 특정 기준 브랜치(예 main)와 현재 작업 내용을 비교해 PR을 가정한 형식으로 변경 사항을 리뷰합니다. 브랜치를 병합하기 전 최종 점검에 적합합니다.
- **Review uncommitted changes**: 아직 커밋하지 않은 변경 사항을 검토합니다. 스테이징된 파일과 수정 중인 파일을 모두 포함할 수 있습니다.
- **Review a commit**: 특정 커밋(예 HEAD, abc123def)의 변경 내용을 분석합니다. 이미 반영된 작업을 사후 검토할 때 유용합니다.
- **Custom review instructions**: 보안 취약점 검토, 성능 최적화, API 계약 검증 등 특정 관점에서 집중 리뷰를 요청할 수 있습니다.

커밋하기 전에 마지막으로 점검하고 싶거나, PR을 올리기 전에 자동화한 코드 리뷰 초안을 받고 싶을 때 /review를 실행해 보세요.

### 6.4.6 /status - 세션 설정과 사용량 확인

/status 명령은 현재 Codex 세션의 상태를 한눈에 보여주는 진단 도구입니다. 모델 설정, 승인 정책, 샌드박스 모드, 토큰 사용량 등 핵심 정보를 목록 형태로 요약해 출력합니다.

```
Codex
> /status
# 출력 예시
Model:          gpt-5 (reasoning none, summaries auto)
Directory:      ~/codex-test
Approval:       on-request
Sandbox:        workspace-write
Agents.md:      AGENTS.md
```

```
Account:         user@example.com (Plus)
Session:         0199e1a7-0285-79a1-bfc7-c2cf9f75d0fb
Context window:  100% left (7.32K used / 272K)

5h limit:        [███████░░░░░░░░░░░░░░░░░░░░░░░░░░░] 19% used (resets 19:31)
Weekly limit:    [██░░░░░░░░░░░░░░░░░░░░░░░░░░░░░░░░] 6% used (resets 14:31 on 21
Oct)
```

각 항목의 의미는 다음과 같습니다.

- **Model**: 사용 중인 모델 정보
- **Directory**: 현재 작업 폴더
- **Approval**: 승인 정책
- **Sandbox**: 샌드박스 모드
- **Agents.md**: 현재 불러온 AGENTS.md 파일명
- **Account**: 로그인한 계정과 구독 플랜
- **Session**: 현재 세션의 고유 ID
- **Context window**: 남은 컨텍스트 비율 및 사용량
- **5h limit/Weekly limit**: 5시간 단위/주간 단위 사용량과 리셋 시점

> **참고**
>
> 출력 항목과 형식은 Codex의 버전, 실행 환경, 계정 상태에 따라 달라질 수 있습니다.

컨텍스트 사용량이 많아졌다고 느껴질 경우 /compact로 대화를 정리하는 것이 도움이 될 수 있습니다. 또한 사용량이 빠르게 증가하는 상황에서는 작업 범위를 조정하거나 중요한 작업부터 선별적으로 진행하는 것이 좋습니다.

세션 ID는 이후 codex resume 명령으로 이전 세션을 재개하는 데 활용될 수 있지만, 세션 보존 여부와 재개 가능성은 실행 환경에 따라 달라질 수 있습니다.

/status는 Codex가 예상과 다르게 동작하거나, 사용량이 급격히 늘어났다고 느껴질 때 가장 먼저 실행해볼 점검 명령어입니다.

## 6.4.7 슬래시 명령어 문제 해결 가이드

슬래시 명령어는 대부분 즉시 실행되지만, 환경이나 버전에 따라 예기치 않은 문제가 발생할 수 있습니다. 다음은 실무에서 자주 마주치는 상황과 해결 방법입니다.

**1. 명령어가 실행되지 않을 때**

슬래시 명령어는 반드시 대화형 세션 안에서만 작동합니다. `codex exec ...`처럼 비대화형 모드에서는 사용할 수 없습니다.

**해결 방법**

❶ 터미널에서 `codex` 명령으로 새 대화형 세션을 시작합니다.

❷ 프롬프트(>)가 표시되면 다시 슬래시 명령을 입력합니다.

**2. 자동 완성 목록이 다를 때**

Codex는 버전이 업데이트될 때마다 슬래시 명령어 목록과 옵션이 변경될 수 있습니다. 따라서 책에 나온 목록과 실제 출력되는 목록이 다를 수 있습니다.

**해결 방법**

❶ 터미널에서 `codex --version`으로 현재 버전을 확인합니다.

```
Codex
/status
```

❷ / 입력 시 표시되는 명령 목록과 책의 내용을 비교합니다.

❸ 버전 차이가 크다면 Codex를 업데이트하거나 공식 문서를 함께 참고합니다.

**3. 승인 정책이 바로 반영되지 않는 것처럼 보일 때**

`/approvals`로 승인 정책을 변경한 뒤, 일부 상황에서는 변경 사항이 즉시 반영되지 않은 것처럼 보일 수 있습니다.

**해결 방법**

❶ 정책 변경 후 다시 한 번 명령을 실행해 동작을 확인합니다.

❷ 여전히 기대한 동작이 나오지 않으면 `/quit`로 세션을 종료한 뒤 새 세션에서 다시 시도합니다.

슬래시 명령어에 익숙해지면 Codex와의 협업 속도와 안정성이 크게 향상됩니다. 특히 `/diff`,

`/review`, `/status`는 작업 흐름을 점검하고 오류를 예방하는 데 필수인 명령어이므로 초반에 시간을 들여 익혀두는 것을 권장합니다.

**6장**에서는 Codex의 기본 작동 원리를 이해하기 위해 모델 설정, 승인 정책, 샌드박스, 슬래시 명령어 등 핵심 기능을 실제 사용 흐름에 맞춰 정리했습니다. 이러한 설정은 Codex가 프로젝트 파일에 접근하고 명령을 실행하는 방식을 결정하는 핵심 요소로, 올바르게 구성하면 실수나 불필요한 위험 없이 안정적인 개발 환경을 구축할 수 있습니다.

이제 Codex의 기본 작동 방식을 이해했습니다. 다음 장에서는 이러한 기반 위에서 프로젝트 규칙을 구조화하고, 작업을 지속적으로 이어가는 보다 실전적인 관리 전략을 살펴보겠습니다.

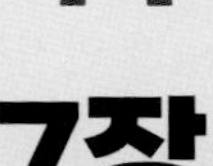

# 7장 Codex CLI로 프로젝트 운영하기

이 장에서는 Codex가 프로젝트를 어떻게 이해하고, 어떤 규칙 아래에서 움직이도록 만들 것인가에 초점을 맞춥니다. 이를 위해 Codex의 핵심 구성 요소인 AGENTS.md 파일을 중심으로 프로젝트 규칙과 에이전트 역할을 정의하는 방법을 살펴봅니다. 또한, Codex가 작업 맥락을 저장하고 맥락을 이어서 실행할 수 있도록 돕는 세션 관리와 resume 기능, 그리고 컨텍스트와 토큰을 효율적으로 관리하는 방법을 함께 익힙니다. 이 장을 마치면 Codex에 단순히 명령을 내리는 수준을 넘어 프로젝트 전담 에이전트로 설정하고 운영할 수 있습니다.

## 7.1 AGENTS.md 파일 관리하기

Codex를 프로젝트 개발에 본격적으로 활용하려면 가장 먼저 **AGENTS.md**를 준비해야 합니다. 이 문서는 Codex가 '이 프로젝트에서는 어떤 방식으로 일해야 하는가'를 이해하는 기준이며, 코드 생성, 수정, 테스트, 실행 과정에서 Codex의 행동을 일정하게 유지하도록 안내합니다.

이 절에서는 AGENTS.md가 어디에 배치되고, 어떤 우선순위로 로드되며, 어떤 항목을 담아야 Codex가 안정적으로 작동하는지를 순서대로 살펴봅니다. 세 도구에 공통으로 적용되는 컨텍스트 설계 원칙은 **12.3절**에서 다룹니다.

### 7.1.1 AGENTS.md 위치와 적용 범위

AGENTS.md는 Codex에 프로젝트 규칙과 작업 기준을 전달하기 위한 프로젝트 지침 문서입니다.

가장 안정적인 방식은 프로젝트 루트에 하나의 AGENTS.md를 두고, 필요할 경우에만 서브폴더 단위로 보조 문서를 추가하는 것입니다. 이렇게 구성하면 Codex와의 협업에서도 규칙을 명확하게 전달하고, 복잡한 프로젝트 구조에서도 혼선을 줄일 수 있습니다.

**1. 프로젝트 루트 AGENTS.md - 프로젝트 기준 문서**

- **위치**: ./my-project/AGENTS.md

프로젝트 루트에 위치한 AGENTS.md는 Codex가 해당 프로젝트에서 작업할 때 따라야 할 기본 규칙과 전반적인 기준을 정리하는 문서입니다. 이 파일에는 사용 중인 기술 스택, 디렉터리 구조, 테스트 기준, 실행 환경 같은 핵심 정보가 포함됩니다. Codex와의 작업을 시작할 때 이 파일을 참고하도록 명시하면, 프로젝트 전반에서 일관된 방식으로 작업을 진행하는 데 도움이 됩니다.

**2. 서브폴더 AGENTS.md - 영역별 규칙 문서(선택)**

- **위치**: ./frontend/AGENTS.md, ./backend/AGENTS.md, ./services/billing/AGENTS.md 등

하나의 저장소 안에 여러 영역이나 서비스가 공존하는 경우, 서브폴더 단위로 AGENTS.md를 추가해 해당 영역에만 적용할 규칙을 정리할 수 있습니다. 이는 다음과 같은 상황에서 유용합니다.

- 서로 다른 서비스가 하나의 저장소에 존재하는 모노레포 구조일 때
- 프런트엔드, 백엔드의 기술 스택과 규칙이 완전히 다를 때
- 레거시 코드와 신규 코드가 섞여 있어 영역별 규칙 분리가 필요할 때

서브폴더 AGENTS.md는 해당 폴더의 작업 맥락을 설명하는 보조 문서로 활용합니다.

```
# frontend/AGENTS.md
이 폴더의 규칙은 루트 규칙을 따른다.
단, 스타일링은 아래 규칙을 우선 적용한다.
- Tailwind CSS만 사용
- Styled Components 금지
```

Codex가 어떤 AGENTS.md를 어떻게 로드하고 우선 적용하는지에 대한 작동 방식은 실행 환경과 버전에 따라 달라질 수 있습니다. 따라서 여러 AGENTS.md를 사용하는 경우에는 현재 작업 대상과 함께 어떤 문서를 참고해야 하는지 대화에서 명시적으로 안내하는 것이 가장 안전합니다.

## 7.1.2 AGENTS.md에 포함해야 할 주요 항목

AGENTS.md는 사람이 읽는 문서이기도 하지만, 목적은 Codex가 작업 요청을 해석할 때 참고할 수 있는 명시적인 지침을 제공하는 데 있습니다. AGENTS.md에 주로 포함하는 내용은 다음과 같습니다.

**표 7-1** AGENTS.md의 주요 항목

| 구분 | 내용 |
|---|---|
| 프로젝트 개요 | 기술 스택, 주요 기능 실행 환경 |
| 개발 환경 | 설치 및 실행 명령(`npm install`, `docker compose up` 등) |
| 코딩 규칙 | ESLint/Prettier 규칙, 함수형 패턴, 변수명 규칙 등 |
| 테스트 절차 | 테스트 실행 방법, 기본 테스트 범위 |
| 리뷰 및 배포 지침 | 커밋 메시지, PR 제목 규칙, 배포 전 점검 항목 |
| 보안 및 예외 처리 | API 키, 개인정보 처리, 대용량 데이터 처리 주의 사항 |

모든 항목을 반드시 포함할 필요는 없습니다. Codex가 판단을 잘못할 가능성이 있거나, 프로젝트마다 달라지는 기준만 선별해 작성하는 것이 가장 효과적입니다.

AGENTS.md는 Codex가 항상 자동으로 모든 내용을 실행하거나 강제 적용하는 규칙 파일은 아닙니다. 이 문서는 Codex가 작업 방향을 이해하도록 돕는 참고 지침에 가깝습니다. 따라서 중요한 규칙은 AGENTS.md에만 의존하지 말고, 필요할 경우 작업 요청 시 다시 한번 명시적으로 지시하는 것이 안전합니다.

예를 들어, 코드 수정 후 린트 실행이 중요하다면 "코드를 수정한 뒤에는 린트 명령 실행 여부를 확인한다."와 같이 작성할 수 있습니다.

### 7.1.3 /init 명령으로 AGENTS.md 초안 생성하기

Codex는 대화형 세션에서 `/init` 명령을 사용해 AGENTS.md 초안을 생성할 수 있습니다. 이 기능은 프로젝트 규칙을 처음부터 직접 작성하는 부담을 줄이기 위한 초기 템플릿 생성용 도구로 활용합니다.

#### 1. 기존 프로젝트에서 초안 생성하기

이미 파일과 디렉터리가 있는 프로젝트라면, 프로젝트 루트에서 Codex 대화형 세션을 시작한 뒤 `/init` 명령을 실행할 수 있습니다. 이때 Codex는 현재 프로젝트의 파일 구조와 사용 언어 등을 참고해 AGENTS.md 초안을 제안합니다. 기본적으로 생성되는 내용과 언어는 실행 환경과 Codex 설정에 따라 달라질 수 있습니다. 특정 언어나 형식을 원한다면 다음과 같이 요청 내용을 함께 전달할 수 있습니다.

```
Codex
> /init 한글로 AGENTS.md 파일을 작성해줘.
```

**2. 새 프로젝트에서 개요를 제공해 생성하기**

새 프로젝트라면 프로젝트 개요를 간단히 알려준 뒤 /init 명령을 사용할 수 있습니다.

```
Codex
> /init React 기반 Todo 웹앱을 위한 AGENTS.md 파일을 작성해줘.
```

이 경우 Codex는 사용자가 제공한 설명을 바탕으로 프로젝트 개요와 작업 시 참고할 수 있는 기본 항목을 포함한 초안을 제안합니다. 다만, 생성되는 내용은 어디까지나 일반적인 예시 수준이므로 실제 프로젝트에 그대로 적용하기보다는 참고 자료로 활용합니다.

**3. 자동 생성된 문서 다듬기**

자동 생성된 문서는 어디까지나 초안이므로 다음 내용을 검토해야 합니다.

- 프로젝트와 맞지 않는 항목 제거
- 길거나 모호한 설명 정리
- 잘못된 명령어나 오타 수정
- 팀 또는 영역별 특성 반영

직접 수정해도 되고, 다음처럼 Codex에 재정리를 요청해도 됩니다.

```
Codex
> AGENTS.md를 더 간결하고 핵심만 남도록 정리해줘.
```

이 과정을 몇 차례 반복하면 프로젝트에 최적화된 AGENTS.md를 빠르게 완성할 수 있습니다.

## 7.1.4 AGENTS.md 관리 원칙

AGENTS.md는 Codex에 프로젝트의 규칙과 작업 기준을 전달하기 위한 지침 문서입니다. 이 문서를 어떻게 작성하고 관리하느냐에 따라 Codex와의 협업 과정에서 규칙 전달의 명확성과 작업 흐름의 일관성이 달라질 수 있습니다.

다음은 실무에서 유용하게 적용할 수 있는 관리 원칙입니다.

### 1. AGENTS.md는 간결하게 유지한다

AGENTS.md에는 프로젝트 전반에서 반드시 공유되어야 할 핵심 규칙만 포함하는 것이 좋습니다. 문서가 지나치게 길어질 경우 필요한 정보를 빠르게 파악하기 어려워질 수 있습니다.

다음과 같은 방향을 권장합니다.

- 프로젝트 전반에 공통으로 적용되는 핵심 지침만 포함
- 한두 문단과 몇 개의 명확한 규칙 수준으로 유지
- 배경 설명이나 세부 기준은 별도 문서로 분리

이렇게 하면 컨텍스트를 절약하고 규칙 인식률을 높이며, 팀 단위로도 유지보수가 쉬워집니다.

### 2. AGENTS.md와 상세 문서를 분리해 관리한다

AGENTS.md는 핵심 규칙만 간단히 요약하고, 세부 지침은 별도 문서로 관리하는 방식이 효과적입니다. 일반적으로는 docs 폴더와 같은 위치에 상세 문서를 정리해두는 방식을 많이 사용합니다.

```
docs/
├──── architecture.md      # 시스템 설계 및 전체 구조 요약
├──── coding-style.md      # 코딩 컨벤션 및 네이밍 규칙
├──── testing-guide.md     # 테스트 작성 및 실행 절차
└──── deployment.md        # 배포 절차와 환경 설정 설명
```

AGENTS.md는 다음 내용만 담아도 충분합니다.

- **프로젝트 개요(3~5줄)**: 프로젝트가 무엇을 하는지 요약
- **기술 스택과 실행 환경**: Codex가 참고해야 할 최소 정보
- **핵심 구조 요약**: 주요 디렉터리 역할을 한 줄씩 정리
- **절대 준수해야 할 규칙(3개 내외)**: 금지 항목 또는 필수 규칙
- **기본 테스트/빌드 명령**: Codex가 자동 실행할 기본값

세부 내용이 필요할 때는 대화 중에 명시적으로 파일을 참조합니다.

```
Codex
> @docs/coding-style.md의 오류 처리 규칙을 적용해 리팩터링해줘.
```

이처럼 역할을 분리해 관리하면 프로젝트 규모가 커지더라도 규칙을 정리하고 유지하는 부담을 줄일 수 있습니다.

## 7.1.5 AGENTS.md 템플릿 예시

다음은 프로젝트 규칙을 정리하는 예시 템플릿입니다. AGENTS.md에는 핵심 규칙과 작업 기준만 간단히 정리하고, 세부 설명은 별도의 문서로 분리해 관리하는 구성을 전제로 합니다.

```
## 프로젝트 개요
Go 기반 실시간 투표 마이크로서비스
SSE(Server-Sent Events)를 사용해 결과를 스트리밍한다.
아키텍처 개요는 docs/architecture.md 문서를 참고한다.
## 개발 환경
go mod download
cp .env.example .env      # DATABASE_URL, REDIS_URL 설정 필수
## 실행
go run cmd/pulse/main.go
# 기본 접속 주소: http://localhost:8080
## 구조 요약
domain/                   # 비즈니스 로직(외부 의존성 없음)
app/                      # 유스케이스(domain만 의존)
adapters/                 # HTTP, DB, Redis 어댑터 구현
의존성 방향: adapters → app → domain
## 테스트
go test ./...             # 전체 테스트
go test -race ./...       # 동시성 검증(필수)
golangci-lint run         # 코드 품질 점검
## 반드시 지켜야 할 사항
1. domain/에 외부 라이브러리 import 금지
2. 오류는 `%w`로 래핑해 전달
3. 전역 변수 금지(DI 사용)
4. panic() 사용 금지
5. 테스트 커버리지 80% 이상 유지
```

이 템플릿은 하나의 예시이며, 모든 프로젝트에 그대로 적용할 필요는 없습니다. 실제 AGENTS.md에는 프로젝트 특성상 Codex가 혼동하기 쉬운 규칙이나 반드시 지켜야 할 기준만 선별해 포함하는 것이 적절합니다.

프런트엔드, 백엔드, 라이브러리 프로젝트 등 유형에 따라 항목 구성과 상세 수준은 자유롭게 조정할 수 있습니다. 예를 들어 React, Vue, Express, NestJS 프로젝트라면 다음과 같은 항목을 중심으로 변형할 수 있습니다.

- 패키지 매니저와 실행 명령
- 디렉터리 구조와 역할
- 코드 스타일과 테스트 방식
- 금지 규칙이나 필수 가이드라인

### 7.1.6 AGENTS.md 문제 해결 가이드

AGENTS.md를 사용할 때 가장 흔하게 발생하는 문제와 그 해결책입니다.

**문제 1. Codex가 문서의 규칙을 따르지 않는 것처럼 보일 때**

AGENTS.md가 너무 길거나 정보가 복잡하면 Codex가 핵심 지침을 정확히 인식하지 못하는 상황이 발생할 수 있습니다.

**해결 방법**

- AGENTS.md 분량이 너무 길지 않은지 확인
- 중요한 규칙을 반드시 지켜야 할 규칙은 문서 상단이나 별도 섹션으로 분리
- 요청 프롬프트에서도 한 번 더 규칙을 상기시키기

**문제 2. 모노레포에서 규칙 충돌이 잦을 때**

모노레포에서는 공통 규칙과 영역별 규칙이 함께 존재하므로 규칙의 범위가 불명확하면 충돌이나 혼선이 발생하기 쉽습니다.

**해결 방법**

- 루트 AGENTS.md에는 최소한의 공통 규칙만 유지
- 영역별 규칙은 각 폴더 AGENTS.md에 작성
- 예외 규칙은 "이 폴더에서는 …를 우선 적용한다." 형태로 분명하게 선언

**문제 3. AGENTS.md를 수정했는데 반영되지 않는 것처럼 보일 때**

장시간 유지된 세션에서는 이전 대화 맥락이 계속 참조되어 문서 변경이 즉시 반영되지 않은 것처럼 느껴질 수 있습니다.

**해결 방법**

- 대화형 세션을 종료하고 새로 시작
- 필요하다면 새 스레드(/new)를 열어 작업 이어가기
- 변경된 AGENTS.md 기준으로 작업해 달라고 명시적으로 요청

AGENTS.md는 Codex의 행동 기준, 프로젝트 개발 문화, 영역별 실행 규칙을 하나로 통합하는 핵심 문서입니다. 문서가 간결하고 구조적으로 잘 정리되어 있을수록 Codex는 일관되고 정확하게 작업을 수행합니다.

## 7.2 세션 관리와 작업 이어 쓰기 기능

**6.2.4절**에서 Codex의 기본적인 세션 개념과 `/new`, `resume` 명령을 간단히 살펴보았습니다. 이 절에서는 실제 프로젝트에서 이를 어떻게 체계적으로 활용하는지 집중적으로 살펴봅니다. Codex는 대화와 파일 변경 정보를 자동으로 저장하므로 세션 구조만 이해하면 어제 하던 작업을 오늘 그대로 이어가기가 매우 쉬워집니다.

### 7.2.1 기억을 보관하는 방식

Codex는 대화를 시작할 때마다 새로운 세션을 생성합니다. 세션은 사용자의 질문, Codex의 응답, 파일 수정 내역 등 작업 맥락을 통째로 담는 작업 단위입니다. 이 정보는 ~/.codex/sessions/[연도]/[월]/[일]/[세션_ID].jsonl 위치에 자동으로 저장됩니다.

> **참고**
>
> ~(틸드)는 사용자 홈 폴더를 뜻합니다. Windows는 `C:\Users\사용자명`, macOS와 Linux는 `/Users/사용자명` 또는 `/home/사용자명` 경로를 가리킵니다.

이처럼 Codex는 세션 단위로 작업 기록을 보관함으로써 대화와 파일 변경 내역을 하나의 맥락으로 관리합니다.

#### 세션 안에서 작업 주제 전환하기

작업을 진행하다 보면 하나의 세션 안에서도 서로 다른 주제를 오가야 하는 상황이 자주 발생합니다. 예를 들어 회원가입 API 설계를 진행하다가 이어서 로그인 API 구현으로 작업 흐름을 전환하는 경우가 이에 해당합니다.

이럴 때는 새로운 요청 흐름을 시작함으로써 대화의 주제를 자연스럽게 전환할 수 있습니다. 이전 대화 내용은 세션 기록으로 남아 있지만, 이후 대화는 새로운 맥락을 중심으로 이어집니다. 이를 통해 같은 프로젝트 안에서 여러 작업을 단계적으로 나누어 진행할 수 있습니다.

예를 들어, 다음과 같이 사용할 수 있습니다.

```
Codex
> /new
```

- **이전 작업 흐름**: 회원가입 API 설계에 대한 대화
- **새로운 작업 흐름**: 로그인 API 구현에 대한 대화

이 방식은 기존 기록을 삭제하지 않으면서도, 현재 다루고 싶은 주제에 집중할 수 있도록 도와줍니다. /clear처럼 대화 맥락을 완전히 초기화하는 것과 달리, 작업 기록은 유지한 상태에서 새로운 흐름을 시작하는 셈입니다.

Codex의 세션과 컨텍스트는 다음과 같은 구조로 이해할 수 있습니다.

- **세션**: 하나의 작업 단위로 생성되는 기록 묶음
- **컨텍스트**: 현재 응답을 생성할 때 Codex가 참고하는 대화 내용과 파일 상태

Codex는 세션을 통해 작업 이력을 보관하고, 컨텍스트를 통해 현재 필요한 정보에 집중합니다. 이 덕분에 사용자는 이전 작업 기록을 참고하며 흐름을 이어갈 수 있고, 필요에 따라 새로운 주제로 자연스럽게 전환할 수 있습니다.

## 세션 이어서 작업하는 세 가지 방식

Codex는 작업 세션을 로컬에 자동으로 저장합니다. 따라서 이전 작업을 다시 이어서 진행하려면 저장된 세션을 불러오는 방식만 익혀두면 됩니다. 상황에 따라 다음과 같은 방법으로 이전 세션을 다시 시작할 수 있습니다.

### 1. 최근 세션 이어가기

방금 전까지 하던 작업을 그대로 이어가고 싶을 때 자주 사용하는 방식입니다.

```
Terminal
codex resume --last
# 또는
codex --continue
```

이 명령을 실행하면 최근에 사용한 세션을 기준으로 작업 흐름이 다시 시작됩니다. 직전 대화와 파일 상태를 참고한 상태에서 곧바로 새로운 요청을 입력할 수 있습니다.

#### 2. 세션 목록에서 직접 골라 불러오기

여러 프로젝트를 오가며 작업하는 경우에는 저장된 세션 목록을 확인한 뒤 원하는 세션을 선택해 불러오는 방식이 유용합니다.

codex resume 명령을 실행하면 최근 생성된 세션들이 목록 형태로 표시됩니다. 보통 생성 시각, 작업 디렉터리, 첫 요청 내용 등이 함께 나타나므로 이전 작업을 비교적 직관적으로 찾을 수 있습니다.

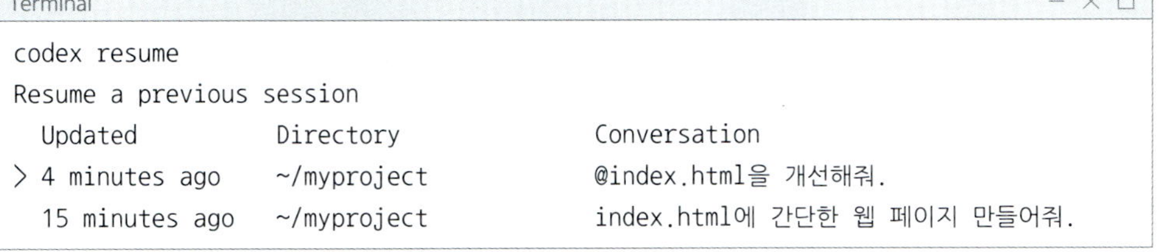

```
Terminal
codex resume
Resume a previous session
  Updated           Directory            Conversation
> 4 minutes ago     ~/myproject          @index.html을 개선해줘.
  15 minutes ago    ~/myproject          index.html에 간단한 웹 페이지 만들어줘.
```

**참고**

첫 프롬프트에 "[프로젝트명] 회원가입 API"처럼 태그를 붙여두면 나중에 목록에서 매우 빠르게 찾을 수 있습니다.

#### 3. 세션 ID로 정확하게 불러오기

세션의 고유 ID를 지정해 불러올 수도 있습니다. 이 방법은 자동화 스크립트나 CI/CD 환경에서 특정 세션을 불러올 때 유용합니다.

```
Terminal
# 출력된 세션 ID로 불러오기
codex resume 1c7e3b40-12ab-4ef9-98cd-1234567890ab
```

세션 ID는 /status 명령이나 세션 목록 화면에서 확인할 수 있습니다.

### 여러 프로젝트를 오갈 때 기억 관리 방법

여러 저장소를 오가며 개발하더라도 Codex는 프로젝트별로 세션을 자동으로 분리해 저장하므로 맥락이 섞일 걱정이 없습니다. 즉, A 프로젝트에서 resume을 실행하면 A의 세션들만, B 프로젝트에서 resume을 실행하면 B의 세션들만 보입니다.

이때 다음 세 원칙만 기억하면 세션을 안정적으로 관리할 수 있습니다.

- **프로젝트에서 이동할 때**: 해당 프로젝트 폴더에서 `codex resume` 실행
- **같은 프로젝트 안에서 작업 흐름을 전환할 때**: `/new` 명령으로 새로운 작업 흐름을 시작
- **중요한 결정이나 규칙은 별도 문서에 기록**: AGENTS.md 또는 docs/notes.md에 기록해 컨텍스트와 무관하게 유지

이 원칙을 따르면 세션이 많아져도 프로젝트별 맥락이 명확하게 구분되고, Codex는 필요한 정보를 안정적으로 기억합니다. 특히 `codex resume` 명령은 현재 작업 중인 프로젝트 폴더를 기준으로 실행해야 합니다. 다른 위치에서 실행하면 원하는 세션을 찾기 어려울 수 있습니다.

### 7.2.2 대화가 길어졌을 때 컨텍스트 최적화하기

Codex로 작업을 이어가다 보면 대화가 길어지면서 현재 작업 맥락에 사용할 수 있는 컨텍스트 여유가 줄어드는 상황이 발생합니다. 이때 화면 하단에는 남아 있는 컨텍스트 사용량을 나타내는 지표가 표시되며, 수치가 낮아질수록 이전 대화나 파일 정보를 충분히 활용하기 어려워질 수 있습니다.

이처럼 컨텍스트가 과도하게 누적되었을 때는 작업 성격에 따라 다음과 같은 두 가지 방식으로 정리할 수 있습니다.

#### 1. 대화 내용을 요약해 컨텍스트 정리하기

Codex가 작업 맥락을 유지한 채 여유 공간을 확보하도록 돕는 가장 안전한 방법입니다. 핵심 결정과 중요한 요청만 남기고, 불필요한 과거 대화는 자동 요약합니다.

```
Codex
> /compact 최근 대화의 핵심만 남기고 이전 내용을 요약해줘.
```

#### 2. 새로운 작업 흐름으로 시작하기

특정 기능 개발처럼 주제가 완전히 바뀐다면 컨텍스트를 남기지 않고 `/new`로 시작하는 편이 더 효율적입니다. 중요한 결정 사항은 AGENTS.md 또는 docs/notes.md에 정리해두면 컨텍스트가 변해도 Codex가 일관되게 작업을 이어갑니다.

보다 체계적인 컨텍스트 관리 기법은 **7.3절**에서 자세히 다룹니다.

### 7.2.3 세션 기록 정리하기

Codex는 세션을 자동으로 저장하지만, 자동으로 삭제되지는 않습니다. 시간이 지나면 수백 개 세션이 쌓일 수 있으므로 정기적으로 정리하면 관리하기 편합니다. 세션 기록은 로컬 파일로 저장되므로 일반적인 파일 관리 방식으로 확인하고 삭제할 수 있습니다.

다음은 macOS와 Linux 환경에서 최근 생성된 세션 파일을 확인하고, 일정 기간이 지난 파일을 정리하는 예시입니다.

```
Codex
# 최근 10개 세션 확인
ls -lt ~/.codex/sessions/*/*/*/*.jsonl | head -10
# 30일 이상 지난 세션 삭제
find ~/.codex/sessions -name "rollout-*.jsonl" -mtime +30 -delete
```

이 명령은 세션 파일의 생성 시점을 기준으로 정리하는 방식입니다. 실제로 삭제를 실행하기 전에는 어떤 파일이 삭제 대상인지 먼저 확인하는 것이 좋습니다.

Windows 환경에서는 PowerShell이나 파일 탐색기를 통해 유사한 방식으로 세션 파일을 관리할 수 있습니다. 입문자라면 터미널 대신 파일 탐색기나 Finder에서 ~/.codex/sessions 폴더를 직접 열어 필요 없는 .jsonl 파일을 삭제해도 됩니다.

프로젝트의 핵심 규칙이나 의사결정은 AGENTS.md 또는 docs/notes.md에 기록해두는 것이 가장 안전합니다. 반면, 세션 파일은 대화 이력 저장소이기 때문에 필요 없으면 언제든 정리해도 됩니다. 프로젝트에는 전혀 영향을 주지 않습니다.

### 7.2.4 세션 관련 문제 해결 가이드

세션 기능은 자동 저장, 자동 복원을 지원하지만, 대화가 이어지지 않거나 기록이 안 보이는 상황이 가끔 발생할 수 있습니다. 이는 대부분 세션 자체의 오류라기보다는 현재 컨텍스트 상태나 세션 선택 방식과 관련한 문제입니다.

**문제 1. resume --last 실행 후 빈 화면이 뜰 때**

이는 의도와 달리 다른 세션이 선택되었거나 새로운 작업 흐름이 시작된 경우에 주로 발생합니다.

**해결 방법**

- /status로 현재 활성화된 세션 상태를 확인

- `codex resume`으로 세션 목록을 열고, 원하는 세션을 다시 선택

**문제 2. 세션 목록이 너무 많아 원하는 작업을 찾기 어려울 때**

세션은 자동으로 삭제되지 않기 때문에 장기간 사용하면 세션 목록이 길어질 수 있습니다. 이 경우 필요한 작업을 빠르게 찾기 어려워질 수 있습니다.

**해결 방법**

- 최근 작업만 이어가고 싶다면 `codex resume --last` 명령 활용
- 일정 주기로 ~/.codex/sessions 폴더 정리

**문제 3. Codex가 대화 흐름을 충분히 반영하지 못할 때**

이는 대개 컨텍스트가 과도하게 누적되었거나 중요한 기준 정보가 대화에만 의존하고 있는 경우에 발생합니다.

**해결 방법**

- `/compact`로 이전 대화를 요약하고 컨텍스트를 정리
- 중요한 결정은 AGENTS.md 또는 docs/notes.md에 문서화
- 작업 주제가 명확히 달라진 경우에는 새로운 작업 흐름으로 시작

다음 기준을 적용하면 세션 사용 중 발생하는 대부분의 혼란을 비교적 쉽게 해결할 수 있습니다.

- 세션은 자동 저장되지만, 어떤 세션을 사용할지는 사용자가 명확히 선택해야 합니다.
- 대화 맥락은 컨텍스트 상태에 따라 달라지므로 필요에 따라 정리하거나 새 흐름으로 전환합니다.
- 장기적으로 유지되어야 할 정보는 반드시 문서로 관리해야 안정적입니다.

## 7.3 컨텍스트 관리와 토큰 최적화

**7.1절**에서는 AGENTS.md로 프로젝트 규칙을 Codex에 전달하는 방법을, **7.2절**에서는 세션 관리와 이전 작업을 이어가는 방법을 살펴봤습니다.

이제는 Codex가 실제로 어떤 정보를 기억하고, 그 기억이 컨텍스트와 토큰을 어떻게 소모하는지 살펴보겠습니다. 그리고 장시간 세션에서도 성능을 유지하는 실전 관리 루틴을 다룹니다. 컨텍스트와 토큰의 기본 개념을 **4.3절**에서 이미 소개했으므로 이 절에서는 Codex 내부의 프롬프트 구성 방식과 실제 개발 중 적용할 최적화 전략에 집중합니다. 컨텍스트 관리는 단순히 토큰을 아끼는 문제가 아니라, Codex가 작업 맥락을 정확히 유지하도록 하는 핵심 전략입니다.

### 7.3.1 기억하는 정보의 구조

Codex는 세션이 시작되거나 새로운 요청을 처리할 때, 현재 작업과 관련된 여러 정보를 함께 고려해 응답을 생성합니다. 이 정보들은 하나의 입력 맥락으로 결합되어 컨텍스트를 형성하며, 각 요소는 서로 다른 역할을 수행합니다.

**표 7-2** Codex가 참고하는 정보의 구조

| 순서 | 구성 요소 | 설명 |
|---|---|---|
| 1 | 시스템 지침 | Codex의 기본 동작 원칙에 해당하는 내부 지침 |
| 2 | 프로젝트 규칙 | 현재 작업 디렉터리를 기준으로 불러온 AGENTS.md 등 프로젝트 관련 지침 |
| 3 | 도구 설정 정보 | 연결된 MCP 도구와 관련된 설정 및 사용 정보 |
| 4 | 첨부 리소스 | 대화 중 명시적으로 참조한 파일, 이미지, 기타 리소스 |
| 5 | 대화 이력 | 사용자 요청, Codex의 응답, 코드 변경 내역 등 누적된 작업 기록 |

이러한 정보가 누적될수록 컨텍스트에서 차지하는 비중도 함께 증가합니다. Codex는 비교적 큰 규모의 입력 컨텍스트를 처리할 수 있지만, 실제 사용 환경에서는 출력 토큰, 내부 처리 공간, 시스템 영역 등을 함께 고려해야 합니다. 따라서 일정 수준을 넘어서면 사용할 수 있는 여유 공간이 빠르게 줄어들 수 있습니다. 따라서 안정적인 성능을 유지하려면 다음 원칙을 지키는 것이

중요합니다.

- 필요한 순간에만 파일, 이미지, 리소스 첨부하기
- AGENTS.md는 최대한 간결하게 유지하기
- 대화 이력은 /compact로 정기적으로 정리하기

## 7.3.2 컨텍스트 점검과 최적화 루틴

Codex는 세션 화면 하단에 항상 남은 컨텍스트 비율을 표시합니다. 다음 표는 이 수치를 기준으로 어떤 조치를 취할지 정리한 것입니다.

**표 7-3** 컨텍스트 여유 공간 따른 조치

| 상태 | 여유 공간 | 권장 조치 |
|---|---|---|
| 70% 이상 | 여유 | 긴 설명이나 파일 첨부 가능 |
| 40~70% | 정상 | 기능 단위로 마무리한 후 정리 시점 검토 |
| 20~40% | 주의 | 응답 지연 가능성, 요약 필요성 증가 |
| 20% 미만 | 위험 | 작업 흐름 정리 또는 새 흐름 시작 고려 |

컨텍스트 비율은 캐시된(재사용 가능한) 토큰을 제외한 실제 사용량을 기준으로 계산되므로 입력한 텍스트 길이와 정확히 일치하지 않을 수 있습니다. 정확한 토큰 수는 /status 명령으로 확인할 수 있습니다.

### 컨텍스트를 정리하는 두 가지 도구

Codex에서는 작업 흐름에 따라 컨텍스트 부담을 줄일 수 있는 두 가지 대표적인 방법을 활용할 수 있습니다.

**표 7-4** 컨텍스트 관리 방식

| 구분 | 작동 방식 | 사용 시점 |
|---|---|---|
| /compact | 최근 대화는 유지하고 과거 내용을 자동 요약 | 기능 단위 작업 종료 후, 컨텍스트 부담이 커졌을 때 |
| 새 작업 흐름 시작 (/new) | 이전 대화 기록은 세션에 남아 있고, 이후 요청은 새로운 주제를 중심으로 이어감 | 주제가 명확히 전환되거나 작업 성격이 완전히 달라질 때 |

AGENTS.md나 MCP 설정은 요약 대상이 아니므로 지침이 지워질 걱정은 없습니다. 또한 새로운 작업 흐름으로 시작하더라도 기존 세션 기록은 그대로 유지됩니다.

/compact를 사용할 때 요약 대상과 우선순위를 함께 지정하면, 중요한 판단과 결정은 유지하면서도 컨텍스트 사용량을 효과적으로 줄일 수 있습니다.

```
Codex
> /compact 메모리 최적화 관련 결론은 자세히 남기고 나머지는 요약해줘.
```

## 토큰 낭비를 줄이는 다섯 가지 습관

Codex의 컨텍스트 윈도우는 한정되어 있습니다. 불필요한 정보가 많을수록 중요한 코드나 대화의 맥락이 밀려나게 됩니다. 컨텍스트는 단순한 '문자열 저장 공간'이 아니라, Codex가 현재 작업을 이해하고 판단하는 데 참고하는 작업 맥락의 집합입니다. 따라서 컨텍스트를 어떻게 관리하느냐에 따라 응답의 정확도와 작업 효율이 크게 달라집니다.

여기서 소개하는 다섯 가지 습관은 실무에서 불필요한 토큰 사용을 줄이고, 컨텍스트를 보다 안정적으로 유지하는 데 도움이 됩니다.

### 1. AGENTS.md를 간결하게 유지하기

AGENTS.md는 세션이 시작될 때마다 Codex가 참고하는 프로젝트 기준 문서입니다. 반드시 지켜야 할 규칙과 기준만 남기고, 상세 설명이나 참고 자료는 README.md와 같은 별도 문서로 분리하는 것이 좋습니다.

### 2. 파일과 이미지는 필요한 만큼만 첨부하기

/mention으로 전체 파일을 첨부하면 모든 코드가 컨텍스트에 포함됩니다. 필요한 부분만 요약하거나 특정 함수만 보내면 토큰을 절약할 수 있습니다. 이미지도 필요한 부분을 캡처하거나 해상도를 줄이는 것이 좋습니다.

### 3. 요청을 묶어서 전달하기

"A.js 수정 → 확인 → B.js 수정 → 확인"처럼 나누면 대화 이력이 빠르게 커집니다. "A.js와 B.js를 같은 규칙으로 수정해줘."처럼 관련 작업을 한 번의 요청으로 묶어 전달하면 대화 길이를 줄이면서도 의도를 명확히 전달할 수 있습니다

### 4. 기능 단위로 세션 끊기

하나의 세션을 장시간 유지하기보다는, 기능 단위로 작업을 마무리한 뒤 컨텍스트를 정리하는 것이 좋습니다.

기능이 완료된 시점에 대화를 요약하거나 작업을 종료한 뒤, 이후 필요할 때 `codex resume`을 통해 새로운 흐름으로 다시 시작하면 컨텍스트 관리가 훨씬 수월해집니다.

**5. 사용하지 않는 MCP 서버 끄기**

MCP 서버는 각 도구의 스펙 정보를 컨텍스트에 추가합니다. 사용하지 않는 MCP 서버를 ~/.codex/config.toml에서 `enabled = false`로 비활성화하면 불필요한 토큰 낭비를 줄일 수 있습니다(자세한 설정은 **8.1절** 참고).

### 7.3.3 컨텍스트를 지키면서 공유 정보를 늘리는 방법

컨텍스트 절약만 신경 쓰다 보면 개발 흐름이 끊기거나 정보가 사라지는 문제가 생길 수 있습니다. 다음 세 방법을 활용하면 핵심 정보는 유지하면서도 토큰 사용량을 최소화할 수 있습니다.

**1. AGENTS.md + resume 조합**

이 루틴을 사용하면 Codex가 요약된 세션 정보와 AGENTS.md를 기준으로 맥락을 안정적으로 복원합니다.

- **규칙, 원칙, 아키텍처**: AGENTS.md에 정리
- **현재 작업 현황**: 세션 종료 직전에 한두 줄로 간단히 정리
- **세션 종료 전**: `/compact`로 대화 요약
- **다음 작업 시작 시**: `codex --continue` 또는 `codex resume --last` 사용

**2. TODO 체크리스트로 진행 상황 기록**

Codex는 체크리스트 형식을 매우 잘 인식합니다. 다음처럼 핵심 작업을 체크리스트로 남겨두면 대화를 요약(`/compact`)한 이후에도 현재 진행 상태를 빠르게 파악할 수 있는 기준점으로 활용하기 좋습니다.

```
- [ ] API 인증 로직 정리
- [x] 로그인 페이지 리팩터링 완료
```

**3. 이미지 + 짧은 설명 함께 제공**

이미지를 단독으로 보내면 Codex가 상황을 오해할 수 있습니다. 다음처럼 이미지에 간단한 설명을 조합하면 적은 토큰으로 높은 정확도를 제공합니다.

```
Codex
> -i error.png 이 오류는 로그인 직후 발생했고, 오른쪽 아래 빨간 메시지를 분석해줘.
```

이 방법들은 특히 장시간 세션을 운영하거나 복잡한 기능을 개발할 때 큰 차이를 만들어 냅니다.

**7장**에서는 Codex가 프로젝트 규칙을 이해하도록 돕는 AGENTS.md, 중단 없이 작업을 이어가는 세션과 스레드 관리, 그리고 성능을 유지하기 위한 컨텍스트 최적화 전략을 살펴보았습니다. 이 세 요소를 잘 활용하면 Codex는 단순한 코드 생성기가 아니라, 프로젝트 맥락을 이해하고 지속적으로 협업하는 개발 파트너가 됩니다.

이제 여러분은 Codex가 안정적으로 작업을 수행할 수 있는 환경을 설계하고 관리하는 기본 역량을 갖추었습니다. 다음 장에서는 이를 기반으로 한 더 실전적인 자동화 기능과 고급 활용법을 이어서 살펴보겠습니다.

# 8장
# Codex CLI 고급 기능 활용하기

이 장에서는 Codex를 한 단계 더 깊이 있게 활용하기 위해 MCP 서버 연동, 설정 파일 관리(config.toml), 세션 로그 아카이브 관리, IDE 통합 확장 기능 등 실전 개발 환경에서 바로 활용할 수 있는 고급 기능을 다룹니다.

# 8.1 MCP 서버 연결하기

MCP의 개념과 작동 원리는 **5장**에서 살펴보았습니다. 이 절에서는 실제로 Codex에 MCP 서버를 연결하는 과정을 다룹니다. Codex는 Claude Code처럼 설정 화면에서 MCP를 관리하지 않고, 설정 파일(config.toml)을 직접 수정해야 MCP 서버를 등록할 수 있다는 점에서 차이가 있습니다.

## 8.1.1 config.toml 파일 위치 확인하기

Codex의 주요 설정(모델, 승인 정책, MCP 서버 등록)은 config.toml 파일에서 관리됩니다. 따라서 MCP 연동이나 고급 설정을 진행하려면 먼저 이 파일의 위치를 확인해야 합니다.

1. Cursor를 열고 메뉴에서 **File → Open File**을 선택하거나 단축키 Ctrl + O 또는 command + O를 눌러 **홈 폴더**를 선택합니다.
   - **macOS/Linux**: /Users/사용자명 폴더 선택 예 /Users/gilbut
   - **Windows**: C:\Users\사용자명 폴더 선택 예 C:\Users\gilbut

2. 홈 폴더에서 .codex 폴더를 찾아 **config.toml** 파일을 확인합니다.

> **참고**
>
> .으로 시작하는 폴더는 Windows와 macOS의 기본 탐색기에서는 보이지 않습니다. Cursor 파일 탐색기에서는 .codex 폴더가 기본으로 표시되므로 입문자라면 Cursor를 사용하길 권장합니다.

## 8.1.2 MCP 서버 연결 설정하기

Codex가 MCP 서버를 인식하고 적용하도록 설정하는 방법을 알아봅니다. Node.js 설치(**3.1.1절** 참고), GitHub PAT 발급(**5.2.2절** 참고) 등 기본 준비는 이미 완료되었다고 가정합니다.

1. 앞에서 확인한 config.toml 파일을 Cursor에서 엽니다.

2. [mcp_servers.서버명] 형태로 MCP 서버 하나당 블록 하나를 추가합니다. 예를 들어, GitHub MCP를 등록하려면 다음과 같이 작성합니다.

~/.codex/config.toml

```
[mcp_servers.github]
command = "npx"
args = ["-y", "@modelcontextprotocol/server-github@latest"]
env = { GITHUB_PERSONAL_TOKEN = "ghp_xxx" }
```

- **[mcp_servers.서버명]**: MCP 서버를 Codex에 등록하는 블록, 서버명은 자유롭게 지정 가능
  예 github, playwright, my-custom-mcp 등
- **command**: Codex가 MCP 서버를 실행할 때 호출할 명령어(Node.js 기반 MCP 서버의 경우 "npx")
- **args**: command에 전달할 인자 목록, 실행할 MCP 패키지를 지정
- **env**: MCP 서버가 외부 서비스(API)에 접근할 때 사용할 인증 정보 설정

3. 변경 사항을 저장한 뒤, 터미널에서 Codex를 실행합니다.

```
Terminal
codex
```

4. 세션이 시작되면 다음 명령을 실행해 현재 인식된 MCP 서버를 확인합니다.

```
Codex
> /mcp
```

5. 정상적으로 연결되면 등록한 MCP 서버 목록이 표시됩니다.

```
Codex
MCP Tools
- github
- playwright
```

MCP를 등록한 후에는 /status 명령으로 전체 세션 환경을 반드시 점검하세요. MCP 도구가 활성화된 상태(예 "enabled")로 표시되면 정상 연결된 것입니다.

## 8.1.3 MCP 서버 연결 실습: Playwright, GitHub, Context7

이번에는 Playwright, GitHub, Context7 MCP 서버를 실제로 연결하는 과정을 실습합니다. 설치나 개념 설명은 **5장**에 이미 다루었으므로 여기서는 Codex와 연결하는 방식만 집중적으로 다룹니다.

### Playwright MCP 연결하기

1. ~/.codex/config.toml 파일에 다음과 같이 Playwright MCP 설정 블록을 추가합니다.

~/.codex/config.toml

```
[mcp_servers.playwright]
command = "npx"
args = ["-y", "@playwright/mcp@latest"]
```

- **`[mcp_servers.playwright]`**: MCP 서버 이름은 `playwright`로 지정
- **`command = "npx"`**: 별도 설치 없이 npx로 실행
- **`args = ["-y", "@playwright/mcp@latest"]`**: 자동 확인(-y) 후 최신 Playwright MCP 실행

2. 파일을 저장하고 Codex를 재실행한 뒤 `/mcp` 명령을 입력합니다. 결과에 `playwright` 상태가 enabled로 표시되면 연결 성공입니다.

```
Codex
MCP Tools
 • playwright
   • Status: enabled
```

**npx를 인식하지 못할 때 해결 방법**

일부 환경에서는 Codex가 시스템의 npx 위치를 찾지 못해 MCP가 실행되지 않는 문제가 발생할 수 있습니다. 이 경우 npx의 절대 경로를 직접 지정해야 합니다.

- **macOS(Apple Silicon)**: /opt/homebrew/bin/npx
- **macOS (Intel/Homebrew)**: /usr/local/bin/npx
- **Windows**: C:/Users/사용자명/AppData/Roaming/npm/npx.cmd 또는 C:/Program Files/nodejs/npx.cmd

Windows의 경우 \(역슬래시)는 Codex에서 이스케이프 문자로 처리되므로 슬래시(/)로 변경해야 합니다.

~/.codex/config.toml

```
# macOS
[mcp_servers.playwright]
command = "/opt/homebrew/bin/npx"
args = ["-y", "@playwright/mcp@latest"]
# Windows
[mcp_servers.playwright]
command = "C:/Users/gilbut/AppData/Roaming/npm/npx.cmd"
args = ["-y", "@playwright/mcp@latest"]
```

## GitHub MCP 연결하기

GitHub MCP를 사용하려면 GitHub PAT(Personal Access Token)이 필요합니다(**5.2.2절** 참고).

1. ~/.codex/config.toml 파일에 다음 서버 블록을 추가합니다.

~/.codex/config.toml

```
[mcp_servers.github]
command = "npx"
args = ["-y", "@modelcontextprotocol/server-github@latest"]
env = { GITHUB_PERSONAL_TOKEN = "ghp_xxx" }
```

- **`args = ["-y", "@modelcontextprotocol/server-github@latest"]`**: GitHub MCP 서버 패키지 실행
- **`env = { GITHUB_PERSONAL_TOKEN = "ghp_xxx" }`**: GitHub 인증을 위한 PAT 전달, ghp_xxx 부분은 실제 토큰으로 교체

2. 파일을 저장하고 Codex를 재실행한 뒤 `/mcp` 명령을 실행합니다. 결과에 `github`가 enabled로 표시되면 연결 성공입니다.

```
Codex
MCP Tools
• github
  • Status: enabled
```

### GitHub PAT를 안전하게 관리하는 방법

개인용 PC가 아니라면, config.toml에 토큰(PAT)을 직접 작성하는 것은 위험합니다. 누군가가 파일을 열어보거나 GitHub에 업로드했을 때 토큰이 그대로 노출되는 위험이 있을 수 있습니다. 노출 위험을 줄이기 위한 두 가지 방법이 있습니다.

**1. 환경 변수로 분리하기(권장)**

가장 간단하면서도 안전한 방법은 환경 변수(environment variable)를 사용하는 것입니다. 토큰을 환경 변수로 등록해두면 config.toml에 직접 적지 않아도 Codex가 실행될 때 자동으로 불러옵니다.

Terminal

```
# macOS/Linux
export GITHUB_PERSONAL_TOKEN="ghp_xxx"
# Windows
setx GITHUB_PERSONAL_TOKEN "ghp_xxx"
```

환경 변수로 등록된 값을 config.toml에서 참조합니다.

config.toml

```
[mcp_servers.github]
command = "npx"
args = ["-y", "@modelcontextprotocol/server-github@latest"]
env = { GITHUB_PERSONAL_TOKEN = "${GITHUB_PERSONAL_TOKEN}" }
```

이 방식은 토큰이 설정 파일에 직접 남지 않기 때문에 가장 간편하고 안전합니다.

**2. 운영체제의 보안 저장소 활용하기(고급)**

운영체제에는 기본으로 제공되는 보안 저장소가 있습니다. Windows는 Credential Manager, macOS는 Keychain, Linux는 gnome-keyring이 대표적입니다. 이곳에 토큰을 저장한 뒤 Codex를 실행하기 전에 환경 변수로 불러오는 방식입니다.

예를 들어 macOS에서는 다음 명령으로 Keychain에 토큰을 저장할 수 있습니다.

Terminal

```
security add-generic-password -a "codex-github" -s "codex" -w "ghp_xxx"
```

Codex를 실행하기 전에 환경 변수를 불러옵니다.

Terminal

```
export GITHUB_PERSONAL_TOKEN=$(security find-generic-password -a "codex-
github" -s "codex" -w)
codex
```

가장 안전하지만 설정 과정은 다소 복잡하기 때문에 팀 프로젝트나 기업 환경에서 권장하는 방법입니다.

## Context7 MCP 연결하기

현재 Codex에서 Supabase MCP는 지원하지 않습니다. 그래서 문서 검색에 특화된 Context7 MCP를 연결해 보겠습니다. **Context7 MCP**는 React, Next.js, TypeScript, Python 등 주요 기술 문서를 로컬 또는 서버에 인덱싱해 Codex에 제공하는 MCP 서버입니다. 이를 연결하면 웹 브라우저를 오가며 문서를 검색할 필요 없이 Codex 세션 안에서 자연어로 질문하면 관련 문서 내용을 기반으로 한 답변을 받을 수 있습니다. 단, 인터넷을 실시간 검색하는 기능은 아니며 MCP 서버가 제공하는 문서 인덱스를 조회하는 방식입니다.

1. ~/.codex/config.toml 파일에 다음 서버 블록을 추가합니다.

~/.codex/config.toml

```
[mcp_servers.context7]
command = "npx"
args = ["-y", "@upstash/context7-mcp@latest"]
```

2. 파일을 저장하고 Codex를 재실행한 뒤 다음 /mcp 명령을 입력합니다. 결과에 context7이 enabled로 표시되면 연결 성공입니다.

Codex

```
MCP Tools
• context7
    • Status: enabled
```

3. 다음과 같이 질문하면 Codex가 Context7 MCP를 통해 공식 문서를 조회하고, 사용법과 예제 코드를 안내합니다.

```
Codex
> Next.js App Router에서 동적 라우팅은 어떻게 구현해?
• 다음은 Next.js 13+ App Router에서 동적 라우팅을 구현하는 핵심 패턴과 예시입니다.
  기본 동적 세그먼트
  - 폴더 이름에 대괄호를 사용해 세그먼트를 동적으로 만듭니다: [id], [slug]
  - 예: app/products/[id]/page.tsx
    // app/products/[id]/page.tsx
    import { notFound } from 'next/navigation';
(하략)
```

이제 Codex에서 MCP를 연결해 Playwright로 웹 브라우저 자동화, GitHub로 저장소 관리, Context7으로 라이브러리 문서 검색을 자연어로 수행할 수 있습니다. 다만, 여러 MCP를 동시에 연결하면 응답이 지연되고 토큰 사용량이 증가할 수 있습니다. 사용하지 않는 MCP는 주석 처리하거나 블록을 제거해 두세요.

~/.codex/config.toml

```
# [mcp_servers.playwright]
# command = "npx"
# args = ["-y", "@playwright/mcp@latest"]
```

# 8.2 config.toml 심화 설정 가이드

앞서 MCP 서버 연결을 중심으로 Codex의 설정을 다뤘습니다. 이 절에서는 한 단계 더 들어가 Codex의 실행 환경 전반을 제어하는 핵심 설정 파일인 config.toml을 체계적으로 구성하는 방법을 살펴봅니다.

Codex는 별도 설정 없이도 바로 사용할 수 있지만, config.toml을 적절히 조정하면 매번 명령줄 옵션을 입력할 필요 없이 더 안정적이고 일관된 개발 환경을 만들 수 있습니다. 특히 모델 선택, 승인 정책, 샌드박스 범위, 환경 변수 접근 정책, MCP 등록 정보를 한곳에서 관리할 수 있다는 점이 큰 장점입니다.

> **참고**
>
> 입문자는 기본 설정만으로 충분합니다. 이 절은 중급 이상의 사용자 또는 팀 환경에서 Codex를 정교하게 운영하고 싶은 독자를 위한 가이드이므로 필요한 항목만 선택적으로 적용해도 무방합니다.

## 8.2.1 config.toml의 전체 구조 이해하기

**config.toml**은 Codex의 환경을 제어하는 파일로, Codex가 세션마다 어떤 모델을 사용하고, 어떤 범위까지 파일을 수정하며, 어떤 MCP 서버를 로드할지 등을 정의합니다. Windows의 제어판이나 macOS의 시스템 설정처럼, 한 번만 설정해두면 지속적으로 적용되는 전역 설정 파일입니다.

Codex에서 관리 가능한 주요 항목은 다음과 같습니다.

- AI 모델 선택(model)
- 사고 깊이(model_reasoning_effort)
- 승인 정책(approval_policy)
- 샌드박스 범위(sandbox_mode)

- MCP 서버 구성(mcp_servers.*)
- 환경 변수 접근 제어(shell_environment_policy)

다음 예시는 실무에서 자주 사용하는 config.toml 파일 구성으로, Codex를 안정성과 보안을 우선한 기본 운영 환경으로 구성한 형태입니다. 프로젝트 성격이나 팀 정책에 따라 일부 항목은 조정해 사용할 수 있습니다.

~/.codex/config.toml 기본 구조 예시

```
# 기본 모델
model = "gpt-5.2-codex"
# 사고 깊이(권장: medium)
model_reasoning_effort = "medium"
# 주요 작업에만 승인 요청
approval_policy = "on-request"
# 현재 프로젝트 폴더만 수정 가능
sandbox_mode = "workspace-write"
# Codex가 접근 가능한 환경 변수 제어
[shell_environment_policy]
include_only = ["PATH", "HOME", "USER", "LANG"]
# 문서 검색 MCP 예시(Context7)
[mcp_servers.context7]
command = "npx"
args = ["-y", "@upstash/context7-mcp@latest"]
```

설정을 변경한 뒤에는 반드시 Codex를 재시작해야 적용됩니다. 문법 오류가 있는 경우 Codex가 정상적으로 실행되지 않거나, MCP 서버가 로드되지 않을 수 있습니다. 따라서 Cursor와 같은 에디터에서 TOML 문법 하이라이트와 오류 표시를 활용해 설정을 검증하는 것을 권장합니다.

## 8.2.2 자주 사용하는 핵심 설정 항목

Codex의 동작을 제어하는 주요 설정 항목을 하나씩 살펴보겠습니다. 모든 설정은 선택 사항이며, 설정하지 않으면 Codex가 기본값으로 안전하게 동작합니다.

### model - 기본 AI 모델 지정

Codex가 기본으로 사용할 모델을 지정합니다.

```
model = "gpt-5.2-codex"
```

이 설정이 없으면 Codex는 최신 기본 모델을 자동 선택합니다. 자주 사용하는 모델이 있다면 해당 모델로 지정해두는 것이 편리합니다.

### model_reasoning_effort - 사고 깊이 조절

AI가 문제를 얼마나 깊이 분석하고 사고할지 정의합니다.

```
model_reasoning_effort = "high"
```

값이 높을수록 더 정확하지만 시간이 오래 걸리고, 토큰 사용량(비용)도 많아집니다.

**표 8-1** model_reasoning_effort 설정 값

| 값 | 의미 | 추천 상황 |
|---|---|---|
| low | 빠른 응답 중심 | 단순 수정, 반복 작업 |
| medium | 정확도/속도 균형(권장) | 대부분의 개발 작업 |
| high | 깊은 사고, 비용 증가 | 난도 높은 버그, 복잡한 설계 |

일반적인 개발은 medium, 프로덕션 핵심 로직이나 까다로운 문제 분석에는 high, 빠른 프로토타이핑이나 실험 단계에서는 low가 효율적입니다.

### approval_policy - 명령 실행 전 승인 방식

Codex가 파일을 수정하거나 명령을 실행하기 전에 사용자에게 승인을 요청할지 여부를 결정합니다.

```
approval_policy = "on-request"
```

**표 8-2** approval_policy 설정 값

| 값 | 작동 방식 | 추천 상황 |
|---|---|---|
| always | 모든 변경 전 승인 | 학습 단계, 민감한 저장소 |
| on-request | 필요한 작업만 승인(권장) | 개인/팀 개발 환경 |
| never | 승인 없이 자동 실행 | 스크립트, CI/CD 자동화용 |

기본은 on-request를 권장합니다. never는 Git 버전 관리가 완비된 안전한 환경에서만 사용하세요.

### sandbox_mode - 파일 접근 범위 제한

Codex가 로컬 파일 시스템에서 어디까지 읽고 쓸 수 있는지를 제어합니다.

```
sandbox_mode = "workspace-write"
```

**표 8-3** sandbox_mode 설정 값

| 값 | 작동 방식 | 추천 상황 |
|---|---|---|
| read-only | 파일 읽기만 가능 | 코드 분석, 문서 검색 |
| workspace-write | 현재 프로젝트만 수정 가능(권장) | 대부분의 개발 작업 |
| full-access | 시스템 전체 접근 | 도구 관리 등(주의 필요) |

실수로 루트 디렉터리에 파일을 생성하거나 시스템 파일을 덮어쓰는 사고를 방지하기 위해 workspace-write가 가장 안전하고 실용적입니다. 또한 승인 정책과 조합해 다음과 같은 모드로 운영할 수 있습니다.

- **탐색 모드**: read-only + always
- **일반 개발 모드**: workspace-write + on-request
- **자동화 모드**: workspace-write + never

### shell_environment_policy - 환경 변수 접근 제어

보안이 필요한 프로젝트에서는 Codex가 어떤 환경 변수에 접근할지 제한할 수 있습니다.

```
[shell_environment_policy]
include_only = ["PATH", "HOME", "USER"]
```

**표 8-4** shell_environment_policy 옵션

| 옵션 | 의미 |
|---|---|
| include_only | 지정 변수만 허용(화이트리스트) |
| exclude | 지정된 패턴을 차단(블랙리스트) |

```
# 예시 1. 허용 목록 방식(화이트리스트)
[shell_environment_policy]
include_only = ["PATH", "HOME", "USER", "LANG"]
# 예시 2. 차단 목록 방식(블랙리스트)
[shell_environment_policy]
exclude = [
  "AWS_*",          # AWS 관련 변수
  "*_SECRET",       # SECRET으로 끝나는 변수
  "DATABASE_*"      # 데이터베이스 관련 변수
]
```

팀 또는 회사 프로젝트에서는 화이트리스트 방식(include_only)이 가장 안전합니다.

## 8.2.3 Codex의 설정 우선순위와 환경 변수 활용

Codex는 config.toml을 통해 기본 실행 환경을 구성하지만, 실제 개발에서는 일시적으로 다른 모델을 사용하거나 승인 정책을 다르게 적용해야 하는 상황이 자주 발생합니다. 이 절에서는 Codex가 설정 값을 읽는 우선순위, 명령줄 플래그와 환경 변수를 활용해 유연하게 설정을 변경하는 방법을 살펴봅니다.

### 설정 적용 우선순위

Codex는 다음 순서대로 설정을 읽어 최종 동작 방식을 결정합니다.

**표 8-5** Codex의 설정 우선 순위

| 우선순위 | 설정 위치 | 설명 | 적용 범위 |
|---|---|---|---|
| 1 | 명령줄 플래그 | 실행 시 직접 지정한 옵션 | 단일 실행 |
| 2 | 환경 변수 | 현재 터미널/세션 단위 설정 | 터미널 종료 전까지 유지 |
| 3 | config.toml | Codex의 기본 설정 | 항상 적용되는 기본값 |

즉, **명령줄 플래그 > 환경 변수 > config.toml** 순으로 우선 적용됩니다. 따라서 일시적인 테스트는 명령줄 플래그로, 터미널 단위 변경은 환경 변수로, 지속적 설정은 config.toml 파일로 관리하는 것이 가장 효율적입니다.

### 명령줄 플래그로 일시적 설정 변경하기

명령줄 플래그는 한 번만 다른 모델을 쓰거나 특정 명령에서만 승인 정책을 바꾸고 싶을 때 가

장 빠르고 안전한 방법입니다.

```
Terminal
# 한 번만 다른 모델 사용
codex --model gpt-5.2-codex-max "이 코드 리팩터링해줘."
# 승인 없이 빠르게 테스트 실행
codex -a never "테스트 통과할 때까지 수정해줘."
# 읽기 전용 모드로 안전하게 분석
codex -s read-only "이 프로젝트 구조를 분석해줘."
```

이 방식은 config.toml을 건드리지 않고도 필요한 순간에만 설정을 바꿀 수 있기 때문에 데모, 테스트, 비파괴 분석 작업에서 유용합니다.

### 환경 변수로 세션 단위 설정 변경하기

환경 변수는 현재 터미널 세션 전체에 임시 설정을 적용할 때 사용합니다. config.toml을 수정할 필요가 없으며, 터미널을 닫으면 자동으로 초기화하므로 실험적 설정에 적합합니다.

```
Terminal
export CODEX_SANDBOX_MODE="read-only" # macOS/Linux
set CODEX_SANDBOX_MODE=read-only      # Windows 명령 프롬프트
$env:CODEX_SANDBOX_MODE="read-only"   # Windows PowerShell
codex  # 현재 터미널에서 실행되는 모든 Codex 작업은 읽기 전용
```

한 줄로 일회성 실행도 가능합니다. 이 방식은 테스트, 읽기 전용 점검, 민감한 코드 분석 등에서 특히 유용합니다.

```
Terminal
CODEX_SANDBOX_MODE=read-only codex
```

Codex의 설정은 다음 원칙으로 관리하는 것이 가장 안전하고 효율적입니다.

- 지속적이고 일관된 동작 → config.toml
- 세션 단위 변경(터미널 범위) → 환경 변수
- 일회성 변경 → 명령줄 플래그

이 조합을 사용하면 설정 파일을 매번 수정할 필요 없이 작업 목적에 따라 Codex의 동작을 빠르게 전환할 수 있습니다.

## 8.3 세션 로그 이해하기 - 자동 기록 구조와 분석 방법

Codex는 모든 세션을 자동으로 기록합니다. 이 절에서는 세션 로그가 어디에 저장되는지, 어떤 형식으로 구성되어 있는지, 토큰 사용량과 작업 흐름이 어떻게 기록되는지를 단계적으로 살펴봅니다. 세션 로그 구조를 이해하면 작업 흐름을 분석하거나 디버깅할 때 큰 도움이 됩니다.

### 8.3.1 세션 로그의 저장 위치와 관리 방식

Codex는 세션별로 로그 파일을 날짜, 시간 단위 구조로 정리해 저장합니다. 저장 경로를 알고 있으면 지난 작업을 손쉽게 찾거나 특정 요청의 수행 내역을 신속하게 분석할 수 있습니다.

기본 저장 경로는 다음과 같습니다.

```
~/.codex/
├── sessions/              # 세션 JSONL 로그
│   └── 2025/
│       └── 09/
│           └── 19/
│               ├── rollout-2025-09-19T10-51-58-01995fab-cb57-76e2-
│               │   acc1-1e8e59f4d209.jsonl
│               ├── rollout-2025-09-19T14-50-10-01996085-ded7-7862-
│               │   8256-489bd61ef53c.jsonl
│               └── rollout-2025-09-19T16-30-35-019960e1-cf09-7182-
│                   b863-d752e69101ea.jsonl
├── log/                   # 시스템 로그(디버깅용)
│   └── codex-tui.log
└── config.toml            # 설정 파일
```

세션 파일명은 rollout-[날짜T시간]-[세션_ID].jsonl 형태로 생성됩니다.

예 rollout-2025-11-28T10-51-58-01995fab-cb57-76e2-acc1-1e8e59f4d209.jsonl

- **날짜와 시간**: ISO 8601 형식(파일 시스템 호환성을 위해 콜론 대신 하이픈 사용)
- **세션 ID**: UUID 기반 고유 식별자

파일명만으로도 생성 시각과 세션을 구분할 수 있습니다.

> **용어** **UUID**(Universally Unique Identifier)는 전 세계적으로 충돌하지 않는 고유 ID를 생성하기 위한 표준 규격입니다. 128비트 길이의 값이며, 32자리 16진수 + 하이픈 4개로 구성됩니다. Codex는 세션을 구분하기 위해 UUID를 사용합니다.

## 8.3.2 로그 파일 구조와 주요 필드

세션 로그 파일을 열어보면, Codex의 모든 동작이 이벤트 단위의 JSON 객체로 순차 기록되어 있음을 확인할 수 있습니다. 각 줄은 하나의 이벤트를 나타내며, 이를 통해 세션 시작부터 사용자 입력, AI의 처리 과정, 최종 응답까지의 흐름을 추적할 수 있습니다.

```
{"timestamp":"2025-10-15T00:51:07.876Z","type":"session_
meta","payload":{"id":"0199e559-6fce-7b50-8ca5-697a0868a423","timestamp":"2025-
10-15T00:51:07.854Z","cwd":"/Users/davelee","originator":"codex_cli_rs","cli_
version":"0.46.0"}}
{"timestamp":"2025-10-15T00:51:17.878Z","type":"response_item","payload":{"type":"m
essage","role":"user","content":[{"type":"input_text","text":"간단한 웹 페이지를 만들어
줘."}]}}
```

각 로그 항목은 다음과 같은 공통 구조를 가집니다.

```
{
  "timestamp": "2025-10-15T00:51:07.876Z",
  "type": "session_meta",
  "payload": {
    "id": "세션 ID",
    "cli_version": "0.46.0",
    "cwd": "작업 디렉터리",
    "approval_policy": "on-request",
    "sandbox_mode": "workspace-write"
  }
}
```

- **timestamp**: 이벤트 발생 시각
- **type**: 로그 유형(session_meta, response_item, event_msg 등)
- **payload**: 기록된 상세 데이터(세션 ID, 명령 입력, 토큰 정보 등)

사용자가 "간단한 웹 페이지를 만들어줘."라고 요청했을 때 로그는 대체로 다음과 같은 순서로 기록됩니다.

**1. 세션 시작 정보 기록**

새 세션이 생성되며, 세션 ID와 CLI 버전, 작업 디렉터리 정보가 기록됩니다.

```
{"timestamp":"2025-10-15T01:52:19.178Z","type":"session_
meta","payload":{"id":"0199e591-74d3-7611-9192-e47016b3122a","cli_
version":"0.46.0","cwd":"/Users/davelee/codex-test"}}
```

**2. 사용자 입력 기록**

사용자의 자연어 요청이 그대로 로그에 남습니다.

```
{"timestamp":"2025-10-15T01:52:31.624Z","type":"response_item","payload":{"type":"m
essage","role":"user","content":[{"type":"input_text","text":"간단한 웹 페이지를 만들어
줘."}]}}
```

**3. AI 작업 진행 로그**

Codex가 요청을 처리하는 과정에서 발생한 여러 이벤트가 기록됩니다. 이 로그들을 통해 토큰 소비량, 파일 변경 여부, 도구 호출 시점 등을 확인할 수 있습니다.

- 모델의 내부 추론(agent_reasoning)
- 토큰 사용량 정보(token_count)
- 파일 생성/수정 내역(apply_patch)

```
{"timestamp":"2025-10-15T01:52:35.301Z","type":"event_msg","payload":{"type":"agent_
reasoning","text":"**Considering language and task requirements**"}}
{"timestamp":"2025-10-15T01:52:35.905Z","type":"event_msg","payload":{"type":"token_
count","info":{"total_token_usage":{"input_tokens":4747,"cached_input_
tokens":3968,"output_tokens":38}}}}
```

```
{"timestamp":"2025-10-15T01:52:48.264Z","type":"response_
item","payload":{"type":"custom_tool_call","name":"apply_patch","input":"*** Begin
Patch\n*** Add File: index.html\n+<!DOCTYPE html>..."}}
```

#### 4. 최종 응답 기록

최종 응답 메시지가 기록되고, 이 시점에서 하나의 요청 처리 흐름이 마무리됩니다.

```
{"timestamp":"2025-10-15T01:52:53.779Z","type":"response_item","payload":{"type":"me
ssage","role":"assistant","content":[{"type":"output_text","text":"기본 HTML 레이아웃
과 간단한 스타일을 담은 `index.html`을 새로 추가했습니다..."}]}}
```

주요 로그의 타입은 다음과 같습니다.

**표 8-6** 주요 로그 타입

| 타입 | 설명 | 예시 |
|---|---|---|
| session_meta | 세션 시작 정보 | CLI 버전, 작업 폴더 |
| response_item | 사용자와 AI의 메시지, 파일 수정 요청 | apply_patch, tool_call |
| event_msg | AI 추론, 토큰 사용량 등 이벤트 | agent_reasoning, token_count |
| turn_context | 각 턴의 실행 설정 | approval_policy, sandbox_mode |

### 8.3.3 세션 복원 원리와 자동 요약 구조

Codex의 resume 기능은 이전 세션에서 생성된 세션 로그(JSONL 파일)를 기반으로 작업을 이어갈 수 있도록 돕는 기능입니다. resume을 실행하면 Codex는 해당 세션의 기록을 참고해 이전 작업 맥락을 최대한 복원한 상태로 새 대화를 시작합니다.

**표 8-7** 세션 복원 시 사용하는 데이터

| 구성 요소 | 역할 | 예시 |
|---|---|---|
| session_meta | 세션의 기본 정보와 전역 실행 환경 | 작업 디렉터리, CLI 버전 |
| turn_context | 각 턴에서 사용된 실행 설정 | approval_policy, sandbox_mode |
| response_item | 실제 대화 및 파일 변경 기록 | user/assistant 메시지 |

세션을 복원할 때 Codex는 컨텍스트 길이 제한을 고려해 필요한 경우 이전 대화의 일부를 요약된 형태로 압축해 사용합니다. 이 동작은 내부적으로 자동 처리되며, 상황에 따라 요약 범위

와 결과는 달라질 수 있습니다.

정리하면, resume은 단순히 로그 파일을 다시 불러오는 기능이 아니라, JSONL 로그를 기반으로 이전 작업 흐름을 참고해 마지막 작업 이후의 흐름을 이어갈 수 있도록 새 세션을 시작하는 메커니즘입니다.

memo

Part 4

# Gemini CLI 완전 정복: 초대형 컨텍스트와 확장성으로 여는 차세대 개발 환경

**Part 4**에서는 Google의 Gemini 모델을 기반으로 한 터미널 도구인 Gemini CLI를 학습합니다. Claude Code, Codex와 마찬가지로 프로젝트 컨텍스트 파일을 기반으로 대화하고 명령을 실행하는 구조이면서 무료로도 강력한 기능을 사용할 수 있고, 초대형 컨텍스트 윈도우를 지원한다는 점에서 차별화된 강점을 가집니다.

이 Part에서는 Gemini CLI의 설치와 인증, 기본 명령어 사용법, GEMINI.md 기반의 프로젝트 관리, 슬래시 명령어와 실행 옵션까지 단계적으로 익히며, 실제 실무에 적용 가능한 터미널 기반 협업 방식을 완성합니다. 이를 통해 세 도구를 모두 이해하고 강점을 조합해 사용할 수 있는 AI 멀티-도구 개발 환경을 구축하게 됩니다.

# 9장 Gemini CLI 시작하기

**Gemini CLI**는 Claude Code와 Codex에 이어 살펴볼 세 번째 AI 터미널 도구로, 프로젝트 폴더를 직접 읽고 수정하며 필요할 경우 셸 명령을 실행할 수 있습니다.

이 장에서는 설치 → 인증 → 기본 실행 → 명령 옵션의 순서로 Gemini CLI를 단계적으로 학습합니다. 특히 Google 계정 로그인만으로 인증 절차가 완료되고, 로컬 환경에서 바로 실행할 수 있다는 점은 다른 AI 터미널 도구에 비해 큰 장점입니다. 이러한 특성을 기반으로 Gemini CLI를 활용하면 Google 생태계와 연동된 실무형 워크플로를 구축할 수 있으며, 대규모 컨텍스트를 활용한 분석 및 생성 작업도 자연스럽게 경험할 수 있습니다.

# 9.1 Gemini CLI 설치하고 인증하기

Gemini CLI를 사용하려면 먼저 로컬 환경에 CLI를 설치하고 Google 계정으로 인증해야 합니다. Google 계정은 무료 Gmail 계정과 Google Workspace 계정을 모두 지원하며, Gemini Advanced 구독자가 아니어도 동일한 방식으로 인증할 수 있습니다.

앞선 장에서 Node.js 기반 개발 환경을 이미 구성했다고 가정하며, 이 절에서는 Windows와 macOS 사용자 모두가 바로 따라 할 수 있는 설치 절차를 안내합니다.

## 9.1.1 Node.js 버전 확인하기

Gemini CLI는 터미널 환경에서 실행되는 도구이며 Node.js 20 이상을 요구합니다. Windows에서는 명령 프롬프트(cmd) 또는 PowerShell을 사용할 수 있고, macOS에서는 기본 터미널 또는 iTerm2를 사용할 수 있습니다(이후 '터미널'이라 표기합니다).

다음 명령으로 현재 설치된 Node.js와 npm의 버전을 확인합니다.

```
Terminal
node --version
npm --version
```

두 명령 모두 정상적으로 버전 번호가 출력되면 환경 준비가 완료된 것입니다. Node.js가 설치되지 않았거나 버전이 낮다면 **3장**의 설치 절차를 참고해 최신 버전으로 다시 설치합니다.

## 9.1.2 Gemini CLI 설치하기

Gemini CLI는 npm을 통해 간단히 전역 설치할 수 있습니다. 터미널에서 다음 명령을 입력합니다.

```
Terminal
npm install -g @google/gemini-cli
```

macOS 또는 Linux에서 Homebrew를 사용하고 있다면 다음 명령으로 설치할 수도 있습니다.

```
Terminal
brew install gemini-cli
```

Homebrew 환경에서는 업데이트하거나 제거하기가 간편합니다. 다음 명령으로 최신 버전을 유지할 수 있습니다.

```
Terminal
brew update && brew upgrade gemini-cli
```

설치가 완료되면 다음 명령으로 정상적으로 설치되었는지 확인합니다.

```
Terminal
gemini --version
```

버전 번호(예 0.22.5)가 출력되면 Gemini CLI 설치가 완료된 것입니다.

## 9.1.3 실행하고 인증하기

이제 Gemini CLI를 실행하고 Google 계정과 연결해 봅니다. 처음 실행하면 Google 로그인, API Key, Vertex AI 중 하나로 인증 방식을 선택해야 합니다.

### 실습용 폴더 만들고 실행하기

Gemini CLI는 현재 작업 폴더를 기준으로 작동하므로 실습용 프로젝트 폴더를 하나 만들어 CLI를 실습해 보겠습니다.

1. 터미널에서 현재 위치를 확인합니다.

```
Terminal
# Windows
cd     # PowerShell은 pwd
C:\Users\사용자명
# macOS
pwd
/Users/사용자명
```

2. 실습용 폴더를 생성하고 해당 폴더로 이동합니다.

```
Terminal
mkdir gemini-test
cd gemini-test
```

3. 위치를 다시 확인합니다.

```
Terminal
# Windows
cd     # PowerShell은 pwd
C:\Users\사용자명\gemini-test
# macOS
pwd
/Users/사용자명/gemini-test
```

4. 폴더 내부에서 다음 명령을 입력해 Gemini CLI를 실행합니다.

```
Terminal
gemini
```

처음 실행하면 인증 선택 화면이 표시됩니다.

### 인증하기

초기 실행 화면에서 다음 세 가지 인증 방식 중 하나를 선택할 수 있습니다.

그림 9-1 Gemini CLI 초기 실행 화면

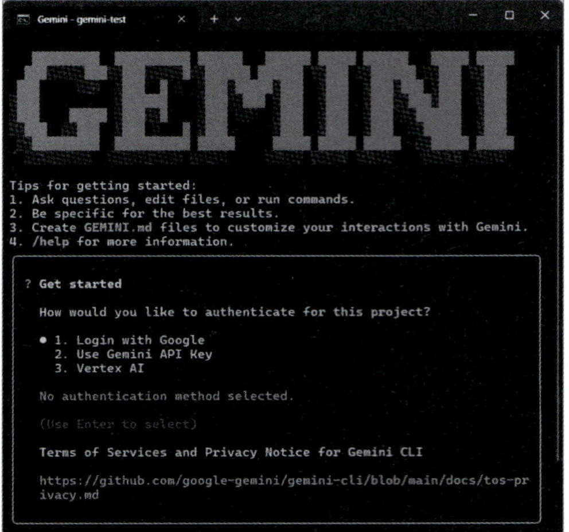

Gemini CLI는 다음 세 가지 인증 방식을 지원합니다.

1. **Login with Google(권장)**
    - Google 계정으로 웹 브라우저 로그인
    - 무료 계정 기준 하루 1,000회, 분당 60회 요청 가능
    - Gemini Advanced 구독자는 더 높은 한도
    - 개인 사용자 및 입문자에게 가장 적합
2. **Use Gemini API Key**
    - Google AI Studio에서 발급받은 API 키 사용
    - 종량제 기반 과금
    - 자동화 스크립트, 서버 환경, CI/CD 환경에 적합
3. **Vertex AI**
    - Google Cloud 프로젝트 및 IAM 규칙 기반 인증
    - 팀 또는 기업 환경에서 권장

이 책에서는 가장 간단하고 대부분의 개인 사용자에게 적합한 **Google 로그인 방식**을 기준으로 설명합니다.

1. 키보드의 화살표 키로 이동해 기본값인 **Login with Google**을 선택하고 Enter 를 누릅니다.
2. 웹 브라우저가 자동으로 열리고 Google 로그인 화면이 표시됩니다.
3. 로그인하면 터미널에 인증 완료 메시지가 나타나고, CLI가 계정을 자동으로 연결합니다.

**그림 9-2** 인증 완료 메시지

> ## 인증 완료
>
> 인증이 완료되었으며 이제 다음 제품이 계정에 액세스할 수 있습니다.
>
> - Gemini Code Assist
> - Gemini Code Assist를 사용한 Cloud Code
> - Gemini CLI
>
> 이 창을 닫고 IDE 또는 터미널로 돌아갈 수 있습니다.

4. 이후 `gemini` 명령을 실행하면 바로 프롬프트가 표시됩니다. /auth 명령을 사용해 언제든 인증 방식을 변경할 수 있습니다.

### API 키와 Vertex AI 사용 시 설정 방법

개인 사용자는 대부분 Google 로그인 방식을 사용하면 충분합니다. 자동화 환경이나 팀 프로젝트에서는 API 키 또는 Vertex AI 인증을 사용할 수 있습니다.

**1. Gemini API 키 방식**

Google AI Studio에서 API 키를 발급받아 CLI에 적용하는 방식입니다. API 키를 발급받는 절차는 다음과 같습니다.

❶ 웹 브라우저에서 https://ai.google.dev/aistudio 접속

❷ Google 계정으로 로그인

❸ DashBoard → API keys → API 키 만들기 선택

❹ 생성된 API 키를 복사해 안전한 곳에 보관

Gemini CLI에 발급받은 API 키를 적용하는 방법은 3가지입니다.

**a. 환경 변수 사용**(권장)

Terminal

```
export GEMINI_API_KEY="발급받은_API_키"
gemini
```

**b. 설정 파일 사용**

~/.gemini/settings.json

```
{
  "model": {
    "provider": "gemini",
    "geminiApiKey": "발급받은_API_키"
  }
}
```

**c. 명령줄 옵션 사용**(명령 기록에 키가 남을 수 있으므로 장기 사용에는 권장하지 않음)

Terminal

```
gemini --api-key "발급받은_API_키"
```

**2. Vertex AI 방식**

팀이나 기업 환경에서 권한 관리와 과금 통합을 위해 사용하는 방식입니다.

❶ Google Cloud 프로젝트 및 결제 수단 등록

❷ gcloud CLI 설치

❸ 인증 절차

```
Terminal
gcloud auth login
gcloud config set project 프로젝트_ID
gcloud auth application-default login
```

❹ 환경 변수 설정 후 Gemini CLI 실행

```
Terminal
export VERTEX_PROJECT="프로젝트_ID"
export VERTEX_LOCATION="us-central1"
gemini
```

서비스 계정(프로그램 전용 계정)을 사용할 경우 GOOGLE_APPLICATION_CREDENTIALS 환경 변수에 JSON 키 경로를 지정합니다.

**3. Google Cloud Shell에서 실행**

Cloud Shell 환경에는 기본적으로 ADC(Application Default Credential)가 설정되어 있으므로 별도 인증 절차 없이 다음 명령만 실행하면 됩니다.

```
Terminal
gemini
```

## 9.1.4 Gemini CLI 설치 문제 해결 가이드

Gemini CLI 설치 과정은 비교적 단순하지만, 운영체제, 권한, 네트워크 설정에 따라 오류가 발생할 수 있습니다. 다음은 실제 사용자가 자주 겪는 문제와 해결 방법입니다.

**문제 1. command not found: gemini**

npm 전역 설치 경로가 PATH에 등록되지 않은 경우입니다. 터미널을 완전히 종료한 후 다시

실행하고, 다음 명령으로 설치 경로를 확인합니다.

```
Terminal
npm bin -g
where gemini      # Windows
which gemini      # macOS/Linux
```

운영체제별 전역 설치 경로는 다음과 같습니다.

- **Windows**: %AppData%₩npm 예 C:\Users\사용자명\AppData\Roaming\npm
- **macOS(homebrew)**: /usr/local/bin 또는 /opt/homebrew/bin
- **macOS(nvm)**: ~/.nvm/versions/node/버전/bin

**문제 2. Google 로그인 창이 열리지 않음**

팝업 차단, 기본 브라우저 설정, 프록시나 방화벽 때문에 발생할 수 있습니다. CLI에 표시된 로그인 URL을 복사해 웹 브라우저 주소창에 직접 입력하면 대부분 해결됩니다.

**문제 3. 권한 오류(EACCES, Permission denied)**

npm 전역 디렉터리에 쓰기 권한이 없는 경우입니다. 이때는 관리자 권한으로 재시도합니다.

- **Windows**: 검색창에서 명령 프롬프트 검색 → 관리자 권한으로 실행 → 설치 명령 입력
- **macOS**: 다음 명령을 실행한 후 로그인 암호 입력

```
Terminal
sudo npm install -g @google/gemini-cli
```

# 9.2 Gemini CLI 사용하기

설치와 인증 절차를 모두 마쳤다면 이제 실제로 터미널에서 Gemini CLI를 실행하고 활용하는 단계로 넘어갑니다. 이 절에서는 Gemini CLI를 시작하는 방법, 일회성 실행과 대화형 세션의 차이, 기본적인 대화 흐름, 여러 줄 입력 방식, 주요 단축키 등 필수 사용법을 단계별로 정리합니다.

## 9.2.1 Gemini CLI 기본 사용법

Gemini CLI는 현재 작업 중인 폴더를 기준으로 파일을 읽고 수정하며, 필요할 경우 셸 명령을 실행합니다. **9.1절**에서 만든 gemini-test 폴더를 그대로 사용해 실행 방식을 익혀 보겠습니다.

### 명령 실행 방식

Gemini CLI는 일회성 실행과 대화형 실행 두 가지 모드를 제공합니다. 사용 목적에 따라 적절한 방식을 선택합니다.

**1. 일회성 실행 - 단발성 작업에 적합**

터미널에서 한 번 요청을 수행한 뒤 자동으로 종료되는 방식입니다. 짧은 생성 작업이나 스크립트 자동화에 유용합니다.

```
Terminal
gemini "간단한 웹 페이지 구조를 index.html로 만들어줘."
```

명령을 실행하면 요청을 처리한 뒤 즉시 종료됩니다.

**2. 대화형 실행 - 연속 작업에 적합**

초기 요청을 수행한 뒤, 이어지는 후속 요청을 대화 형식으로 계속 입력할 수 있습니다. 실시간으로 파일을 분석하거나 여러 단계를 연속적으로 수행할 때 유용합니다.

```
Terminal
gemini --prompt-interactive "간단한 웹 페이지 구조를 index.html로 만들어줘."
# 단축 옵션 사용
gemini -i "간단한 웹 페이지 구조를 index.html로 만들어줘."
```

### 기본 대화하기

**9.1절**에서 로그인 인증을 마쳤다면 다음과 같은 대화형 프롬프트가 표시됩니다.

**그림 9-3** Gemini CLI의 대화형 프롬프트

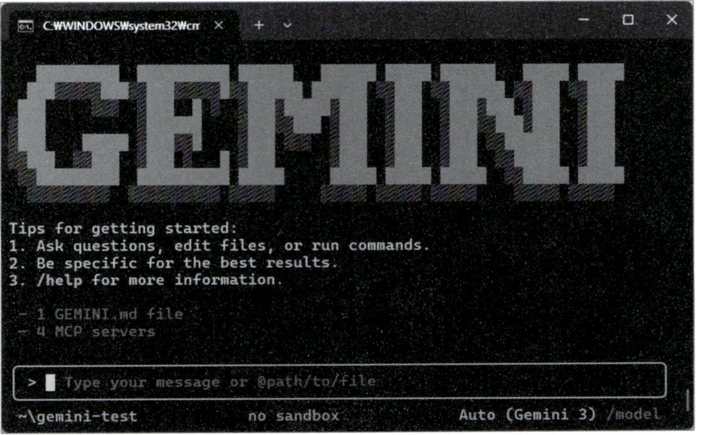


이 프롬프트에서는 Claude Code나 Codex와 동일하게 자연어로 작업을 요청할 수 있습니다. 프로젝트 생성, 파일 생성, 폴더 구조 분석, 특정 파일 변경 등 대부분 작업은 다음과 같이 자연어로 지시하면 됩니다.

```
Gemini
# 새 프로젝트 초기화
> Next.js와 TypeScript 기반 블로그 프로젝트를 초기화해줘.
# 기존 프로젝트 분석
> 이 프로젝트의 기능을 요약해줘.
> package.json의 의존성을 분석해줘.
# 구체적 작업을 요청할 때
> src/utils 폴더에 날짜 포매팅 유틸리티 함수를 추가해줘.
> utils/date.ts 파일에 단위 테스트를 작성해줘.
```

### 여러 줄 입력하기

요청이 길 경우 여러 줄로 입력할 수 있습니다. 줄바꿈은 환경에 따라 약간 다르지만, 가장 안정

적인 방식은 다음과 같습니다.

- **줄바꿈**: Ctrl + J
- **전송**: 마지막 줄에서 Enter

일부 환경에서는 Shift + Enter 로 줄바꿈이 가능하지만, 한글 입력기를 활성화하면 작동하지 않는 경우가 있으므로 영문 입력 상태에서 Ctrl + J 를 사용하는 것이 가장 안전합니다.

```
Gemini
> 다음 요구 사항에 맞는 로그인 컴포넌트를 만들어줘. [Ctrl] + [J]
  - 이메일 / 비밀번호 입력 필드 [Ctrl] + [J]
  - 유효성 검사 포함 [Ctrl] + [J]
  - 로그인 버튼 클릭 시 API 호출 [Ctrl] + [J]
  - 로딩 상태 표시 [Enter]
```

### 단축키 익히기

Gemini CLI는 대화형 작업을 빠르게 수행할 수 있도록 다양한 단축키를 제공합니다.

**표 9-1** Gemini CLI 주요 단축키

| 단축키 | 기능 |
|---|---|
| Alt + ←/→(화살표 방향키) | 단어 단위 커서 이동 |
| Ctrl + C | 한 번: 응답 중단/두 번: CLI 종료 |
| Ctrl + J | 줄바꿈 |
| Ctrl + L | 터미널 화면 지우기 |
| Ctrl + X 또는 command + Enter | 외부 에디터(VSCode, Vim 등)에서 프롬프트 편집 |
| Ctrl + Y | YOLO 모드(자동 승인) 토글 |
| Enter | 입력 전송 |
| ESC | 한 번: 현재 입력 취소/두 번: 입력창 초기화 |
| Shift + Tab | 자동 승인(auto-accept) 모드 토글 |
| ↑/↓(화살표 방향키) | 프롬프트 히스토리 탐색 |

### 다른 폴더 포함하기

Gemini CLI는 기본적으로 현재 폴더만 분석하지만, 필요하면 `--include-directories` 플래그를 사용해 다른 폴더도 함께 참조할 수 있습니다.

```
Terminal
# 현재 폴더 + ../codex-test 폴더 포함
gemini --include-directories ../codex-test
# 여러 폴더 포함
gemini --include-directories ../codex-test,../shared-lib
```

모노레포 환경이나 패키지가 여러 개로 구성된 프로젝트에서 매우 유용한 옵션입니다.

### 9.2.2 세션 관리하기

Gemini CLI는 한 번 실행된 세션 안에서 여러 대화를 이어 갈 수 있는 **지속형 세션**(persistent session) 구조를 가집니다. 사용자가 입력한 요청, 코드 수정, 파일 참조 등 모든 상호작용은 **컨텍스트**(context)로 저장되며, 이를 바탕으로 이전 대화를 기억한 상태에서 연속 작업을 수행합니다. 이때 세션 데이터는 기본적으로 ~/.gemini/sessions 폴더에 JSONL 형식으로 저장되며, 필요할 때 다시 불러와 이어서 작업할 수 있습니다.

#### 세션 종료와 재시작

Gemini CLI 세션은 사용자가 명시적으로 종료하거나 터미널 창을 닫을 때 종료됩니다. 종료된 세션은 나중에 다시 불러와 이어서 작업할 수 있습니다.

- Ctrl + C **한 번**: 현재 응답 중단
- Ctrl + C **두 번**: 세션 전체 종료
- Ctrl + D: 터미널 표준 종료
- **터미널 창 닫기**: 세션 종료

Ctrl + C를 너무 빠르게 여러 번 누르면 세션이 비정상 종료될 수 있습니다. 응답을 멈추고 싶을 때는 한 번만 누른 뒤 잠시 기다렸다가 새 명령을 입력하는 편이 안전합니다.

이전에 작업하던 세션을 다시 이어가려면 다음과 같이 /resume 명령을 사용합니다.

```
Gemini
> /resume myproject-session-2025-11-05
```

Gemini CLI가 해당 세션의 컨텍스트를 복원하고, 이전 대화와 수정 내역을 이어받아 계속 작업할 수 있습니다.

### 이미지 참조하기

Gemini 모델은 텍스트뿐 아니라 이미지를 함께 분석할 수 있는 **멀티모달**(multimodal) 기능을 지원합니다. Gemini CLI는 현재 작업 폴더에 있는 이미지 파일을 인식하며, 프롬프트에서 파일 이름을 언급하는 것만으로도 해당 이미지를 컨텍스트에 포함해 분석할 수 있습니다.

```
Gemini
> design-mockup.png 파일의 레이아웃을 기반으로 React 컴포넌트를 만들어줘.
> error-log.png의 오류 메시지를 분석해 해결 방법을 알려줘.
> system-architecture.png 다이어그램을 보고 폴더 구조를 설계해줘.
```

프로젝트 폴더 외부의 이미지를 사용하려면 해당 이미지를 작업 폴더로 복사한 뒤 요청해야 합니다. Gemini CLI는 기본적으로 현재 폴더 내 파일만 접근할 수 있기 때문입니다.

클립보드에 복사한 이미지를 바로 붙여넣는 기능(Ctrl + V)은 운영체제와 터미널 환경에 따라 지원 여부가 다릅니다.

- **macOS(iTerm2 기준)**: 클립보드 이미지 직접 업로드 가능
- **Windows/Linux**: 현재 버전에서는 미지원 또는 동작이 불안정한 경우가 많음

이 내용은 2025년 12월 기준이며, 추후 Gemini CLI 버전이 업데이트되면 이 기능의 지원 여부가 달라질 수 있습니다.

### 비대화형 모드로 일회성 작업 실행하기

간단한 요청을 빠르게 실행하고 싶을 때는 **비대화형 모드**(non-interactive)를 사용할 수 있습니다. 이 모드는 대화형 세션으로 진입하지 않고 한 번의 명령으로 결과를 출력한 뒤 즉시 종료합니다.

```
Terminal
gemini "이 프로젝트의 주요 기술 스택을 요약해줘."
gemini "eslint 오류를 자동으로 수정해줘."
```

자동화 스크립트나 CI 파이프라인에서는 JSON 형태의 결과가 유용할 때가 많습니다. 이때는 --output-format 옵션을 사용해 출력 형식을 지정할 수 있습니다.

```
Terminal
gemini "현재 폴더의 파일 리스트를 요약해줘." --output-format json
```

#### 출력 예시

```
{
  "response": "현재 폴더에는 5개의 파일이 있습니다.",
  "stats": {
    "models": {
      "gemini-3-pro": {
        "totalRequests": 2,
        "totalLatencyMs": 4123,
        "tokens": { "prompt": 8200, "completion": 250, "total": 8450 }
      }
    },
    "files": { "totalLinesAdded": 0, "totalLinesRemoved": 0 }
  }
}
```

JSON 출력은 자동화 스크립트나 테스트 파이프라인에서 결과를 파싱하기에 적합합니다. 현재 CLI는 `--output-format json`, `--output-format md`(마크다운), `--output-format txt`(텍스트) 옵션을 지원합니다.

### 파일 참조하기

Gemini CLI에서는 `@` 기호를 사용해 프로젝트 내부 파일을 명시적으로 참조할 수 있습니다. 이 기능은 Claude Code나 Codex의 방식과 유사하며, 모델이 실제 코드 내용을 정확히 이해한 상태에서 작업하도록 돕습니다.

`@` 기호를 입력하면 현재 프로젝트 폴더의 파일 목록이 자동 완성 형태로 표시됩니다. 입력한 문자열과 일치하는 파일만 필터링되어 빠르게 선택할 수 있습니다. 또한, 파일 경로 전체를 입력할 필요가 없습니다. 예를 들어, `@Button`만 입력해도 src/components/Button.tsx를 자동 완성할 수 있습니다. 한 프롬프트 안에서 여러 파일을 동시에 참조할 수도 있습니다.

```
Gemini
> @p package.json src/App.tsx
> @Button src/components/Button.tsx
> @src/components/Button.tsx 파일의 코드 품질을 검토해줘.
> @src/old-api.ts와 @src/new-api.ts 차이점을 요약해줘.
```

다만 너무 많은 파일을 한 번에 불러오면 컨텍스트 크기가 커져 응답 속도가 느려지거나, 불필요한 정보로 인해 모델이 핵심을 파악하기 어려워질 수 있습니다. 분석이 필요한 핵심 파일 위주로 선택하는 것이 좋습니다.

### 9.2.3 Gemini CLI 사용 문제 해결 가이드

설치와 인증을 마친 뒤에도 환경 설정이나 네트워크 상태에 따라 다양한 오류가 발생할 수 있습니다. 이 절에서는 실무에서 자주 보고되는 대표적인 문제와 그 해결 방법을 정리합니다.

**문제 1. 인증 오류가 발생함**

gemini 명령을 실행할 때 "Authentication required" 또는 "Invalid credentials"와 같은 메시지가 표시되는 경우입니다. 주된 원인은 다음과 같습니다.

- Google 로그인 세션 만료
- 웹 브라우저 인증이 중간에 끊김
- API 키 환경 변수가 설정되지 않았거나 잘못된 값으로 설정됨

Google 로그인 방식을 사용 중이라면 다음 명령으로 계정 연결 상태를 확인하고, 필요하면 재인증합니다.

Terminal
```
gemini /auth
```

API 키 방식을 사용 중이라면 먼저 환경 변수를 점검합니다.

Terminal
```
echo $GEMINI_API_KEY        # macOS/Linux
echo %GEMINI_API_KEY%       # Windows
```

값이 비어 있거나 올바르지 않다면 다시 설정합니다.

Terminal
```
export GEMINI_API_KEY="발급받은_API_키"
```

문제가 계속된다면 ~/.gemini/settings.json 파일을 삭제한 뒤, CLI를 다시 실행해 인증 절차를 처음부터 진행합니다. Google 로그인은 웹 브라우저 세션과 연동되므로 웹 브라우저에서 로그아웃했다면 CLI 인증도 함께 만료될 수 있습니다. 이 경우에도 /auth 명령으로 재인증해야 합니다.

**문제 2. 무료 할당량 초과 메시지가 표시됨**

“Rate limit exceeded” 또는 “Quota exhausted”와 같은 오류는 요청 한도를 초과했을 때 나타납니다.

- **로그인 기반 무료 계정**: 하루 약 1,000회, 분당 약 30~60회
- **API 키 무료 티어**: 하루 50회(모델에 따라 다름)

이 경우에는 요청을 묶어서 효율적으로 보내는 방식이 도움이 됩니다.

```
Terminal
gemini "5개의 파일을 한 번에 요약해줘."
```

또한 “간단히 요약해줘.”, “핵심만 정리해줘.”처럼 프롬프트에서 요약 수준을 조절해 토큰 사용량을 줄일 수 있습니다. 장기적으로 많은 요청이 필요하다면 Gemini Advanced(월 구독)나 Vertex AI(GCP 기반) 요금제를 고려하는 것이 좋습니다.

무료 할당량은 UTC 기준 자정에 자동으로 초기화되며, CLI에서 /status 명령으로 현재 사용량과 모델 정보를 확인할 수 있습니다.

**문제 3. 응답이 중간에 끊기거나 멈춤**

응답이 절반만 출력된 상태에서 멈추거나, 대기 상태가 오래 지속되는 경우입니다. 긴 응답 도중 모델이 임시 중단되거나 네트워크 지연, 세션 타임아웃 등이 원인일 수 있습니다. 이럴 때는 Ctrl + C 를 한 번만 눌러 현재 응답을 중단하고, 다음과 같이 요청해 이어서 생성합니다.

```
Gemini
> 계속해서 작성해줘.
```

비슷한 문제가 반복된다면 처음부터 여러 단계로 나눠 응답하도록 요청하는 것도 좋습니다.

```
Gemini
> 단계별로 나눠서 설명해줘.
```

**문제 4. 출력 형식 오류 또는 인코딩 깨짐**

한글이 깨져 보이거나 JSON 출력 시 줄바꿈, 따옴표가 어긋나는 현상은 주로 Windows PowerShell에서 발생합니다. macOS와 Linux는 기본적으로 UTF-8을 사용하므로 문제가 적습니다. Windows에서도 콘솔 인코딩을 UTF-8로 변경하는 것이 좋습니다. 터미널에서 다음 명령

을 입력해 설정합니다.

```
Terminal
chcp 65001
```

또한 JSON 출력은 파일로 리다이렉션해 에디터로 확인하는 편이 안전합니다.

```
Terminal
gemini "폴더 구조를 요약해줘." --output-format json > result.json
```

이렇게 출력하면 JSON 포맷을 에디터에서 한눈에 확인할 수 있고, 자동화 스크립트나 테스트 코드에서도 손쉽게 파싱할 수 있습니다.

# 9.3 명령과 실행 옵션 살펴보기

Gemini CLI는 개발자가 터미널 환경에서 AI와 협업하기 쉽도록 명확하고 일관된 명령 체계를 제공합니다. 명령 체계는 크게 두 범주로 나뉩니다.

**1. CLI 실행 옵션(command-line option)**

Gemini CLI를 처음 실행할 때 지정하는 옵션으로, 세션 전체의 초기 설정을 제어합니다. 모델 선택, 출력 형식, 자동 실행 여부 등 세션의 동작 방식을 결정합니다.

**2. 슬래시 명령어(slash command)**

대화형 세션이 시작된 후 `/status`, `/save`, `/resume`과 같이 세션 관리, 설정 변경, 도구 실행 등을 실시간으로 제어하는 명령어입니다.

이 절에서는 두 가지 명령 체계를 중심으로, 실무에서 Gemini CLI를 효율적으로 운용하는 방법을 살펴봅니다.

## 9.3.1 CLI 진입 명령

Gemini CLI는 목적에 따라 서로 다른 방식으로 세션을 시작할 수 있습니다. 이러한 진입 방식은 '어떤 흐름으로 작업을 시작할 것인가'에 초점을 두며 프로젝트 분석, 단발성 작업, 자동화 스크립트 등 다양한 사용 시나리오를 지원합니다.

CLI 진입 방식은 크게 세 가지로 구분합니다.

### 기본 대화형 모드: gemini

가장 단순하고 기본적인 실행 방식으로, 옵션 없이 `gemini`만 입력하면 즉시 대화형 세션이 시작됩니다. 이 모드에서는 AI와 실시간으로 대화를 주고받으며 코드를 작성하거나 파일을 수정할 수 있습니다.

```
Gemini
# 요청 예시
> 현재 프로젝트 구조를 분석해줘.
> @src/**/*.ts 파일들의 타입 일관성을 점검해줘.
```

기본 대화형 모드에서는 모델(Gemini 3)이 자동으로 선택됩니다. 필요할 경우 /model 명령으로 세션 중에도 모델을 변경할 수 있습니다.

### 원샷 모드: gemini [query...]

명령 인자에 질의(query)를 직접 전달하는 방식입니다. 요청을 한 번만 실행하고 결과를 출력한 뒤 자동으로 종료하므로 스크립트, 파이프라인, CI 작업처럼 단발성 자동화에 적합합니다.

```
Terminal
# 단일 요청 후 종료
gemini "README.md 파일을 요약해줘."
# 따옴표 없이도 가능(공백은 자동 결합)
gemini package.json의 dependencies를 최신 버전으로 제안해줘.
# 파이프라인 활용
echo "이 코드를 리뷰해줘." | gemini
```

### 원샷 후 대화형 전환: gemini -i [query]

-i 또는 --prompt-interactive 옵션을 사용하면 초기 요청을 먼저 실행한 뒤 그 결과를 그대로 이어받아 대화형 모드로 전환합니다. 즉, 분석 → 후속 대화가 하나의 흐름으로 자연스럽게 이어집니다.

```
Terminal
# 초기 분석 후 대화형 세션 자동 진입
gemini -i "프로젝트 전체 구조를 분석해줘."
```

```
Gemini
# 결과 기반 후속 대화
> 방금 발견한 문제점을 수정해줘.
> 테스트 코드도 함께 작성해줘.
```

이 방식은 다음과 같은 상황에서 특히 유용합니다.

- 프로젝트 초기 점검(폴더 구조, 의존성 분석 등)

- PR 코드 리뷰
- 리팩터링 제안 후 후속 작업 연결
- 분석 결과에 기반해 대화를 이어가야 하는 작업 흐름

## 9.3.2 자주 사용하는 실행 옵션

Gemini CLI는 실행할 때 다양한 옵션을 지정해 세션의 동작 방식을 세밀하게 제어할 수 있습니다. 이러한 실행 옵션은 세션 전체의 초기 환경을 설정하며, 적절하게 활용하면 CLI를 보다 안정적이고 효율적으로 운용할 수 있습니다.

전체 옵션은 `gemini --help` 명령으로 확인할 수 있습니다. 일부 옵션은 최신 버전에서 deprecated(지원 중단 예정)로 분류되어 향후 제거될 수 있습니다. 특히 `--checkpointing`, `--proxy`, `--telemetry-outfile`, `--extensions(-e)` 등은 deprecated 상태이므로 사용을 권장하지 않습니다. 장기적으로는 ~/.gemini/settings.json 설정 파일에서 환경을 관리하는 방식이 안정적입니다.

> **참고**
>
> MCP 서버 관련 옵션은 **11.1절**, 확장 기능은 **11.4절**에서 다룹니다.

#### 디버그 모드: -d, --debug

CLI 내부 동작을 상세히 출력해 문제 해결에 도움이 됩니다. API 호출, MCP 통신, 파일 접근 등을 실시간으로 추적할 수 있습니다.

```
Terminal
gemini -d
# 디버그 로그를 파일로 저장
gemini -d 2> debug.log
```

디버그 모드에서는 내부 토큰, 경로 등 민감 정보가 표시될 수 있으므로 외부 공유는 하지 않아야 합니다.

#### 샌드박스 모드: -s, --sandbox

프로젝트 외부 파일 시스템 접근을 차단하는 보안 모드입니다. 프로젝트 폴더 내부는 자유롭게

읽고 수정할 수 있지만, 운영체제의 중요 디렉터리는 보호됩니다.

- **허용**: 프로젝트 폴더 내 파일 생성, 수정, 삭제, 명령 실행(npm build 등)
- **차단**: 시스템 설정 파일, 사용자 홈의 중요 설정(.bashrc, .ssh/config 등)

```
Terminal
gemini --sandbox
```

샌드박스 모드를 사용하는 이유는 다음과 같습니다.

- **보안 강화**: 시스템 파일 손상 방지
- **환경 격리**: 프로젝트 단위로 파일 접근 경계를 명확히 설정
- **일관성 유지**: CI/CD, 팀 환경에서 동일한 실행 결과 보장
- **안전한 실험**: 외부 스니핏 실행 시 최소한의 보호막 제공

### YOLO 모드: -y, --yolo

YOLO(You Only Live Once) 모드는 모든 파일 편집, 명령 실행을 자동 승인하는 빠른 실행 모드입니다.

```
Terminal
gemini -y
```

실수로 시스템 명령이 실행되어 코드 손상이 발생할 수 있으므로 프로덕션 작업에서는 절대 사용하지 않습니다.

### 승인 모드 설정: --approval-mode <모드>

자동 승인 범위를 더 정밀하게 제어하고 싶을 때 사용합니다.

- **default**: 모든 작업 실행 전 승인 요청(기본값)
- **auto_edit**: 파일 편집만 자동 승인, 나머지는 확인 필요
- **yolo**: 모든 작업 자동 승인(-y와 동일)

```
Terminal
gemini --approval-mode default
gemini --approval-mode auto_edit
gemini --approval-mode yolo
```

auto_edit 모드는, 코드 수정 작업은 빠르게 처리하되 외부 명령 실행은 반드시 사용자 확인 절차를 거치도록 설계되어 효율성과 안정성의 균형이 가장 좋은 방식입니다.

### 도구 실행 권한 제어: --allowed-tools <도구명>

YOLO와 달리 특정 도구만 자동 실행하도록 제어합니다. 작업 유형에 따라 자동 승인 대상 도구를 세밀하게 제한할 수 있습니다.

```
Terminal
# 읽기, 검색 도구만 자동 실행 허용
gemini --allowed-tools read_file,search_files
# 파일 쓰기 도구까지 자동 승인
gemini --allowed-tools read_file,write_file,edit_file
```

대화형 세션에서 /tools 명령을 실행하면 CLI가 지원하는 전체 도구 목록을 볼 수 있습니다.

```
Gemini
> /tools                    # 전체 도구 목록 보기
> /tools desc read_file     # 특정 도구 상세 설명
```

주요 내장 도구는 다음과 같습니다.

**표 9-2** Gemini CLI가 지원하는 주요 도구

| 도구 | 설명 | 도구 | 설명 |
|---|---|---|---|
| read_file | 파일 내용 읽기 | grep | 파일 내용 검색 |
| write_file | 새 파일 작성 | bash | 셸 명령 실행 |
| edit_file | 기존 파일 수정 | web_search | 웹 검색 수행 |
| search_files | 파일 이름 검색 | | |

특히 bash 도구는 임의 명령을 실행할 위험이 있으므로 필요할 때만 허용하는 것이 안전합니다.

### 워크스페이스 확장: --include-directories <경로>

현재 프로젝트 외부의 폴더를 함께 분석하도록 설정합니다. 파일 단위 추가는 지원하지 않으며, 폴더 단위만 지정할 수 있습니다. 모노레포 환경에서 특히 유용합니다.

```
Terminal
# 여러 폴더를 추가할 때는 쉼표로 구분
gemini --include-directories ../shared-lib,../docs,../config
```

추가된 폴더는 세션 중 @ 기호로 참조할 수 있습니다.

```
Gemini
> @shared-lib/Button.tsx 컴포넌트를 분석해줘.
```

## 9.3.3 환경 관련 옵션

실행 옵션 중 일부는 세션 실행 방식을 제어하기보다 환경 점검이나 접근성, 확장 상태를 확인합니다.

### 확장 목록 확인: -l, --list-extensions

설치된 확장의 목록과 활성 상태를 출력합니다. 세션을 시작하지 않고 종료하므로 환경 점검 용도로 적합합니다.

```
Terminal
gemini -l
# 출력 예시
prettier (v1.2.0)
eslint (v2.1.0)
typescript-analyzer (disabled)
```

### 스크린 리더 모드: --screen-reader

화면 낭독기(screen reader) 환경에 최적화된 출력 형식을 제공합니다. 진행 표시줄 등 비시각적 요소는 생략하고 순수 텍스트 결과만 표시합니다. 원격 서버 환경(SSH), 접근성 환경에서 유용합니다.

```
Terminal
gemini --screen-reader
```

### 출력 형식 지정: -o, --output-format <text¦json¦md>

자동화 스크립트나 CI 파이프라인에서 파싱하기 쉽도록 출력 형식(텍스트, JSON, 마크다운)을 지정합니다.

Terminal

```
gemini -o json "README.md 요약해줘."
gemini -o md "문서를 마크다운으로 정리해줘."
```

### 버전 확인: -v, --version

현재 설치된 Gemini CLI 버전을 표시합니다. 환경 점검할 때나 버그 리포트를 제출할 때 필수 정보입니다.

Terminal

```
gemini -v
```

### 도움말: -h, --help

지원되는 전체 옵션과 하위 명령어를 확인합니다. 각 하위 명령도 자체적인 help 페이지를 제공합니다. 예를 들어, `gemini extensions --help`는 확장 기능 관련 옵션만 표시합니다.

Terminal

```
gemini --help
gemini extensions --help
```

**실무에서 유용한 옵션 조합**

보통은 `gemini --approval-mode auto_edit`로 Gemini CLI를 실행해 작업을 수행하면 됩니다. 만약 세부적인 제어를 원하면 다음과 같이 여러 옵션을 조합할 수도 있습니다.

Terminal

```
# 안전한 실험 환경
gemini -d -s --approval-mode default
# 모노레포 분석
gemini --include-directories ../lib,../apps,../docs
# 자동화 스크립트
gemini -o json "분석 작업" > result.json
```

### 9.3.4 주요 슬래시 명령어

슬래시 명령어는 /로 시작하는 특수 명령으로, 대화형 세션 도중 환경 제어, 메모리 관리, 확장 설정 등 메타 수준의 기능을 수행합니다. CLI 실행 옵션이 세션의 기본 틀을 설정한다면, 슬래시 명령어는 세션 진행 중 실시간으로 환경을 조정하는 제어 도구라고 볼 수 있습니다.

언제든 /help 명령을 입력하면 사용 가능한 전체 명령어와 단축키 목록을 확인할 수 있습니다. 다음 표는 실제 /help 출력 내용을 바탕으로, 실무에서 자주 사용하는 주요 명령어를 정리한 것입니다.

**표 9-3** 주요 슬래시 명령어

| 명령어 | 주요 기능 | 활용 목적과 특징 |
|---|---|---|
| /directory (/dir) | 외부 디렉토리 추가, 조회 | 모노레포, 공유 라이브러리 등 다중 프로젝트 환경 지원 |
| /memory | GEMINI.md 기반 메모리 제어 | 전역, 프로젝트, 로컬 수준의 계층적 지침 제어 |
| /stats | 세션 통계 출력 | 토큰 사용량, 도구 호출 내역 등 성능 진단 |
| /settings | 설정 메뉴(UI) 열기 | 주요 환경 설정을 CLI 내에서 즉시 변경 |
| /theme | CLI 테마 변경 | 시각적 환경을 맞춤 설정 |
| /editor | 외부 에디터 연동 설정 | VSCode, Vim 등 선호 에디터로 요청 작성 |
| /vim | 입력창을 Vim 모드로 전환 | 키보드 기반 편집 환경 지원 |
| /compress | 대화 이력 압축 | 컨텍스트 용량 절감 및 세션 성능 유지 |
| /init | GEMINI.md 자동 생성 | 프로젝트 기본 지침 파일 생성 및 초기 설정 자동화 |

명령어를 모두 암기할 필요는 없습니다. 실무에서는 이 가운데 몇 가지 명령어만 익혀도 대부분의 작업을 충분히 수행할 수 있습니다.

**참고**

/chat, /resume 관련 기능은 **10.2절**에서, /mcp 관련 기능은 **11.1절**에서 설명합니다.

#### 워크스페이스 확장: /directory

/directory 명령(축약형 /dir)은 현재 프로젝트 외 폴더를 세션 작업 공간(워크스페이스)에 추가할 때 사용합니다. 모노레포 구조, 공유 라이브러리, 도구 구성 폴더 등 외부 자원까지 한번에 분석할 수 있습니다.

```
Gemini
# 공유 컴포넌트 폴더 추가
/directory add ../shared-components
# 포함된 모든 폴더 확인
/directory show
# 추가한 폴더의 파일 참조
@shared-components/Button.tsx 스타일을 Tailwind로 변경해줘.
```

추가한 폴더는 세션이 유지되는 동안 활성화되며, @ 기호로 참조할 수 있습니다. 다만 샌드박스 모드에서는 접근이 제한될 수 있으므로 필요하면 세션을 시작할 때 `--include-directories` 옵션을 함께 사용하는 편이 안전합니다.

### 메모리 관리: /memory

`/memory` 명령은 사용자의 스타일이나 반복되는 개인적 요청을 AI가 장기적으로 기억하게 할 때 사용합니다. 이는 프로젝트 문서인 GEMINI.md와는 별개로 작동합니다.

`/memory add` 명령을 사용하면 "답변은 항상 짧게 해줘." 또는 "내 이름은 리오야."와 같은 개인화 지침을 추가할 수 있습니다.

```
Gemini
# 현재 로드된 모든 메모리 확인
/memory show
# 임시 규칙 추가(파일 저장 없음)
/memory add "테스트는 Vitest 사용"
```

### 세션 진단: /stats

`/stats` 명령은 세션의 상태를 실시간으로 점검합니다. 모델별 토큰 사용량, 도구 호출 횟수, 캐시 적중률 등을 확인해 컨텍스트 부담을 사전에 파악할 수 있습니다.

```
Gemini
# 모델별 토큰 사용량
/stats model
# 도구 호출 횟수 및 성공률
/stats tools
```

### 환경 커스터마이징: /settings, /theme, /editor, /vim

Gemini CLI는 개발 환경과 작업 스타일에 맞춰 다양한 인터페이스 조정 기능을 제공합니다.

- **`/settings`**: 인터랙티브 UI로 구성되어 있어 키보드로 항목 이동 및 선택이 가능합니다.
- **`/editor`**: VSCode, Vim과 같은 외부 에디터를 연동하며, 프롬프트를 에디터에서 작성하고 CLI가 자동으로 불러옵니다.
- **`/theme`**: CLI 색상 테마를 변경합니다.
- **`/vim`**: 입력창을 Vim 모드로 전환해 키 바인딩을 그대로 사용할 수 있도록 합니다.

더 정밀한 제어가 필요할 경우 ~/.gemini/settings.json을 직접 편집할 수 있습니다. 설정 파일 병합 순서는 **11.3절**에서 자세히 설명합니다.

### 컨텍스트 최적화: /compress

대화형 세션이 길어지면 누적된 대화 이력이 모델의 컨텍스트 한도에 도달할 수 있습니다. /compress 명령은 기존 대화 내용을 AI가 요약한 형태로 치환해 컨텍스트 사용량을 크게 줄이고, 세션을 가볍게 유지합니다.

이 기능은 다음과 같은 경우에 특히 유용합니다.

- 새로운 작업 흐름으로 전환할 때
- 주제가 크게 바뀌었을 때
- 자동 압축이 작동하기 전에 미리 최적화하고 싶을 때

이처럼 CLI 실행 옵션으로 세션의 기본 환경을 설정하고, 슬래시 명령어로 실시간 제어를 수행합니다. 또한, @ 기호로 파일을 직접 참조하고, 도구 호출을 결합하면 터미널 기반의 AI 협업 워크플로를 훨씬 자연스럽고 강력하게 구축할 수 있습니다.

memo

# 10장 Gemini CLI로 프로젝트 운영하기

이 장에서는 Gemini CLI가 GEMINI.md 파일을 기반으로 어떻게 프로젝트의 규칙과 맥락을 관리하는지 그리고 /memory 명령으로 세션 기억을 조정하고 작업 흐름을 안정화하는 방법을 살펴봅니다. 또한 .gemini/commands/ 폴더를 활용해 반복되는 명령을 자동화하고, 실제 개발 환경에서 Gemini CLI를 효율적으로 운영하기 위한 전략을 제시합니다.

이 과정을 통해 Gemini CLI를 단순한 대화형 코드 생성 도구가 아니라, 프로젝트 지식과 작업 흐름을 함께 관리하는 실전형 AI 개발 파트너로 활용하는 방법을 익히게 됩니다.

# 10.1 GEMINI.md 파일 관리하기

**GEMINI.md**는 Claude Code의 CLAUDE.md, Codex의 AGENTS.md와 마찬가지로 프로젝트와 관련된 핵심 정보를 정리해 AI 작업을 돕기 위한 문서입니다. 다만, Gemini CLI에서는 이 파일이 행동을 강제하는 규칙 파일이 아니라, 작업 맥락을 이해시키기 위한 참고용 컨텍스트 문서입니다.

이 절에서는 GEMINI.md의 위치와 활용 범위, 작성 방식, 관리 방법을 차례로 살펴봅니다. 세 도구에 공통되는 설계 원칙은 **12.3절**에서 다룹니다.

## 10.1.1 GEMINI.md의 위치와 활용 범위

Gemini CLI는 Claude Code나 Codex처럼 여러 규칙 파일을 자동으로 병합해 적용하는 방식이 아니라, 프로젝트 단위의 컨텍스트 문서를 중심으로 협업하는 구조를 채택하고 있습니다. 이때 핵심 역할을 하는 문서가 바로 GEMINI.md입니다.

**1. 프로젝트 루트 GEMINI.md - 프로젝트 컨텍스트 문서**

- **위치**: ./my-project/GEMINI.md

GEMINI.md는 해당 프로젝트에서 Gemini CLI와 작업할 때 참고하는 대표적인 컨텍스트 문서입니다. 기술 스택, 실행 방식, 빌드 및 테스트 절차, API 규약, 협업 규칙 등 프로젝트 전반을 이해하는 데 필요한 기준 정보를 정리합니다.

이 문서는 AI가 그대로 실행해야 할 규칙 목록이라기보다는, '이 프로젝트가 어떤 성격과 기준을 가진 작업인지'를 설명하는 안내 문서에 가깝습니다. Gemini CLI는 세션을 시작할 때 이 파일을 자동으로 규칙처럼 병합하지는 않지만, 사용자가 작업 요청 시 함께 참고하도록 설계하는 것이 일반적인 활용 방식입니다.

#### 2. 서브폴더 GEMINI.md - 선택적 참고 문서

- **위치**: ./frontend/GEMINI.md, ./backend/GEMINI.md 등

대규모 프로젝트나 모노레포 환경에서는 영역별로 추가적인 설명 문서를 둘 수 있습니다. 다만, 이 역시 자동으로 적용되는 규칙 파일이 아니라 필요할 때 의도적으로 참고시키는 보조 컨텍스트 문서라는 점을 전제로 사용해야 합니다.

다음과 같은 경우에만 추가로 사용할 것을 권장합니다.

- 프런트엔드와 백엔드의 기술 스택이 완전히 분리된 경우
- 여러 서비스가 공존하는 모노레포 구조
- 레거시 코드와 신규 코드의 기준이 명확히 다른 경우

일반적인 단일 프로젝트에서는 프로젝트 루트의 GEMINI.md 하나로 충분합니다.

Gemini CLI는 작업 시 다음 요소들을 종합적으로 참고합니다.

- 사용자가 직접 입력한 프롬프트
- 프롬프트에서 명시적으로 포함되거나 참조된 문서(GEMINI.md 등)
- 현재 작업 디렉터리의 코드와 파일 구조
- settings.json에 정의된 CLI 설정 값

이러한 구조 덕분에 Gemini CLI는 명확한 요청과 잘 정리된 문서 기반 협업에 초점을 둡니다.

### 10.1.2 GEMINI.md 작성 방식과 기본 구조

GEMINI.md는 프로젝트의 맥락을 설명하기 위해 사용자가 직접 작성하는 컨텍스트 문서입니다. 따라서 프로젝트 루트에 사용자가 직접 작성하고, 필요에 따라 내용을 보완합니다.

GEMINI.md를 작성할 때 가장 중요한 기준은 다음과 같습니다.

- AI가 실행해야 할 규칙을 나열하지 않는다.
- 프로젝트를 처음 접하는 사람이 읽어도 이해할 수 있도록 작성한다.
- 반복적으로 설명해야 하는 정보를 문서로 정리한다.
- 길게 쓰기보다 핵심 정보 위주로 간결하게 정리한다.

GEMINI.md는 작성 언어에 제한이 없습니다. 프로젝트와 팀이 가장 익숙한 언어로 작성하는 것이 원칙입니다. 국내 프로젝트라면 처음부터 한글로 작성해도 문제없습니다 한글 문서 + 한글 프롬프트 조합도 정상적으로 작동하며, 문서와 프롬프트의 언어를 맞출수록 응답의 일관성이 높아지는 경향이 있습니다.

다음은 간단한 HTML 프로젝트용 GEMINI.md 작성 예시입니다.

GEMINI.md 기본 구조 예시

```
# 프로젝트 개요
이 프로젝트는 하나의 HTML 파일로 구성된 간단한 웹 페이지입니다.
화면에 "안녕하세요"라는 문구를 출력하는 것이 목적입니다.
# 키 파일
- index.html: 웹 페이지의 내용을 담고 있는 메인 HTML 파일
# 빌딩과 실행
별도의 빌드 과정은 없습니다.
index.html 파일을 웹 브라우저에서 바로 열어 실행할 수 있습니다.
```

이처럼 GEMINI.md에는 프로젝트의 목적, 구조, 실행 방식 등 작업 맥락을 이해하는 데 필요한 최소한의 정보만 정리하면 충분합니다. 정해진 형식이나 필수 항목은 없으며, 프로젝트 성격에 맞게 자유롭게 구성할 수 있습니다.

실무에서는 보통 다음과 같은 항목을 중심으로 작성합니다.

**1. 프로젝트 개요**

예 Next.js와 Supabase로 구성된 관리자 대시보드 프로젝트

**2. 주요 워크플로**

예 로컬 개발은 `pnpm dev`, 테스트는 `pnpm test:unit`으로 실행

**3. 협업 및 작업 지침**

예 PR은 최소 1명 이상 리뷰 후 병합, 린트 오류는 커밋 전 해결

**4. 주의 사항**

예 환경 변수는 .env.local에만 저장, API 키는 저장소에 커밋하지 않음

핵심은 매번 설명해야 하는 내용을 문서로 한번 정리해두는 데 있습니다.

## 10.1.3 GEMINI.md 작성 팁

GEMINI.md는 한 번에 완성하는 문서이 아니라, 실제 개발 흐름에 맞게 점진적으로 다듬어 가는 파일입니다. 입문자는 다음과 같은 단계로 접근하면 무리 없이 GEMINI.md를 관리할 수 있습니다.

**1. 기본 문서부터 작성하기**

먼저 프로젝트 루트에 GEMINI.md 파일을 만들고, 프로젝트 개요와 실행 방식 등 가장 기본 정보부터 직접 작성합니다. 처음부터 완벽하게 채우려 하기보다는 '이 프로젝트를 처음 보는 사람에게 설명한다'는 기준으로 간단히 정리하는 것이 좋습니다.

**2. 문서 다듬기 요청 활용하기**

초안이 작성되어 있다면, 작성된 GEMINI.md를 바탕으로 Gemini CLI에 표현 정리나 구조 개선을 요청할 수 있습니다.

```
Gemini
> @GEMINI.md 내용을 핵심 위주로 더 간결하게 정리해줘.
```

이때 Gemini CLI는 문서를 새로 생성하지 않고, 기존 내용을 바탕으로 표현을 다듬거나 정리 방향을 제안하는 보조 역할을 수행합니다.

**3. 사용자 검토 및 직접 수정하기**

Gemini CLI의 제안은 참고용이므로 모호한 표현이나 프로젝트와 맞지 않는 부분은 사용자가 직접 검토하고 수정해야 합니다. 특히 다음 항목은 꼼꼼히 확인하는 것이 좋습니다.

- 실제 명령어와 문서 내용이 일치하는지
- 협업 규칙이 팀의 합의와 맞는지
- 보안 및 환경 변수 관련 설명이 과도하거나 부족하지 않은지

**4. 실전 대화에서 효과 확인하기**

GEMINI.md가 어느 정도 정리되었다면, 실제 개발 작업을 Gemini CLI에 요청해보며 응답이 프로젝트 맥락을 제대로 반영하는지 확인합니다. 예를 들어, 빌드 방식이나 폴더 구조를 다시 설명하지 않아도 Gemini CLI가 이를 전제로 자연스럽게 작업을 수행한다면 GEMINI.md가 충분히 역할을 하고 있다고 볼 수 있습니다.

이 과정을 반복하면 GEMINI.md는 단순한 설명 문서를 넘어 프로젝트 맥락을 안정적으로 전달하는 기준 문서로 자리 잡게 됩니다.

### 10.1.4 GEMINI.md 반영 상태 점검과 컨텍스트 관리

GEMINI.md는 잘 작성하는 것만큼이나 실제 작업 요청에서 문서를 제대로 참고하고 있는지 점검하는 것도 중요합니다. Gemini CLI에서 컨텍스트 관리는 다음 원칙을 기준으로 접근해야 합니다.

**1. 작업 요청에서 컨텍스트를 분명히 전달하기**

Gemini CLI에서는 필요한 시점에 GEMINI.md를 어떻게 전달하느냐가 중요합니다. 실제 작업에서는 다음 요소들이 함께 작용합니다.

- 사용자가 입력한 작업 요청(프롬프트의 목적과 조건)
- 요청에 함께 참조된 문서(GEMINI.md 등)
- 현재 작업 디렉터리의 코드와 파일 구조
- settings.json에 정의된 CLI 동작 설정

따라서 GEMINI.md는 작업 요청의 맥락을 보완해주는 참고 자료로 이해하는 것이 현실적입니다. 특히 작업 범위가 바뀌거나 이전에 설명했던 전제를 다시 활용해야 하는 경우에는 GEMINI.md를 요청에 명시적으로 포함해주는 습관이 응답의 정확성과 일관성을 높이는 데 도움이 됩니다.

**2. GEMINI.md 반영 여부는 작업 결과로 확인하기**

Gemini CLI에는 현재 로드된 컨텍스트 목록을 보여주는 표준 명령이 없기 때문에 GEMINI.md를 제대로 반영했는지는 작업 결과를 통해 확인하는 것이 현실적입니다.

먼저, 별도의 재질문 없이 다음 전제가 자연스럽게 지켜지는지 확인합니다.

- 빌드 명령을 다시 설명하지 않아도 올바른 명령을 사용하는가?
- 폴더 구조를 전제로 파일 경로를 정확히 짚는가?
- 협업 규칙(PR 리뷰, 린트 기준)을 자연스럽게 준수하는가?

이후에는 짧은 점검용 프롬프트로 확인할 수 있습니다. 예를 들어 다음과 같이 질문합니다.

```
Gemini
> @GEMINI.md 기준으로 이 프로젝트의 실행 방법과 테스트 명령만 요약해줘.
```

응답이 문서 내용과 일치한다면 해당 작업에서는 GEMINI.md를 정상적으로 참고했다고 볼 수 있습니다.

### 3. 문서 변경 시 자동 재적용을 기대하지 않기

Gemini CLI가 GEMINI.md를 규칙처럼 자동 적용하는 구조가 아니므로 파일을 수정했다고 해서 현재 작업 맥락이 자동으로 갱신된다고 단정해서는 안 됩니다. 변경 사항을 확실히 반영하려면 다음이 방식이 안전합니다.

- 변경된 내용이 포함되도록 다음 요청에서 GEMINI.md를 다시 명시적으로 참조하기
- 문서가 크게 바뀌었다면, 새 요청에서 변경 요점을 간단히 함께 전달하기

```
Gemini
> GEMINI.md를 업데이트했어. 이제부터 테스트는 pnpm test:unit이 아니라 pnpm test로 실행해.
> @GEMINI.md 기준으로 테스트 실행 절차를 다시 정리해줘.
```

또한, 문서가 지나치게 길어져 Gemini가 핵심을 놓치는 경우에는 GEMINI.md 상단에 '이 문서의 요약' 섹션을 추가하거나, 현재 작업 중인 특정 모듈의 규칙만 따로 발췌해 전달하는 방식이 컨텍스트 효율을 높이는 데 도움이 됩니다.

### 4. 컨텍스트 문서를 주기적으로 점검하기

GEMINI.md를 프로젝트 기준 문서로 안정적으로 운영하려면 다음 항목을 주기적으로 점검하는 것이 좋습니다.

- 실행/테스트/빌드 명령이 최신 상태인가?
- 폴더 구조가 바뀌었는데 문서가 그대로인가?
- 협업 규칙이 팀의 실제 프로세스와 일치하는가?
- 보안 항목(환경 변수, API 키 정책)이 과도하거나 누락되지 않았는가?
- 문서가 길어져 핵심이 묻히지 않았는가?(필요 시 핵심 요약 섹션 추가)

Gemini CLI에서 컨텍스트 관리는 문서를 잘 정리하고, 요청 시 의도적으로 참조하며, 작업 결과를 통해 반영 여부를 확인하는 방식에 가깝습니다.

## 10.2 세션 관리하기

AI와 함께 코드를 작성하다 보면 "이 기능을 테스트해 보고 싶은데, 잘못 수정하면 전체 코드가 망가지지 않을까?"라는 우려가 생기곤 합니다. Gemini CLI는 이러한 불안을 최소화하기 위해 세션 관리 기능을 제공합니다.

- **세션 저장**: /chat save 명령으로 현재까지의 대화 맥락, 모델의 상태, 작업의 분기점을 하나의 파일(체크포인트)로 저장합니다. 이는 게임의 '세이브 포인트'와 비슷합니다.
- **복구 메커니즘**: 작업을 하다가 코드가 꼬이거나 모델이 의도치 않은 방향으로 답변을 이어갈 때, 저장해 둔 시점으로 대화와 상태를 되돌릴 수 있습니다.

참고

일부 구버전 Gemini CLI는 --checkpointing 옵션을 제공했으나 최신 버전에서는 deprecated(지원 중단 예정) 상태입니다. 체크포인트는 /chat save와 /chat resume, /restore 기능으로 관리하는 것을 권장합니다.

### 10.2.1 세션 저장하고 복원하기

Gemini CLI는 작업 중인 파일 상태와 AI와의 대화 맥락을 특정 시점으로 저장하고, 언제든 그 상태로 되돌릴 수 있는 세션 관리 기능을 제공합니다. 이는 복잡한 리팩터링이나 실험적인 코딩을 할 때 안전장치 역할을 합니다.

#### 세션 상태 저장: /chat save <이름>

중요한 작업을 완료했거나 위험한 수정을 시작하기 직전의 상태를 저장하고 싶을 때 사용합니다. 예를 들어, 다음과 같은 작업을 수행했다고 가정해 보겠습니다.

```
Gemini
> 웹 페이지 기본 구조를 @index.html로 만들고 "안녕하세요." 문구를 추가해줘.
```

이 시점을 안전하게 저장하고 싶다면 `/chat save <이름>` 명령을 사용합니다.

```
Gemini
> /chat save index-ready
```

이름에는 영문자, 숫자, 하이픈(-), 언더스코어(_)를 사용할 수 있습니다. 저장된 데이터는 다음 경로에서 프로젝트별 해시값으로 구분해 관리됩니다.

- **Windows**: C:\Users\<사용자명>\.gemini\tmp\프로젝트_해시\
- **macOS/Linux**: ~/.gemini/tmp/프로젝트_해시/

### 저장된 세션 목록 확인: /chat list

현재 프로젝트에서 다시 불러올 수 있는 세션 목록을 확인하는 명령입니다.

```
Gemini
> /chat list
# 출력 예시
List of saved conversations:
  - index-ready (2025-12-13 02:50:45)
```

생성된 시점이 함께 표시되어 작업 흐름을 쉽게 파악할 수 있습니다.

### 세션 복원: /chat resume <이름>

작업 결과가 만족스럽지 않거나 이전 상태로 돌아가야 할 때 사용하는 명령입니다. 예를 들어, 파일을 잘못 수정했다고 합시다.

```
Gemini
> @index.html에서 "안녕하세요." 문구를 삭제해줘.
```

이 변경을 취소하고 다시 문구가 있던 상태로 돌아가려면 다음 명령을 실행합니다.

```
Gemini
> /chat resume index-ready
```

이 명령을 실행하면 다음 두 가지가 동시에 복원됩니다.

- **파일 상태**: index.html 파일이 저장 시점의 내용으로 되돌아감
- **대화 맥락**: AI가 수정하기 전 대화 흐름과 작업을 다시 기억함

복원 명령을 실행하면 복원 시점 이후의 현재 대화 내역은 삭제됩니다. 현재 작업 내용도 보존하고 싶다면 복원하기 전에 현재 상태를 먼저 저장해 두어야 합니다.

```
Gemini
> /chat save current-work      # 현재 상태 백업
> /chat resume index-ready     # 지정 시점으로 복원
```

### 세션 삭제: /chat delete <이름>

더 이상 필요하지 않은 세션을 삭제해 디스크 공간을 절약할 수 있습니다.

```
Gemini
> /chat delete index-ready
```

### 대화 내용 내보내기: /chat share <파일명>

현재 대화 전체를 파일로 내보내 팀 공유, 문서화, 코드 리뷰 자료로 활용할 수 있습니다.

```
Gemini
> /chat share team-review.md       # 마크다운
> /chat share analysis-log.json    # JSON
> /chat share                      # 파일명 생략 시 자동 생성
```

출력 파일은 현재 작업 폴더에 저장되며, 내보내기 형식은 다음과 같이 목적에 따라 다르게 활용합니다.

- **마크다운(.md)**: 사람이 읽기 쉬운 형식으로, GitHub 리뷰나 문서 작성에 적합
- **JSON(.json)**: 구조화된 데이터로, 자동화 스크립트나 데이터 분석 워크플로에 적합

### 긴급 복구: /restore

/chat save로 시점을 명시적으로 저장하지 않은 상태에서 AI가 코드를 잘못 수정했더라도 당황할 필요 없습니다. Gemini CLI는 안전한 작업을 위해 /restore 명령어를 제공합니다.

Gemini CLI는 AI가 파일을 수정하는 도구(edit_file, write_file 등)를 실행하기 직전의 상태를 시스템 메모리에 임시로 유지합니다. AI의 수정 결과가 의도와 다르거나 오류가 발생했을 때 /restore를 입력하면, 별도의 저장 기록이 없더라도 직전 단계의 파일 상태와 대화 맥락으로 즉시 복구됩니다.

이 기능은 /chat save를 깜빡한 상황에서 사용할 수 있는 최후의 보루로, 한 단계 뒤로 가기(undo)와 같은 역할을 수행해 작업의 연속성을 보장합니다.

/chat 명령을 사용한 세션 관리는 단순히 파일만 복구하는 Git과 달리, 당시 AI가 이해하고 있던 맥락과 논리까지 통째로 복원합니다. 따라서 복잡한 요구사항이 얽힌 작업 중에도 대화 흐름을 끊지 않고 과거의 특정 시점으로 완벽하게 돌아갈 수 있다는 것이 Gemini CLI만의 독보적인 장점입니다.

## 10.2.2 실전 활용 시나리오

다음은 /chat 명령을 실무 환경에서 효과적으로 활용하는 대표적인 패턴입니다. 두 시나리오는 대규모 리팩터링, 여러 아이디어 비교 테스트 등에서 특히 유용하며, 실제 개발팀에서도 자주 사용하는 작업 방식입니다.

**시나리오 1. 안전한 대규모 리팩터링**

코드 구조를 크게 변경할 때 예기치 못한 오류가 발생하더라도 즉시 복구할 수 있는 흐름입니다.

```
Gemini
# 1. 리팩터링 시작 전 안전 지점 저장
> /chat save pre-refactor
# 2. AI에 대규모 변경 요청
> @src/ 전체 폴더의 구조를 디자인 패턴에 맞게 개선해줘.
# 3. 테스트 실행(실패 가정)
>!npm test
# 4. 테스트 실패 시 즉시 이전 상태로 복구
> /chat resume pre-refactor
# 5. (재시도 후) 성공 시 최종 상태 저장 및 문서화
> /chat save refactor-complete
> /chat share refactor-summary.md
```

이 흐름을 따르면 '실패 시 즉시 복구 → 성공 시 명확한 기준점 확보 → 팀 공유용 문서 자동 생성'이라는 하나의 워크플로로 자연스럽게 이어집니다.

**시나리오 2. 여러 접근 방식 비교(A/B 테스트)**

하나의 문제에 대해 여러 해결 전략을 시도하고 최적의 대안을 선택할 때 유용합니다.

Gemini

```
# 1. 기준점 저장
> /chat save baseline
# 2. 첫 번째 방식(접근 A) 시도 및 저장
> 성능 최적화 위주로 코드를 고쳐줘.
> /chat save approach-performance
# 3. 기준점으로 복구
> /chat resume baseline
# 4. 두 번째 방식(접근 B) 시도 및 저장
> 가독성과 유지보수성 위주로 코드를 고쳐줘.
> /chat save approach-readability
# 5. 두 세션을 비교해 최종 결정
```

이 방식은 AI와 함께 다양한 아키텍처를 실험할 때, 작업 내용이 섞이지 않도록 안전하게 분기(branching)하는 효과를 줍니다.

# 10.3 사용자 정의 명령어 사용하기

Gemini CLI를 사용하다 보면 반복해서 입력하는 긴 프롬프트가 점점 부담될 때가 있습니다. 예를 들어 코드 리뷰를 요청할 때마다 매번 "보안, 성능, 가독성을 기준으로 검토하고 개선안을 제안해줘."와 같은 긴 지시문을 그대로 입력하는 것은 비효율적입니다.

이러한 반복을 줄여주는 기능이 바로 **사용자 정의 명령어**(custom command)입니다. 자주 사용하는 프롬프트를 `/review`와 같은 짧은 슬래시 명령어로 등록해두면 이후에는 단 한 줄로 복잡한 요청을 실행할 수 있습니다. 이는 터미널의 별칭(alias), IDE의 스니펫(snippet) 기능과 유사한 개념으로, 사용자의 작업 패턴을 재사용 가능한 명령어 형태로 저장해 자동화할 수 있다는 점에서 매우 유용합니다.

이 절에서는 사용자 정의 명령어의 저장 위치, 전역/로컬 구성 방식, 우선순위 처리 규칙 등 실무에서 바로 활용할 수 있는 구조를 살펴봅니다.

## 10.3.1 사용자 정의 명령어의 저장 위치

Gemini CLI는 사용자 정의 명령어를 저장하는 두 개의 폴더를 제공합니다. 명령어 파일이 어느 위치에 저장되는지에 따라 전역(global) 명령어인지, 특정 프로젝트 전용(local) 명령어인지가 결정됩니다.

### 전역 명령어

홈 폴더의 .gemini/commands/ 폴더에 저장한 명령어는 모든 프로젝트에서 공통으로 사용할 수 있습니다. 개인 개발 스타일, 반복 작업, 자주 사용하는 지시문 등을 전역 명령어로 등록해두면 환경이 바뀌어도 일관된 워크플로를 유지할 수 있습니다.

예를 들면 다음과 같습니다.

- **/review**: 보안, 성능, 가독성 기준으로 코드 리뷰
- **/test**: 단위 테스트 생성 및 실행
- **/doc**: API 문서 형식으로 요약 및 정리

이러한 명령어는 개인 사용자의 작업 기본값(default workflow)을 정의하는 데 매우 효과적입니다.

### 로컬 명령어

프로젝트마다 빌드 방식, 테스트 규칙, 배포 과정이 다를 수 있습니다. 이러한 프로젝트 고유의 작업 방식을 자동화하려면 해당 프로젝트 폴더 내에 .gemini/commands/ 폴더를 생성하고 그 안에 사용자 정의 명령어 파일을 저장하면 됩니다.

- **/build-next**: 특정 프로젝트에서만 필요한 Next.js 빌드 프로세스
- **/qa-check**: 팀 QA 기준을 기반으로 한 자동 점검 명령
- **/deploy-staging**: 프로젝트 스테이징 환경 배포 자동화

로컬 명령어 폴더는 Git에 포함해 버전을 관리할 수 있으며, 팀원이 프로젝트를 클론하는 즉시 동일한 명령어 세트를 사용할 수 있다는 장점이 있습니다. 즉, 팀 단위의 워크플로 구축에 매우 적합한 방식입니다.

### 명령어 우선순위 규칙

전역 명령어와 로컬 명령어에 동일한 이름의 명령어가 존재할 수도 있습니다. 이 경우 Gemini CLI는 로컬 명령어가 전역 명령어보다 우선한다는 규칙을 따릅니다. 예를 들어, 다음과 같은 경우 해당 프로젝트에서는 로컬 /test 명령어가 실행됩니다.

- **전역 /test**: Jest 기반 테스트 생성
- **로컬 /test**: Pytest 기반 테스트 생성

이 구조 덕분에 다음과 같은 장점이 생깁니다.

- **일관성 유지**: 전역 명령어로 기본 작업 흐름을 통일
- **유연성 확보**: 프로젝트마다 필요한 동작만 재정의(override) 가능

즉 Gemini CLI는 사용자의 개인 개발 패턴과 프로젝트 특화 규칙을 자연스럽게 병합해 안정적인 작업 환경을 제공합니다.

## 10.3.2 사용자 정의 명령어 파일 작성법

사용자 정의 명령어는 TOML 형식으로 작성합니다. **TOML**(Tom's Obvious, Minimal Language)은 사람이 읽고 쓰기 쉬운 설정 파일 형식으로, JSON보다 단순하고 YAML보다 직관적이라는 장점이 있습니다. 몇 가지 기본 규칙만 익히면 바로 명령어 파일을 작성해 실전에 활용할 수 있습니다.

### 기본 구조

가장 단순한 사용자 정의 명령어 파일의 형태는 다음과 같습니다.

review.toml

```
description = "이 명령어가 무엇을 하는지 간단한 설명"
prompt = """
Gemini CLI에 전달할 실제 프롬프트 내용 작성
여러 줄에 걸쳐 작성할 수 있으며, 삼중 따옴표로 감싸기
{{args}}
"""
```

- **`description`**: /help를 입력했을 때 사용자 정의 명령어 옆에 나타나는 설명으로, 간결하게 한 줄로 명령어의 역할을 요약합니다. 선택 항목이지만 작성하는 것이 좋습니다.
- **`prompt`**: 필수 항목입니다. 여기에 작성한 내용이 모델의 시스템 프롬프트 또는 사용자 프롬프트로 적용됩니다.
- **`{{args}}`**: 사용자가 터미널에서 명령어 뒤에 추가로 입력하는 텍스트나 파일 참조를 명령어 내부의 특정 위치로 전달하는 역할을 합니다. 예를 들어, `/review 코드 품질 위주로 @src/auth/login.js`처럼 명령을 실행하면, `{{args}}` 위치에 `"코드 품질 위주로 @src/auth/login.js"`가 그대로 삽입됩니다.

TOML 파일명은 곧 슬래시 명령어 이름으로 사용됩니다. 예를 들어, review.toml 파일을 만들면 `/review` 명령으로 실행할 수 있습니다.

파일 이름은 다음 규칙을 따르는 것을 권장합니다.

- 영어 소문자만 사용
- 하이픈(-) 또는 언더스코어(_)만 허용
- 짧고 의미가 분명한 이름 사용
- 좋은 예: `review`, `test`, `docs`, `lint-fix`

- 나쁜 예: mycommandforreview, 1_review_file

이렇게 이름을 정리해두면 /를 입력했을 때 자동 완성 목록에서도 명령어들이 깔끔하게 정렬되어 표시됩니다.

### 네임스페이스로 묶기

명령어 개수가 많아지면 단일 폴더에서 관리하기가 점점 어려워집니다. 이럴 때는 하위 폴더를 네임스페이스(namespace)처럼 활용해 관련 명령을 그룹화하는 편이 좋습니다. 폴더 이름이 네임스페이스 역할을 하며, 실행할 때 :(콜론)으로 구분해 명령어를 호출합니다.

```
~/.gemini/commands/
├─── review.toml            # /review
├─── test.toml              # /test
├─── git/
│     ├─── commit.toml      # /git:commit
│     └─── pr.toml          # /git:pr
└─── refactor/
      ├─── pure.toml        # /refactor:pure
      └─── optimize.toml    # /refactor:optimize
```

이렇게 구조를 잡으면 /help로 명령어 목록을 확인할 때도 네임스페이스 단위로 시각적으로 묶여 보여 가독성이 좋아집니다. 또한 /git:commit, /git:pr, /git:changelog처럼 Git 관련 명령어를 한 그룹으로, /refactor:pure, /refactor:extract처럼 리팩터링 관련 명령어를 다른 그룹으로 묶어 필요할 때 빠르게 찾아 실행할 수 있습니다.

- ~/.gemini/commands/git/commit.toml → /git:commit
- ~/.gemini/commands/refactor/pure.toml → /refactor:pure

### 예시 1: 코드 리뷰 명령어(기본형과 인자형)

#### 1. 기본형: 고정 프롬프트 버전

코드 리뷰는 자주 반복하는 요청 중 하나입니다. 매번 "보안, 성능, 가독성 관점에서 리뷰해줘."라고 입력하는 대신, 이를 하나의 명령어로 만들어두면 훨씬 효율적입니다.

~/.gemini/commands/review.toml

```
description = "코드를 품질, 보안, 성능 관점에서 리뷰합니다."
prompt = """
현재 제공된 코드를 다음 관점에서 철저히 리뷰해 주세요.
1. 코드 품질(가독성, 유지보수성, 네이밍)
2. 잠재적 버그(에러 처리, 엣지 케이스)
3. 성능 최적화(알고리즘, 불필요한 연산, 캐싱)
4. 보안(입력 검증, 인젝션 가능성, 민감 정보 노출)
각 문제점에 대해 구체적인 개선 방안을 제시해 주세요.
"""
```

이 버전은 항상 동일한 기준으로 코드 리뷰를 수행합니다. 한 번 정의해두면 프로젝트가 달라져도 일관된 품질 기준으로 검토를 진행할 수 있습니다.

```
Gemini
# 리뷰할 파일을 먼저 컨텍스트에 추가
> @src/api/users.js
# 리뷰 실행
> /review
```

**2. 인자형: 가변 프롬프트({{args}} 활용)**

프로젝트마다 리뷰의 초점이 달라질 때가 있습니다. 예를 들어 "보안 이슈 위주로만 검토해줘." 처럼 특정 관점을 강조하고 싶다면 {{args}}를 사용해 인자를 전달하도록 수정할 수 있습니다.

~/.gemini/commands/review.toml

```
description = "코드를 리뷰합니다(선택적으로 초점 영역 지정 가능)."
prompt = """
현재 제공된 코드를 리뷰해 주세요.
{{args}}
기본적으로 다음 관점을 검토하되, 앞에서 특별히 지정한 사항이 있다면 그것을 우선합니다.
1. 코드 품질(가독성, 유지보수성, 네이밍)
2. 잠재적 버그(에러 처리, 엣지 케이스)
3. 성능 최적화(알고리즘, 불필요한 연산)
4. 보안(입력 검증, 인젝션 가능성)
각 문제점에 대해 구체적인 개선 방안을 제시해 주세요.
```

{{args}} 부분은 명령을 실행할 때 입력한 추가 문장으로 치환됩니다. 인자를 생략하면 기본 프롬프트만으로 동작하고, 인자를 지정하면 그 내용을 우선적으로 반영합니다.

```
Gemini
# 일반 리뷰
> /review @src/utils/calculator.js
# 보안 중심 리뷰
> /review 보안 이슈 위주로 검토해줘. @src/auth/login.js
```

### 예시 2: 테스트 코드 생성 명령어(인자형)

테스트 작성은 중요하지만 시간이 많이 드는 작업이므로 기본 뼈대를 자동으로 만들어두면 생산성을 크게 높일 수 있습니다.

~/.gemini/commands/test.toml

```
description = "코드에 대한 테스트를 생성합니다(테스트 타입 지정 가능)."
prompt = """
현재 제공된 코드에 대한 테스트를 작성해 주세요.
{{args}}
기본적으로 다음을 포함하되, 앞에서 지정한 사항이 있다면 그것을 우선합니다.
1. 정상 케이스
2. 에러 케이스
3. 엣지 케이스(경계값, null/undefined, 빈 배열 등)
4. 모킹(외부 의존성 분리)
프로젝트에서 사용 중인 테스트 프레임워크를 따르세요.
테스트 커버리지는 80% 이상을 목표로 하고, 각 테스트의 검증 목적을 주석으로 명확히 적어주세요.
"""
```

이 명령어는 테스트 타입을 인자로 받아 다양한 상황에 맞는 테스트를 생성해 줍니다. 이미 존재하는 테스트 파일이 있다면, Gemini CLI가 해당 스타일을 참고해 프로젝트 컨벤션을 최대한 유지하려고 시도합니다.

```
Gemini
# 기본(모든 유형의 테스트 제안)
> /test @src/utils/formatDate.ts
# 단위 테스트만
> /test 단위 테스트만 작성해줘. @src/api/auth.js
# 통합 테스트(API 간 상호작용 검증)
> /test 통합 테스트를 작성하고, API 엔드포인트 간 상호작용을 검증해줘. @src/api/users.js
# React 컴포넌트 상호작용 중심
> /test 사용자 클릭/입력 등 인터랙션 중심으로 테스트를 작성해줘. @src/components/
LoginForm.tsx
```

### 예시 3: 리팩토링 명령어 묶음(네임스페이스 활용)

리팩터링 작업은 종류가 많습니다. 예를 들어, '순수 함수로 변환', '함수 추출', '코드 단순화' 등 서로 다른 리팩터링 전략을 하나의 그룹으로 묶어 관리하고 싶다면 네임스페이스를 활용하는 것이 좋습니다.

```
~/.gemini/commands/refactor/
├──── pure.toml       # /refactor:pure - 순수 함수로 리팩터링
├──── extract.toml    # /refactor:extract - 함수 추출
└──── simplify.toml   # /refactor:simplify - 코드 단순화
```

#### 1. 순수 함수 리팩터링 명령어 예시

~/.gemini/commands/refactor/pure.toml

```
description = "코드를 순수 함수로 리팩터링합니다(초점 지정 가능)."
prompt = """
제공된 코드를 순수 함수(Pure Function)로 리팩터링해 주세요.
{{args}}
순수 함수 조건:
1. 동일 입력 → 동일 출력
2. 부작용 없음(외부 상태 변경 금지)
3. 외부 상태에 의존하지 않음
결과에는 다음을 포함해 주세요.
- 리팩터링한 코드
- 주요 변경 설명(부작용 제거 방식)
- 적용 기법(인자 전달, 새 객체 반환 등)
- 전후 비교 예시
"""
```

#### 2. 함수 추출 명령어 예시

~/.gemini/commands/refactor/extract.toml

```
description = "복잡한 함수에서 의미 있는 부분을 별도 함수로 추출합니다."
prompt = """
제공된 코드에서 재사용 가능하거나 단일 책임을 가진 부분을 별도 함수로 추출해 주세요.
{{args}}
추출 기준:
1. 하나의 명확한 책임
2. 재사용 가능성
3. 이름을 부여하면 가독성 향상
4. 독립 테스트 가능
```

```
결과에는 다음을 포함해 주세요.
- 추출된 함수(의미 있는 이름)
- 원본 함수(추출된 함수를 호출하도록 변경)
- 왜 추출했는지 설명
- 전후 코드 비교
"""
```

네임스페이스(/refactor:pure, /refactor:extract 등)를 활용하면 리팩터링 관련 명령어를 하나의 카테고리로 묶어 관리할 수 있습니다.

```
# 기본 사용
> /refactor:extract @src/services/userService.js
# 특정 대상만 지정
> /refactor:extract 데이터 검증 로직만 별도 함수로 추출해줘. @src/services/userService.js
# 개수 제한
> /refactor:extract 가장 중요한 3개만 추출해줘. @src/components/Form.tsx
```

리팩터링 외에도 /test:unit, /test:integration, /docs:api, /docs:readme처럼 업무 성격별로 네임스페이스를 나누면 명령어가 많아지더라도 구조적으로 정리된 상태를 유지할 수 있습니다.

## 10.3.3 사용자 정의 명령어 문제 해결 가이드

사용자 정의 명령어는 반복 작업을 줄여주는 강력한 기능이지만, 설정 과정에서 사소한 오류가 발생하면 제대로 동작하지 않을 수 있습니다. 실제 사용하며 자주 겪는 문제와 해결 방법을 정리했으니 명령이 예상대로 실행되지 않으면 다음 항목을 점검해 보세요.

### 문제 1. 명령이 인식되지 않음

가장 흔한 원인은 파일 확장자 오류, 저장 경로 오류, CLI 재시작 누락입니다.

**해결 방법**

**1. 파일 확장자 확인**

사용자 정의 명령어 파일은 반드시 .toml 확장자를 사용해야 합니다. .txt, .md, .json 등 다른 확장자를 사용하면 Gemini CLI는 해당 파일을 명령어로 인식하지 않습니다.

**2. 저장 경로 확인**

- **전역 명령어**: ~/.gemini/commands/
- **프로젝트 전용 명령어**: 프로젝트_폴더/.gemini/commands/

경로가 정확하지 않으면 명령어 목록(`/help`)에도 표시되지 않습니다.

**3. CLI 재시작**

Gemini CLI는 실행 시점에 명령어 파일을 로드합니다. 따라서 파일을 새로 만들었거나 수정했다면 반드시 세션을 종료한 후 CLI를 재시작해야 반영됩니다.

> **참고**
>
> /를 입력했을 때 목록에 명령어가 보이지 않는다면 CLI가 아직 새 파일을 로드하지 않은 것입니다. 이 경우 재시작하면 대부분 문제를 해결할 수 있습니다.

### 문제 2. 명령은 실행되는데 원하는 결과가 아님

명령이 실행되지만 기대와 다르게 출력되었다면 대부분 프롬프트 구성 문제나 TOML 문법 오류입니다.

#### 해결 방법

**1. 프롬프트 내용 먼저 테스트하기**

TOML 파일을 만들기 전에, Gemini CLI 대화창에서 프롬프트 내용을 직접 입력해 먼저 테스트해 보세요. 원하는 답변이 나온다면 그 내용을 `prompt` 필드에 그대로 옮기면 됩니다.

**2. TOML 문법 점검**

`prompt = """ ... """`처럼 반드시 삼중 따옴표로 감싸야 합니다. 줄바꿈 누락, 따옴표 불일치, 공백 오류 등이 있으면 CLI가 파일을 읽지 못합니다. 의심된다면 TOML 검증기(TOML validator)에 붙여넣어 문법 오류를 확인하세요.

> **참고**
>
> 명령을 실행했을 때 ParseError, Invalid format 같은 메시지가 표시된다면 대부분 TOML 문법 문제입니다.

### 문제 3. 전역과 로컬 명령 이름 충돌

전역(~/.gemini/commands/)과 로컬(프로젝트_폴더/.gemini/commands/)에 동일한 이름의 명령이 존재할 수 있습니다. 이때 Gemini CLI는 로컬 명령어를 우선 실행합니다. 예를 들어, 다음과 같은 경우 해당 프로젝트에서는 로컬 /test가 실행됩니다.

- **전역 /test**: Jest 테스트 생성
- **로컬 /test**: Pytest 기반 테스트 생성

의도된 동작이라면 문제없지만, 원치 않는 충돌이라면 명령 이름을 변경하는 것이 좋습니다. 명령어 이름 규칙을 일관성 있게 관리하면 충돌을 최소화할 수 있고, 팀원 모두가 명령 이름만 보고도 기능을 쉽게 이해할 수 있습니다.

# 11장

# Gemini CLI 고급 기능 활용하기

앞선 장에서 Gemini CLI의 기본 명령 체계와 대화형 작업 흐름을 충분히 익혔다면, 이제부터는 이를 실제 개발 환경에 통합해 더욱 강력하게 활용하는 방법을 살펴볼 차례입니다. 이 장에서는 Gemini CLI가 제공하는 고급 기능을 중심으로, 다양한 외부 도구와의 연동 방법과 실무 적용 전략을 단계적으로 정리합니다.

이 장을 학습하면 프로젝트 규모가 커지더라도 Gemini CLI 하나로 다양한 도구를 연결하고, 복잡한 개발 환경을 AI 중심의 일관된 워크플로로 재구성하는 방법을 체계적으로 이해할 수 있습니다. 실무 개발자가 실무에서 바로 적용할 수 있는 고급 활용 전략을 중심으로 구성했으므로 앞선 장의 내용을 바탕으로 한 단계 더 깊이 있는 개발 자동화 경험을 쌓을 수 있습니다.

## 11.1 MCP 서버 연결하기

이 절에서는 Gemini CLI에 외부 MCP 서버를 연결해 실무에서 바로 사용할 수 있도록 설정하는 과정을 단계별로 안내합니다. Gemini CLI는 CLI 명령 기반 설정과 settings.json 직접 편집 방식을 모두 지원하므로 선호하는 방식에 따라 MCP 환경을 구성할 수 있습니다.

### 11.1.1 MCP 설정 파일의 구조와 위치 이해하기

Gemini CLI에서 MCP 서버를 연결하려면 먼저 설정 정보가 저장되는 settings.json 파일의 구조와 적용 범위를 명확히 이해해야 합니다. MCP 설정은 전역 환경과 프로젝트 전용 환경 두 가지로 구분되며, 각각 독립적으로 작동합니다.

#### 전역 설정

전역 설정 파일은 사용자의 홈 폴더 아래 위치하며, 시스템 전체에서 공통으로 사용되는 MCP 구성을 저장합니다.

- **Windows**: C:\Users\사용자이름\.gemini\settings.json
- **macOS/Linux**: ~/.gemini/settings.json

이곳에 등록한 MCP 서버는 모든 프로젝트에서 자동으로 활성화되므로 다음과 같은 경우에 적합합니다.

- 여러 프로젝트에서 공통으로 사용하는 MCP 서버
- Context7처럼 범용 개발 도구
- 프로젝트마다 매번 반복 구성하기 싫은 환경

전역 설정은 프로젝트 구조와 무관하게 항상 적용되기 때문에 여러 프로젝트를 병행하는 개발자에게 특히 유용합니다.

### 프로젝트 설정

프로젝트 전용 설정 파일은 해당 프로젝트 루트 아래 생성되며, 이 프로젝트를 열 때에만 적용됩니다.

- 프로젝트_폴더/.gemini/settings.json

다음과 같은 경우에 사용하면 적합합니다.

- 특정 프로젝트 전용 MCP 서버 예 Supabase, Prisma, 내부 사내 도구
- 다른 프로젝트에는 불필요한 MCP가 로드되는 것을 피하고 싶을 때
- 팀 단위로 MCP 구성을 Git으로 공유해야 할 때

`gemini mcp add` 명령을 실행하면 이 파일이 자동 생성되며, Git에 포함해 팀 전체의 동일한 개발 환경을 쉽게 유지할 수 있습니다.

### 설정 파일 위치

입문자가 혼동하기 쉬운 부분 중 하나가 바로 두 설정 파일의 위치입니다. Cursor의 파일 탐색기를 사용하면 숨김 폴더도 쉽게 확인할 수 있습니다.

**1. 전역 설정 파일 찾기(~/.gemini/settings.json)**

❶ Cursor 실행 → File → Open Folder

❷ 사용자 홈 폴더 열기

❸ .gemini 폴더 확인

❹ 내부의 settings.json 파일 열기

**2. 프로젝트 설정 파일 찾기(.gemini/settings.json)**

❶ Cursor에서 프로젝트 루트 폴더 열기

❷ .gemini 폴더 확인

❸ 내부의 settings.json 파일 열기

## 11.1.2 MCP 서버 연결 방법

Gemini CLI에서 MCP 서버를 연결하는 방식은 크게 두 가지입니다. 상황에 따라 원하는 방식을 선택해 사용할 수 있습니다.

### 방법 1. CLI 명령어로 MCP 서버 추가하기

가장 빠르게 MCP 서버를 연결하는 방법은 다음 명령을 실행하는 것입니다.

```
Terminal
gemini mcp add <서버명> <실행_명령>
```

명령을 실행하면 Gemini CLI가 자동으로 설정 파일을 생성하고 MCP 서버 정보를 기록합니다.

**1. 기본 동작: 프로젝트 범위 등록**

옵션을 따로 지정하지 않으면 MCP 서버는 현재 프로젝트 범위로 등록됩니다. 이 방식은 팀 단위로 MCP 구성을 공유하거나 특정 프로젝트에서만 MCP 서버가 필요한 경우 적합합니다.

```
Terminal
# 프로젝트 설정 파일(.gemini/settings.json)에 저장됨
gemini mcp add context7 npx @context7/cli mcp
```

**2. 전역 등록: 모든 프로젝트에서 사용**

다음 옵션을 사용하면 MCP 서버를 전역 설정에 저장합니다. Context7처럼 여러 프로젝트에서 반복해서 사용할 MCP 서버는 이 방식이 편리합니다.

```
Terminal
gemini mcp add -s user <서버명> <실행_명령>
```

CLI 명령 방식은 간편하지만 다음과 같은 예외가 발생할 수 있습니다.

- 환경 변수(env) 또는 `transport` 옵션이 필요한 경우 설정이 불완전하게 저장될 수 있음
- 복잡한 MCP 서버 구성은 JSON 파일을 직접 편집하는 것이 더 안정적

이러한 이유로 실무에서는 CLI 방식으로 기본 골격만 만들고, 이후 settings.json을 직접 편집하는 방식을 선호합니다.

### 방법 2. settings.json 직접 편집하기(권장)

세밀한 MCP 설정이 필요하거나 CLI 기반 설정이 원하는 대로 저장되지 않을 때는 설정 파일을 직접 편집하는 방식이 가장 안정적입니다.

MCP를 적용할 범위를 결정한 뒤, 해당 위치의 settings.json 파일을 엽니다.

- 전역 MPC 설정 → ~/.gemini/settings.json
- 프로젝트 설정 → ./.gemini/settings.json

파일에 `mcpServers` 블록을 추가하고, MCP 서버 이름과 설정 정보를 작성합니다.

```
{
  "mcpServers": {
    "서버명": {
      "command": "실행_명령",
      "args": ["인자1", "인자2"],
      "env": {
        "환경변수": "값"
      }
    }
  }
}
```

- **`command`**: MCP 서버를 실행하는 명령 또는 바이너리
- **`args`**: 실행에 필요한 인자를 배열 형태로 지정
- **`env`**: 인증 토큰 등 환경 변수 값 재정의

파일을 저장하기 전에 JSON 문법을 반드시 확인합니다. 쉼표 누락, 중괄호 불일치, 잘못된 배열 구조는 MCP 서버의 로딩 실패로 이어집니다.

설정이 반영되었는지 다음 명령으로 확인할 수 있습니다.

- **대화형 세션**: `/mcp`
- **터미널**: `gemini mcp list`

이 명령으로 등록된 MCP 서버와 전송 방식, 인증 정보 반영 여부 등을 확인할 수 있습니다.

### 11.1.3 MCP 서버 연결 실습: Playwright, GitHub, Context7

Gemini CLI에서 실무에 자주 활용하는 MCP 서버인 Playwright, GitHub, Context7을 실제로 연결해 보겠습니다. 이 절에서는 설정 과정에만 집중하며, 각 MCP 서버의 기능적 특징과 사용 예시는 **5.2절**에서 다룬 내용을 기반으로 합니다.

#### Playwright MCP: 웹 브라우저 자동화

Playwright MCP는 자동화된 웹 브라우저 실행, UI 시뮬레이션, 테스트 수행에 활용하는 MCP 서버입니다. 웹 자동화가 필요한 프로젝트라면 반드시 연결해두는 것이 좋습니다.

**방법 1. CLI 명령으로 등록하기**

터미널에서 다음 명령을 실행하면 Playwright MCP가 즉시 등록됩니다.

Terminal

```
# 프로젝트 범위(기본)
gemini mcp add playwright npx -y @playwright/mcp@latest
# 전역 범위
gemini mcp add -s user playwright npx -y @playwright/mcp@latest
```

**방법 2. settings.json 직접 편집하기**

Playwright MCP는 npm 패키지를 통해 실행되므로 전역 설치 없이 쉽게 구성할 수 있습니다.

1. 설정 범위를 선택합니다.
   - **전역**: ~/.gemini/settings.json
   - **프로젝트**: ./.gemini/settings.json
2. 에디터로 settings.json 파일을 엽니다.
3. 다음 내용을 mcpServers에 추가합니다.

settings.json

```
"mcpServers": {
  "playwright": {
    "command": "npx",
    "args": ["-y", "@playwright/mcp@latest"]
  }
}
```

4. JSON 문법을 확인한 뒤 파일을 저장하고, 터미널에서 `gemini` 명령으로 Gemini CLI를 다시 실행합니다.

5. Gemini 세션에서 다음 명령으로 연결된 MCP 서버를 확인합니다. 목록에 `playwright` 항목이 표시되면 Playwright MCP가 성공적으로 연결된 것입니다.

```
Gemini
/mcp
```

## GitHub MCP: 저장소, PR, 이슈 관리

GitHub MCP는 로컬 실행형 MCP 서버로, 저장소 조회, PR 생성, 이슈 작성, 파일 읽기와 쓰기 등을 자동화할 수 있습니다. GitHub MCP는 인증 정보가 필요하므로 settings.json을 직접 편집하는 방식이 더 안정적입니다.

### 방법 1. CLI 명령으로 등록하기

GitHub MCP 서버 패키지를 npx로 실행하도록 등록합니다. PAT를 준비한 뒤 다음 명령을 실행합니다.

```
Terminal
# 프로젝트 범위
gemini mcp add github npx -y @modelcontextprotocol/server-github
# 전역 범위
gemini mcp add -s user github npx -y @modelcontextprotocol/server-github
```

명령을 실행한 후에는 반드시 settings.json을 열어 **5.2.2절**에서 발급받은 PAT를 추가해야 정상 작동합니다.

### 방법 2. settings.json 직접 편집하기(권장)

가장 안정적인 방법으로, 서버 실행 명령과 환경 변수(PAT)를 함께 정의합니다.

1. Cursor에서 범위에 맞는 settings.json 파일을 엽니다.

2. `mcpServers`에 다음 내용을 추가합니다. `ghp_xxx` 부분을 실제 발급받은 값으로 교체합니다.

settings.json

```
"mcpServers": {
```

```
    "playwright": {
      (중략)
    },
    "github": {
      "command": "npx",
      "args": [ "-y", "@modelcontextprotocol/server-github"],
      "env": {
        "GITHUB_PERSONAL_ACCESS_TOKEN": "ghp_xxx"
      }
    }
  }
```

3. 파일을 저장한 뒤 터미널에서 Gemini CLI를 다시 실행합니다.

4. `/mcp` 명령을 실행해 GitHub MCP가 제대로 연결되었는지 확인합니다. 목록에 `github`가 표시되면 정상적으로 연결된 것입니다.

만약 표시되지 않는다면 다음 항목을 점검하세요.

- PAT 권한(범위)이 충분한지
- URL 및 헤더에 문법 오류가 있는지
- JSON 마지막 쉼표 누락 등 문법 오류가 있는지

**참고**

토큰은 매우 민감한 인증 정보이므로 다음 사항을 반드시 지켜야 합니다.

- settings.json 파일을 절대 Git에 커밋하지 않기
- settings.json 파일을 다른 사람과 공유하지 않기
- 토큰이 노출되면 즉시 폐기하고 GitHub에서 재발급하기

### Context7 MCP: 라이브러리 문서 검색

Context7 MCP는 라이브러리 공식 문서를 실시간으로 조회하고, 자연어 기반 질문에 대해 최신 정보를 기반으로 정확한 설명을 제공하는 MCP 서버입니다. 프레임워크 문서 검색이 잦은 개발자에게 특히 유용합니다.

### 방법 1. CLI 명령으로 등록하기

터미널에서 다음 명령을 실행해 MCP 서버를 등록할 수 있습니다.

```
Terminal
# 프로젝트 범위
gemini mcp add context7 npx -y @upstash/context7-mcp@latest
# 전역 범위
gemini mcp add -s user context7 npx -y @upstash/context7-mcp@latest
```

### 방법 2. settings.json 직접 편집하기(권장)

Context7 MCP 역시 안정적으로 구성하려면 settings.json을 직접 편집하는 방법을 권장합니다.

settings.json

```
"mcpServers": {
  "playwright": {
    (중략)
  },
  "github": {
    (중략)
  },
  "context7": {
      "command": "npx",
      "args": ["-y", "@upstash/context7-mcp@latest"]
  }
}
```

설정을 저장한 뒤 Gemini CLI를 다시 실행하고, /mcp 명령을 실행해 MCP 서버 목록을 확인합니다. 목록에 context7이 나타나면 정상적으로 연결된 것입니다.

Context7 MCP가 연결되면 다음처럼 라이브러리 문서 내용을 자연어 기반으로 물어볼 수 있습니다.

```
Gemini
> Next.js App Router에서 동적 라우팅은 어떻게 구현해?
```

또는 MCP 서버 사용을 명시적으로 요청할 수도 있습니다.

```
Gemini                                                      — ✕ ☐
> 동적 라우팅 구현 방법을 Context7 MCP를 사용해서 설명해줘.
```

### 11.1.4 MCP 서버 관리하기

MCP 서버는 프로젝트의 성격과 개발 목적에 따라 활성화하거나 비활성화해야 합니다. 불필요한 MCP가 계속 로드되면 초기화 속도 저하, 토큰 낭비, 예상치 못한 도구 실행 같은 문제가 발생할 수 있으므로 프로젝트 단위로 MCP 구성을 정리하는 것이 중요합니다.

#### MCP 서버 제거하기

더 이상 사용하지 않는 MCP 서버는 설정 파일(settings.json)에서 해당 항목을 삭제하는 것이 가장 확실한 방법입니다. CLI 명령으로도 제거할 수 있지만, 환경에 따라 설정이 일부 남는 경우가 있어 settings.json을 직접 편집하는 방식을 권장합니다.

1. 전역 또는 프로젝트 설정 파일을 엽니다.

2. mcpServers에서 제거하려는 MCP 서버 블록을 삭제합니다.

   github 삭제 시

   ```
   {
     "mcpServers": {
      # github 제거
       "playwright": {
         "command": "npx",
         "args": ["-y", "@playwright/mcp@latest"]
       },
       "context7": {
         "command": "npx",
         "args": ["-y", "@upstash/context7-mcp@latest"]
       }
     }
   }
   ```

3. JSON 문법 오류(쉼표, 중괄호 등)가 있는지 확인합니다.

4. 터미널에서 gemini 명령으로 새 세션을 시작하면 변경 사항이 반영됩니다.

## 필요한 MCP 서버만 선택적으로 활성화하기

MCP 서버가 여러 개 등록되어 있으면 Gemini CLI는 기본적으로 모든 MCP 서버를 자동 로드합니다. 그러나 실무에서는 다음과 같이 특정 MCP 서버만 사용해야 하는 경우가 많습니다.

- 웹 브라우저 자동화가 필요 없는 프로젝트 → Playwright MCP 비활성화
- 문서 검색 중심 작업 → Context7 MCP만 활성화
- 테스트 자동화 환경 → 일부 MCP 서버 빠르게 로드

이럴 때는 명령줄 옵션(일시 조정) 또는 settings.json 설정(영구 조정) 중 하나를 선택해 MCP 서버 사용 범위를 제어할 수 있습니다.

### 방법 1. 명령줄 옵션으로 MCP 서버 선택 로드(일시 조정)

settings.json을 변경하지 않고, 지금 실행하는 세션에서만 특정 MCP 서버를 활성화하는 방식입니다. 테스트 환경이나 단발성 작업에서 유용합니다.

Terminal

```
# playwright와 context7만 활성화
gemini --allowed-mcp-server-names playwright context7
# 특정 MCP 서버만
gemini --allowed-mcp-server-names github
# MCP 서버 모두 비활성화
gemini --allowed-mcp-server-names
```

### 방법 2. settings.json에서 MCP 서버 허용 목록 설정(영구 설정)

특정 프로젝트에서 "이 MCP 서버만 사용한다"는 기준을 명확히 설정할 수 있습니다.

settings.json

```
{
  "mcp": {
    "allowed": ["playwright", "context7"]
  },
  "mcpServers": {
    "playwright": { ... },
    "github": { ... },
    "context7": { ... }
  }
}
```

이 설정에서는 GitHub MCP가 등록되어 있어도 자동으로 무시됩니다.

**참고**

명령줄 옵션(`--allowed-mcp-server-names`)은 settings.json보다 우선합니다. 즉, 실행할 때 옵션을 지정하면 `mcp.allowed` 설정은 무시됩니다.

### 11.1.5 MCP 서버 관련 문제 해결 가이드

MCP 서버를 추가, 제거, 비활성화하는 과정에서 문제가 발생한다면 다음 항목을 점검하세요.

**1. Node.js 버전 확인**

Playwright, Context7처럼 npx 기반 MCP는 Node.js v20 이상이 필요합니다.

Terminal
```
node --version
```

**2. 네트워크 문제**

npx를 실행할 때 MCP 서버 패키지를 내려받기 때문에 네트워크가 불안정하면 MCP 서버가 로드되지 않을 수 있습니다.

**3. settings.json 문법 오류**

쉼표 누락, 중괄호 오류는 MCP 서버 설정 전체를 무효화합니다. JSONLint 또는 Cursor의 JSON 하이라이트 기능으로 검증하세요.

**4. GitHub PAT 권한 부족**

GitHub MCP가 작동하지 않는 경우 대부분 권한 스코프 부족이 원인입니다. **5.2.2절**의 권장 스코프(repo, admin, workflow 등)를 다시 확인하세요.

**5. 디버그 모드로 상세 로그 확인**

문제가 지속된다면 디버그 모드로 MCP 서버 로딩 과정을 확인할 수 있습니다.

Terminal
```
gemini --debug
```

MCP 서버는 프로젝트 규모와 목적에 따라 적절히 구성하고 관리해야 합니다. 불필요한 MCP 서버는 settings.json에서 제거하고, 필요한 MCP 서버만 선택해 활성화합니다. 오류가 발생할 경우 Node.js 버전, 네트워크, JSON 문법, 토큰 권한 등을 점검하면 안정적으로 MCP 서버 환경을 유지할 수 있습니다.

# 11.2 보안과 권한 관리

Gemini CLI는 파일 작업, 시스템 명령 실행, 외부 API 연동 등 강력한 기능을 제공하기 때문에 안전한 작업 환경을 유지하기 위한 보안 설정이 필수입니다. 이 절에서는 Gemini CLI가 제공하는 주요 보안 계층 중 신뢰 폴더를 중심으로 실제 프로젝트에서 보안성을 높이는 방법을 살펴봅니다.

## 11.2.1 Gemini CLI의 보안 계층

Gemini CLI의 보안 시스템은 다음 세 계층으로 구성됩니다.

**1. 승인 설정(approval)**

AI가 파일 수정(`write_file`, `edit_file`), 외부 명령 실행(bash) 등 중요한 작업을 수행하기 전에 사용자 승인을 요구합니다. 자세한 내용은 **9.3.2절**에서 다뤘습니다.

**2. 신뢰 폴더(trusted folder)**

폴더별 신뢰 여부를 지정해 신뢰하지 않는 폴더에서는 안전 모드(safe mode)를 적용합니다.

**3. 샌드박스(sandbox)**

파일 시스템 접근을 프로젝트 폴더로 제한해 시스템 전체를 보호하는 격리 기능입니다. 샌드박스 활용은 **11.2.4절**에서 다룹니다.

세 기능 중 실제 프로젝트 운영에서 가장 빈번하게 사용하는 기능은 신뢰 폴더입니다. 이 절에서는 신뢰 폴더의 작동 방식과 설정 방법을 실습 형태로 살펴보겠습니다.

## 11.2.2 신뢰 폴더란

**신뢰 폴더**(trusted folder)는 Gemini CLI에서 특정 프로젝트 폴더를 안전한 작업 환경으로 판단할지 여부를 결정하는 보안 기능입니다. 신뢰하지 않는 폴더(untrusted)에서는 잠재적 보안 위험을 줄이기 위해 자동으로 안전 모드가 활성화되고, 다음과 같은 제한이 적용됩니다.

- 신뢰하지 않는 폴더의 .gemini/settings.json 파일 무시
- 환경 변수(.env) 자동 로딩 차단
- 확장 기능 설치 및 사용 제한
- 자동 승인(auto_edit 등) 비활성화
- 프로젝트 컨텍스트 자동 분석 기능 일부 제한

반대로 신뢰 폴더에서는 프로젝트 설정과 확장 기능이 정상적으로 동작합니다.

신뢰 폴더 기능은 다음과 같은 상황에서 특히 유용합니다.

- GitHub에서 내려받은 외부 저장소를 분석할 때
- 인터넷에서 받은 예제 코드, 실습용 저장소를 열 때
- 보안이 확실하지 않은 외부 프로젝트를 검토할 때
- 폐쇄형 내부 프로젝트와 외부 코드가 섞여 있을 때

즉, "이 폴더를 내가 정말 신뢰해도 되는가?"를 명확히 설정함으로써 실수로 위험한 코드가 실행되는 상황을 방지하는 기능입니다.



### 11.2.3 실습: 신뢰 폴더 설정하기

신뢰 폴더 기능은 기본적으로 비활성화되어 있으므로 먼저 설정 파일에서 기능을 켜야 합니다. 다음 단계에 따라 신뢰 폴더 기능을 직접 활성화하고 동작을 확인해 보겠습니다.

**1단계: 신뢰 폴더 기능 활성화**

전역 설정 파일 ~/.gemini/settings.json에 다음과 같이 설정을 추가합니다.

```
{
  "security": {
    "folderTrust": {
      "enabled": true
    }
  }
}
```

이 설정이 없으면 신뢰 폴더 기능이 작동하지 않으며, 모든 폴더가 자동으로 '신뢰됨(trusted)' 상태로 처리됩니다.

#### 2단계: 처음 방문하는 폴더에서 Gemini CLI 실행

신뢰 폴더 기능을 활성화한 뒤, 처음 방문하는 폴더에서 Gemini CLI를 실행합니다.

Terminal
```
# 홈 폴더에 테스트용 폴더 생성
mkdir ~/test-untrusted
cd ~/test-untrusted
# Gemini CLI 실행
gemini
```

CLI가 실행되면 다음 세 선택지가 표시됩니다.

- **Trust folder**: 현재 폴더만 신뢰
- **Trust parent folder**: 상위 폴더 전체를 신뢰하고 모든 하위 폴더를 신뢰(프로젝트 루트를 신뢰하는 경우 유용)
- **Don't trust**: 안전 모드로 실행

실습에서는 **Trust folder**를 선택해 신뢰 기능의 동작을 직접 확인하는 것이 좋습니다.

#### 3단계: 세션 중 신뢰 상태 변경

실행 중인 세션에서도 /permissions 명령으로 신뢰 여부를 다시 지정할 수 있습니다. 현재 폴더를 신뢰 폴더로 등록하고 싶다면 다음과 같이 실행합니다. 한 칸 띄고 찍은 마침표(.)는 현재 폴더를 의미합니다.

Gemini
```
/permissions trust .
```

이 명령을 실행하면 초기 신뢰 여부를 묻는 화면과 동일한 선택지가 나타납니다.

#### 4단계: 신뢰 폴더 목록 확인 및 관리

신뢰로 설정한 폴더 목록은 OS에 따라 다른 형식으로 저장됩니다.

~/.gemini/trustedFolders.json

```
{
  "C:\\Users\\user\\test-untrusted": "TRUST_FOLDER"   # Windows
}
{
  "trustedFolders": [
    "/Users/user/test-untrusted",                # macOS/Linux
  ]
}
```

이 목록은 ~/.gemini/trustedFolders.json에 저장되며, CLI는 다음 순서로 신뢰 여부를 판단합니다.

① IDE(예 VSCode, Cursor)의 Workspace Trust 설정

② trustedFolders.json의 신뢰 목록

프로젝트 루트 폴더를 신뢰 목록에 추가해두면 동일 워크스페이스 내 모든 프로젝트에서 신뢰 여부를 반복해서 묻지 않으므로 편리합니다.

> **용어 Workspace Trust**는 VSCode, Cursor와 같은 IDE가 제공하는 보안 기능으로, "이 프로젝트에서 스크립트 실행, 확장 기능 사용, 환경 변수 로딩을 허용할 것인가?"를 결정합니다. Gemini CLI가 IDE와 연동된 경우 이 정보를 참고해 신뢰 여부를 결정합니다.

## 11.2.4 샌드박스와 보안 설정 가이드

**샌드박스**는 Gemini CLI가 수정이나 실행하는 작업을 프로젝트 폴더 내부로 제한해 시스템 전체를 보호하는 보안 기능입니다. 샌드박스를 활성화하면 AI가 실수로 시스템 설정 파일이나 홈 디렉터리의 중요 파일을 수정하는 일을 원천적으로 차단할 수 있습니다. 프로젝트 내부 파일(src, pages, tests 등)에 대한 수정은 정상적으로 허용하며, 외부 접근만 막는 방식입니다.

샌드박스의 작동 방식과 옵션은 **9.3.2절**에서 다루었으므로 여기서는 실무 환경에서 빠르게 적용할 수 있는 설정 방법과 상황별 보안 조합을 살펴봅니다.

## 빠르게 샌드박스 모드 활성화하기

샌드박스를 활성화하는 방법은 두 가지입니다.

**1. 명령줄에서 즉시 활성화**

-s 또는 --sandbox 플래그를 사용하면 해당 세션에서만 샌드박스 모드가 적용됩니다.

```
Terminal
gemini -s
```

**2. settings.json에서 기본값 지정**

기본 실행 모드를 샌드박스로 설정하고 싶다면 전역 설정 또는 프로젝트 설정 파일에 다음을 추가합니다.

```
{
  "sandbox": true
}
```

이 설정을 적용하면 매번 -s 옵션을 입력하지 않아도 모든 신규 세션이 자동으로 샌드박스 환경에서 시작됩니다.

## 상황별 보안 설정 가이드

실무에서 보안 계층(승인 설정, 신뢰 폴더, 샌드박스)을 어떻게 조합해야 하는지 상황별로 정리하면 다음과 같습니다.

**표 11-1** 개발 상황별 권장 보안 설정

| 상황 | 승인 설정 | 신뢰 폴더 | 샌드박스 |
|---|---|---|---|
| 개인 프로젝트 | 일반 모드(필요 시 잠시 YOLO) | 신뢰 | 비활성화 |
| 오픈소스 코드 검토 | 일반 모드(YOLO 금지) | 신뢰 안 함 | 활성화 |
| 빠른 프로토타입 제작 | YOLO 또는 auto_edit | 신뢰 안 함 | 활성화 |
| 프로덕션 코드 수정 | 일반 모드(항상 수동 승인) | 신뢰 | 비활성화 |
| 학습 및 테스트 환경 | YOLO | 신뢰 | 활성화 |

- **위험도가 높은 코드를 다룰 때**: 신뢰 안 함 + 샌드박스 활성화
- **빠른 테스트나 개발**: YOLO 모드

- **프로덕션 작업**: 자동 승인 금지, 신뢰 폴더만 사용
- **외부 저장소 분석**: 신뢰 안 함 + 샌드박스 활성화

## 보안 체크리스트

Gemini CLI를 사용하며 보안 사고를 방지하려면 다음 원칙을 반드시 지키는 것이 좋습니다.

### 1. 기본 원칙

- 기본 승인 모드로 시작하고, YOLO 모드는 Ctrl + Y 로 일시적으로만 사용
- 신뢰하지 않은 코드를 사용할 경우 샌드박스 + 신뢰 안 함 + 수동 승인 조합으로 실행
- 중요한 파일을 작업하기 전에는 Git 커밋 또는 백업 남기기

### 2. 정기 점검 항목

- ~/.gemini/trustedFolders.json의 신뢰 목록 검토 → 실수로 외부 폴더가 신뢰 상태로 등록되지 않았는지 확인
- 인터넷에서 가져온 외부 코드나 프롬프트는 실행하기 전 반드시 내용 검토
- 프로덕션이나 회사 프로젝트는 외부 폴더와 분리해 관리
- 환경 변수(.env) 사용, 신뢰하지 않은 폴더에서는 자동 로딩이 차단됨을 인지

## 11.3 고급 설정 - settings.json 활용하기

Gemini CLI를 사용하다 보면 단순한 명령 실행을 넘어, 개발 환경 전체를 자신의 작업 방식에 맞게 최적화하고 싶은 시점이 옵니다. 예를 들어 다음과 같은 고민이 생길 수 있습니다.

- 기본 모델을 무엇으로 설정할지
- 어떤 MCP 서버만 허용할지
- 승인 모드를 프로젝트마다 다르게 적용할지
- 샌드박스를 항상 켜둘지
- CLI UI를 라이트/다크 중 무엇으로 사용할지

이 모든 설정은 하나의 파일, settings.json에서 통합해 관리합니다.

이 절에서는 settings.json의 구조와 적용 원리를 이해하고, 이를 이용해 Gemini CLI를 개인 워크플로 기반의 개발 도구로 발전시키는 방법을 알아봅니다.

### 11.3.1 settings.json 구조 이해하기

**settings.json**은 단순한 환경 설정 파일이 아니라 모델 선택 → UI 구성 → 보안 정책 → MCP 서버 → 에디터 환경까지 Gemini CLI의 모든 행동 규칙을 정의하는 핵심 구성 요소입니다.

먼저 settings.json의 구조와 우선순위를 단계적으로 살펴보겠습니다.

#### settings.json의 주요 구조

settings.json은 여러 상위 카테고리로 구성되며, 각 항목은 특정 기능 영역을 담당합니다. 대표적인 구조는 다음과 같습니다.

settings.json 예시

```
{
  "model": {
    "name": "gemini-3-flash"
```

```
    }
    "ui": {
      "theme": "dark",
      "showLineNumbers": true
    },
    "security": {
      "folderTrust": { "enabled": true },
      "sandbox": false
    },
    "mcp": {
      "allowed": ["playwright", "context7"]
    },
    "mcpServers": {
      "playwright": { ... },
      "github": { ... },
      "context7": { ... }
    },
    "editor": {
      "autoFormat": true,
      "wrapLines": false
    }
  }
```

각 항목의 역할은 다음과 같습니다.

- **model**: 기본으로 사용할 Gemini 모델
- **ui**: 테마, 줄 번호 표시 등 터미널 UI
- **security**: 샌드박스, 신뢰 폴더 등 보안 관련 정책
- **mcp/mcpServers**: MCP 서버 허용 정책 및 서버 실행 방식
- **editor**: 포매팅, 라인 래핑 등 에디터 옵션

이처럼 settings.json은 여러 기능 영역을 하나의 파일에서 통합 관리하도록 설계되어 있습니다.

### 설정 병합과 우선순위 규칙

Gemini CLI는 하나의 settings.json 파일만 읽는 것이 아니라, 여러 설정 파일과 옵션을 우선순위 기반으로 병합해 최종 실행 설정을 결정합니다.

우선순위는 다음과 같습니다(낮음 → 높음).

❶ 내장 기본값(built-in defaults) → 가장 낮은 우선순위

❷ 시스템 기본 설정 파일(Linux: /etc/gemini-cli/system-defaults.json 등)

❸ 전역 설정 파일(~/.gemini/settings.json)

❹ 프로젝트 설정 파일(.gemini/settings.json)

❺ 환경 변수(.env 및 세션 환경 변수)

❻ 명령줄 옵션(`--model`, `--sandbox` 등) → 가장 높은 우선순위

아래로 갈수록 이전 설정을 덮어쓰는(override) 방식입니다. 예를 들어 명령줄 옵션에서 다음과 같이 설정했다고 합시다.

```
Terminal
gemini --model gemini-3-pro
```

settings.json을 변경하지 않아도 임시 설정이 현재 세션에만 적용됩니다. 이러한 우선순위 규칙 덕분에 작업 단위, 프로젝트 단위, 시스템 단위 설정을 유연하게 조합할 수 있습니다.

### settings.json을 다룰 때 기본 원칙

settings.json을 효율적으로 관리하려면 다음 세 원칙을 지키는 것이 좋습니다.

- 전역 설정에는 개인 취향, 기본 모델, 테마, 에디터 옵션을 둔다. 예 UI 테마, 기본 모델, 줄 번호 표시 등
- 프로젝트 설정에는 프로젝트만의 규칙을 둔다. 예 파이썬 프로젝트의 타입 검사 규칙, Next.js 환경, 특정 MCP 서버만 허용 등
- 테스트나 임시 변경은 명령줄 옵션으로 처리한다. 예 `--sandbox`, `--model` 등

이 원칙을 따르면 전역과 프로젝트 설정 간 충돌을 막고, 필요한 설정만 명확하게 관리할 수 있습니다.

## 11.3.2 settings.json 편집하기

settings.json은 Gemini CLI의 동작 방식을 결정하는 핵심 설정 파일이지만, 실제 편집 방식은 매우 단순합니다. 편집 방식은 크게 두 가지로 나뉩니다.

- 전역 설정을 편집해 전체 기본값을 바꾸는 방식
- 프로젝트 설정을 구성해 특정 프로젝트만 다른 규칙을 적용하는 방식

두 방식 모두 Cursor 같은 코드 에디터에서 구조적으로 편리하게 작업할 수 있고, 각 설정은 우선순위에 따라 자연스럽게 병합됩니다.

전역 설정과 프로젝트 설정을 각각 어떻게 관리하면 되는지 살펴봅시다.

### 전역 설정 파일 편집하기

전역 설정 파일(~/.gemini/settings.json)은 사용자의 모든 Gemini CLI 세션에 공통으로 적용되는 기본 환경입니다.

편집 절차는 다음과 같습니다.

1. Cursor 또는 사용 중인 에디터를 실행해 사용자 홈 폴더를 엽니다.
2. ~/.gemini/settings.json 파일을 찾습니다. 파일이 없다면 새로 생성합니다.
3. 모델, UI, 보안 정책 등 필요한 설정을 추가하거나 수정합니다. 예를 들어, 기본 모델을 gemini-3-pro로 지정하려면 다음과 같이 설정합니다.

```
"model": {
  "name": "gemini-3-pro"
}
```

4. 파일을 저장한 후 Gemini CLI를 다시 실행하면 변경사항이 적용됩니다.

전역 설정은 모든 프로젝트에 동일하게 적용되는 기본 규칙을 정의하는 영역이므로 단순하지만 구조적으로 중요한 설정에 집중하는 것이 좋습니다.

### 프로젝트 설정 파일 편집하기

프로젝트마다 요구 사항이 다를 경우, 프로젝트 루트에 위치한 .gemini/settings.json을 사용하면 해당 프로젝트에만 적용되는 독립적인 환경을 만들 수 있습니다.

편집 절차는 다음과 같습니다.

1. Cursor에서 해당 프로젝트 폴더를 엽니다.

2. 프로젝트 루트에 .gemini 폴더가 없다면 새로 생성합니다.

3. .gemini/settings.json 파일을 만들고 필요한 설정을 입력합니다. 예를 들어, Playwright MCP만 허용한다고 지정하고 싶다면 다음과 같이 작성합니다.

```
{
  "mcp": {
    "allowed": ["playwright"]
  }
}
```

4. 파일을 저장하고 프로젝트 폴더에서 Gemini CLI를 실행합니다. 전역 설정보다 우선순위가 높기 때문에 프로젝트 설정이 자동으로 적용됩니다.

### 전역 설정 vs 프로젝트 설정

대부분 사용자에게는 전역 설정 하나로 환경을 구성하는 방식이 가장 간단합니다. 다음 항목은 전역 설정에 두는 것이 관리 비용이 적습니다.

- 기본 모델
- UI 테마
- 편집기 자동 포맷 옵션
- 신뢰 폴더 정책

반대로 다음 환경은 프로젝트 설정을 활용하는 것이 명확합니다.

- 특정 프로젝트에서만 필요한 MCP 서버만 사용
- 언어별, 프레임워크별 상이한 코드 규칙
- 팀 단위 Git 공유가 필요한 프로젝트
- 프로젝트 단위 보안 정책(허용 MCP 서버, 샌드박스, 신뢰 폴더)

전역 설정은 사용자 취향과 기본값, 프로젝트 설정은 프로젝트의 고유 규칙이라는 기준으로 나누면 설정 충돌을 줄이고, Gemini CLI 환경을 효율적으로 유지할 수 있습니다.

### 11.3.3 주요 설정 카테고리 다루기

settings.json은 기능별로 카테고리가 나뉘어 있으며, 각 카테고리는 역할이 명확히 구분되어 있습니다. 어떤 항목을 수정하느냐에 따라 모델의 동작 방식, UI 스타일, 보안 정책, MCP 서버 구성 등이 크게 달라집니다.

이번에는 settings.json을 이루는 주요 카테고리를 실제 예제와 함께 정리해 어떤 항목을 언제 수정해야 하는지 감을 잡을 수 있도록 하겠습니다. Gemini CLI는 지속적으로 업데이트하므로 세부 옵션은 공식 문서를 함께 참고하는 것을 권장합니다.

- **설정 가이드**: google-gemini.github.io/gemini-cli/docs/get-started/configuration.html
- **GitHub 문서**: github.com/google-gemini/gemini-cli/blob/main/docs/get-started/configuration.md

#### 모델 설정

모델 설정은 Gemini CLI가 어떤 모델을 사용할지, 세션을 어떻게 관리할지, 기본 답변 스타일을 어떻게 가져갈지 정의하는 영역입니다. 실무에서 가장 자주 수정하는 카테고리입니다.

**1. 기본 모델 선택(name)**

가장 먼저 정해야 할 것은 기본으로 사용할 모델입니다.

```
{
  "model": {
    "name": "gemini-3-flash"
  }
}
```

- **`gemini-3-flash`**: 빠른 응답 속도와 높은 비용 효율성을 제공하는 모델로, 일반적인 개발 보조, 코드 생성, 요약, 반복 작업 등 대부분의 실무 작업에 적합
- **`gemini-3-pro`**: 더 긴 컨텍스트와 정교한 추론 능력을 제공하며, 복잡한 문제 해결, 고품질 답변이 중요한 분석·설계 작업에 적합

프로젝트 특성에 따라 '기본은 Flash, 중요한 검토에는 CLI 옵션으로 Pro 지정' 같은 방식으로 조합해 쓰면 효율적입니다. Gemini CLI는 Auto-routing 기능을 제공해 프롬프트 복잡도에 따라 Flash와 Pro 모델 중에서 자동으로 선택하도록 설정할 수도 있습니다.

> **참고**
>
> Gemini CLI는 settings.json의 `model.name` 또는 `GEMINI_MODEL` 환경 변수를 사용해 어떤 Gemini 모델이든 지정할 수 있는 구조입니다. Google은 지속적으로 새로운 Gemini 모델을 출시하고 있으므로 향후 새로운 버전이 출시되더라도 모델 이름만 교체하면 동일한 방식으로 곧바로 사용할 수 있습니다.

**2. 대화 히스토리 길이 제한(maxSessionTurns)**

대화가 길어질수록 히스토리를 모두 보관하는 것은 비용과 속도 측면에서 비효율적일 수 있습니다. 이때 `maxSessionTurns`를 사용하면 세션당 최대 질문과 답변 수를 제한할 수 있습니다.

```
{
  "model": {
    "maxSessionTurns": 20
  }
}
```

- **-1**(기본값): 히스토리를 무제한으로 저장
- **10~20**: 자동화 스크립트나 반복 작업용 세션에서 추천

로그를 길게 남기고 싶지 않거나 비용 또는 속도가 중요한 경우에는 적절한 상한을 두는 것이 좋습니다.

**3. 컨텍스트 압축 기준(chatCompression)**

대화가 계속 길어지면 모델의 컨텍스트 한도에 가까워지기 전에 이전 내용을 요약해 압축할 수 있습니다. 언제부터 압축을 시작할지는 비율로 지정합니다.

```
{
  "model": {
    "chatCompression": {
      "contextPercentageThreshold": 0.7
    }
```

```
  }
}
```

- **0.7**(기본값): 컨텍스트 사용량이 70%를 넘으면 자동으로 압축 시작
- **0.8~0.9**: 대규모 파일 작업이 잦다면 0.8~0.9로 높이는 것도 방법

프로젝트 규모와 작업 패턴에 맞춰 언제부터 요약을 시작할지 조정하면 불필요한 요약을 줄이면서도 컨텍스트 초과를 방지할 수 있습니다.

**4. 시스템 프롬프트(systemPrompt)**

시스템 프롬프트는 AI의 기본 성격을 정의하는 문장입니다. 대화가 시작될 때 항상 먼저 적용되어 톤, 역할, 스타일에 영향을 줍니다.

```
{
  "model": {
    "systemPrompt": "You are an expert Python developer. Always suggest type hints
and follow PEP 8 style guidelines."
  }
}
```

예를 들어 다음과 같이 활용할 수 있습니다.

- **Python 프로젝트**: "PEP 8을 따르고, 가능한 모든 함수에 타입 힌트를 추천한다."
- **한국어 환경**: "모든 설명과 주석, 커밋 메시지를 한국어로 작성한다."
- **보안 중심 프로젝트**: "항상 보안 취약점을 고려해 코드를 제안하고, 잠재적 위험을 함께 설명한다."

시스템 프롬프트 한 줄만 잘 설계해도 프로젝트 전체 품질과 일관성이 크게 향상됩니다.

## UI 커스터마이징

매일 터미널에서 작업하다 보면 화면의 색상, 배너, 안내 메시지처럼 겉으로 보기에는 사소한 요소도 작업 몰입도에 영향을 줍니다. UI 카테고리를 활용하면 터미널 인터페이스를 자신의 취향과 작업 스타일에 맞게 조정할 수 있습니다.

**1. 테마(theme)**

색상 테마는 터미널의 전반적인 분위기를 좌우합니다.

```
{
  "ui": {
    "theme": "Shades Of Purple"
  }
}
```

사용 가능한 테마 목록은 대화형 세션에서 다음 명령으로 확인합니다.

```
Gemini
/theme
```

눈이 피로하다면 차분한 테마로, 데모나 강의를 할 때는 대비가 높은 테마로 바꾸는 등 상황에 따라 유연하게 조정할 수 있습니다.

#### 2. 배너나 팁 표시 제어(hideBanner, hideTips)

학습 단계에서는 시작 배너와 팁 메시지가 유용하지만, 실무에서는 매번 같은 문구가 출력되면 오히려 방해가 될 수 있습니다.

```
{
  "ui": {
    "hideBanner": true,
    "hideTips": true,
    "showCitations": true
  }
}
```

- **`hideBanner`**: 시작 시 환영 배너 숨김
- **`hideTips`**: 작업 중 하단에 표시되는 팁 문구 숨김
- **`showCitations`**: 응답에 참고 출처를 표시할지 여부(기본값: true)

출력이 너무 복잡하다고 느껴진다면 `hideBanner`와 `hideTips`를 설정하는 것만으로도 화면이 훨씬 깔끔해집니다.

#### 3. 대기 메시지 커스터마이징(customWittyPhrases)

모델이 생각하는 동안 표시되는 "Thinking..." 메시지를 자신의 스타일에 맞게 바꿀 수 있습니다.

```
{
  "ui": {
    "customWittyPhrases": [
      "코드를 분석하는 중...",
      "최적의 솔루션을 찾는 중...",
    ]
  }
}
```

여러 문장을 배열로 등록해두면 Gemini CLI가 매번 랜덤하게 하나를 골라 출력합니다. 대기 시간을 조금 더 즐겁게 만드는 용도로 활용할 수 있습니다.

## 도구 설정

Gemini CLI는 파일 읽기/쓰기, 디렉터리 탐색, 명령 실행 등 다양한 도구를 통해 실제 작업을 수행합니다. 보안상 기본값은 '쓰기 및 실행 도구가 허용되지 않은 상태'이며, tools 설정을 통해 어떤 도구를 허용하고, 어떤 도구를 차단할지 세밀하게 제어할 수 있습니다

> **참고**
>
> 도구 허용/차단 설정은 settings.json에 영구적으로 지정할 수 있지만, 단기 테스트나 실험 단계에서는 --allowedtools 옵션으로 일시 조정하는 방식을 권장합니다.

### 1. 안전한 도구 자동 허용(allowed)

읽기 전용 도구는 시스템에 영향을 주지 않기 때문에 자동 허용 대상으로 지정하는 경우가 많습니다.

```
{
  "tools": {
    "allowed": ["read_file", "list_directory"]
  }
}
```

- **read_file**: 파일 내용 읽기
- **list_directory**: 디렉터리 목록 조회

두 도구는 읽기 전용이므로 자동 허용하더라도 보안상 위험이 크지 않습니다. 반면, 다음과 같은 도구는 시스템 상태를 변경할 수 있으므로 자동 허용하지 않는 것이 바람직합니다.

- **`write_file`**: 파일 쓰기
- **`execute_command`**(버전에 따라 도구 이름 다름): 터미널 명령 실행
- **`delete_file`**: 파일 삭제

실무에서는 '읽기 전용 도구만 허용, 쓰기/실행 도구는 기본 차단' 패턴이 가장 안전합니다.

### 2. 위험한 도구 차단(exclude)

특정 도구를 아예 사용하지 못하게 막을 수도 있습니다. 예를 들어, 코드를 분석만 하고 명령 실행은 허용하고 싶지 않다면 다음처럼 설정합니다.

```
{
  "tools": {
    "exclude": ["execute_command"]
  }
}
```

이 설정을 적용하면 AI는 터미널 명령을 전혀 실행할 수 없습니다. 출처가 불분명한 코드를 검토할 때나, 교육용 환경에서 실수로 시스템에 영향을 주지 않도록 막고 싶을 때 유용합니다.

## 컨텍스트 설정

AI가 프로젝트를 제대로 이해하려면 코드 구조와 파일 내용뿐 아니라, 프로젝트 목적, 규칙, 배경과 같은 컨텍스트도 중요합니다. `context` 카테고리는 GEMINI.md 같은 컨텍스트 파일을 어떻게 찾고, 어떤 디렉터리를 기본 인식 대상으로 삼을지를 제어합니다.

### 1. 컨텍스트 파일 이름 지정(fileName)

**10.1절**에서 살펴본 것처럼, 기본 컨텍스트 파일 이름은 GEMINI.md입니다. 하지만 팀에 따라 PROJECT_CONTEXT.md, README.md 등 다른 파일을 컨텍스트로 사용하기도 합니다. 이럴 때는 여러 파일을 배열로 지정할 수 있습니다.

```
{
  "context": {
```

```
    "fileName": ["GEMINI.md", "PROJECT_CONTEXT.md", "README.md"]
  }
}
```

Gemini CLI는 배열의 순서대로 파일을 탐색하며, 가장 먼저 발견한 파일을 컨텍스트 파일로 사용합니다. 협업 프로젝트라면 GEMINI.md와 README.md를 함께 지정하는 방식이 실용적입니다.

**2. 항상 인식할 디렉터리 지정(includeDirectories)**

프로젝트의 핵심 파일은 보통 특정 디렉터리에 모여 있습니다.

- **소스 코드**: src/
- **문서**: docs/
- **설정**: config/
- **스키마, API**: schema/, api/ 등

이 디렉터리를 기본 컨텍스트 대상으로 지정하면, 요청할 때 별도 설명 없이도 구조를 더 잘 이해합니다.

```
{
  "context": {
    "includeDirectories": ["src", "docs", "config"]
  }
}
```

이 설정을 사용하면 AI는 해당 디렉터리의 구조와 파일 목록을 자동으로 인식합니다. "src 폴더 구조 정리해줘."처럼 간단한 요청에도 더 정확하게 대응할 수 있습니다.

**3. 디렉터리 내용 자동 로드(loadFromIncludeDirectories)**

한 단계 더 나아가, 지정된 디렉터리의 파일 내용을 자동으로 대화 컨텍스트에 포함할 수도 있습니다.

```
{
  "context": {
```

```
    "includeDirectories": ["src"],
    "loadFromIncludeDirectories": true
  }
}
```

이 설정을 활성화하면 src 디렉터리 안 파일 내용을 광범위하게 읽어들여 프로젝트 전반을 미리 이해한 상태에서 대화를 시작할 수 있습니다.

다만, 이 설정은 다음과 같은 부담이 있습니다.

- 중대형 프로젝트에서는 수백~수천 개 파일이 한 번에 로드될 수 있음
- 불필요한 파일까지 포함되면 응답 속도 저하, 토큰 사용량 급증 가능

따라서 다음과 같은 상황에서만 제한해 사용하는 것이 좋습니다.

- 아주 작은 샘플 프로젝트
- 구조를 빠르게 파악해야 하는 단발성 분석
- 특정 테스트 목적의 일회성 세션

일반적인 실무 프로젝트에서는 `loadFromIncludeDirectories`를 `false`로 설정하고, 필요한 파일만 @ 기호를 사용해 명시적으로 참조하는 방식을 권장합니다.

### 일반 설정

`general` 카테고리는 Gemini CLI의 기본 동작을 전반적으로 제어하는 영역입니다. 선호 에디터, 입력 방식, 자동 완성, 업데이트 정책 등 전체 워크플로에 영향을 주는 설정이 여기에 포함됩니다.

#### 1. 선호 에디터 지정(preferredEditor)

Gemini CLI가 파일을 열어야 할 때 사용할 기본 에디터를 지정합니다. 에디터 이름 대신 경로(C:\Users\user\AppData\Local\Programs\Cursor\Cursor.exe)를 지정하면 더 정확합니다.

```
{
  "general": {
    "preferredEditor": "cursor"
```

```
  }
}
```

가장 익숙한 에디터를 기본 에디터로 지정해두면 파일 열기 → 수정 → 저장 흐름이 끊기지 않고 자연스럽게 이어집니다.

### 2. Vim 키바인딩 및 프롬프트 자동 완성(vimMode, enablePromptCompletion)

Vim 사용자라면 입력창에서도 Vim 키바인딩을 활용하고 싶을 수 있습니다. 동시에 긴 프롬프트를 빠르게 작성할 수 있도록 자동 완성을 켜는 것도 가능합니다.

```
{
  "general": {
    "vimMode": true,
    "enablePromptCompletion": true
  }
}
```

- **vimMode**: 입력창에서 Vim 키바인딩 활성화(기본값: false)
- **enablePromptCompletion**: 프롬프트 자동 완성 활성화(기본값: false)

특히 enablePromptCompletion은 긴 명령을 반복해서 입력할 때 생산성을 크게 높여줍니다.

### 3. 자동 업데이트 제어(disableAutoUpdate)

Gemini CLI는 새 버전이 있으면 자동으로 감지하고 알림을 제공합니다. 그러나 다음과 같은 환경에서는 자동 업데이트를 피하고 싶을 수 있습니다.

- 프로덕션 코드와 연결된 환경
- 팀 전체 버전을 통일해야 하는 프로젝트
- 갑작스러운 기능 변경으로 작업 흐름이 깨지는 것이 부담스러운 경우

이럴 때는 다음 설정으로 자동 업데이트를 비활성화할 수 있습니다.

```
{
  "general": {
    "disableAutoUpdate": true
```

```
  }
}
```

자동 업데이트를 끄면 새 버전 알림이 표시되지 않으므로 필요할 때 직접 버전을 확인해야 합니다.

```
Terminal
gemini --version
```

업데이트 타이밍을 사용자가 직접 통제하고 싶은 팀/조직 환경에서 특히 유용한 설정입니다.

## 보안 설정

마지막으로 가장 중요한 영역은 보안입니다. Gemini CLI는 파일을 수정하고 명령을 실행하며 외부 리소스에 접근할 수 있기 때문에, 설정을 잘못하면 의도치 않은 시스템 변경이나 민감 정보 노출로 이어질 수 있습니다.

**1. 신뢰 폴더 기능 활성화(folderTrust)**

신뢰 폴더 기능을 활성화하면 처음 방문하는 폴더에서 Gemini CLI가 자동으로 신뢰 여부를 물어보고, 사용자가 명시적으로 신뢰하지 않은 폴더에서는 안전 모드로만 작동합니다.

```
{
  "security": {
    "folderTrust": {
      "enabled": true
    }
  }
}
```

출처가 불명확한 코드(예 인터넷에서 받은 예제, 외부 오픈소스)를 다룰 때는 필수 안전장치입니다. 자세한 동작 방식은 **11.2절**의 신뢰 폴더 설명을 함께 참고하세요.

**2. 도구 승인 정책 설정(approvalMode)**

`approvalMode`는 도구를 사용할 때 승인 정책을 한 번에 정의하는 옵션입니다.

```
{
  "security": {
    "approvalMode": "default"
  }
}
```

각 모드의 특징은 다음과 같습니다.

- **default**(가장 안전한 기본 모드): 모든 도구는 사용할 때 매번 승인 요청 → 파일 수정, 명령 실행을 단계별로 검토 가능
- **auto_edit**: 편집 도구(파일 수정)만 자동 승인, 명령 실행은 승인 필요 → 코딩 속도와 안전성의 균형
- **yolo**(매우 위험): 파일 편집, 명령 실행 모두 자동 승인 → 개인 테스트나 샌드박스 환경이 아니라면 사용 금지

명령줄에서 일시적으로 모드를 바꾸려면 다음과 같이 실행할 수 있습니다.

```
Terminal
gemini --approval-mode auto_edit
```

세션 도중에는 단축키 Ctrl + Y로 YOLO 모드를 잠시 켰다가 다시 끌 수 있습니다. 다만 프로덕션 코드, 회사 프로젝트, 민감 데이터 환경에서는 YOLO 모드를 사용하지 않는 것을 원칙으로 삼는 것이 좋습니다.

## 11.3.4 환경 변수로 설정 제어하기

Gemini CLI 설정의 대부분은 settings.json에서 제어하지만, **환경 변수**(environment variable)를 사용하면 더 높은 우선순위로 설정을 덮어써 즉시 적용할 수 있습니다. 특히 API 키처럼 Git 커밋에 노출되면 안 되는 민감 정보는 settings.json에 직접 적으면 안 되며, 반드시 환경 변수로 관리해야 합니다.

환경 변수는 운영체제에서 관리하므로 터미널을 재시작해도 계속 적용되며, 프로젝트마다 다른 설정을 빠르게 바꿀 때도 매우 유용한 방식입니다.

Gemini CLI에서 자주 사용하는 환경 변수는 다음과 같습니다.

표 11-2 주요 환경 변수 목록

| 환경 변수 | 설명 |
|---|---|
| GEMINI_API_KEY | Gemini API 키(필수 인증 정보) |
| GEMINI_MODEL | 기본 모델 지정(예 gemini-3-flash) |
| GOOGLE_API_KEY | Google Cloud 연동 시 사용하는 API 키 |
| GEMINI_SANDBOX | 샌드박스 모드 강제 활성화(true/false) |
| DEBUG | 디버그 모드 활성화(1/0) |

## 운영체제별 환경 변수 설정

운영체제와 사용하는 셸(shell)에 따라 환경 변수 설정 방식이 다릅니다. 다음은 가장 일반적이고 안정적인 설정 방식입니다.

### 1. Windows(명령 프롬프트)

CMD에서는 setx 명령을 사용해 환경 변수를 설정합니다. setx는 새로 연 터미널부터 적용된다는 점을 기억하세요.

```
Terminal
setx GEMINI_API_KEY "실제_API_키"
setx GEMINI_MODEL "gemini-3-flash"
# 시스템 전체 적용 시
setx GEMINI_API_KEY "실제_API_key" /M
```

### 2. Windows(PowerShell)

PowerShell에서는 .NET API를 사용하는 방식이 가장 안정적입니다.

```
Terminal
[System.Environment]::SetEnvironmentVariable('GEMINI_API_KEY', '실제_API_키',
'User')
[System.Environment]::SetEnvironmentVariable('GEMINI_MODEL', 'gemini-3-flash',
'User')
```

PowerShell 프로필에 추가해 매번 자동으로 로드되게 만들 수도 있습니다.

```
Terminal
notepad $PROFILE
```

```
# 다음 내용 추가
$env:GEMINI_API_KEY = "실제_API_키"
$env:GEMINI_MODEL = "gemini-3-flash"
```

**3. macOS/Linux(Zsh/Bash)**

macOS는 기본 셸이 Zsh, Linux는 Bash 사용 비율이 높습니다.

```
# Zsh(~/.zshrc)
echo 'export GEMINI_API_KEY="your_api_key_here"' >> ~/.zshrc
echo 'export GEMINI_MODEL="gemini-3-flash"' >> ~/.zshrc
# Bash(~/.bashrc 또는 ~/.bash_profile)
echo 'export GEMINI_API_KEY="your_api_key_here"' >> ~/.bashrc
echo 'export GEMINI_MODEL="gemini-3-flash"' >> ~/.bashrc
```

Terminal

```
# 변경사항 적용
source ~/.bashrc
```

환경 변수를 설정한 후에는 적용 여부를 확인합니다. 값이 출력된다면 환경 변수가 정상 적용된 것입니다.

Terminal

```
# Windows 명령 프롬프트
echo %GEMINI_API_KEY%
# Windows PowerShell
echo $env:GEMINI_API_KEY
# macOS/Linux
echo $GEMINI_API_KEY
```

## 11.3.5 고급 설정 예시

앞서 살펴본 settings.json의 개별 기능을 기반으로, 실제 프로젝트에서 많이 사용하는 설정 조합을 두 가지 예시로 제시합니다. 예시는 그대로 복사해 사용해도 되고, 필요에 따라 모델 이름이나 도구 정책만 수정해도 충분합니다.

### 예시 1. 개인 사용자를 위한 전역 설정

다양한 개인 프로젝트를 빠르게 진행하는 환경에 적합합니다. 빠른 응답 속도, 적절한 자동화, 안전성을 모두 고려한 구성입니다.

- **Windows**: C:\Users\username\.gemini\settings.json
- **macOS/Linux**: ~/.gemini/settings.json

```
{
  "model": {
    "name": "gemini-3-flash",
    "systemPrompt": "You are a helpful coding assistant. Provide clear explanations
with code examples.",
    "maxSessionTurns": -1
  },
  "ui": {
    "theme": "dark",
    "hideBanner": false,
    "showCitations": true
  },
  "context": {
    "fileName": ["GEMINI.md", "README.md"]
  },
  "general": {
    "preferredEditor": "cursor",
    "vimMode": false,
    "enablePromptCompletion": true,
    "disableAutoUpdate": false
  },
  "security": {
    "approvalMode": "auto_edit"
  }
}
```

- gemini-3-flash 모델 기반 빠른 반응 속도
- auto_edit 모드 → 편집은 자동 승인, 명령은 승인 요청
- preferredEditor: cursor → Cursor와의 연동 최적화
- enablePromptCompletion → 프롬프트 자동 완성 지원

### 예시 2. 보안 중심의 코드 리뷰 전역 설정

외부 코드, 오픈소스 프로젝트, 불특정 출처의 파일을 분석해야 하는 경우 사용합니다. 파일 수정과 명령 실행을 모두 차단하는 최고 수준의 안전 설정입니다.

```
{
  "model": {
    "name": "gemini-3-flash",
    "systemPrompt": "You are a code reviewer. Focus on analyzing code quality,
security vulnerabilities, and best practices."
  },
  "tools": {
    "allowed": ["read_file", "list_directory", "search_files"],
    "exclude": ["write_file", "execute_command"]
  },
  "security": {
    "approvalMode": "default",
    "folderTrust": {
      "enabled": true
    }
  },
  "ui": {
    "theme": "dark",
    "hideBanner": true
  }
}
```

- `write_file`, `execute_command` 완전 차단 → 분석 중 실수 방지
- `folderTrust.enabled = true` → 신뢰하지 않는 폴더는 항상 안전 모드
- `approvalMode: default`로 모든 도구 사용 시 승인 요청
- UI 배너 최소화 → 분석 및 리뷰 환경 최적화

# 11.4 Gemini CLI 확장 기능 활용하기

Gemini CLI는 기본 명령과 MCP 연동만으로도 충분히 강력한 도구지만, 실무 환경에서는 IDE 통합이나 추가 패키지 설치를 통해 기능을 더욱 확장할 수 있습니다. 이 절에서는 Gemini CLI를 IDE와 연동해 작업 흐름을 자연스럽게 개선하는 방법과, 확장 기능을 소개합니다.

## 11.4.1 Gemini CLI Companion: IDE 통합

**Gemini CLI Companion**은 Google이 제공하는 공식 VSCode 확장으로, Cursor, Windsurf 같은 VSCode 기반 에디터에서도 동일하게 사용할 수 있습니다. 이 확장을 설치하면 터미널에서 사용하던 Gemini CLI 기능을 IDE 환경에서도 그대로 활용할 수 있으며, 열린 파일이나 선택한 코드, Diff 기반 적용 등 IDE 워크플로와 AI 협업이 자연스럽게 연결됩니다.

즉, 터미널에서 매번 파일을 @로 지정하거나 경로를 설명하던 과정을 IDE에서 그냥 파일을 열어두는 것만으로 대체할 수 있어 AI 기반 개발 흐름을 크게 단축시키는 도구입니다.

### 설치하기

Gemini CLI Companion은 Cursor에서 다음과 같이 설치할 수 있습니다.

❶ Extensions 검색창에서 **Gemini CLI Companion** 검색

❷ 제공자가 **Google**인 공식 확장을 선택해 설치

❸ 설치가 끝나면 에디터를 재시작

설치 과정은 일반 VSCode 확장을 설치할 때와 동일하니 **5.8.1절**을 참고하세요.

잘 설치했다면 다음과 같이 Companion을 실행할 수 있습니다.

❶ 에디터에서 작업할 프로젝트 열기

❷ 명령어 팔레트 실행

- **Windows/Linux:** Ctrl + Shift + P
- **macOS:** command + Shift + P

❸ **Gemini CLI:** Run 검색 후 실행

❹ 최초 실행 시 나타나는 권한 승인 메시지에서 **Yes** 선택(IDE에서 열린 파일이나 선택한 코드 등을 Gemini CLI가 사용할 수 있도록 허용하는 과정)

연결 상태는 다음 명령으로 확인할 수 있습니다.

```
Gemini
> /ide status
```

"Connected to Cursor"가 표시되면 정상 연결된 것입니다. 만약 다음 메시지가 나타나면, 확장이 설치되지 않은 경우입니다.

```
Gemini
No installer is available for Cursor. Please install the 'Gemini CLI Companion'
extension manually from the marketplace.
```

연결을 해제하고 싶다면 다음 명령을 실행합니다.

```
Gemini
> /ide disable
```

## IDE 컨텍스트 자동 전달 기능

Gemini CLI Companion은 IDE에서 열려 있는 정보들을 자동으로 컨텍스트로 수집합니다. 문서에서는 이를 다음 세 채널로 설명합니다.

### 1. Open Editor File Context - 열린 파일 자동 감지

최근 열어둔 최대 10개의 파일 경로를 자동으로 전달합니다. 따라서 다음과 같은 요청이 가능합니다. 이때 파일 경로를 입력하지 않아도 됩니다.

```
Gemini
> 이 컴포넌트를 리팩터링해줘.
```

**2. Selection Context - 선택한 코드 자동 전달**

IDE에서 선택한 텍스트(최대 약 16KB)를 그대로 AI에 전달합니다.

```
Gemini
> 이 함수를 제네릭 기반으로 개선해줘.
```

선택한 코드 블록이 정확히 컨텍스트가 되어 더 정교한 제안을 생성합니다.

**3. Native Diffing - 코드 변경 사항 시각적 확인**

AI가 제안한 수정 사항은 IDE의 Diff 뷰어에서 원본과 비교할 수 있습니다. 필요한 부분만 선택해 적용하는 것도 가능합니다.

> **용어** **Diff 뷰어**는 코드의 변경 전후를 색상 기반으로 비교해 보여주는 시각적 도구로, 안전하게 코드를 수정하는 데 필수입니다.

### 파일 참조 자동화

IDE 통합을 사용하지 않는 경우 파일을 다음처럼 직접 지정해야 합니다.

```
Gemini
> @src/components/Button.tsx 이 컴포넌트를 리팩터링해줘.
```

그러나 Companion 활성화 상태에서는 파일을 열어두기만 하면 됩니다.

```
Gemini
> 이 컴포넌트를 리팩터링해줘.
```

Gemini CLI는 현재 IDE에서 열린 파일을 자동으로 추론해 작업을 진행합니다. AI 기반 코드 수정이 IDE 워크플로와 자연스럽게 연결되는 순간입니다.

## 11.4.2 CLI Extensions: 기능 확장 패키지 시스템

Gemini CLI는 MCP 서버뿐 아니라 CLI Extensions라는 별도의 확장 메커니즘을 지원합니다. **CLI Extensions**는 프롬프트 템플릿, MCP 서버 설정, 사용자 정의 명령어 등을 하나의 패키지로 묶어 배포할 수 있는 구조로, 명령 한 줄로 설치해 바로 사용할 수 있다는 점이 가장 큰 장점입니다.

집필 시점을 기준으로 Extensions 생태계는 아직 초기 단계이지만, 다음과 같은 확장 패키지가 등장하며 영역이 점차 넓어지고 있습니다.

- 보안 점검 자동화 패키지 예 gemini-cli-security
- 테스트 코드 자동 생성 패키지
- 작업 템플릿 제공 패키지

Extensions는 공식 갤러리(geminicli.com/extensions)에서 검색할 수 있으며, 현재 수백 개 이상이 등록되어 있습니다.

### Extensions 구성 요소

CLI Extensions는 다음 요소를 조합해 하나의 패키지로 제공합니다.

- **프롬프트 파일(GEMINI.md 등)**: 프로젝트 규칙, 아키텍처 스타일, 코딩 컨벤션 등을 설정해 일관된 코드 생성을 지원합니다.
- **MCP 서버 구성**: Terraform, Firebase, Upstash 등 특정 도구나 API 사용을 위한 MCP 서버 설정이 내부에 포함될 수 있습니다.
- **사용자 정의 명령어 제공**: `/security:scan` 같은 작업 단축 명령어를 추가해 반복 작업을 자동화합니다.

실무에서는 여전히 독립형 MCP 서버가 가장 널리 활용되지만, CLI Extensions는 **도구, 설정, 규칙을 하나로 묶어 제공하는 완성형 번들**이라는 점에서 향후 성장 가능성이 높은 기능입니다. 특히 팀 규칙을 패키지 형태로 공유하거나 특정 작업 환경(보안 분석, 배포, 테스트)에 바로 적용할 수 있어 실무 효율이 크게 향상됩니다.

### Extensions 설치하기

Extensions는 설치 방식이 매우 간단하며, 대부분 GitHub URL 한 줄로 설치할 수 있습니다. 예를 들어 보안 취약점 분석 패키지인 gemini-cli-security를 설치하려면 다음 명령을 실행합니다.

```
Terminal
gemini extensions install https://github.com/gemini-cli-extensions/security
```

설치할 때 다음과 같은 메시지가 출력되며, 계속 진행하려면 **Y**를 입력합니다.

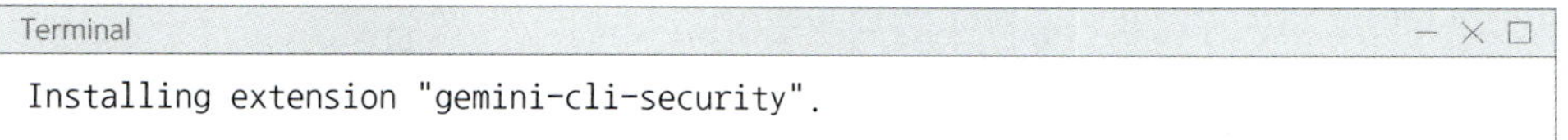

```
Terminal
Installing extension "gemini-cli-security".
```

```
This extension will run the following MCP servers:
* securityServer (local): node .../security.js
This extension will append info to your gemini.md context using GEMINI.md
Do you want to continue? [Y/n]: Y
```

Extensions는 ~/.gemini/extensions/에 저장됩니다. 설치된 확장은 다음 명령으로 확인할 수 있습니다.

Terminal

```
gemini extensions list
```

### Extensions 폴더 구조

Extensions를 설치하면 ~/.gemini/extensions/에 다음과 같은 구조가 생성됩니다.

```
~/.gemini/extensions/
  ├──── extension-enablement.json
  └──── gemini-cli-security/
```

extension-enablement.json은 각 확장이 어떤 범위에서 활성화되는지를 기록합니다.

extension-enablement.json

```
{
  "gemini-cli-security": {
    "overrides": ["/Users/username/*"]
  }
}
```

특정 프로젝트에서만 Extensions를 사용하거나 전역으로 적용하는 방식도 지정할 수 있습니다.

### Extensions 관리하기

Extensions를 설치한 후에는 비활성화, 활성화, 업데이트, 제거 등 관리 작업을 수행할 수 있습니다.

**1. 비활성화/활성화**

프로젝트별로 다른 구성을 사용해야 할 때 유용합니다.

Terminal

```
# 전역 비활성화
gemini extensions disable gemini-cli-security
# 현재 작업 중인 프로젝트에서만 비활성화
gemini extensions disable gemini-cli-security --scope=workspace
# 다시 활성화
gemini extensions enable gemini-cli-security
```

**2. 제거**

제거하는 즉시 ~/.gemini/extensions/ 폴더에서도 삭제됩니다.

Terminal

```
gemini extensions uninstall gemini-cli-security
```

**3. 업데이트**

업데이트는 보안 패치나 기능 개선을 포함하므로 정기적으로 실행하는 것이 좋습니다.

Terminal

```
# 특정 Extensions 업데이트
gemini extensions update gemini-cli-security
# 모든 Extensions 업데이트
gemini extensions update --all
```

**4. 특정 Extensions 로드**

기본으로 gemini 명령은 활성화된 모든 Extensions를 로드합니다. 특정 Extensions만 사용해 가벼운 환경으로 작업하고 싶다면 다음과 같이 실행합니다.

Terminal

```
gemini -e gemini-cli-security
```

## 실전 예시: gemini-cli-security 활용

Extensions의 가장 대표적인 사례는 보안 취약점 자동 점검입니다. gemini-cli-security는 보안 취약점 탐지를 위한 사용자 정의 명령어를 제공하며, 현재 브랜치의 코드 변경 내역을 분석해 잠재적 문제를 자동으로 점검할 수 있습니다.

다음 명령을 실행하면 전체 코드 또는 특정 영역을 분석할 수 있습니다.

```
Gemini
> /security:analyze
```

분석 범위를 자연어로 추가 지정할 수도 있습니다.

```
Gemini
> /security:analyze script 디렉터리 내의 소스 코드를 대상으로 보안 점검을 수행해줘. 단, 문
서(docs), 환경 설정 파일, 패키지 관련 파일은 분석 대상에서 빼줘.
```

GitHub PR 분석 기능도 제공합니다.

```
Gemini
> /security:analyze-github-pr
```

Extensions가 정상적으로 로드됐는지는 다음 명령으로 확인합니다.

```
Gemini
> /extensions list
```

보안 분석 결과를 파일로 바로 작성하고 싶다면 --yolo 옵션을 조합해 자동화할 수 있습니다.

```
Terminal
gemini "/security:analyze" --yolo -e security > report.md
```

# 11.5 실전 활용 팁

이 절에서는 Gemini CLI를 실제 프로젝트 환경에서 최대한 효과적으로 활용하기 위한 핵심 전략을 정리합니다. Gemini CLI의 가장 큰 강점은 1M 토큰에 달하는 대형 컨텍스트 처리 능력과, 저렴하고 안정적인 운영 비용입니다. 이를 이해하면 대규모 코드베이스 분석, 다중 문서 비교, 테스트 스위트 검토 등 기존 AI 도구로는 어렵거나 비효율적이던 작업을 훨씬 빠르고 정확하게 처리할 수 있습니다.

## 11.5.1 Gemini CLI가 유용한 이유

Gemini CLI를 실무에서 제대로 활용하려면 다른 AI 터미널 기반 도구와의 차별점을 이해하는 것이 중요합니다. 특히 Gemini CLI는 컨텍스트 처리 범위, 문서 및 코드 분석 능력, 비용 효율성에서 뚜렷한 장점이 있습니다. 다음은 Gemini CLI의 주요 특징입니다.

### 1. 초대형 1M 컨텍스트 윈도우

현대 AI 도구 중 최대 규모의 컨텍스트 윈도우를 지원해 대형 코드베이스 분석이나 복잡한 문서 비교처럼 기존 도구로는 비용과 시간이 많이 드는 작업에서 효율이 뛰어납니다.

- 수백 개 파일로 구성된 레거시 프로젝트 구조 분석
- 다수의 API 설명서, 기술 문서를 동시에 교차 비교
- 테스트 스위트 전체의 패턴 및 커버리지 문제 분석
- 복잡한 아키텍처의 전반적 흐름 파악

### 2. 경제성 및 넉넉한 무료 티어

Gemini API는 무료 사용 한도가 특히 넉넉해 테스트 및 반복 분석에 적합합니다. Codex처럼 주간 사용량에 제한이 있는 도구와 달리, 장시간 분석 작업도 비교적 안정적으로 수행할 수 있습니다.

### 3. AI 터미널 도구 간 상호보완

세 도구를 함께 사용하면 효율을 극대화할 수 있습니다.

- **Claude Code**: 정교한 분석, 고품질 reasoning 중심 작업
- **Codex**: 정밀한 코드 해석, 작업 수행 능력 탁월
- **Gemini CLI**: 대형 컨텍스트, 문서나 코드 병합 분석, 경제성

문제 성격에 따라 각 도구를 병행하면 더 높은 성과를 얻을 수 있습니다.

## 11.5.2 1M 컨텍스트 윈도우 활용 전략

Gemini CLI의 1M 컨텍스트 윈도우는 단순히 '많은 파일을 넣을 수 있다'는 수준을 넘어 복잡한 분석을 한 세션에서 끝낼 수 있다는 점이 핵심입니다. 다음은 그 활용 사례입니다.

### 1. 대형 코드베이스 전체 구조 분석

레거시 프로젝트나 새로 인수한 코드베이스를 빠르게 파악할 때 매우 효과적입니다.

```
Gemini
> @src/auth/*.ts
  @src/middleware/*.ts
  @config/security.json
  이 인증 시스템의 전체 구조와 위험 요소를 분석해줘.
```

일반 도구라면 여러 번 나누어 수행해야 하지만, Gemini CLI는 전체 맥락을 통합해 분석합니다.

### 2. 여러 기술 문서 비교 분석

여러 API와 문서를 동시에 검토해야 하는 상황에서 강력합니다.

```
Gemini
> Stripe API, PayPal API, Toss Payments API 문서를 모두 참고해 \
  우리 서비스에 가장 적합한 결제 전략을 비교 분석해줘.
```

문서 교차 비교는 Gemini CLI의 가장 큰 강점입니다.

### 3. 테스트 스위트 전체 패턴 분석

테스트 누락, 중복, 취약점 등 구조적 문제를 한 번에 찾아냅니다.

```
Gemini
> @tests/**/*.test.ts 전체 테스트 흐름을 분석해 부족한 커버리지와 개선점을 알려줘.
```

## 컨텍스트 활용 최적화 팁

넓은 컨텍스트는 강력하지만, 잘못 사용하면 불필요한 토큰 낭비로 이어질 수 있습니다. 다음 세 가지 팁만 지켜도 효율이 크게 향상됩니다.

### 1. 관련 파일을 처음부터 묶어서 로드하기

프로젝트 단위로 구조를 한 번에 이해시키는 것이 중요합니다.

```
Gemini
# 비효율적 방식
> @src/models/user.ts를 분석해줘.
> @src/controllers/user.ts도 확인해줘.
> @src/routes/user.ts도 추가로 봐줘.
# 효율적 방식
> @src/models/user.ts @src/controllers/user.ts @src/routes/user.ts \
  @tests/user.test.ts 사용자 관리 기능 전체 구조를 분석해줘.
```

### 2. /stats 명령으로 토큰 사용량 모니터링하기

대량 파일을 로드하기 전후로 현재 컨텍스트 사용량을 확인하면 과도한 입력을 피할 수 있습니다.

```
Terminal
> /stats
# 출력 예시
Tokens used: 82,415
Context usage: 8% of 1M
```

### 3. 체크포인트를 기반으로 작업하기

체크포인트를 적절히 저장해두면 세션을 끊어도 동일한 맥락에서 즉시 이어서 작업할 수 있어 대형 프로젝트의 워크플로를 안정적으로 관리할 수 있습니다.

Gemini

```
# 중간 상태 저장
/chat save auth-analysis
# 저장된 세션 불러오기
/chat resume auth-analysis
```

**Part 4**에서는 AI 기반 터미널 도구를 실무 환경에서 효과적으로 활용하기 위한 핵심 요소를 단계적으로 살펴보았습니다. **9장**에서 Gemini CLI의 기본 명령과 대화형 작업 흐름을 익히고, **10장**에서 사용자 정의 명령어, 프롬프트 파일, 컨텍스트 구성 등 생산성을 높이는 실전 활용법을 다뤘으며, **11장**에서는 settings.json을 통한 세밀한 설정 관리, 보안 정책, MCP 서버 연동, IDE 통합, CLI Extensions까지 고급 기능을 종합적으로 정리했습니다.

이 과정에서 Gemini CLI는 단순한 명령 실행 도구가 아니라, 코드 분석, 문서 비교, 대규모 프로젝트 파악, 테스트 패턴 검토 등 전체 개발 워크플로를 보조하는 강력한 AI 파트너로 활용할 수 있다는 점을 확인했습니다. 특히 1M 컨텍스트 윈도우, 자동 워크스페이스 감지, Diff 기반 제안 적용 등 Gemini CLI 고유 기능은 팀 개발과 장기 프로젝트 운영에서도 실질적인 생산성 향상을 제공합니다.

이제 여러분은 AI 기반 터미널 도구를 활용해 자신의 프로젝트 요구에 맞는 환경을 구성하고, 필요에 따라 확장을 선택하며, 개발 전반에 걸쳐 Gemini CLI를 실무 수준으로 운용할 수 있는 충분한 기반을 갖추었습니다. 이어지는 **Part 5**에서는 이러한 기반을 토대로 실제 프로젝트를 설계하고 구축하는 과정으로 나아갑니다.

Claude Code
Codex CLI
Gemini CLI

# Part 5

# AI 바이브 코딩 워크플로: 기획부터 배포까지 이어지는 자동화 개발 흐름 완성

**Part 5**에서는 지금까지 학습한 Claude Code, Codex, Gemini CLI 세 가지 AI 터미널 도구를 실제 프로젝트에 적용해 봅니다. **12장**에서는 PRD(제품 요구 사항 정의서), 실행 계획, 컨텍스트 파일을 준비해 프로젝트 기반을 다지고, **13장**에서는 AI와 함께 부트스트래핑, 기능 구현, 테스트, 배포까지 이어지는 실전 개발 사이클을 경험합니다. **14장**에서는 바이브 코딩과 멀티 도구 활용 전략을 정리해 AI 시대 개발자가 효율적으로 일하는 실전 방법을 제시합니다.

# 12장 프로젝트 계획 세우기

실전 프로젝트를 시작할 때 가장 중요한 단계는 무엇을 만들지 정의하고, 어떻게 구현할지 계획을 수립하는 일입니다. PRD와 실행 계획이 명확할수록 Claude Code, Codex, Gemini CLI는 프로젝트의 의도와 맥락을 정확히 파악하고, 일관된 품질의 코드를 생성할 수 있습니다.

이 장에서는 PRD로 프로젝트 범위 정리, 실행 계획과 WBS 작업 구조화, 세 도구가 참조할 컨텍스트 파일(CLAUDE.md, AGENTS.md, GEMINI.md) 작성까지의 준비 과정을 다룹니다. 이 단계는 단순한 기획 문서화가 아니라 AI 기반 개발 전체의 품질을 결정하는 핵심 준비 작업입니다.

# 12.1 PRD 작성하기

AI 터미널 도구로 프로젝트를 시작한다면 가장 먼저 해야 할 일은 명확한 요구 정의입니다. 아무리 뛰어난 도구라도 "이커머스 사이트 만들어줘."와 같은 추상적 요청만으로는 원하는 결과에 도달하기 어렵습니다. 요구 사항이 모호하면 AI는 불완전한 가정을 세우고 코드를 생성하며, 이후 수정 과정에서 오히려 더 많은 시간이 들 수 있습니다. 따라서 프로젝트의 목표와 범위를 문서로 명확히 정리하는 작업이 필수이며, 이러한 역할을 수행하는 문서가 바로 PRD입니다.

## 12.1.1 기본 용어 정리

먼저 PRD를 이해하는 데 필요한 주요 용어를 간단히 정리합니다.

**1. PM(Product Manager, 프로덕트 매니저)**

제품 방향, 기능 우선순위, 사용자 요구 분석 등을 담당하는 역할

**2. 프런트엔드/백엔드**

- **프런트엔드**: 사용자에게 보이는 화면(UI)과 상호작용을 개발
- **백엔드**: 서버 로직, API, 데이터베이스, 인증 등 시스템 핵심 기능 담당

**3. API(Application Programming Interface)**

프로그램 간 데이터 통신 방식 예 GET /todos → 할 일 목록 조회 API

**4. 프레임워크(framework)**

표준화된 개발 구조를 제공하는 도구 모음 예 React(프런트엔드), FastAPI/Django(백엔드)

**5. 기술 스택(tech stack)**

프로젝트 구현에 사용하는 기술 조합

**6. MVP(Minimum Viable Product)**

빠르게 검증하기 위한 최소 기능 제품

**7. 페르소나(persona)**

대표 사용자 유형

**8. UI(User Interface)/UX(User Experience)**

- **UI**: 화면 구성
- **UX**: 사용자 경험 전반

## 12.1.2 PRD란

**제품 요구 사항 정의서**(PRD, Product Requirements Document)는 '무엇을 만들 것인가'를 정의하는 문서입니다. 전통적 PRD 구성 요소는 다음과 같습니다.

- 개요
- 배경
- 목표/성공 지표
- 대상 사용자
- 기능 요구 사항
- 비기능 요구 사항
- 제약 사항
- 범위 및 제외 범위
- 릴리스 계획

기업에서는 PRD가 수십 페이지로 확장되기도 하지만, AI 기반 개발에서는 이렇게 상세할 필요가 없습니다. 중요한 것은 AI가 프로젝트 의도, 기능, 범위를 정확히 이해할 만큼 구조화되어 있느냐입니다.

PRD는 AI 개발 과정에서 다음과 같은 역할을 합니다.

- 프로젝트 목표와 범위 명확화
- AI 코드 생성 시 일관된 방향성 제공
- 컨텍스트 파일(CLAUDE.md, AGENTS.md, GEMINI.md) 생성의 기반

- 개발 중 의사결정이 흔들릴 때 기준점 역할

즉, PRD는 단순 기획 문서가 아니라 AI에 제공하는 지침서입니다.

### 12.1.3 AI와 함께하는 PRD 작성법

AI 터미널 도구에서 PRD 작성의 목적은 문서를 완벽하게 만드는 것이 아니라, AI가 참고할 핵심 기준을 만드는 것입니다.

**1. 최소한으로 필요한 항목**

다음 항목만 작성해도 충분합니다.

- 제품 개요(한 문장)
- 핵심 기능 3~5개
- 대상 사용자
- 기술 스택
- 비기능 요구 사항(선택)
- 제외 범위(선택)

이 정도만 있어도 AI는 프로젝트 구조를 안정적으로 구축할 수 있습니다.

**2. 직접 작성하기**

입문자는 직접 작성해보는 것이 요구 정리, 기능 정의 감각을 익히는 데 도움이 됩니다.

**3. AI에 초안 생성 요청하기**

혼자 작성하기 어렵다면 AI에 다음과 같이 초안 작성을 요청한 뒤 보완해도 됩니다.

```
Claude
> 개인용 TODO 관리 웹 서비스를 만들려고 해. 다음 항목을 포함해 PRD를 작성해줘.
  - 제품 개요
  - 핵심 기능 5개 이하
  - 기술 스택(FastAPI + HTML/CSS/JavaScript)
  - 비기능 요구 사항
```

**4. 작성 시 유의 사항**

- 지나치게 상세하게 작성할 필요 없음
- 기능 목록을 필요 이상으로 확장하지 않기
- 기술 스택은 반드시 명시하기
- AI에 제공할 파일로 사용할 수 있도록 구조화하기

### 12.1.4 예시: 개인용 TODO 웹 서비스 PRD

다음은 기본 기능만 포함한 간단한 TODO 웹 서비스의 PRD 예시입니다. 입문자도 쉽게 작성할 수 있는 최소 구성을 기준으로 정리했습니다.

**제품명** 심플 TODO(Simple TODO)

**개요** 사용자가 할 일을 추가, 조회, 수정, 삭제할 수 있는 웹 기반 TODO 관리 도구입니다.

**목표**:

1) AI 터미널 도구(Claude Code, Codex, Gemini CLI)를 활용한 풀스택 개발 학습

2) 30분 이내 프로토타입 제작

3) 프런트엔드-백엔드-API 구조를 단일 프로젝트로 경험

**대상 사용자**: 입문자, 개인 사용자, 학습 목적의 실습자

**핵심 기능(MVP)**

1) 할 일 목록 조회

2) 할 일 추가

3) 완료 처리

4) 삭제

**기술 스택**

1) 백엔드: FastAPI

2) 프런트엔드: HTML/CSS/JavaScript

3) 저장 방식: 로컬 스토리지(또는 간단한 인메모리 저장)

계속

**비기능 요구 사항**

1) 직관적인 UI 구성

2) 최신 웹 브라우저에서 정상 동작

3) 입문자도 이해할 수 있는 단순한 구조

**제외 범위**

1) 사용자 인증(회원가입, 로그인)

2) 데이터베이스 연동

3) 다중 사용자 지원

4) 고급 정렬, 검색 기능

**API 설계**

백엔드 연동 방식으로 학습할 경우 다음과 같은 API를 제공합니다.

1) GET /todos: 할 일 목록 조회

2) POST /todos: 새로운 할 일 추가

3) PUT /todos/{id}: 완료 처리 또는 상태 변경

4) DELETE /todos/{id}: 할 일 삭제

## 12.2 실행 계획과 WBS 작성하기

PRD로 '무엇을 만들 것인가'를 정의했다면, 이제는 '어떻게 만들 것인가'를 실행 계획과 WBS로 정리하는 단계입니다. 실행 계획과 WBS는 프로젝트를 체계적으로 진행하기 위한 핵심 도구이지만, AI 터미널 도구를 활용하는 시대에는 접근 방식이 크게 달라졌습니다.

이 절에서는 전통적 방식과 AI 시대 방식의 차이를 함께 살펴보고, 실전에서 어떻게 활용할지 정리합니다.

### 12.2.1 실행 계획과 WBS

**실행 계획**(execution plan)은 프로젝트를 어떤 순서로 진행할지 정리한 로드맵입니다. 예를 들어 '백엔드 API 개발 → 프런트엔드 구현 → 통합 테스트'와 같이 전체 흐름을 정의합니다.

**WBS**(Work Breakdown Structure)는 큰 작업을 작은 단위로 분해해 관리하기 쉽게 만든 구조입니다. 예를 들어 백엔드 개발이라는 큰 항목을 데이터 모델 정의, API 엔드포인트 구현, 오류 처리 로직 추가와 같이 세분합니다.

#### 전통적 프로젝트 관리에서의 역할

전통적 개발 프로젝트에서는 실행 계획과 WBS가 다음과 같은 이유로 필수였습니다.

**1. 실행 계획의 역할**

- 타임라인 정의
- 작업 간 의존성 파악
- 리소스 배분
- 주요 마일스톤 설정

**2. WBS의 역할**

- 전체 작업 구조 가시화

- 담당자 및 역할 배정
- 진행률 추적
- 위험 요소 관리

프로젝트 매니저는 JIRA, Asana, Gantt Chart 등을 활용해 세부 계획을 직접 작성하고 매일 업데이트했습니다.

전통적 방식의 WBS는 다음과 같은 구조를 가집니다.

```
프로젝트: TODO 웹앱
├── 1. 프로젝트 설정
│    ├── 개발 환경 구축
│    ├── 폴더 구조 생성
│    ├── 의존성 설치
│    └── Git 저장소 설정
├── 2. 백엔드 개발
│    ├── 데이터 모델 설계
│    ├── GET /todos API
│    ├── POST /todos API
│    ├── PUT /todos/{id} API
│    ├── DELETE /todos/{id} API
│    └── API 테스트
└── 3. 프런트엔드 개발
     ├── HTML 구조
     ├── CSS 스타일링
     ├── API 연동 로직
     └── UI 테스트
```

## AI 시대의 새로운 접근법

AI 터미널 도구가 등장하면서 실행 계획을 수립하는 방식이 크게 변화했습니다. 이제는 모든 작업을 사람이 직접 나열하고 순서를 결정할 필요가 없습니다.

Claude Code, Codex, Gemini CLI는 모두 다음 기능을 내장합니다.

- 작업 단위 자동 분해
- 구현 순서 설계
- 작업 간 의존성 분석
- 부족한 요건이 있을 경우 확인 질문

즉, PRD만 명확히 정리해두면 AI가 논리적 흐름을 기반으로 계획을 자동 생성합니다. 이제 실행 계획의 핵심은 문서의 분량이 아니라 PRD와 컨텍스트 파일의 구체성과 일관성입니다.

## 12.2.2 Claude Code의 계획 모드 활용

Claude Code에는 PRD와 컨텍스트 파일을 기반으로 프로젝트 실행 단계를 자동으로 생성하는 계획 모드가 제공됩니다.

계획 모드는 다음과 같은 방식으로 실행할 수 있습니다.

```
Terminal
# 방법 1: CLI에서 바로 실행
claude --permission-mode plan
# 방법 2: 대화형 모드에서 전환
claude  # 실행 후 [Shift] + [Tab] → 'plan mode on' 표시
```

계획 모드를 활성화하면 Claude Code는 PRD를 참고해 필요한 정보를 질문합니다.

```
Claude
> 개인용 TODO 웹앱을 만들려고 해.
  @PRD.md 파일을 참고해 전체 작업을 단계별로 나누고, 필요한 세부 작업을 정리해줘.
```

이후 Claude Code는 기술 스택, 데이터 저장 방식, 선택 옵션 등을 묻고, 이를 반영한 실행 계획을 생성합니다.

```
Claude
# Claude Code가 생성한 계획 예시
1단계: 프로젝트 초기 설정
  - 기술 스택 선택
  - 프로젝트 구조 생성
  - 의존성 설치
2단계: 기본 UI 구조 작성
  - HTML 레이아웃 구성
  - 기본 스타일링
  - 반응형 디자인 적용
3단계: 핵심 CRUD 기능 구현
  - 항목 추가, 조회, 완료/미완료 처리, 삭제
```

```
4단계: 데이터 저장 방식 구현
  - 로컬 스토리지 또는 백엔드 연동
  - 오류 처리
5단계: 선택 기능 개발
  - 검색/필터링
  - 우선순위/카테고리 기능
6단계: 마무리 작업
  - 리팩터링
  - 테스트
  - 배포 준비
```

여기서 중요한 점은 개발자가 세세한 단계를 직접 설계할 필요가 없다는 것입니다. AI가 PRD와 컨텍스트 파일을 기반으로 합리적인 순서를 스스로 도출합니다.

Codex와 Gemini CLI 또한 유사한 방식으로 작업 단계를 나눠줍니다. "이 PRD를 기준으로 단계별 실행 계획만 세워줘."라고 요청하면 비슷한 수준의 계획을 생성합니다.

### 12.2.3 AI 시대에도 WBS가 필요한 이유

"AI가 계획을 자동으로 만들어 주는데 WBS가 여전히 필요한가?"라고 질문한다면 대답은 '그렇다'입니다. AI가 순서를 제시할 수 있어도 WBS는 개발자에게 다음과 같은 중요한 가치를 제공합니다.

**1. 요구 사항을 더 구체적으로 파악할 수 있다**

WBS를 작성하다 보면 다음과 같은 통찰을 얻게 됩니다.

- 이 기능을 구현하려면 먼저 데이터 모델이 필요하겠구나.
- 삭제 기능은 예외 처리가 꽤 많을 수 있겠네.

즉, PRD를 더 탄탄하게 보완하는 데 도움이 됩니다.

**2. 프로젝트 구조를 직접 설계해볼 수 있다**

WBS 작성 자체가 문제를 구조화하는 연습입니다. 백엔드를 먼저 만들지, 프런트엔드를 먼저 만들지, API가 어떤 순서로 구현되어야 하는지 등 사고 과정은 문제 분해 능력을 길러줍니다. 이는 개발자가 갖춰야 할 주요 능력입니다.

#### 3. AI가 생성한 계획을 검증할 기준이 된다

AI의 계획이 항상 최선은 아닙니다. 예를 들어, AI가 "프런트엔드를 먼저 만들고 나중에 백엔드를 연결하자."라고 제안합니다. 하지만 백엔드가 준비되지 않으면 화면 테스트가 어렵기 때문에 비효율적입니다. WBS가 있으면 AI 계획을 평가하고 필요한 수정 방향을 판단할 수 있습니다.

#### 4. 학습 효과가 매우 크다

특히 입문자에게 WBS는 다음과 같은 교육적 효과가 매우 큽니다.

- 작업을 작은 단위로 분해하는 연습
- 백엔드, 프런트엔드, 테스트의 관계 이해
- 전체 개발 흐름 구조화

AI 시대에도 WBS는 생각을 정리하고 판단 기준을 제공하는 도구입니다. 코드를 AI가 대신 작성하더라도 설계, 검토, 품질 판단은 여전히 개발자가 해야 하므로 WBS는 충분한 가치가 있습니다.

## 12.2.4 예시: AI를 활용한 단계별 계획 수립

앞에서 WBS가 AI 시대에도 여전히 중요한 이유를 살펴보았습니다. 이제 실제로 간단한 WBS를 작성하고, 이를 AI에 검증 및 보완받는 과정을 예시로 정리합니다.

이 과정은 입문자에게 특히 효과적인데, 스스로 큰 흐름을 설계한 뒤 AI가 보완하는 구조를 통해 '문제 분해' 능력과 'AI 활용 프레임'을 동시에 익힐 수 있기 때문입니다.

### 1단계: 큰 흐름만 정리하는 가벼운 WBS 작성

처음부터 모든 작업을 세밀하게 나누려 하면 부담이 큽니다. AI 터미널 도구는 세부 분해를 자동으로 수행할 수 있으므로 핵심 단계를 중심으로 큰 흐름만 먼저 정리하면 충분합니다.

다음은 TODO 웹앱을 예시로 작성한 간단한 WBS 초안입니다.

**1. 프로젝트 설정**

- 폴더 구조 만들기
- Python/FastAPI 설치 및 초기 파일 생성

계속

**2. 백엔드 개발**

- Todo 데이터 모델 정의
- CRUD API 구현(GET, POST, PUT, DELETE)
- CORS 설정

**3. 프런트엔드 개발**

- HTML/CSS 기본 레이아웃
- JavaScript로 API 호출
- UI 상호작용 구현

**4. 테스트**

- 기능별 동작 확인
- 웹 브라우저 콘솔 및 개발자 도구 점검

이 정도 수준이면 충분합니다. 핵심은 프로젝트 흐름이 어떤 순서로 진행되는지 머릿속에 구조를 세우는 것입니다.

### 2단계: AI에 초안을 검증받고 개선 방향 보완

작성한 WBS를 AI 터미널 도구에 그대로 전달해 검증 요청하면, 빠진 항목이나 비효율적인 순서를 자동으로 제안받을 수 있습니다.

```
Claude
> 다음은 내가 작성한 WBS야. 누락된 항목이나 순서가 어색한 부분이 있다면 검토해줘.
[WBS 초안 붙여넣기]
```

Claude Code, Codex, Gemini CLI는 보통 다음과 같은 방식으로 개선을 제안합니다.

```
Claude
전체적으로 좋은 계획입니다. 몇 가지 보완 사항을 제안드립니다.
1. 백엔드 개발 단계에 "API 테스트"가 빠져 있으므로 추가하기를 권장합니다.
   - curl, HTTPie, Postman 등을 사용해 기본 동작을 확인
2. 프런트엔드 개발은 HTML → CSS → JavaScript 순서로 나누면 더 안정적입니다.
3. 테스트 단계에 "브라우저 개발자 도구를 통한 오류 확인"을 포함하면 좋습니다.
```

이처럼 AI의 피드백을 반영하면 단순히 WBS를 보완하는 것을 넘어 'API 테스트가 왜 중요한지', 'UI 작업 순서를 나누는 이유는 무엇인지'와 같은 실전 감각을 자연스럽게 익힐 수 있습니다. 이렇듯 스스로 설계하고 AI에 검증받는 구조는 학습 효율이 매우 높습니다.

### 12.2.5 간단한 WBS 템플릿

이제 프로젝트 시작 단계에 바로 활용할 수 있는 기본형 WBS 템플릿을 제시합니다. 세부 단계는 AI 터미널 도구가 자동으로 확장할 수 있으므로 템플릿은 의도적으로 단순하고 핵심 단계 중심으로 구성했습니다.

```
Phase 1: 초기 설정
  - 프로젝트 폴더 구조 생성
  - 백엔드 환경 설정(예: Python/FastAPI 또는 Node.js/Express 등)
  - 프론트엔드 환경 설정(HTML/CSS/JavaScript 또는 프레임워크)
  - Git 저장소 초기화 및 첫 커밋
  - 프로젝트 컨텍스트 파일(CLAUDE.md/AGENTS.md/GEMINI.md) 작성

Phase 2: 백엔드 개발
  - 데이터 모델 설계
  - API 엔드포인트 구현
    - 조회 API
    - 생성 API
    - 수정 API
    - 삭제 API
  - 오류 응답 구조 정의 및 예외 처리
  - API 단위 테스트 및 동작 검증

Phase 3: 프런트엔드 개발
  - HTML 기본 레이아웃 구성
  - CSS 스타일링
```

계속

- JavaScript 기능 구현(API 연동, UI 상호작용)

- 프런트엔드 기능 테스트

**Phase 4: 통합 및 배포**

- 백엔드와 프런트엔드 연동

- 전체 기능 테스트

- 버그 수정 및 리팩터링

- (선택) 배포 환경 구성 및 실제 배포

이 템플릿은 다음과 같은 특징이 있습니다.

- **핵심 단계 중심**: 불필요하게 많은 세부 항목을 넣지 않아 프로젝트 흐름을 한눈에 볼 수 있습니다.
- **AI 확장 전제**: Claude Code, Codex, Gemini CLI가 세부 작업을 스스로 분해할 수 있으므로 일부러 간결하게 유지합니다.
- **학습 친화적 설계**: 입문자가 전체 구조를 이해하는 데 최적화된 단계 구성입니다.

템플릿은 그대로 복사해 사용할 수 있으며, 프로젝트 특성에 맞게 항목을 자유롭게 추가하거나 수정하면 됩니다.

# 12.3 컨텍스트 파일 작성하기

**12.1절**에서 '무엇을 만들 것인가(PRD)'를 정의하고, **12.2절**에서 '어떻게 만들 것인가(WBS)'를 설계했습니다. 이제 이 정보를 AI 터미널 도구가 세션마다 안정적으로 참고할 수 있는 형태로 정리해야 합니다. 이 역할을 담당하는 것이 세 가지 프로젝트 컨텍스트 파일입니다.

- CLAUDE.md(Claude Code용)
- AGENTS.md(Codex용)
- GEMINI.md(Gemini CLI용)

각 도구의 파일 형식과 로딩 방식은 앞에서 자세히 다루었습니다(**4.1절**, **7.1절**, **10.1절**). 이 절에서는 그 위에 없는 공통 설계 원칙과, PRD, 디자인, 데이터베이스 스키마 같은 추가 자료를 어떤 구조로 함께 관리하면 좋은지에 초점을 맞춥니다.

## 12.3.1 세 도구의 공통 컨텍스트 설계 원칙

컨텍스트 파일은 AI가 세션을 시작할 때 자동으로 읽는 프로젝트 지침서입니다. 세 도구 모두 다음과 같은 정보를 이 파일을 통해 공유받습니다.

- **프로젝트 목표**: 무엇을 만드는 프로젝트인지
- **기술 스택**: 어떤 언어, 프레임워크, 환경에서 작업하는지
- **코딩 규칙**: 변수명, 함수 분리 원칙, 폴더 구조 등
- **금지 사항**: 사용하지 말아야 할 라이브러리, 패턴, API 등

즉, 컨텍스트 파일은 AI에 '이 프로젝트는 이런 방식으로 작업해야 한다'라는 기준을 부여하는 지속적 맥락입니다.

세 도구 모두에서 공통으로 유효한 설계 원칙은 다음과 같습니다.

1. **전역, 프로젝트, 모듈 3단계로 나누기**
    - **전역 파일**: 개인 선호(언어, 테스트 스타일 등)
    - **프로젝트 루트 파일**: 이 프로젝트 전체의 공통 규칙
    - **서브폴더 파일**: frontend, backend, 서비스별 특수 규칙

2. **핵심만 남기고 나머지는 별도 문서로 분리하기**

    컨텍스트 파일은 세션마다 자동으로 로드되므로 길어지면 다음과 같은 문제가 발생합니다.

    - 토큰 사용량 증가
    - 핵심 내용 파악 어려움
    - 응답 속도 저하
    - 규칙 충돌 가능성 증가

따라서 세 도구 모두 다음 네 항목만 담고, 나머지는 별도 문서로 분리하는 방식을 권장합니다.

- 프로젝트 요약(2~3줄)
- 핵심 작업 규칙(2~3개)
- 기술 스택
- 주요 폴더 및 파일 구조

이 정도만 있어도 AI는 프로젝트의 방향성과 기본 규칙을 충분히 이해할 수 있습니다.

## 12.3.2 컨텍스트 파일과 별도 문서의 역할 분리

컨텍스트 파일은 핵심 요약에 집중하고, 상세 내용은 다음과 같이 분리하는 것이 가장 효율적입니다.

- **PRD.md**: 전체 요구 사항, 기능 목록, 제외 범위 등
- **api-spec.md, openapi.yaml 등**: 상세 API 스펙
- **db-schema.md**: 데이터베이스 스키마
- **designs 폴더**: 화면 구조, 컴포넌트 배치, 색상 규칙, 크기 규칙 등

사용할 때는 다음처럼 명시적으로 참조합니다.

```
Claude
> @PRD.md를 참고해 로그인 기능을 구현해줘.
> @designs/main-screen.xml 기반으로 UI 레이아웃을 만들어줘.
```

이렇게 하면 컨텍스트 파일은 1페이지 이내로 가볍게 유지하면서도, 필요할 때마다 풍부한 컨텍스트를 선택적으로 불러올 수 있습니다. 프로젝트 규모가 커질수록 핵심 요약(컨텍스트 파일) - 상세 문서(@ 참조) 구조가 유지보수와 비용 관리에 큰 차이를 만듭니다.

## 12.3.3 예시: TODO 웹앱 컨텍스트

다음은 앞서 살펴본 기준을 적용해 심플 TODO 웹앱을 위한 공통 컨텍스트 초안을 작성한 예시입니다. 이 초안은 필요에 따라 CLAUDE.md, AGENTS.md, GEMINI.md로 각각 옮겨가며 약간씩 조정해 사용할 수 있습니다.

**참고**

실무에서는 CLAUDE.md를 먼저 작성한 뒤, 필요한 경우 Codex와 Gemini CLI에 맞게 일부 표현만 바꾸어 AGENTS.md, GEMINI.md로 복사하는 방식을 많이 사용합니다.

```
# 프로젝트: 심플 TODO
## 프로젝트 요약
개인용 TODO 관리 웹앱. 할 일 추가, 조회, 수정, 삭제 기능을 제공하는 최소 기능 제품(MVP)
## 기술 스택
- Python 3.11, FastAPI
- HTML5, CSS3, Vanilla JavaScript
- 데이터 저장: 인메모리 또는 로컬 스토리지
## 핵심 규칙
- 변수명은 명확한 영어 단어 사용(축약 금지)
- 한 함수는 하나의 기능만 담당
- 프런트엔드/백엔드 파일 구조 트리 유지
## 프로젝트 구조
todo-app/
├──── backend/main.py
├──── frontend/index.html
├──── frontend/style.css
├──── frontend/script.js
├──── designs/main-screen.xml
└──── PRD.md
```

약 15줄에 불과하지만, 프로젝트를 이해하는 데 필요한 정보는 모두 포함되어 있습니다.

- **프로젝트 요약**: 2줄
- **기술 스택**: 3줄
- **핵심 규칙**: 3줄
- **폴더 구조**: 주요 파일만 제시

특히 핵심 규칙을 소수만 유지하는 것이 중요합니다. 규칙이 많아질수록 AI가 무엇을 우선해야 할지 혼란을 느끼고, 응답 품질이 오히려 떨어질 수 있습니다.

상세 문서는 항상 명시적 참조로 사용합니다.

```
Claude
> @PRD.md를 기반으로 백엔드 API를 구현해줘.
> @designs/main-screen.xml 기준으로 프런트엔드 레이아웃을 만들어줘.
```

AI 터미널 도구는 이러한 문서 참조(@) 기능을 적극적으로 활용할 때 가장 안정적인 성능을 발휘합니다.

### 12.3.4 디자인과 UI 정보를 위한 별도 컨텍스트 구조화

프로젝트 개발에서는 기능만큼이나 화면 구조와 디자인도 중요하지만, 이를 자연어로만 설명하면 모호성이 커집니다. 예를 들어, "파란색 버튼을 크게 만들어줘."라고 요청하면 어떤 계열의 파란색인지, '크게'가 어느 정도 크기를 의미하는지, 화면의 어느 위치에 배치해야 하는지 등의 정보가 사람에게도 애매하고, AI에는 더 모호합니다.

그래서 디자인 정보를 별도의 구조화된 파일로 관리할 것을 권장합니다. 예를 들어 다음과 같이 designs 폴더를 두고, 화면별로 XML 파일을 분리할 수 있습니다.

```
designs/
├── main-screen.xml        # 메인 화면 디자인
├── login-screen.xml       # 로그인 화면 디자인
└── settings-screen.xml    # 설정 화면 디자인
```

이제 AI에 요청할 때는 다음 한 줄이면 충분합니다.

```
Claude
> @designs/main-screen.xml을 참고해 메인 화면 UI를 만들어줘.
```

여기서 XML을 선택하는 이유는 다음과 같습니다.

- 태그와 속성으로 UI 구조를 표현할 수 있어 AI가 해석하기 쉬움
- HTML/CSS로 변환하기에 자연스러운 형태
- 몇 가지 규칙만 익히면 입문자도 읽고 수정하기 쉬움

아주 간단한 예시를 봅시다.

```xml
<화면 이름="TODO앱">
  <제목 색상="#333" 크기="32px">나의 TODO 리스트</제목>
  <입력_영역>
    <입력창 너비="70%" 힌트="할 일을 입력하세요." />
    <버튼 색상="#007bff" 글자색="#fff">추가</버튼>
  </입력_영역>
  <할일_목록>
    <할일_항목>
      <체크박스 />
      <내용>장보기</내용>
      <삭제_버튼 색상="#dc3545">삭제</삭제_버튼>
    </할일_항목>
  </할일_목록>
</화면>
```

이 정도 정보만 있어도 AI는 구조를 이해하고, 적절한 HTML/CSS 레이아웃을 생성할 수 있습니다.

처음부터 직접 작성하기 부담된다면 다음처럼 초안 생성을 AI에 위임하고, 사람이 가볍게 수정하는 방식이 실무에서 가장 현실적입니다.

```
Claude
> TODO 웹앱 메인 화면 디자인을 XML로 작성해줘.
  - 제목, 입력창, 버튼, 할 일 목록을 포함
  - 색상은 파란색 계열로 구성
```

## 12.3.5 프로젝트 폴더 구조 한눈에 정리하기

지금까지 살펴본 문서들이 실제 프로젝트에서 어떻게 배치되는지, 폴더 구조 예시로 정리하면 다음과 같습니다.

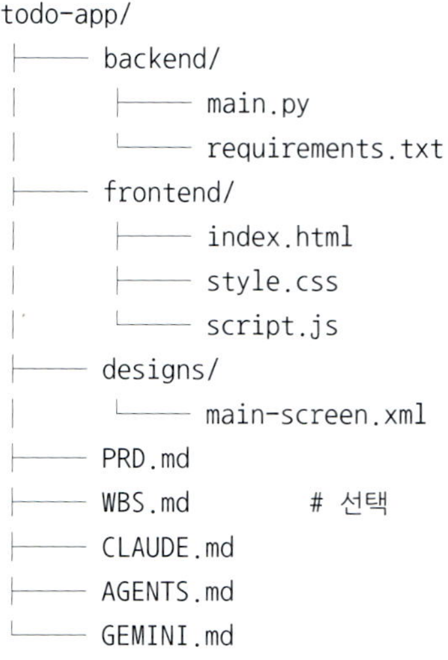

```
todo-app/
├── backend/
│    ├── main.py
│    └── requirements.txt
├── frontend/
│    ├── index.html
│    ├── style.css
│    └── script.js
├── designs/
│    └── main-screen.xml
├── PRD.md
├── WBS.md        # 선택
├── CLAUDE.md
├── AGENTS.md
└── GEMINI.md
```

- **CLAUDE.md/AGENTS.md/GEMINI.md**: AI가 세션마다 읽는 핵심 지침(간결한 요약)
- **PRD.md**: 전체 요구 사항
- **WBS.md**: 작업 계획(필요 시)
- **designs/*.xml**: 화면별 디자인 명세

입문자는 이 구조를 외우기보다 '프로젝트 설정 정보, 요구 사항, 작업 계획, 디자인, AI 컨텍스트를 이렇게 나눌 수 있다'는 큰 그림만 이해해도 충분합니다. 실제로는 폴더 구조 역시 AI에 도움을 요청해 설계할 수 있습니다.

```
Claude
> FastAPI + HTML 기반 TODO 앱을 만들 건데, 적절한 폴더 구조를 제안해줘.
```

AI가 제안한 구조를 기본으로 삼고, 팀과 프로젝트 상황에 맞게 조금씩 조정해 사용하는 것이 가장 현실적인 접근입니다.

이렇게 준비한 문서와 컨텍스트를 바탕으로 **13장**에서는 AI와 함께 실제 코드를 작성하고 테스트, 배포까지 진행하는 전체 흐름을 단계별로 따라가 보겠습니다.

# 13장 실전 프로젝트 수행하기

**12장**에서 PRD, WBS, 컨텍스트 파일을 통해 프로젝트의 방향과 구조를 준비했다면, 이제는 실제 코드를 작성해 프로젝트를 완성하는 단계입니다. **13장**은 AI 터미널 도구를 단순한 보조 수단이 아닌 '실제 개발 파트너'로 활용하는 방법을 중심으로 구성되었습니다. 프로젝트 부트스트래핑부터 단계별 기능 구현, 테스트 주도 개발(TDD), 코드 품질 개선, 배포와 운영까지 이어지는 전체 개발 흐름을 하나의 프로젝트 안에서 따라가며 실전 감각을 익히게 됩니다.

# 13.1 프로젝트 부트스트래핑과 단계별 개발하기

**12장**에서 다음 네 문서를 정리했습니다.

- PRD.md → 무엇을 만들 것인지(기능 기준점)
- CLAUDE.md, AGENTS.md, GEMINI.md → 어떻게 만들 것인지(개발 규칙)
- plan.md → 어떤 순서로 진행할 것인지(실행 계획)
- WBS(선택) → 필요한 경우 더 세분된 작업 구조

이 문서들은 단순한 참고 자료가 아니라 AI가 프로젝트를 일관성 있게 진행하도록 돕는 핵심 축입니다. 이 절에서는 이러한 문서들을 프로젝트 폴더와 연결해 실행 가능한 개발 환경을 구성하는 부트스트래핑 단계를 중심으로 살펴봅니다.

## 13.1.1 부트스트래핑: 초기 실행 환경 만들기

**부트스트래핑**(bootstrapping)은 프로젝트를 실행할 수 있는 최소한의 환경을 마련하는 초기 설정 단계를 의미합니다. AI 터미널 도구는 PRD, 컨텍스트 파일, WBS를 기반으로 기본 폴더 구조와 초기 파일을 자동 구성할 수 있습니다.

부트스트래핑 과정은 다음과 같은 흐름으로 진행됩니다.

**1. PRD.md + 컨텍스트 파일 기반 초기 폴더 및 파일 생성**

다음처럼 요청하면 AI가 요구 사항과 규칙을 반영해 프로젝트 기본 구조를 생성합니다.

```
Claude
> 이 프로젝트를 시작하려고 해. @PRD.md와 @CLAUDE.md를 참고해 \
  FastAPI 백엔드 + 간단한 프런트엔드를 포함한 기본 폴더 구조와 초기 파일을 생성해줘.
# 출력 예시
backend/
```

```
    main.py
    models.py
    requirements.txt
  frontend/
    index.html
    style.css
    script.js
  CLAUDE.md
  PRD.md
  README.md
```

이 단계에서 중요한 점은 PRD와 CLAUDE.md의 내용이 구조에 직접 반영된다는 것입니다. 기술 스택, 코딩 규칙, 파일 구조 지침 등이 컨텍스트 파일에 잘 정리되어 있어야 AI가 정확한 구조를 생성합니다.

### 2. 필요한 라이브러리 설치 요청

폴더와 초기 파일이 생성되면 AI에 필요한 라이브러리를 설치하도록 요청합니다.

```
Claude
# 백엔드
> backend/requirements.txt에 있는 패키지를 설치해줘.
# 프런트엔드
> npm init을 실행하고 필요한 패키지를 설치해줘.
```

AI는 요청을 기준으로 실제 설치 명령을 실행하고 설치 로그를 출력합니다. 설치 과정에서 오류가 발생하면 다음과 같이 바로 해결을 요청할 수 있습니다.

```
Claude
> 설치 중 오류가 발생했어.
  [오류 메시지 붙여넣기]
  해결 방법을 제시하고 필요한 경우 수정된 명령을 실행해줘.
```

### 3. 기본 실행 확인

백엔드가 정상 실행되는지 확인합니다.

```
Claude
> uvicorn main:app --reload로 백엔드를 실행해줘.
> http://localhost:8000/docs가 정상 출력되는지도 확인해줘.
```

오류가 발생했다면 다음처럼 바로 해결 요청이 가능합니다.

```
Claude
> 서버 실행 중 오류가 발생했어.
  [오류 메시지 붙여넣기]
  문제를 해결해줘.
```

**참고**

`uvicorn main:app --reload`는 FastAPI 서버를 로컬에서 실행할 때 사용하는 기본 명령입니다. main.py의 app 인스턴스를 로드하고 http://localhost:8000에서 서버가 동작하며, /docs 페이지를 통해 API 문서를 자동으로 확인할 수 있습니다.

`uvicorn main:app --reload`는 FastAPI 서버를 로컬에서 실행하는 가장 기본적인 명령입니다. `main:app`은 main.py의 app 인스턴스를 의미하며, 서버는 http://localhost:8000에서 실행해 /docs 경로에서 자동 생성된 API 문서를 확인할 수 있습니다.

## 13.1.2 계획 모드에서 만든 plan.md 불러오기

부트스트래핑이 끝났다면, 이제 어떤 순서로 개발할지가 중요합니다. **12장**에서 계획 모드로 생성한 개발 계획은 보통 다음과 같은 Phase 구조를 갖습니다.

- **Phase 1**: 초기 설정
- **Phase 2**: 백엔드 개발
- **Phase 3**: 프런트엔드 개발
- **Phase 4**: 통합 및 배포

이 계획을 하나의 문서로 저장해두면 Claude Code, Codex, Gemini CLI가 이후 세션에서 지속적으로 참조할 수 있습니다.

```
Claude
> 계획 모드에서 만든 개발 계획을 plan.md로 저장해줘.
```

계획을 저장한 다음에는 개발 흐름이 매우 단순해집니다.

- plan.md 확인 → 해당 단계 요청 → 코드 생성 및 검증 → 다음 단계 요청

즉, PRD.md는 '무엇을 만들지', CLAUDE.md/AGENTS.md/GEMINI.md는 '어떤 규칙으로 만들지', plan.md는 '어떤 순서로 진행할지'를 결정합니다. 이 세 가지가 명확할수록 전체 개발 흐름이 흔들리지 않습니다.

## 13.1.3 plan.md 기반 단계별 개발하기

plan.md가 준비되면 본격적으로 개발을 시작합니다. AI 터미널 도구로 개발할 때 효과적인 원칙은 다음 두 가지입니다.

- 작은 단위로 나눠 요청하기
- 단계 종료 시 핵심만 간단히 검증하기

이 원칙을 따르면 AI가 정확한 맥락에서 코드를 생성하며, 문제가 발생해도 즉시 수정할 수 있어 전체 코드 품질이 안정적으로 유지됩니다.

### 작은 단위로 단계 실행 요청하기

초기 작업은 다음처럼 요청할 수 있습니다.

```
Claude
> @plan.md의 Phase 1을 실행해줘.
  백엔드/프런트엔드의 초기 설정과 Git 초기화를 진행해줘.
```

Phase 1이 너무 크다고 느껴지면 더 세분할 수도 있습니다.

```
Claude
> @plan.md의 Phase 1-1: FastAPI 기본 앱만 생성해줘.
```

이어서 다음 작업을 요청합니다.

```
Claude
> 이제 Phase 1-2: 프런트엔드 기본 레이아웃만 만들어줘.
```

이처럼 단계를 자유롭게 축소 또는 확장하면서 개발을 진행할 수 있습니다.

### 단계 완료 후 핵심만 확인하기

AI가 생성한 코드를 매번 깊게 읽을 필요는 없습니다. 다음 세 가지만 확인하면 충분합니다.

- **제대로 실행하는지**: 서버 실행, HTML 로딩 여부 여부 등
- **PRD와 일치하는지**: API 이름, 데이터 구조, 작동 방식 등
- **불필요한 복잡성이 없는지**: 과도한 추상화, 의미 없는 파일 생성 등

문제가 있으면 즉시 수정 요청합니다.

```
Claude
> main.py 실행 시 다음 오류가 발생해.
  [오류 메시지 붙여넣기]
  원인을 분석하고 수정해줘.
```

이 방식은 PRD의 요구 사항(What)과 CLAUDE.md의 규칙(How)을 유지한 채 plan.md의 흐름을 따라 안정적으로 개발할 수 있게 해줍니다.

## 13.1.4 실전 개발 흐름

실제 프로젝트에서는 지금까지의 내용이 다음과 같은 흐름으로 자연스럽게 이어집니다.

**1. 계획 모드에서 전체 계획 수립**

```
Claude
> @PRD.md와 @CLAUDE.md를 참고해 전체 개발 계획을 plan.md로 만들어줘.
```

**2. 대화형 모드에서 전환한 후 단계별 개발 시작**

```
Claude
> @plan.md의 Phase 1-1을 실행해줘.
  초기 폴더 구조와 기본 파일을 생성해줘.
```

**3. 백엔드 구현**

```
Claude
> Phase 2-1: FastAPI 기본 앱 생성
> Phase 2-2: TODO 데이터 모델 정의
> Phase 2-3: GET /todos API 구현
...
```

**4. 기본 동작 테스트**

```
Claude
> uvicorn main:app --reload로 서버를 실행해줘.
> http://localhost:8000/docs 페이지가 정상적으로 표시되는지도 확인해줘.
```

**5. 프런트엔드 개발**

```
Claude
> Phase 3-1: HTML 기본 레이아웃 작성
> Phase 3-2: CSS 스타일 적용
> Phase 3-3: JavaScript 기능 구현(API 연동 포함)
```

**6. 통합 테스트**

```
Claude
> 백엔드 서버가 실행 중인 상태에서 frontend/index.html을 열어 전체 기능을 테스트해줘.
```

이처럼 단계 요청 → 코드 확인 → 다음 단계 진행의 반복은 AI와 협업할 때 가장 안정적이며, 개발자에게도 전체 흐름을 명확히 인식하게 해주는 효과적인 방식입니다.

## 13.1.5 개발 과정의 문제 해결 가이드

실제 프로젝트에서는 계획만으로 해결되지 않는 다양한 문제가 발생합니다. 다음은 가장 흔한 문제와 그 해결 방법입니다.

**문제 1. 단계가 너무 크거나 모호하다**

AI가 생성한 plan.md가 지나치게 큰 범위를 포함하는 경우 작업이 복잡해지기 쉽습니다.

**해결 방법**

단계를 더 작은 단위로 나누도록 요청하세요.

```
Claude
> Phase 2 백엔드 개발 범위가 너무 커. 각 API 엔드포인트를 별도 단계로 분리해줘.
```

**문제 2. 실행 오류가 발생한다**

실행 오류는 가장 빈번하게 발생하는 문제입니다.

**해결 방법**

오류 메시지를 그대로 전달하면 AI가 원인을 분석해 수정해 줍니다.

```
Claude
> backend/main.py 실행 중 오류가 발생해.
  [오류 메시지 붙여넣기]
  오류 원인을 분석하고 코드를 수정해줘.
```

### 문제 3. 파일이 많아져 구조가 헷갈린다

생성된 파일이 늘어나면 역할을 놓치기 쉽습니다.

**해결 방법**

프로젝트 구조를 재정리하도록 요청합니다. AI는 폴더 구조를 트리 형태로 요약하고 파일별 역할을 분석해 다시 제시합니다.

```
Claude
> 현재 프로젝트 구조를 보여주고, 각 파일이 어떤 역할을 하는지 설명해줘.
```

# 13.2 AI 기반 개발을 위한 테스트 주도 개발

AI 터미널 도구는 코드를 빠르게 생성할 수 있다는 큰 장점이 있지만, 생성된 코드가 항상 의도대로 동작하는 것은 아닙니다. 예를 들어 다음과 같은 문제가 자주 발생합니다.

- API 응답 구조가 PRD와 미묘하게 다르게 생성됨
- 파일 간 연결이 어긋남
- 모델명이나 필드명이 중간에 바뀜
- 기능 일부가 누락되거나 과도하게 확장됨

이와 같은 오류는 개발 속도를 떨어뜨리고, 기능이 쌓일수록 수정 비용이 크게 증가합니다. 이때 가장 효과적인 해결책이 바로 **테스트 주도 개발**(TDD, Test-Driven Development)입니다.

이 절에서는 TDD의 주요 개념과, AI 터미널 도구를 활용해 입문자도 쉽게 TDD를 실전에 적용할 수 있는 방법을 살펴봅니다.

## 13.2.1 TDD가 AI 기반 개발에 필요한 이유

TDD는 다음과 같은 흐름으로 진행됩니다.

❶ **테스트 작성**: 기능이 어떻게 동작해야 하는지 테스트 코드로 먼저 정의

❷ **기능 구현**: 테스트를 통과하는 최소한의 코드 작성

❸ **테스트 실행 및 수정**: 실패하면 원인을 분석해 다시 수정

❹ **리팩터링**: 테스트가 보호막 역할을 하므로 구조 개선을 안전하게 수행

이는 '코드를 먼저 작성하고, 나중에 테스트한다'는 전통적 방식과는 정반대 전략입니다.

TDD를 적용하면 테스트가 곧 기능의 기준선(spec)이 되기 때문에 AI가 코드를 생성하더라도 기준에서 벗어나는 일이 크게 줄어듭니다. 또한, Claude Code, Codex, Gemini CLI는 테스

트 코드 자체도 자동 생성할 수 있어 입문자라도 TDD 접근을 실전에서 부담 없이 활용할 수 있습니다.

### 13.2.2 예시: TODO 추가 기능을 TDD로 구현하기

TDD를 이해하는 가장 좋은 방법은 단일 기능을 실제로 TDD 방식으로 구현해보는 것입니다. 예시로 TODO 웹앱의 핵심 기능인 할 일 추가(add) 기능을 TDD 방식으로 구현해 보겠습니다.

#### 테스트 코드 작성

다음은 add_todo() 함수가 올바르게 작동하는지 검증하는 기본 테스트입니다.

tests/test_todo.py

```
def test_add_todo():
    # 새 TODO를 추가하면
    response = add_todo("장보기")
    # 성공 응답이 와야 한다.
    assert response.status_code == 200
    assert response.data["title"] == "장보기"
    assert response.data["completed"] is False
```

이 테스트 코드가 명확하게 정의하는 기준은 다음과 같습니다.

- TODO 추가 요청은 200 OK를 반환해야 한다.
- 응답 데이터에는 입력한 제목 "장보기"가 포함되어야 한다.
- 기본 완료 상태(completed)는 False여야 한다.

즉, 테스트 파일이 곧 이 기능의 요구 사항 문서가 됩니다.

#### TDD 개발 계획을 세우도록 AI에 요청

기능별 테스트를 어떤 순서로 작성하고 구현할지 먼저 계획을 세웁니다.

```
Claude
> TODO 웹앱을 TDD 방식으로 개발하려고 해.
  기능별로 테스트 코드를 먼저 작성한 뒤 구현하는 계획을 세워줘.
  계획은 plan.md로 저장해줘.
```

AI는 다음과 같이 테스트 중심 계획을 생성할 수 있습니다.

```
Claude
# TDD 개발 계획
## Phase 1: GET /todos
1. 테스트 작성
2. API 구현
3. 테스트 통과 확인
## Phase 2: POST /todos
1. 테스트 작성
2. API 구현
3. 테스트 통과 확인
...
```

## plan.md 기반으로 단계별 테스트 코드 생성

plan.md의 내용을 기준으로 테스트 코드를 먼저 작성하게 합니다.

```
Claude
> @plan.md의 Phase 1-1을 실행해줘.
  GET /todos API의 테스트 코드를 tests/test_api.py로 만들어줘.
```

AI는 실제로 다음과 같은 테스트 파일을 생성합니다.

tests/test_api.py

```python
from fastapi.testclient import TestClient
from backend.main import app
client = TestClient(app)
def test_get_todos_empty():
    """빈 TODO 목록을 조회하면 빈 리스트가 반환된다."""
    response = client.get("/todos")
    assert response.status_code == 200
    assert response.json() == []
def test_get_todos_with_data():
    """TODO가 있으면 목록이 반환된다."""
    client.post("/todos", json={"title": "장보기"})
    response = client.get("/todos")
    assert response.status_code == 200
    assert len(response.json()) == 1
    assert response.json()[0]["title"] == "장보기"
```

테스트 파일 자체가 이미 API의 명세서 역할을 하며, AI가 이 기준에 맞춰 구현 코드를 생성하게 만듭니다.

#### 테스트를 통과할 기능 구현 요청

테스트 통과를 목표로 구현을 요청합니다.

```
Claude
> 이제 테스트를 통과하도록 GET /todos API를 구현해줘.
```

AI는 테스트 내용을 바탕으로 필요한 코드만 생성합니다. 테스트가 기준선이 되므로 PRD에서 벗어나는 코드가 자동으로 줄어듭니다.

#### 테스트 실행 및 피드백 반영

테스트 실행을 AI에 요청합니다.

```
Claude
> pytest tests/test_api.py를 실행해줘.
```

테스트에 실패한다면 오류 메시지를 그대로 전달합니다.

```
Claude
> 테스트가 실패했어. 오류 메시지는 다음과 같아.
  [오류 메시지 붙여넣기]
  원인을 분석하고 테스트를 통과하도록 코드를 수정해줘.
```

이 과정을 반복하면 기능 전체가 테스트 기준에 맞춰 안정적으로 완성됩니다.

### 13.2.3 프런트엔드 테스트 자동화: Playwright MCP 활용

백엔드 API는 pytest(파이썬 테스트 실행 도구)로 비교적 안정적으로 자동 테스트를 수행할 수 있습니다. 그러나 프런트엔드 테스트는 상황이 다릅니다. HTML/CSS 렌더링, DOM 변동, 비동기 처리, UI 이벤트 등 다양한 요소가 결합되기 때문에 테스트 환경을 자동화하기 어려운 영역입니다.

이때 Playwright MCP를 활용하면 실제 웹 브라우저를 띄우고, 화면을 클릭하고 입력하는 과정을 자동으로 수행할 수 있습니다. 즉, 사람이 직접 웹 브라우저에서 눌러보는 과정을 AI가 자동화해 주는 것입니다.

다음은 기본적인 TODO 흐름을 자동 테스트하는 예시입니다.

```
Claude
> Playwright MCP로 다음 시나리오를 테스트해줘.
  1. TODO 웹앱 열기
  2. 입력창에 "장보기" 입력
  3. "추가" 버튼 클릭
  4. 목록에서 "장보기" 항목이 나타나는지 확인
```

Playwright MCP는 실제 웹 브라우저를 구동해 다음 순서로 테스트를 실행합니다.

❶ 웹 브라우저 실행 및 페이지 로드

❷ 입력창 요소 탐색 후 텍스트 입력

❸ "추가" 버튼 클릭

❹ DOM 변동 감지 및 목록 업데이트 확인

❺ 테스트 리포트 생성

### Playwright MCP 사용 시 유의할 점

Playwright MCP는 매우 강력하지만, 다음과 같은 이유로 항상 100% 신뢰할 수 있는 자동화 도구는 아니라는 점을 분명히 해야 합니다.

- **UI 요소 동기화 문제**: UI 렌더링이 끝나기 전에 클릭을 시도하면 실패할 수 있습니다.
- **CSS 선택자 불일치**: 프런트엔드 구조가 자주 바뀌면 선택자가 맞지 않아 테스트가 실패합니다.
- **복잡한 상호작용 자동화 한계**: 드래그 앤 드롭, 애니메이션, 지연 로딩 등은 자동화 정확도가 떨어질 수 있습니다.

이러한 한계를 이해하고 사용한다면 Playwright MCP는 다음과 같은 상황에서 탁월한 효율을 보입니다.

**1. 반복적인 시나리오 테스트가 필요할 때**

- TODO 추가 → 완료 체크 → 삭제까지 반복 테스트
- 배포하기 전에 동일 흐름을 매번 점검해야 하는 경우

**2. 다양한 UI 케이스를 순차 실행해야 할 때**

10개 이상 단계에 걸친 UI 흐름을 자동으로 검증하고 싶은 경우

**3. 문서화용 스크린샷 수집이 필요할 때**

단계별 화면을 캡처해야 하는 경우 매우 효과적

Playwright MCP는 전통적으로 어려웠던 프런트엔드 테스트를 자동화하는 강력한 도구지만, '자동화가 항상 더 낫다'는 뜻은 아닙니다. 단순한 UI는 직접 확인하는 것이 더 빠른 경우도 많고, 복잡한 인터랙션에서는 수동 검증이 오히려 정확합니다.

### 13.2.4 실전 테스트 중심 개발 흐름

앞서 TDD의 개념을 살펴보았으므로 이번에는 이를 TODO 웹앱 개발 과정에 실제로 적용하는 전체 흐름을 정리합니다. TDD는 테스트 작성 → 최소 코드 구현 → 테스트 실행 → 다음 기능 반복의 순환 구조를 갖습니다. AI 터미널 도구를 활용하면 이 순환이 자연스럽고 안정적으로 이뤄집니다.

**1단계: TDD 계획 세우기**

우선 기능을 테스트 단위로 나누어 계획을 세웁니다.

```
Claude
> TODO 앱을 TDD 방식으로 개발하려고 해.
  기능별 테스트 케이스를 먼저 정리하고, 테스트 기준으로 정렬된 개발 계획을 만들어줘.
```

이렇게 하면 plan.md와는 별도로 테스트 우선 흐름에 맞춘 TDD 전용 계획이 생성됩니다.

**2단계: 테스트 코드 작성**

TDD는 항상 테스트 코드부터 작성합니다.

```
Claude
> GET /todos API에 대한 테스트 코드를 작성해줘.
  테스트 케이스:
  - 빈 목록 조회
  - TODO가 있을 때 목록 조회
  - TODO 개수 확인
```

AI는 테스트 기준으로 스펙을 정리해주며, 이 파일이 곧 이 기능의 요구 사항 문서가 됩니다.

**3단계: 테스트를 통과하는 최소 코드 구현**

테스트가 준비되었다면 이제 구현을 요청합니다.

```
Claude
> 이 테스트를 통과하도록 GET /todos API를 구현해줘.
```

테스트가 요구하는 만큼만 구현합니다. TDD에서는 테스트를 통과시키는 최소 코드만 작성합니다. 추상화, 성능 고려, 구조 최적화는 나중 단계입니다.

**4단계: 테스트 실행 및 피드백 반영**

테스트를 실행합니다.

```
Claude
> pytest로 테스트를 실행해줘.
```

실패한다면 오류 메시지를 그대로 전달합니다.

```
Claude
> 테스트가 실패했어.
  [오류 메시지 붙여넣기]
  원인을 분석해서 수정해줘.
```

**5단계: 다음 기능 반복**

첫 기능이 완료되면 다음 테스트로 넘어갑니다.

```
Claude
> 이제 POST /todos API 테스트를 작성해줘.
```

TDD 사이클을 반복하면 전체 API가 테스트 기준에 따라 안정적으로 완성됩니다.

## 13.3 코드 품질 개선하기

**13.2절**에서는 코드가 의도대로 동작하는지를 테스트로 검증했습니다. 그러나 오류 없이 동작하는 코드와 잘 작성된 고품질 코드는 다른 문제입니다. 이 절에서는 AI 터미널 도구를 활용해 보안, 성능, 가독성, 유지보수성 측면에서 코드 품질을 개선하는 방법을 살펴봅니다.

### 13.3.1 Claude Code 서브에이전트로 코드 리뷰 받기

Claude Code는 특정 역할에 최적화된 **서브에이전트**를 설정할 수 있고, 이를 통해 전문적인 코드 리뷰를 요청할 수 있습니다(서브에이전트 설정 방식은 **5.3절**에서 이미 다루었으므로 여기서는 품질 개선 활용에 집중합니다).

예를 들어 보안과 성능 중심 리뷰를 받고 싶다면 다음과 같이 요청할 수 있습니다.

```
Claude
> security-performance-reviewer 서브에이전트를 사용해 \
  backend/main.py를 보안과 성능 관점에서 리뷰해줘.
```

Claude Code는 지정된 서브에이전트를 사용해 다음과 같은 형태의 분석을 제공합니다.

**1. 보안 이슈**

- SQL 인젝션 가능성
- XSS 취약점
- 토큰, 비밀번호 같은 민감 정보의 하드코딩 여부

**2. 성능 이슈**

- 루프 안에서 반복적인 DB 접근(N+1 문제)
- 중복 연산
- 캐싱 적용 가능 지점

**3. 유지보수 및 가독성 개선**

- 너무 긴 함수 모듈 분리 필요
- 불명확한 변수명 개선
- 예외 처리 구조 개선

> **용어** **SQL 인젝션**(SQL injection)은 사용자가 입력한 값이 그대로 SQL 문에 삽입되어 공격자가 데이터베이스에서 의도치 않은 명령을 실행할 수 있는 보안 취약점입니다.
>
> **XSS**(Cross-Site Scripting)는 공격자가 웹 사이트에 악성 스크립트를 삽입해 다른 사용자의 웹 브라우저에서 실행되도록 하는 웹 보안 취약점입니다.

응답은 다음과 같은 형태로 나옵니다.

```
Claude
# 코드 리뷰 결과 요약
[보안 이슈]
backend/main.py:45
 - 사용자 입력을 검증하지 않고 바로 쿼리에 사용하고 있습니다.
 - SQL Injection 위험이 있습니다.
 - 해결 방법: Pydantic 모델로 입력을 검증하고, ORM 또는 바인딩 변수를 사용하세요.
[성능 이슈]
backend/main.py:78
 - for 루프 안에서 매번 DB 쿼리를 실행합니다.
 - N+1 쿼리 문제가 발생할 수 있습니다.
 - 해결 방법: 필요한 데이터를 한 번에 조회한 뒤 메모리에서 처리하세요.
[개선 제안]
backend/main.py:120
 - 에러 메시지에 내부 정보가 포함되어 있습니다.
 - 사용자에게는 일반적인 메시지만 노출하도록 수정하세요.
```

필요하다면 관점을 바꾸어 리뷰를 여러 번 요청할 수 있습니다.

```
Claude
> 이번에는 가독성과 유지보수 관점에서만 다시 리뷰해줘.
> 함수 분리, 변수명, 주석 작성 기준만 집중해서 봐줘.
```

서브에이전트 방식의 장점은 검토 기준을 명확하게 지정할 수 있다는 점입니다.

### 13.3.2 Gemini Security Extension으로 보안 점검 자동화하기

보안은 개발 후반에 한 번 점검한다고 해결되는 문제가 아닙니다. Gemini CLI는 Security Extension을 통해 보안 취약점을 자동 분석해주며, 코드 전체를 빠르게 스캔해 문제 요소를 찾아줍니다.

```
Gemini
# 기본 사용
> /security:analyze
# 또는 자연어 요청
> 이 코드에서 보안 취약점을 찾아줘.
```

Security Extension은 다음과 같은 항목을 주로 점검합니다.

**1. 비밀 정보 및 자격 증명 관리**

- API 키, 비밀번호, 토큰이 코드에 직접 포함되어 있는지
- 환경 변수로 분리해야 할 부분이 있는지

**2. 데이터 보호**

- 암호화가 필요한 데이터가 평문으로 저장 및 전송되는지
- 민감 정보가 로그에 남는지

**3. 인젝션 공격 가능성**

- SQL 인젝션, XSS, 커맨드 인젝션처럼 입력 값이 그대로 실행 경로에 들어가는지

**4. 인증 및 인가 로직**

- 인증 없이 접근 가능한 API가 있는지
- 권한 체크가 누락된 엔드포인트가 있는지

**5. LLM 관련 보안**

- 프롬프트 인젝션에 취약한 입력 처리가 있는지
- 외부 입력을 그대로 LLM에 전달하는 경우가 있는지

코드 보안 점검을 AI에 맡기고, 개발자는 결과를 분석하고 반영하는 역할에 집중하면 됩니다.

### 13.3.3 파일 단위로 점검하기

보안과 성능, 품질을 모두 점검하다 보면, 다음과 같이 말하고 싶을 수 있습니다.

```
Claude
> 전체 프로젝트를 한 번에 리뷰해줘.
> 보안, 성능, 가독성까지 전부 다 봐줘.
```

겉으로는 편해 보이지만, 실제로는 다음과 같은 문제가 발생합니다.

- 피드백이 너무 포괄적이어서 구체적으로 어떤 파일부터 손봐야 할지 감이 오지 않음
- 각 파일에 대한 설명이 짧고, 중요한 디테일이 빠지기 쉬움
- 수정 범위가 넓어져 어디까지 반영했는지 추적하기 어려움

실무에서는 파일 단위 접근 방식이 널리 쓰이며, AI 기반 개발에서도 훨씬 명확하고 안정적입니다.

```
Claude
> backend/main.py 파일만 자세히 리뷰해줘.
> 함수별로 보안과 성능 중심으로 개선점을 알려줘.
```

리뷰를 반영한 뒤, 다음 파일로 넘어갑니다.

```
Claude
> frontend/script.js를 같은 기준으로 리뷰해줘.
```

파일 단위 접근 방식의 장점은 다음과 같습니다.

- **문제 위치 명확**: 어느 파일, 어느 함수에서 문제가 있는지를 바로 파악
- **수정 단위 축소**: 한 파일씩 정리하고 테스트하면서 진행 가능
- **진행 상황 추적 용이**: '백엔드 핵심 파일은 정리 완료 → 프런트엔드로 이동'처럼 단계별 관리 가능

### 13.3.4 리팩터링으로 코드 개선하기

기능이 정상적으로 동작한다고 해서 코드 품질이 보장되는 것은 아닙니다. AI 터미널 도구를 사용하면 다음과 같은 상황이 자주 발생합니다.

- 유사한 코드가 여러 파일에 반복됨

- 임시로 작성한 구조가 누적됨
- 여러 번의 부분 수정 과정에서 일관성이 무너짐
- 기존 코드베이스를 AI가 온전히 고려하지 못해 구조가 점점 어지러워짐

이런 이유로, 주요 기능이 일정 수준까지 구현된 시점에 전체 코드를 정리하는 리팩터링 과정이 필요합니다. **리팩터링**(refactoring)은 동작은 유지하되, 구조, 가독성, 안정성, 확장성을 개선하는 작업입니다.

### 리팩터링 예시

다음은 AI 프로젝트에서 흔히 등장하는 비효율적 코드입니다.

```
def get_todos():
    todos = []
    for id in range(1, 100):
        todo = db.query(f"SELECT * FROM todos WHERE id={id}")
        if todo:
            todos.append(todo)
    return todos
```

문제점은 명확합니다.

- 루프 안에서 반복적으로 DB를 조회하는 비효율적인 구조
- 문자열 쿼리를 직접 구성해 SQL 인젝션 위험
- 로직이 불필요한 복잡하고 가독성 떨어짐

AI에 리팩터링을 요청하면 다음처럼 개선된 코드를 생성할 수 있습니다.

```
def get_todos():
    return db.query("SELECT * FROM todos")
```

개선 결과는 다음과 같습니다.

- 한 번의 쿼리로 전체 데이터 조회
- 인젝션 위험 감소
- 간결하고 유지보수가 쉬움

이처럼 리팩터링은 단순히 '코드를 줄이는 것'이 아니라, 성능, 보안, 구조, 확장성까지 함께 개선하는 과정입니다.

## AI에 리팩터링을 요청하는 가장 효과적인 방법

리팩터링도 코드 리뷰처럼 파일 단위로 요청하는 것이 가장 안정적입니다.

```
Claude
> backend/main.py 파일을 리팩터링해줘. 이때 다음 세 가지 기준을 우선 적용해줘.
  - 함수 분리
  - 중복 제거
  - 변수명 명확화
```

기준을 구체적으로 제시할수록 AI는 일관성 있는 리팩터링을 수행합니다. 리팩터링 후에는 반드시 테스트를 실행해야 합니다.

```
Claude
> 리팩터링된 코드가 정상 작동하는지 테스트를 다시 실행하고, 문제가 있으면 수정해줘.
```

이 과정을 백엔드 → 프런트엔드 순으로 반복하면 전체 코드베이스가 정돈되고 유지보수하기 쉬운 형태로 발전합니다.

## 성능 최적화

성능 최적화는 리팩터링과 비슷해 보이지만 목적이 완전히 다릅니다.

- **리팩터링**: 구조, 가독성, 안정성 개선
- **성능 최적화**: 더 빠르게 만들기 위한 조정

성능 최적화는 오히려 코드 구조를 복잡하게 만들기도 하므로 다음 순서로 진행하는 것이 정석입니다.

❶ 기능 완성

❷ 모든 테스트 통과

❸ 구조적 리팩터링 완료(가독성 확보)

❹ 실제 성능 문제가 확인될 때만 최적화 진행

실무에서 자주 사용하는 "작동하지도 않는 코드를 최적화하지 마라."라는 말처럼, 성능 개선이 필요하다면 구체적 기준을 제시해서 요청합니다.

```
Claude
> GET /todos API 응답 속도가 느려.
  쿼리 최적화, 캐싱 적용, 불필요한 연산 제거 중 어떤 개선이 적합한지 분석해줘.
```

AI는 다음 기준으로 분석합니다.

- 불필요한 쿼리 제거
- N+1 문제 해결
- 데이터 접근 방식 최적화
- 캐싱 전략
- 비동기 처리 전환 등

다만, 초기 프로젝트에서는 과도한 최적화가 오히려 AI가 코드 구조를 더 복잡하게 만드는 부작용을 낳을 수 있으므로 확실한 성능 문제가 발생한 부분부터 정리하는 것이 가장 효율적입니다.

### 13.3.5 실전 코드 품질 개선 흐름

다음은 실전 프로젝트에서 안정적으로 작동하는, AI와 함께 수행하는 코드 품질 개선 흐름입니다.

**1단계: 코드 리뷰 요청**

```
Claude
> backend/main.py를 리뷰해줘. 보안, 성능, 가독성 기준으로 분석해줘.
```

**2단계: 리뷰 결과 확인 후 우선순위 선정**

일반적인 우선순위 기준은 다음과 같습니다.

- **보안 이슈**: 반드시 즉시 수정
- **성능 이슈**: 실제 성능 지표가 문제가 될 때 수정
- **가독성 및 구조 이슈**: 일정과 팀 상황에 따라 점진적 개선

### 3단계: 우선순위 높은 항목부터 수정

```
Claude
> 리뷰에서 지적한 SQL 인젝션 위험 부분을 먼저 수정해줘.
```

### 4단계: 테스트 실행

```
Claude
> 수정된 코드가 정상 작동하는지 테스트를 실행해줘.
```

### 5단계: 리팩터링 요청

```
Claude
> main.py를 더 읽기 좋게 리팩터링해줘.
> 함수 분리와 중복 제거 중심으로 개선해줘.
```

### 6단계: 리팩터링 후 다시 테스트

리팩터링 때문에 기능에 문제가 생기지는 않았는지 반드시 확인합니다.

### 7단계: 다음 파일로 확장

```
Claude
> 이제 frontend/script.js도 같은 기준으로 리뷰해줘.
```

# 13.4 배포와 운영

**13.3절**까지의 과정을 모두 마쳤다면, TODO 웹앱은 로컬 환경에서 완전히 정상 동작하는 상태입니다. 그러나 실제 서비스는 '내 컴퓨터에서 돌아간다'만으로 완성되지 않습니다. 다른 사용자가 인터넷을 통해 접속할 수 있도록 배포해야 하며, 이후 서비스를 안정적으로 운영하는 과정도 필요합니다.

이 절에서는 AI 터미널 도구가 배포 준비를 어떻게 도와줄 수 있는지 실전 전략 위주로 정리합니다.

## 13.4.1 배포와 운영의 기본 개념

**배포**(deployment)란 로컬에서 실행되는 웹앱을 인터넷에서 접근 가능한 형태로 올리는 과정입니다. 배포한 후에는 다음과 같은 변화가 생깁니다.

- 누구나 웹 브라우저로 접속 가능
- 24시간 서비스 실행
- 여러 사용자가 동시에 이용 가능

**운영**(operation)은 배포된 서비스가 안정적으로 작동하도록 관리하는 과정입니다.

- 오류와 예외 모니터링
- 성능 지표 확인
- 장애 발생 시 대비 및 복구
- 신규 기능 업데이트 및 재배포
- 데이터 백업과 관리

Claude Code, Codex, Gemini CLI는 배포 자체를 직접 실행하는 플랫폼이 아닙니다. 그러나 AI는 배포에 필요한 파일, 설정, 문서, 가이드를 빠르고 정확하게 생성해 줍니다.

- Dockerfile 자동 생성
- GitHub Actions(workflow.yml) 파일 생성
- Cloudflare, Vercel, Railway 배포 스크립트 작성
- 환경 변수(env) 구성 문서 자동 생성
- 배포 오류 로그 분석 및 해결 가이드

배포는 배포 플랫폼에서 진행하지만 입문자가 모든 배포 플랫폼을 배울 필요는 없습니다. 다음 네 개념만 이해하면 어떤 서비스를 사용하든 공통적으로 적용됩니다.

- **빌드(build)**: 프런트엔드/백엔드 코드를 서버가 실행 가능한 형태로 변환하는 과정
- **호스팅(hosting)**: 변환된 코드를 인터넷에서 접근 가능한 서버에 올리는 과정
- **환경 변수(environment variable)**: API 키, DB URL처럼 코드에 직접 넣으면 안 되는 설정 값
- **Git 기반 자동 배포(CI/CD)**: GitHub에 푸시(push)할 때 자동으로 배포 실행

## 13.4.2 주요 배포 서비스 비교

입문자가 TODO 웹앱을 배포할 때 현실적으로 선택하기 좋은 네 가지 서비스를 정리했습니다.

**1. Cloudflare Pages/Workers - 가장 빠르게 결과를 보고 싶을 때**

정적 사이트 배포와 가벼운 서버 기능을 지원하는 플랫폼입니다.

**장점**

- 전 세계 CDN 기반 빠른 응답 속도
- GitHub 자동 배포
- 무료 플랜이 넉넉함
- Workers로 간단한 서버 구현 가능

**단점**

- Node.js 환경과 달라 백엔드 초보자에게 낯설 수 있음
- FastAPI 같은 독립 서버 직접 호스팅은 어려움

Cloudflare는 MCP 서버 연결 기능을 제공하기 때문에 AI가 Cloudflare용 설정 파일을 쉽게 생성할 수 있습니다.

### 2. Netlify - 프런트엔드 위주 프로젝트에 최적

정적 웹 사이트, 학습용 프런트엔드 앱 배포에 매우 적합합니다.

**장점**

- 무료 플랜 제공
- Git 기반 자동 배포(CI/CD) 내장
- Netlify Functions로 간단한 서버 기능 제공
- Forms 기능 제공

**단점**

- FastAPI, Express 같은 백엔드 직접 배포 불가
- SSR 지원이 Vercel보다 제한적

### 3. Railway - FastAPI를 포함한 풀스택 입문자에게 가장 현실적

다양한 서버 환경을 지원하며 FastAPI 백엔드와 프런트엔드를 함께 배포하기 좋은 서비스입니다.

**장점**

- 서버 언어 다양하게 지원
- PostgreSQL 같은 DB 제공
- Docker 배포 가능
- 설정이 단순해 입문자 친화적

**단점**

- 무료 플랜이 $5 크레딧으로 제한
- 대규모 트래픽 처리에는 부족함

 **참고**

추가로 GitHub Pages도 고려해볼 수 있습니다. GitHub Pages는 HTML, CSS, JavaScript로 구성된 정적 사이트라면 가장 간단히 배포할 수 있는 방식입니다. 단, 백엔드는 배포할 수 없으므로 포트폴리오나 문서 페이지 정도에 적합합니다.

### 13.4.3 입문자를 위한 추천 전략

TODO 웹앱처럼 소규모 풀스택 앱을 처음 배포한다면 Cloudflare를 중심으로 한 단순한 배포 전략이 부담이 적고 시행착오를 최소화할 수 있습니다. Cloudflare는 Pages(정적 호스팅), Workers(서버리스 API), 전 세계 CDN 등 가벼운 웹앱 배포에 적합한 기능을 제공하며, AI 터미널 도구와 함께 사용하면 배포 준비 과정도 상당히 간소화됩니다.

#### 1. Cloudflare MCP로 배포 준비 자동화 활용하기

먼저 이해해야 할 점은 Cloudflare가 파이썬 기반 백엔드(FastAPI)를 그대로 호스팅하는 플랫폼은 아니라는 것입니다. 따라서 AI가 Cloudflare MCP를 통해 직접 배포를 실행하거나 FastAPI 서버를 올려주는 것은 아닙니다. Cloudflare MCP는 배포 준비 작업을 자동화해 주는 것뿐입니다.

```
Claude
> Cloudflare Pages에 프런트엔드를 배포하려고 해.
  wrangler.toml과 pages.json을 생성해줘.
  build 명령, output 디렉터리, 환경 변수도 함께 정리해줘.
```

AI는 Cloudflare가 요구하는 설정을 자동으로 생성해주고, 사용자는 이 파일들을 프로젝트에 포함한 뒤 Cloudflare 대시보드에서 직접 배포를 실행합니다. 즉, AI → 설정 파일 작성, 사용자 → 배포 실행 구조입니다.

#### 2. 백엔드가 필요할 경우 Cloudflare Workers로 단순 API 구성하기

FastAPI처럼 별도 서버가 필요한 백엔드를 Cloudflare에서 직접 실행하기는 어렵습니다. 하지만 Cloudflare Workers를 사용해 TODO 목록 조회나 추가 같은 간단한 API는 충분히 구현할 수 있습니다.

Workers는 JavaScript/TypeScript 기반 서버리스 런타임으로 다음과 같은 장점이 있습니다.

- 단순 API 구현 가능
- Supabase 등 외부 DB 연동 가능
- 서버 관리 부담 없음
- Pages와 자연스럽게 통합

따라서 Cloudflare 중심 구성을 유지하려면 다음 조합이 가장 자연스럽습니다.

- 프런트엔드 → Cloudflare Pages
- 간단한 API → Cloudflare Workers

```
Claude
> TODO API를 Cloudflare Workers로 간단히 구현해줘.
  목록 조회, 항목 추가만 포함하고, 배포에 필요한 wrangler.toml도 함께 생성해줘.
```

이 구조는 FastAPI처럼 복잡한 백엔드를 구축하지 않아도 되므로 입문자에게 부담이 적습니다.

### 3. 운영 단계에서 Cloudflare MCP를 도우미로 활용하기

Pages와 Workers는 로그, 오류 모니터링, 분석 기능을 기본 제공하며, 이 정보를 AI 터미널 도구에 전달하면 운영 과정에도 큰 도움이 됩니다.

```
Claude
> Cloudflare Workers 로그에서 오류가 발생했어.
  로그 전문을 분석해 원인과 해결책을 알려줘.
```

AI는 다음과 같은 운영 지원을 제공합니다.

- 오류 원인 분석
- 구조 개선 제안
- 재배포 스크립트 생성
- 성능 저하 원인 설명

즉, 운영의 핵심 흐름은 다음과 같습니다.

- Cloudflare → 로그 제공
- AI → 분석 및 해결책 제안
- 사용자 → 필요한 수정 적용

이 과정을 경험하면 이후 AWS나 GCP 같은 대형 플랫폼으로 확장하는 것도 훨씬 자연스러워집니다.

이번 Part에서는 PRD와 WBS를 기반으로 프로젝트의 구조를 설계하고, 컨텍스트 파일을 통해 AI 터미널 도구가 일관된 기준 아래 작업하도록 환경을 마련한 뒤, 실제 기능 구현, 테스트, 리팩터링, 배포까지 이어지는 전 과정을 하나의 흐름으로 완성해 보았습니다. 이 과정에서 AI 시대 개발에 필요한 핵심 역량을 자연스럽게 익혔습니다. 이번 Part에서 다룬 실습 절차는 특정 프로젝트에 한정된 방법이 아니라 이후 어떤 서비스 개발을 시작하더라도 동일하게 적용할 수 있는 실전형 워크플로입니다.

무엇보다 중요한 점은, AI가 코드를 대신 작성해 주더라도 프로젝트의 방향을 정의하고, 구조를 설계하고, 품질을 관리하는 주체는 여전히 개발자 자신이라는 점입니다.

이제 여러분은 AI 터미널 도구를 단순한 자동 생성기가 아니라, 기획부터 배포까지 함께 협업할 수 있는 개발 파트너로 활용할 준비를 갖추었습니다. 이 책에서 경험한 흐름이 앞으로 진행할 더 크고 복잡한 프로젝트의 기반이 되기를 바랍니다.

memo

# 14장 바이브 코딩을 위한 AI 터미널 도구 활용 전략

AI 터미널 도구는 더 이상 코드 생성만 돕는 보조 수단이 아니라, 개발 기획, 설계, 구현, 테스트, 배포 전 과정을 하나의 흐름으로 엮어주는 실전 개발 플랫폼으로 자리 잡았습니다. 이 장에서는 이러한 변화 속에서 '바이브 코딩'이 무엇을 의미하는지, 그리고 Claude Code, Codex, Gemini CLI를 어떤 방식으로 조합하면 실제 서비스 개발 생산성을 가장 크게 높일 수 있는지 전략적으로 살펴봅니다.

## 14.1 바이브 코딩과 풀스택 기술 활용

**13장**까지 완주했다면 AI 터미널 도구로 프로젝트를 생성하고 테스트를 수행하며, 코드 품질을 개선하고 배포까지 마무리하는 전체 흐름을 이미 경험했습니다. 이제는 이러한 경험을 기반으로, 실제 서비스를 구현할 때 어떤 기술을 '어떤 깊이'로 익히면 되는지 정리합니다.

### 14.1.1 AI 터미널 도구가 가져온 풀스택 개발의 변화

바이브 코딩은 '기술을 몰라도 만든다'가 아니라, 핵심 개념만 이해하고 나머지는 AI와 협업한다는 접근입니다.

실제 서비스는 다음과 같은 역할이 결합되어 완성됩니다.

- **백엔드**: 데이터 처리, 인증, API
- **프런트엔드**: 화면, UI, UX
- **배포와 운영**: 서버, 로그, 모니터링

기존에는 이 전체를 모두 익히기 위해 긴 학습 기간이 필요했지만, AI 터미널 도구는 다음과 같은 변화를 가져왔습니다.

**1. 기본 개념만 이해하면 전체 서비스를 혼자 개발할 수 있다**

엔터프라이즈급 구조를 구현할 필요 없이, AI가 이해하기 쉬운 단순하고 명시적인 구조를 선택하면 소규모 서비스는 충분히 완성할 수 있습니다.

**2. 설계와 의사결정은 사람이, 반복과 구조 작업은 AI가 담당한다**

이런 변화로 인해 기술을 깊게 파는 방식보다 전체 기술을 얕고 넓게 이해하는 방식이 바이브 코딩에 적합합니다.

**3. 사용자 10만 명 규모까지는 경량 구조로도 충분하다**

이 범주는 대부분의 개인 및 학습 프로젝트, 초기 스타트업 서비스가 포함됩니다.

핵심은, AI가 기술적 작업을 대신할 수는 있지만 문제 원인을 파악하고 방향을 결정하는 역할은 개발자가 수행해야 한다는 점입니다.

## 14.1.2 입문자를 위한 AI 기반 풀스택 로드맵

AI 터미널 도구와 함께 실전형 서비스를 만들기 위해 필요한 최소 기술 세트는 생각보다 단순합니다. 다음 로드맵은 AI가 가장 높은 품질로 도와줄 수 있는 기술 기반을 중심으로 구성했습니다.

**1단계: Python - AI가 가장 잘 다루는 언어**

문법이 단순하고 생태계가 폭넓어 AI 모델이 가장 안정적으로 코드를 생성합니다. 간단한 CRUD, 클래스 구조, 예외 처리 정도면 충분합니다.

**2단계: SQL - 서비스 데이터의 기본 구조 이해**

서비스는 결국 데이터를 중심으로 동작합니다. 복잡한 조인이나 튜닝은 필요 없으며, CRUD와 제약 조건 정도만 알면 됩니다.

**3단계: Flask 또는 FastAPI - AI가 만들기 쉬운 백엔드**

FastAPI는 구조가 명확해 AI가 전체 API 세트를 설계하고 유지하기 매우 쉽습니다.

**4단계: HTML, CSS, JavaScript - 화면 구조를 이해하기 위한 기초**

전문 프런트엔드 기술이 아니라 HTML 구조, CSS 레이아웃, 간단한 DOM 제어 정도면 충분합니다. 디자인은 Tailwind CSS를 활용하면 AI 자동 생성 품질이 높아집니다.

**5단계: Docker - 배포 자동화 이해를 위한 최소 개념**

AI가 Dockerfile과 compose 파일을 자동 생성해주기 때문에 컨테이너 개념만 알고 있어도 충분합니다.

**6단계: Flutter - 앱 UI를 빠르게 만들고 싶다면 선택**

Flutter는 위젯 구조가 명료해 AI 자동 생성 품질이 높습니다. 웹, Android, iOS를 동시에 지원할 수 있어 확장성이 좋습니다.

### 14.1.3 바이브 코딩 관점의 풀스택 예시

다음은 기술 학습 단계가 실제 서비스 확장에 어떻게 이어지는지 보여주는 실전 흐름입니다.

**1단계만 학습: Python 자동화 프로그램**

웹 크롤러, 데이터 처리, 파일 자동화 등 간단한 프로그램을 AI와 함께 구현할 수 있습니다.

**1~2단계 학습: 데이터 기반 프로그램 제작**

SQLite를 활용한 로컬 저장 기능을 갖춘 CLI/데스크톱 애플리케이션 구현이 가능합니다.

**1~3단계 학습: 웹 API 서비스 완성**

CLI 프로그램을 그대로 FastAPI 기반 API로 확장할 수 있습니다.

**1~4단계 학습: 풀스택 웹 서비스 구현**

FastAPI API, HTML/CSS/JavaScript 프런트엔드, Tailwind CSS 디자인 구성의 기본 풀스택 웹앱을 AI 도움으로 완성할 수 있습니다.

**1~5단계 학습: 배포 가능한 서비스**

Docker 기반 배포까지 연결하면 실사용 가능한 웹 서비스를 만들 수 있습니다.

**1~6단계 학습: 앱까지 확장하는 완전한 풀스택 개발**

같은 백엔드를 활용해 웹, 앱, 데스크톱을 하나의 코드베이스로 운영할 수 있습니다.

**참고**

필자가 운영하는 잔재미코딩 사이트(https://www.fun-coding.org)에서는 풀스택 로드맵에 나열한 기술을 순차적으로 익힐 수 있는 온라인 강의를 제공합니다. 관련 기술 학습에 관심이 있으시면 참고하기 바랍니다.

# 14.2 바이브 코딩과 멀티 AI 터미널 도구 활용

AI 터미널 도구는 각각 뚜렷한 강점을 지니고 있지만, 실제 프로젝트에서는 하나의 도구만으로 모든 문제를 해결하기 어렵습니다. 이 절에서는 앞에서 살펴본 세 도구의 특징을 간단히 상기한 뒤, 실제 개발에서 어떤 기준으로 도구를 배분하고 조합할 것인지를 전략 중심으로 정리합니다.

## 14.2.1 멀티 도구가 필요한 이유

세 도구의 기본 성향은 이미 **1장**에서 살펴보았습니다. 요약하면 다음과 같습니다.

- **Claude Code**: 설명, 구조화, 리팩터링에 강함
- **Codex**: 스펙 기반 구현, 테스트, 버그 수정에 강함
- **Gemini CLI**: 대규모 분석, 문서 처리, 멀티모달 입력에 강함

실무에서는 이러한 차이가 다음 세 영역에서 결정적으로 작용합니다.

**1. 작업 성격에 따른 최적 도구가 다르다**

설계, 문서화와 구현, 테스트는 요구 능력이 완전히 다릅니다. 리팩터링처럼 추론 중심 작업은 Claude Code가, 정확도가 필요한 API나 테스트 작성은 Codex가 유리합니다.

**2. 비용 모델이 다르다**

Gemini CLI는 넉넉한 무료 티어를 제공해 초기 구조 분석이나 반복 실험에 적합합니다. Codex는 구현 품질은 높지만 사용량 소모가 빠르므로 핵심 구간 중심으로 활용해야 합니다.

**3. 프로젝트 단계별로 필요한 능력이 달라진다**

초기 설계 단계 → 기능 구현 단계 → 품질 안정화 단계는 요구 능력이 변화합니다. 특정 도구 하나만으로 전체 사이클을 수행할 경우 효율이 크게 떨어집니다.

이러한 이유로 단일 도구에 의존하기보다는 '역할 분리형 멀티 도구 전략'이 실전에서 훨씬 높은 생산성을 제공합니다.

### 14.2.2 실전 분업 패턴

세 도구를 병행해 사용했을 때 가장 높은 생산성을 보인 실전 패턴을 기준으로 도구별 역할을 정리하면 다음과 같습니다.

**1. 설계, 문서화, 리팩터링 중심 작업 - Claude Code**

Claude Code는 구조를 이해하고 설명을 생성하는 능력이 뛰어나 다음 영역에 최적입니다.

- 아키텍처 설계 정리
- 리팩터링 계획 수립 및 실행
- README, API 문서, 가이드 작성
- 대규모 코드 구조 재조정
- 보안 및 성능 관점의 리뷰

**2. 정확한 구현, 스펙 준수, 테스트 생성 - Codex**

Codex는 로직 구현과 테스트 생성에서 가장 안정적인 결과를 제공합니다.

- API 스펙 기반 코드 생성
- 알고리즘 구현
- 테스트 자동 생성
- 빠르고 안정적인 버그 수정
- 전체 서비스 흐름에서 정확성이 핵심인 부분

**3. 대규모 파일 스캔, 데이터 분석, 문서 비교 - Gemini CLI**

Gemini CLI는 초대형 컨텍스트와 멀티모달 분석 능력을 기반으로 다음 작업에서 뛰어난 효율을 발휘합니다.

- 프로젝트 전체 구조 분석
- 사용되지 않는 코드 탐색
- 이미지 기반 UI 분석
- 기술 문서 비교 및 요약
- 반복적 테스트 및 예비 검증(무료 티어 활용)

### 14.2.3 비용 최적화를 위한 배치 전략

도구의 특성을 이해하면 비용을 40~60%까지 절감하면서 품질을 유지할 수 있습니다.

- 초기 탐색, 대규모 분석, 문서 비교 → Gemini CLI(무료 중심)
- 정확한 기능 구현, 버그 수정 및 테스트 생성 → Codex
- 리팩터링, 문서화, 구조 안정화 → Claude Code

즉, Gemini CLI로 탐색 → Claude Code로 정리 → Codex로 구현이라는 흐름이 비용-품질 균형 측면에서 가장 현실적인 운영 방식입니다.

### 14.2.4 멀티 도구 기반 바이브 코딩 워크플로

앞선 전략을 실전 개발 흐름에 적용하면 다음과 같은 바이브 코딩 워크플로를 구성할 수 있습니다.

- 아이디어 정리, PRD 작성 → Claude Code
- 초기 프로젝트 구조 생성→ Claude Code 또는 Codex
- 핵심 기능 구현 → Codex
- 테스트 자동 생성, 버그 수정 → Codex
- 대규모 분석, 문서 비교, 리스크 탐색 → Gemini CLI
- 최종 리팩터링, 문서화 → Claude Code

이 워크플로는 세 도구의 특성을 자연스럽게 분업 구조로 정렬하며, 단일 도구 대비 개발 속도를 크게 높여 줍니다.

## 14.3 바이브 코딩을 위한 자동화 기술 활용

앞선 절에서 살펴본 것처럼, 여러 AI 터미널 도구를 조합해 사용하면 설계, 구현, 분석 작업을 효율적으로 분담할 수 있습니다. 다음 단계는 여기에 자동화를 도입해 반복되는 개발 루틴을 최소화하고 개발자가 더 중요한 설계, 의사결정, 검증에 집중할 수 있는 환경을 만드는 일입니다.

바이브 코딩은 단순히 코드를 대신 작성해주는 방식이 아니라 **생각 → 자동화 실행 → 결과 확인 → 다음 의사결정**이라는 흐름을 자연스럽게 이어주는 개발 방식입니다. 이 절에서는 이러한 자동화를 실제 프로젝트에 어떻게 적용할 수 있는지 정리합니다.

### 14.3.1 반복 작업 자동화: Hook 기반 개발 워크플로

**Hook**은 특정 이벤트가 발생했을 때 자동으로 실행되는 스크립트입니다. 예를 들어 "Git 커밋 직전에 코드 포맷터를 돌린다", "PR이 생성되면 자동으로 테스트를 실행한다"와 같은 작업입니다.

AI 터미널 도구는 이러한 Hooks 스크립트와 설정 파일을 자동 생성하거나 수정하는 데 매우 능숙하므로 복잡한 설정을 처음부터 직접 작성할 필요는 없습니다. 대표적인 자동화 예시는 다음과 같습니다.

- 파일 저장 시 테스트 자동 실행
- Git 커밋 전 코드 포맷팅 및 린트 검사
- PR 생성 시 보안 점검 및 코드 품질 평가
- 문서 변경 시 자동 빌드 및 배포
- 일정 주기로 코드 품질 점검 보고서를 자동 생성

이처럼 자주 반복하지만 사람이 직접 수행하기에는 번거로운 작업은 Hooks를 통해 자연스럽게 자동화할 수 있습니다.

바이브 코딩 관점에서 Hooks는 AI가 생성하고 수정한 코드의 정확성과 일관성을 유지하는 자동 안전장치 역할을 합니다. 개발자는 '무엇을 언제 검사해야 하는지'만 정의하고, 실제 실행은 Hooks와 파이프라인에 맡기는 구조가 이상적입니다.

## 14.3.2 테스트와 문서 자동화

테스트 코드와 문서 작업은 중요하지만, 프로젝트가 커질수록 뒤로 밀리기 쉬운 영역입니다. AI 터미널 도구는 이 부분을 자동화하는 데 특히 강점을 보입니다.

**1. AI 기반 테스트 자동화**

- 기능 구현 후 단위 테스트 코드 자동 생성
- API 스펙 변경 시 테스트 코드 자동 업데이트
- PR 단계에서 성능 및 보안 분석 자동 수행(CI 도구와 연계)
- 서브에이전트를 활용한 대규모 테스트 세트 작성

**2. AI 기반 문서 자동화**

- API 스펙 변경 시 문서 자동 생성 및 갱신
- README, CHANGELOG, 마이그레이션 가이드 자동 업데이트
- 배포 스크립트, 환경 변수 명세 등 운영 문서 자동 반영

테스트와 문서는 지속 가능한 프로젝트의 핵심 자산입니다. AI 자동화는 이 자산들이 개발 흐름 속에 자연스럽게 유지되도록 도와줍니다. 기능은 구현됐지만 문서와 테스트가 뒤따르지 못하는 상황을 줄여주는 것이 가장 큰 효과입니다.

## 14.3.3 배포 자동화와 GitHub Actions 연계

바이브 코딩의 한 단계 더 진전된 형태는 배포 과정까지 자동화하는 것입니다. AI 터미널 도구와 CI/CD 도구를 함께 사용하면 복잡한 배포 파이프라인도 비교적 쉽게 구성할 수 있습니다.

```
Terminal
> FastAPI 프로젝트를 GitHub Actions로 자동 배포하고 싶어.
  테스트 → 빌드 → Docker 이미지 생성 → 서버 배포 순서로 워크플로를 구성해줘.
  환경 변수 검증과 시크릿 관리는 워크플로에서 처리할 수 있게 해줘.
```

이와 같이 요청하면 AI는 다음과 같은 항목을 제안하거나 직접 생성해 줍니다.

- Dockerfile 및 docker-compose.yml 템플릿
- GitHub Actions 워크플로 파일(.github/workflows/*.yml)
- 테스트 → 빌드 → 배포의 전체 파이프라인 정의
- 배포 전 환경 변수와 시크릿 검증 로직

이처럼 배포 파이프라인을 자동화하면 코드 변경 → Git에 푸시 → 자동 테스트와 빌드 → 자동 배포라는 흐름이 자연스럽게 유지됩니다. 이는 바이브 코딩에서 매우 중요한 실제 서비스에 즉시 반영되는 피드백 루프를 만드는 핵심 요소입니다.

### 14.3.4 MCP 기반 통합 자동화 전략

MCP는 AI가 외부 도구와 상호작용할 수 있게 해주는 통합 인터페이스입니다. MCP 자체가 스케줄러나 파이프라인 도구는 아니지만, MCP를 통해 다음과 같은 작업을 AI 세션 안에서 직접 호출할 수 있습니다.

- 로컬 파일 시스템 읽기/쓰기
- 외부 API 호출
- 데이터베이스 조회 및 기록
- 서버 상태 점검 및 로그 조회
- 빌드 및 테스트 스크립트 실행

즉, MCP는 AI가 활용할 수 있는 자동화 도구 세트를 연결하는 기술이라고 볼 수 있습니다. 예를 들어 다음과 같은 구성이 가능합니다.

- n8n, cron, GitHub Actions 등 스케줄러 → 정해진 시간에 AI 호출
- MCP를 통해 로그, DB, API, 파일 시스템에 접근
- AI가 결과를 분석해 슬랙, 이메일 등으로 요약 전송

이 구조를 사용하면 "매일 새벽 3시에 운영 로그를 분석해 장애 가능성을 요약하고 슬랙 채널에 보고한다."와 같은 작업도 MCP + 워크플로 도구 조합으로 충분히 구현할 수 있습니다. 중요한 점은, MCP 혼자서 스케줄을 관리하는 것이 아니라 외부 워크플로 도구와 결합할 때 가장 강력해진다는 것입니다.

### 14.3.5 자동화를 위한 도구 조합 전략

자동화에 활용하는 도구는 크게 세 범주로 나눌 수 있습니다.

**1. 웹, 앱 기반 AI 서비스 - 빠른 아이디어 설계용**

- ChatGPT, Claude Web, Gemini Web 등
- 문서 작성, 요약, 간단한 자동화 로직 설계에 적합
- 별도 설치가 필요 없어 접근성이 높음
- 로컬 파일, 실제 코드베이스에 직접 접근하지는 못하므로 아이디어 스케치와 설계 작업에 주로 활용

**2. AI 터미널 도구 - 개발 자동화의 중심**

- Claude Code, Codex, Gemini CLI
- Hooks, 테스트, 배포, 리팩터링, 배포 스크립트 생성 등 코드 기반 자동화에 특화
- 프로젝트 전체 맥락을 바탕으로 대규모 자동화 작업 가능

바이브 코딩에서 핵심이 되는 자동화 축이 바로 이 범주입니다.

**3. 워크플로 자동화 도구 - 운영, 스케줄링, 오케스트레이션 담당**

- n8n, Make.com, Zapier, AgentKit 등
- 여러 서비스, API, AI를 연결해 운영 자동화 흐름 구축
- 스케줄링, 재시도 로직, 간단한 상태 모니터링을 기본 제공
- 복잡한 로직이나 대규모 코드베이스를 직접 다루는 데는 한계가 있어 AI 터미널 도구와 함께 사용하는 것이 좋음

### 14.3.6 하이브리드 자동화 전략

실제 프로젝트에서는 한 가지 도구만으로 모든 자동화를 해결하기 어렵기 때문에 하이브리드 구조를 사용하는 것이 가장 현실적입니다. 예를 들어 다음과 같은 조합을 생각해볼 수 있습니다.

- **핵심 개발 자동화**: Claude Code 또는 Codex → 테스트 생성, 리팩터링, 코드 리뷰, 배포 스크립트 작성
- **스케줄, 데이터 파이프라인**: n8n, Make.com, AgentKit → 정기 데이터 수집, 로그 분석 파이프라인, 외부 서비스 연동
- **대규모 분석, 비용 최적화**: Gemini CLI → 대형 코드베이스 분석, 사용되지 않는 코드 탐색, 테스트 및 학습용 분석

이러한 구조를 적용하면 다음과 같은 장점이 있습니다.

- 반복 업무 최소화
- 운영 안정성 향상
- 개발 및 운영 비용 절감
- 자동화 파이프라인 변경, 유지보수 용이
- 자동화 실패 시 롤백 및 수동 개입이 쉬움

자동화 경험이 쌓일수록 '생각한다 → AI가 자동으로 실행한다 → 결과를 확인하고 다음을 지시한다'는 흐름이 자연스럽게 자리 잡습니다. 이 흐름이야말로 변화가 빠른 AI 시대에 가장 효율적이고 지속 가능한 개발 방식입니다. 익숙한 작업부터 하나씩 자동화해 보세요. 작은 자동화 한 번이 개발 방식 전체를 바꾸는 출발점이 될 수 있습니다.

# 찾아보기